韓國古代史入門 二

한국고대사입문 2

2006년 1월 7일 초판1쇄 인쇄
2006년 1월 20일 초판1쇄 발행

김정배 편저

펴낸이 ▪ 임성렬
펴낸곳 ▪ 도서출판 신서원
서울시 종로구 교남동 47-2 협신빌딩 209호
전화 : 02) 739-0222·3 팩스 : 02) 739-0224
등록 : 제1-1805(1994. 11. 9)

ISBN ▪ 89-7940-225-2 94910
        89-7940-298-8(전3권)

한국고대사입문 2

삼국시대와 동아시아

김정배 편저

도서출판 신서원

간행사

일찍이 단재 신채호(1880~1936) 선생께서 1930년대 초 국내 일간지에 우리 상고사에 대한 개설을 연재한 적이 있으나, 일제 강점기여서 단행본으로 간행되지 않아 대중에게 널리 알려지지는 못했다. 그러다가 해방 이후 고 이병도(1896~1989) 박사의 『한국사(韓國史)-고대편』(1959)이 간행되면서, 고대사 입문서로서 비교적 널리 읽히게 되었다. 그런데 1960년대에 들어와 전국에서 새로운 고고학 조사가 진행되면서, 고대사 연구에 새로운 활기를 불어넣게 되었고, 그에 따라 고대사를 공부하기 위해서는 새로운 고고학에 대한 이해가 불가피하게 되었다. 고 김원용(1922~1993) 교수의 『한국고고학개설(韓國考古學槪說)』(1973)은 바로 그 동안의 성과를 반영한 고고학 입문서였다.

그러나 고대사와 함께 고고학의 성과까지 아우른 입문서를 간행하는 일은 당시 학계의 수준으로 쉽지 않았다. 고대사와 고고학의 접목은 1980년대 고 이기백(1924~2004) 교수가 중심이 되어 간행한 『한국사강좌(韓國史講座)-고대편』(1982)과 『한국고대사론(韓國古代史論)』(1988)에서도 이루어지지 못했다. 1980년대 이후 고대사와 고고학의 각 분야가 세분화되면서, 고대사와 고고학의 접목을 더욱 어렵게 만들었다. 최근 『강좌 한국고대사』총 10권(2003)이 간행되어 고대사와 고고학의 성과를 종합하고자 하는 노력이 있었으나, 다양한 세부 전공분야를 종합하다 보니 초심자들에게는 다소 어려운 측면이 있다.

주로 문헌사료에 근거하는 고대사와 유적·유물 등 물질자료에 의지하는 고고학은 연구의 출발점부터 다른 측면이 있다. 하지만 지난 과거에 대한 충실한 사실 규명과 복원을 추구한다는 목표에서만큼은 서로 크게 다르지 않다. 문헌사료가 그림의 바탕이 되는 밑그림이라면, 고고학 자료는 그것을 더욱 생생하게 해주는 채색에 비유할 수 있을 것이다. 때로는 밑그림없이 바로 물감만으로 또는 단색의 소묘(素描)만으로도 하나의 그림이 완성되기도 한다. 그러나 두 가지 방법을 함께 접목하면, 균형이 잡히면서 생생한 실제의 모습에 근접한 그림을 완성할 수 있다.

그 동안 필자는 『한국민족문화(韓國民族文化)의 기원(起源)』(1973)·『한국고대(韓國古代)의 국가기원(國家起源)과 형성(形成)』(1986)·『한국 고대사와 고고학』(2000) 등의 연구를 통해 고대사와 고고학의 접목을 끊임없이 시도해 왔다. 두 학문의 접목은 어느 하나에만 의지할 때보다 그만큼 더 넓은 시야를 요구하고 더 많은 자료를 섭렵해야 하기 때문에 결코 쉽지 않은 길이다. 그러나 과거를 편향되지 않고 더욱 생생하게 묘사하기 위해서는, 고대사와 고고학 가운데 어느 하나의 방법도 소홀히 할 수 없다. 이러한 취지에서, 필자와 함께 필자에게서 배운 고대사와 고고학의 연구자들이 뜻을 모아 『한국고대사입문』을 총 3권으로 엮어보았다. 특히 필자의 정년에 맞춰 책이 간행된 것은 순전히 집필자 여러분들의 깊은 배려 덕분이다. 이 자리를 빌려 뜻을 함께 해준 후배·제자 연구자들에게 깊은 감사의 말씀을 드리고 싶다.

현재 우리의 고대사는 주변 강대국의 도전에 직면해 있다. 최근 중국은 '동북공정'을 통해, 우리 고구려사와 고조선사까지도 중국사의 영역에 편입시키려고 부단히 애쓰고 있다. 그리고 일본은 왜곡된 역사교과서를 통해, 우리의 삼국시대〔가야〕사를 '임나일본부설'로 오염시키고 있다. 실로 지금의 고대사 연구는 우리 역사를 지키기 위한 응전(應戰)의 전초기지라 해도 과언이 아닐 것이다. 따라서 지금은 새로운 고대사 연구자들의 발굴과 육성이 그 어느 때보다도 더욱 절실한 시점이라고 할 수 있다.

이제 막 고대사에 입문한 연구자들은 아직 시야가 좁아 나무만 보고 숲은 보지 못하는 실수를 범하기 쉽다. 이 책은 고대사 입문자와 대중에게 안내서의 역할을 할 수 있도록 기획되었다. 이 책을 통해 각 분야의 기본적인 연구사와 쟁점이 되고 있는 문제들을 검토하면서, 앞으로의 과제가 무엇인지도 확인할 수 있을 것이다. 이 책이 입문서가 부족한 고대사에 작으나마 견인차의 역할을 할 수 있기를 기대하며, 더 나아가 주변 강대국의 역사 도전을 지혜롭게 뚫고나갈 새로운 인재들이 이 책을 통해 조금이나마 고대사에 대한 소양을 쌓을 수 있기를 기대해본다.

이 책이 나오기까지 많은 분들의 노력이 더해졌다. 무엇보다도 먼저 집필에 참여해 준 32명의 집필자들에게 감사드리며, 특히 전체 편집을 맡아준 최광식 교수와 박대재 박사, 각 권의 편집을 도와준 한규철 교수, 김복순 교수, 박경철 교수, 정운용 교수, 조법종 교수, 박찬흥 박사, 양정석 교수 등에게도 감사드린다. 끝으로 여러 어려움에도 불구하고 기꺼이 출간해 주신 도서출판 신서원 편집부 직원 여러분께도 감사의 인사를 드리고 싶다.

2006년 1월 7일
집필자 대표 김정배

책머리에

본서는 우리 역사학계의 한국사 체계화 작업의 일환으로 고대사 전문 연구자들로 필진이 구성된 삼국시대사 연구입문서이다. 삼국시대사에 대한 최근의 연구는 문헌중심의 연구방법론에 고고학적 성과를 결합하고 인류학적 이론이 적용되면서, 다채로운 한국고대 역사상을 재구성하고 있다. 특히 『삼국사기』 등 삼국시대 초기기록에 대한 수정론적 입장이 중심이었던 한국학계의 연구분위기에 이들 기록의 신빙성을 강조하는 입장에서 인류학적·신화학적 인식이 적용되었다. 또한 새롭게 발견된 금석문과 고구려·백제·신라·가야 초기 역사유적에 대한 고고학적 발굴 성과를 통해 괄목할 만한 연구성과들이 나타났다.

최근 '동북아 역사전쟁'이라고 표현될 정도로 중국 및 일본과 한국고대사 관련쟁점이 촉발되어 논의가 심도있게 진행되고 있다. 먼저 중국은 2002년부터 본격적으로 고구려사를 중심으로 고조선 및 발해사까지 중국사로 편입하려는 역사연구 프로젝트 '동북공정'을 중국 사회과학원 변강사지연구중심을 통해 파악하려는 연구를 진행하고 있다. 또한 일본은 역사교과서 검정과 독도영유권 문제에 대한 일본측의 편향적 인식을 강하게 부각하여 '임나일본부설'과 같은 해묵은 역사논쟁을 재현함으로써 고대 한일관계사에 대한 다방면의 논의가 제기되었다.

이 같은 동북아시아 역사분쟁은 국가적 차원의 적극적 대응이 필요함을 보여주고 있다. 즉 중국·일본 모두 국가적 조직과 지원하에 역사연구 및 교육이 진행되고 있다. 이는 우리의 대응이 일시적 여론무마형 대응이 아닌 우리 역사의 근간과 체계에 대한 항구적인 대응체계 구축의 필요성을 일깨워 주었다. 특히 쟁점이 많은 한국고대사에 대한 체계적인 연구시스템의 구축과 학술적 연구성과를 전국민이 공유할 수 있는 방안이 지속적으로 유지되어야 함을 부각시켰다. 이 결과 국민의 여망을 담은 '고구려연구재단'이 출범하여 중국 관련문제에 대해 대응하고 있으며 '한일역사공동위원회'가 일본과의 문제를 학문적으로 공동연구하는 협의체로 활동하고 있다. 또한 북한학계와의 공동 대응이 추진되어 '남북역사학자협의회'를 결성함으로써 고구려사를 비롯한 고조선·발해사 및 한중·한일 관계에 대한 전반적이고 체계적 협동연구를 진행하고 있다.

따라서 삼국시대사에 대한 시대적·사회적 요구는 학술연구의 체계화에 따른 시민과의 공유체계 확립이 가장 절실함을 보여주고 있다. 이같은 필요성에 부응하는 노력의 일환으로 기존 학계의 연구성과를 『한국고대사입문』의 형태로 모았다는 점에서 본서의 의미는 크다고 생각된다.

여기에 수록된 각 논고는 한국-중국-일본으로 연결되는 동아시아 역사상을 기본 인식틀로 설정하여 이들 역사와의 유기적 연계성을 유지한 한국고대사 연구경향과 과제를 정리하고 있다. 즉 고구려·백제·신라·가야에 대한 문헌 고고학적 연구성과와 특성을 체계적으로 소개하고, 삼국시대 전체사에 나타난 쟁점을 특화시켜 정리하였다.

고구려는 중국 군현세력 및 위·후연·수·당 등과 요동지역 장악을 중심으로 쟁패를 다투었다. 고고학적으로 고구려는 중국·북한·한국 세 지역에 걸친 영역적 특성에 의해 다양한 입장과 내용이 나타나고 있다. 각 연구동향과 연구특성을 고분·성곽 및 벽화와 관련된 다양한 유물의 편년과 체계화 양상을 함께 소개하고 있다.

백제는 부여 · 고구려계 유이민세력, 마한 토착세력의 연결과 해상왕
국으로의 발선양상이 부각된다. 백제 고고학의 경우 적석총 및 분구묘,
횡혈식 석실분 등에 대한 논의와 도성문제가 백제 건국세력과의 상관성
과 함께 제시되고, 이후 웅진 · 사비 시대 고분과 성곽, 영산강유역 고분
문화의 특성에 대한 논의가 정리되었다.

신라는 농경세력과 철기세력과의 적극적 결합에 의한 국가성장의 역
사상을 보여주고 있다. 특히『삼국사기』초기기록과『삼국지』와의 정합성
을 검토한 연구경향 및 특성과 각각의 문제점이 지적되고 있다. 신라 고
고학에 대해서는 일제시대 이래 연구사적 검토를 통해 기존의 고분중심
연구에서 권위 건물지와 도시유적 등 다양한 방향으로 연구분야가 확대
되어 가고 있음을 소개하고 있다.

한편 가야의 국가적 성장양상과 이에 대한 핵심적 논의사항인 가야
국가 발전단계와 연맹체문제, 임나일본부설, 동아시아교류 문제 등 다각
도에 걸친 연구검토사항이 소개되었다. 또 한반도 고대국가 특히 가야와
백제는 왜와 활발한 교류를 가졌던 것으로 파악된다.

2세기부터 활발해진 교류양상은 5세기경 이후 일본열도에 한반도 삼국
시대 도질토기 문화가 도입됨으로써 터널식 가마와 이 가마에서 구워지는
스에키(須惠器)라는 한반도계 도질토기가 광역적으로 확산되었다. 또한 부뚜
막과 시루를 이용하는 새로운 한반도계 취사 · 난방문화도 본격적으로 확산
되기 시작한다. 횡혈식 석실이라는 새로운 한반도계 묘제문화도 본격적으로
유입되고, 6세기경부터는 급속하게 확산된 양상이 소개되고 있다.

또한 동북아시아의 역사주도권 장악과정에서 발생한 고구려와 수당
의 전쟁 및 고구려 · 백제 · 일본으로 연결된 세력과 신라-당으로 연결된
국제전쟁의 내용검토를 통해 동북아 역사전개의 새로운 인식을 제시하고
있다.

삼국의 정치체제와 관련된 '부체제' 논의를 비롯한 국가 운용원리에 대한 논의를 정리 소개했고, 삼국시대 경제 및 사회신분구조에 대한 쟁점으로 하호문제·수묘인문제·노비문제 등이 분야별로 정리되었다. 또한 삼국의 도성제의 특성을 다루면서 고구려의 평지성–산성으로 연결되는 이원적 도성체계의 특성이 삼국시대 도성체계의 근간으로 자리했음을 소개하였다.

이와 함께 삼국시대의 종교문화적 특성을 토착신앙과 불교문화의 수용측면에서 검토하여 국가형성기에 이미 토착적 종교문화가 존재했으며 불교에 의해 이것이 대체되면서 한국고대사의 새로운 양상이 전개되었음이 검토되었다. 특히 국가 지배이데올로기가 통일전쟁을 기점으로 천신신앙에서 불교로 변화한 한국사상사의 획기적 변화상황이 소개되었다.

마지막으로 삼국시대의 각종 석문·금문·목간 등 문자자료를 체계적으로 정리 소개하여 삼국시대 당대자료에 대한 이해를 통해 객관적이고 적확한 판독의 필요성과 고고·언어·서예·자연과학 등 학제적 연구 및 중국·일본 문자자료와의 비교연구 필요성을 제기하고 있다.

조법종

목 차

가야사 연구의 성과와 전망

한국 고대국가와 왜와의 관계

7세기 동아시아의 국제전쟁

고구려의 성립과 발전

1. 고구려사의 이해

　고구려는 기원전 37년에 압록강 지류인 혼강 유역 졸본지역[지금의 환인]에, 부여에서 내려온 주몽집단에 의해서 건국되었다. 압록강 유역에는 주몽집단이 남하하기 이전에 이미 정치체가 존재하였다. 이 정치체 가운데는 송양국이 있었으며, 주몽 이전에 이미 부여에서 이탈한 세력인 소서노 집단도 있었다. 또한 혼강 유역에는 다양한 세력이 존재하고 있었는데, 이들은 '나(那)'라는 정치체를 구성하고 있었다. 동명왕은 이들 세력을 정복 또는 통합해 나가면서 고구려의 기틀을 마련하였다.

　졸본지역은 혼강 유역에서 비옥하고 교통도 편리하였으나, 방어적인 측면에서는 취약하였다. 이에 유리왕 22년(3년) 국내지역[지금의 집안]으로 천도하였다. 국내지역은 졸본지역보다 넓은 지역은 아니었으나, 기후가 온난하며 물산이 풍부하였다. 무엇보다 방어적인 측면에서 유리한 점을 가지고 있었다. 이 곳을 거점으로 하여 고구려는 건국 초기에 자신들의 출자지인 부여를 극복할 수 있었으며, 요동으로의 진출도 활발하게 전개시킬 수 있었다.

2세기에 이르러 고구려는 영토를 점차 확장하였으며, 내적으로는 왕권을 강화하여 새로운 통치체제를 구축하였다. 신대왕 2년에 국상제를 시행하면서 새로운 정치체제를 만들어갔다. 이후 고국천왕은 을파소를 국상으로 등용하여 그와 함께 개혁정치를 실시해 나갔는데, 진대법 실시가 그것이다.

내적으로 국력을 증진시키기도 하였으나 외적으로 고구려는 어려움을 겪기도 했다. 동천왕 20년 위(魏)의 유주자사 관구검이 고구려를 침략하여 동천왕은 동옥저까지 피난을 가기도 하였다. 4세기 미천왕이 즉위하면서 고구려는 영역을 더욱 확장하게 되었다. 미천왕 12년에 요동의 서안평을 공격하여 고구려의 영역으로 확보하였으며, 14년에 낙랑군을, 15년에 대방군을, 16년에 현도군을 공략하여 중국의 한사군을 적극적으로 침공하였다. 이처럼 고구려는 4세기 초반에 중국과의 관계에서 주도권을 쥐고 있었다.

고구려가 이처럼 팽창해 나가자 전연(前燕)에서 공격해 왔다. 고국원왕 12년(342) 전연의 침입을 맞아 고구려는 전략적인 실패로 전쟁에 패하고 수도인 국내지역이 유린을 당하였다. 전연의 모용연은 왕의 아버지 미천왕의 무덤을 파헤치고 미천왕의 시신과 함께 왕의 어머니 주씨를 인질로 끌고 갔다. 미천왕의 시신은 다음해에 돌려받았으나, 왕모 주씨는 13년 동안 인질로 잡혀 있게 되었다.

고국원왕 39년(371) 고구려는 백제를 공격하였다가 도리어 근초고왕의 강력한 반격으로 평양성 전투에서 패하고 말았다. 당시 백제는 영역을 확장해 나가면서 국력을 팽창시키고 있었다. 고국원왕이 이 전투에서 전사함으로써 고구려가 위기에 처하기도 하였다.

소수림왕은 국가적인 위기를 체제정비라는 측면에서 극복하였다. 불교의 공인과 율령반포·태학설립 등은 고구려 내치(內治)라는 측면에서 새로운 전기를 마련하였다. 소수림왕은 정치·군사·경제·사상 등에서 전반적으로 개혁을 실시하였으며, 이것은 국력의 신장을 가져왔다. 특히 소수림왕의 개혁으로 왕권이 더욱 강화되었으며, 중국을 비롯한 고구려 주변의 국제정세도 고구려에 유리하게 작용하였다.

4세기 말 5세기 초인 광개토왕대에 이르러 급속하게 영토를 확장할 수 있는 토대가 마련되었다. 광개토왕은 요동방면으로 진출하는 데 많은 관심과 노력을 기울였으며, 그 과정에서 후연(後燕)과 충돌하였으나 치열한 투쟁 끝에 광개토왕 12년에 요동지역을 확보하였다. 남으로는 백제방면으로 진출했으며, 신라를 도와 왜(倭)를 축출하기도 했다.

427년(장수왕 15년) 평양으로 천도한 후 고구려는 전성기를 구가하였다. 고구려는 중국과의 다중적인 외교관계를 통하여 서변에서의 안정을 확보하였으며, 당시 동북아질서의 한 축으로서 독자적인 세력권을 확립하였다. 그러나 6세기 후반부터 중국의 정세가 변화하여 남북조 분열시대를 끝내고, 수(隋)가 중국을 통일하였으며, 백제와 신라도 적극적으로 국력을 신장시켜 나가는데 고구려는 이러한 변화에 적극적으로 대처하지 못하였다. 고구려는 귀족 사이의 내분이 심화되면서 정정불안이 계속되었다. 이후 수·당과의 전쟁을 통하여 국력을 소모한 고구려는 나·당연합군에 의해 668년에 멸망하였다.

2. 고구려사 연구의 어제와 오늘

고구려사 연구는 일제시대 식민사학자들에 의해서 시작되었다. 식민
지시대 단재 신채호에 의한 연구가 있으나, 일본인 학자들의 연구가 주
류를 이루었다. 그들의 연구는 기본적으로 『삼국지』를 근간으로 하는 것
으로 출발했다. 이들은 『삼국사기』를 신뢰하지 않는 입장에서 연구를
시작했으며, 연구내용은 주로 『삼국지』를 비롯한 중국사서에 실린 고구
려 역사의 내용을 검증하는 과정이었다고 해도 과언이 아니다.

고구려사 연구는 쓰다(津田左右吉)에 의해서 진행된 『삼국사기』 사료
비판 이후 이케우치(池內宏)나 이마니시(今西龍)·미시나(三品彰英) 등에 의
해서 진행되었는데, 이들은 주로 5부족 및 5부 문제를 천착하였다. 이
들은 고구려가 씨족이나 부족으로 구성된 연맹체에 지나지 않았으며, 2
세기 태조왕대에 들어서야 고대국가로 나아갔다고 주장하였다. 또한 이
들은 「광개토왕비문」을 연구하면서 '임나일본부'와 관련된 부분에 초점
을 맞추어 연구범위를 제한시켰다.

광복 이후 고구려사 연구는 신라나 백제사에 비해 연구가 부족하였
다. 일단 고구려 영토의 대부분을 차지하는 북한과 중국 지역에 대한
접근이 불가능했기 때문이다. 또 『삼국사기』 고구려본기 내용도 상대적
으로 부족한 상황이었다. 그러나 1979년 충청북도 중원군에서 고구려
비가 발견되어 학계의 관심을 끌게 되었다. 고구려에 관한 자료가 많지
않던 남한에서 고구려 비석이 발견되어, 고구려가 한반도 중부지방인
중원까지 와서 비석을 세웠다는 것 자체가 관심의 대상이 되자, 이에

대한 연구가 열기를 띠었다.

그리고 1980년대에 들어와 고구려에 대한 관심이 많아지고 연구자도 증가하기 시작하였다. 연구자가 늘어나기 시작하면서 기본사료인 『삼국사기』 고구려본기에 대한 해석도 다양해졌다. 이에 따라 고구려사에 대한 이해도 단편적인 것에서 벗어나 다양하게 접근하는 시도가 생겨났다.

1980년대 고구려 연구의 주된 주제는 고구려 정치사에 대한 것이었다. 이것은 『삼국사기』 고구려본기 초기 내용에 건국 초기 기사가 상대적으로 풍부하여 해석의 여지가 많았기 때문이다. 또한 당시 한국고대사학계의 관심은 일제 식민사학자들이 언급한 '부족국가'설을 극복하려는 의지가 강하였으며, 이러한 대안으로 '군장사회'론이 대두된 직후였다. 한국 고대국가에서 국가형성에 대한 문제는 고구려사나 백제사·신라사를 이해하는 출발점이었기 때문에 이 문제에 대한 관심은 매우 중요하게 자리잡았다. 따라서 이 시기는 이 문제를 천착하던 시기로 볼 수 있다. 국가형성 문제는 국가의 발전, 지방통치, 관직의 발달 등 국가체제 및 구조를 이해하는 데 중요하였다.

우리 고대사학계가 신라나 백제사에 주목하고 있는 동안 북한에서는 고구려사에 대한 연구에 집중하였다. 우리 학계가 고구려지역에 대한 접근이 쉽지 않은 것과 마찬가지로 북한도 백제나 신라지역에의 접근이 용이하지 않았기 때문이다. 특히 북한학계는 1970년대 이전까지 고구려 유적발굴을 활발하게 진행시켜 보고서를 많이 출간한 상태였다. 이러한 북한의 연구성과가 간헐적으로 우리 학계에 소개되면서 고구려사에 대한 관심을 불러일으키는 한 요인이 되었다. 그리고 북한과 중국 고고학계의 성과를 인용하여, 압록강 유역의 적석총에 대한 분석을 통해 고구려 국가형성 및 발전 문제를 고찰하는 연구를 하였다. 이와 아울러 정치인류학적인 모델을 원용하여 고구려 국가형성 문제에 접근하는 연구를 진행하였다.

고구려의 중앙정치 구조를 이해하는 한 방법으로 왕과 제가회의(諸加會議)와의 정치적인 관계를 고찰하거나, 중·후기의 정치적인 이해를 위해 대대로와 막리지와의 관계를 해명하려고 노력하였다. 그러나 고구려 후기 내지는 말기의 정치적인 이해에는 여전히 한계점이 남아 있다. 고구려사에서 또 하나의 문제가 고구려 초기의 왕계에 대한 이해였는데, 크게 태조왕에 대한 해석에서 대별되고 있다. 하나의 견해는 태조왕대에 왕실이 변하였다는 것이고, 또 다른 입장은 고구려의 왕계는 주몽왕 이후 변하지 않았다는 것이다.

고구려사를 이해하는 중요한 축의 하나가 지방통치에 대한 것이다. 그 동안 고구려 지방지배 연구는 주로 5부 문제에 국한되던 경향이 있었다. 1970년대 이후 이러한 일방적인 경향에서 벗어나, 성(城)이나 곡(谷)·촌(村)에 주목하여 좀더 다양한 시각에서 접근하려고 하였다. 성의 규모에 따라 지방관의 통섭관계 성립여부를 규명하려고 시도하였다. 또한 5부 문제에 대해서도 5부를 왕도에만 설치한 것인지, 아니면 전국적으로 실시한 것인지에 관해서도 학자에 따라 해석이 다르다.

고구려의 지방통치와 관련하여 또 한 가지 관심이 쏠리는 부분이 군현제의 실시여부다. 북한의 손영종은 고구려가 군현제를 소수림왕대부터 실시하였을 것으로 보았으며, 노태돈은 5세기 이후에 군현제를 실시하였을 것이라고 하였다.

고구려사 연구에서 사료부족은 자주 거론되는 부분이다. 고구려 고분벽화는 문헌자료의 부족한 부분을 보충해 주는 귀중한 텍스트이다.

기왕에 고분벽화에 대한 연구는 많이 있었으나, 대부분 문화사적인 접근이었다. 그러나 1990년대 이후 고분벽화에 대한 접근이 한정적으로 이루어지는 상황에서 고분벽화를 정치사회적으로 이해하려는 시도가 있었다. 기왕에 북한에서는 고구려의 고분벽화를 통하여 유물사관적인 해석을 하였다.

이들은 벽화에 그려진 인물들을 분석하여 구체적으로 인물들의 신분 등을 규명하려고 하였다. 우리 학계에서도 1990년대 이후 고분을 통하여 고구려의 신분제나 관등제를 해석하려는 시도가 있었다. 무엇보다 벽화고분 연구에서 관심을 끌었던 것이 1950년대에 발견된 안악 3호분의 피장자에 대한 해석 문제였다. 이 문제는 아직도 뚜렷한 결론을 내리지 못하고 있다.

북한에서는 1950년대와 1960년대에 피장자가 미천왕이라고 주장하였으나, 1970년대 이후 고국원왕일 것이라고 한다. 한편 우리 학계에서는 미천왕이나 고국원왕일 것이라고 보는 견해와 동수묘일 가능성이 있다는 주장이 있다. 피장자에 대한 논란은 덕흥리 고분의 묘주에 대해서도 주장이 엇갈리고 있다. 북한에서는 묘주인 진(鎭)을 고구려 사람으로 보고 있으나, 우리 학계에서는 중국에서 망명해 온 인물로 보고 있다.

고구려 벽화에 대한 연구는 정치사적으로도 매우 의미가 있고 중요하다. 안악을 비롯하여 황해도지방에서 보이는 벽화고분을 통하여 고구려의 지방통치에 대한 이해의 폭을 넓힐 것으로 보인다. 또한 이들 벽화의 분포 등을 통하여 고구려의 영역지배 양상을 파악할 수 있을 것이다.

광개토왕비 연구는 고구려사 연구에서 가장 오랜 역사를 가지고 있다. 일제 식민시대 당시 시작된 광개토왕비 연구는 주로 일본사람들이 주도했으며, 연구내용도 이들이 관심을 둔 '임나일본부'의 존재에 관한 것이 대부분이있다. 이에 대해 민족주의사학자 단재 신채호와 정인보 등은 일제 식민사학자들의 논리를 반박하는 글을 발표하였다.

1960년대 북한의 박시형은 「광개토왕비문」에 대해서 신채호의 견해를 계승하면서 고구려적인 관점에서 비문을 해석하려고 하였다. 또 1970년대에는 재일교포 사학자 이진희가 「광개토왕비문」을 두고 일본육군 참모본부에서 비문에 석회를 발라 탁본을 만들었다는 주장을 했다. 「광개토왕비문」의 탁본과 비문에 대해서 한·중·일 세 나라가 관심을 가지고 연구하였으나, 한국학자들의 비에 대한 접근은 늘 한계가 있어서 연구에 어려움이 있다.

1980년대 이후 우리 학계에서는 「광개토왕비문」의 연구주제를 확대하였다. 예를 들면 비문설립 당시 고구려 사람들의 천하관 내지는 세계관, 그리고 왕실계승의식에 관한 연구, 본문에서는 광개토왕의 정복활동에 관한 연구, 수묘인을 통하여 고구려의 사회경제와 신분제를 밝혀보려는 연구 등이 그것이다.

3. 고구려사의 쟁점 및 검토

1) 국가형성 문제

국가형성과 관련된 문제는 『삼국사기』 고구려본기 초기기사를 어떻게 파악하느냐에 따라 대체로 두 가지 방향으로 나뉘어 있다.

먼저 『삼국사기』 초기기사에 대한 비판적인 입장과 이를 바탕으로 한 태조왕대 고대국가성립론이다. 또 다른 입장은『삼국사기』고구려 본기의 초기기사를 긍정적으로 파악하여 고구려의 국가형성을 건국과 함께 이루어지는 것으로 보는 관점이다.〔이종욱·박경철·금경숙 등〕

나부체제(那部體制)성립론은 태조왕대에 이르러 고구려국가의 기본적 지배틀이 확립되었다고 파악하고 있다. 이 입장은 '부족국가론→부체제론'이라는 단계를 거쳐왔다.

본래 부족국가론은 '부족국가→부족연맹→고대국가'라는 관점에서서 고구려가 기원전 2세기 이래 부족국가를 그 원초적 형태로 하는 '부족연맹' 단계를 거쳐, 2세기경에는 '고대국가'로 성립·발전하였다고 한다.〔김철준, 1964〕

부족국가설을 바탕으로 한 부체제론(部體制論)은 고대국가 성립시기 단위정치조직체의 특성으로서 지역성에 주목, 고대국가로서의 연맹체 확립에 대신하는 '부체제'라는 인식틀을 제시하였다.〔노태돈, 1975〕 이 견해는 고구려족이 현도군을 기원전 75년경에 요동방면으로 축출시킨 뒤, 고구려왕을 대표로 하는 '고구려연맹체'를 형성하는 상황에서 주몽집단의 등장을 계기로 연맹장이 소노부에서 계루부로 교체되었다고 본다.〔노태돈, 1993〕 부체제론은 기원후 1세기 태조왕대에 이르러 강력한 집권력을 갖춘 고대국가로 확립되었다고 보았다.

부체제론을 고구려사에 원용한 '나부체제론'은 논자에 따라 견해차가 있다. 고구려가 기원전 40여 년경 주몽집단이 한군현(漢郡縣)에 대한 투쟁을 하면서 구심적인 역할을 하였으며, 여기에서 영도세력으로 등장하였다고 본 견해가 있다.〔임기환, 1987〕 이 주장은 대무신왕 15년 이후 태조왕대 이전 어느 시기에 주몽집단의 계루부왕권을 중심으로 5나부체제를 구성하는 고구려연맹체가 형성되었다고 한다.

한편 1세기경 '구려종족사회(句麗種族社會)'에 나부체제라는 형태의 계루부 중심의 '국가권력'이 성립했다고 본 견해도 있다.〔여호규, 1992〕 이 견해는 기원전 3세기 말경 구려종족사회가 형성되고, 기원전 2세기 중 이들 가운데서 '나(那)'가 성장하다가, 기원전 1세기 전반 현도군 축출과정에서 '나국(那國)' 및 이들이 뭉친 '나국연맹'이 이루어지고, 다시 지역별로 더욱더 큰 단위정치체를 구성하게 되었다고 보았다.

또한 그는 1세기 초에서 3세기 후반 계루부집단이 이들 각 지역별 단위정치체를 '나부'라는 하위단위체로 편제함으로써 나부통치체제가 완성되어 가는 과정을 고구려 초기사의 전개로 이해하였다. 그리고 이 나부체제가 3세기 이래 해체과정을 겪으면서 4세기 이후 집권적 귀족국가로 확립되었다고 본다.

또 다른 견해는 한군현의 지배를 받던 고구려족이 연맹체를 결성하여 현도군을 축출하였는데, 연맹체의 초기 맹주국이 송양의 비류국이었다고 보는 것이다. 주몽은 환인지역으로 와서 졸본부여의 왕이 된 후 비류국 송양과 대결하여 연맹장의 지위를 획득하였다고 한다. 이후 유리왕이 '고구려왕'으로서 자신의 지배권을 견고히 하면서 고구려 연맹체 안에서 지위를 확고히 다졌다고 한다. 대무신왕대에 와서 '연맹왕국의 장(長)'이 아닌 명실상부한 '고구려왕'으로서의 성격을 갖게 되었다고 한다. 그리고 대무신왕대에 나부통치체제의 기본틀이 형성되었다고 보았다.〔김현숙, 1994〕

이 견해는 나부통치체제의 성격을 독자성의 온존, 간접통치 및 합의에 의한 공동정치 운영으로 파악하고 있다. 또한 대무신왕대에 기초가 마련된 나부통치체제는 태조왕대에 완성된 것으로 본다.

한편 『삼국사기』 고구려본기 초기기사를 긍정적으로 보는 입장에서는 고구려의 국가형성에 대해서 사료에 보이는 바와 같이 주몽이 고구려를 건국하면서 비롯되었을 것으로 보았다. 이 견해는 고구려 국가형성 이전에 압록강 유역에 존재하고 있던 '나(那)'와 같은 작은 정치체는 군장사회(Chiefdom Society)였음을 언급하고 있다. 따라서 고구려국가 건국이라는 시점을 국가형성기로 보는 것이다.[금경숙, 1995] 이 견해는 고구려 초기의 기사에 주목하여 고구려왕을 중심으로 하여 국가가 발전하였으며, 초기의 왕권이 비록 강력하지 못하였으나, 이를 중심으로 고구려가 발전하였음을 고찰하였다. 또 국상과 같은 관직도 왕권을 뒷받침하는 것으로 보았다.[금경숙, 1995, 2000]

또 다른 견해는 고구려의 동명성왕과 유리왕·대무신왕대에 고구려 국가형성기를 거쳐 발전하였을 것으로 보았다.[박경철, 1996] 그리고 고구려의 국가형성에 관하여 현재 우리 학계에서 논의되고 있는 것을 중심으로 하여 정리하고 있다.[박경철, 2002] 여기에서 국가란 일정한 공간적 범위 안에 존재하는 여러 군장사회 가운데 가장 강력한 군장사회가 주위의 군장사회를 힘으로 아우르면서 나타나게 된 복합적 정치적 조직체라고 한다. 따라서 태조왕대에 나부체제가 가동되고 있었다고 할지라도 그것은 기왕에 존재해 온 고구려국가의 존재근거가 되는 것일 뿐이라고 한다. 이러한 논의는 이미 김영하에 의해서 논의된 바 있다.

김영하는 한국 고대국가 형성은 소국공동체의 누층적 집적과정에 지나지 않으며, 고대국가로 이행하는 소국공동체의 변화는 중심부 소국이 전쟁 또는 교역을 통해 주변부 소국을 복속시킴으로써 시작된 것으로 보았다. 또한 논의되고 있는 '부체제'를 고대국가 발전의 한 단계로 설정할 것이 아니라, 그 하위개념인 지배체제의 일환으로 설명하는 것이 타당하다고 본다. 지배체제에 지나지 않을 뿐인 부체제를 국가발전의 단계인 중앙집권국가와 같은 범주에서 계열화함으로써 위상차의 문제가 발생한다고 보았다.〔김영하, 2000〕

그는 한국 고대국가가 발전하면서 대왕집권체제(大王執權體制)가 발전하였다고 보았는데, 이 대왕집권체제는 고대국가의 완성을 의미하는 것으로 보았다. 이것은 고구려나 신라에서 볼 수 있는 하나의 정치적인 분석틀로 이용하였다. 그는 고대국가의 발전단계에서 세 가지를 지표로 삼고 있다. 이러한 결과 고대국가의 완성을 알리는 대왕·역사·영토의 세 가지 지표의식이 광개토왕비와 진흥왕순수비로 집약된다고 한다.

그런데 전근대 한국사에서 중앙집권(中央集權)의 개념을 통시적으로 사용할 경우 그 역사적 성격이 모호해질 우려가 있다. '중앙집권성'은 역사적 사실에 부응하고, 시대구분의 의미를 담보하는 한정적 범위에서 사용할 필요가 있다. 중앙집권의 필요조건인 귀족세력에 대한 초월적인 대왕이 출현하였을 뿐, 충분조건으로서의 지방에 대한 전일적 지배가 제도적으로 관철되지 않았다.

이 시기를 중앙집권적인 단계로 설정할 경우 7세기 전쟁과 그로 인한 사회구조의 변동이 중앙의 대왕과 지방민 사이의 모순결과로 파악해야 한다고 보았다. 이것은 대왕이 민과 결합하여 대규모의 전쟁을 수행하였던 당시의 역사적 사실과 맞지 않는다고 한다. 대왕은 주요 거점에 관리를 파견하여 공동체구성원으로부터 국가 부담의 주체로 전화한 개별적 민(民)에 대해 직접적인 지배-납세 관계를 실현하였을 것으로 본다. 삼국에서 지배체제에 불과한 부체제를 국가발전의 단계로 설정할 수 없음과 함께, 그 후발단계로 설정한 중앙집권적 국가체제의 논리적 문제점을 지적하였다.〔김영하, 2000〕

노태돈은 고구려의 부체제를 고구려 초기 고대국가 정치구조를 이해하는 하나의 방법으로 보고 있다. 그는 고구려의 부체제는 고대국가가 형성기부터 등장하여, 태조왕대에 5부체제가 확립되었다고 보았다. 이후 고구려의 부체제는 3세기 말에서 4세기 초 이후가 되면 해체된다고 한다. 그는 3세기까지 고구려의 왕은 부장(部長)이며 동시에 국가 전체를 다스리는 정치적 지배자라고 본다.

부체제에서의 왕은, 왕으로 대표되는 집권력을 통해 여타 정치체의 일부 자치력을 통제함으로써 국가 전체를 다스리는 권력자의 면모를 지니는 것이고, 동시에 자기가 소속된 부(部)를 가지고 있으니까 부(部)의 장(長)으로서의 성격을 동시에 지녔다. 부체제가 성립되기 이전의 부족연맹단계에 비한다면, 왕의 권력은 엄청나게 강화된 것이고, 또 국가권력과 집권력이 엄청나게 강해진 것이다. 그러나 그 다음 단계인 영역국가의 중앙집권체제하에서의 왕과 비교하면 부체제의 왕은 권력이 상대적으로 미약하다고 한다.〔노태돈, 2000〕

그는 부(部)가 국가구조의 중심이었기 때문에 부체제(部體制)라 하는 것이라고 하고, 제 부와 여타 피복속민 사이의 간격을 극복해 나가는 과정이 삼국의 발전과정이라고 하였다. 자치체가 어느 시대에나 존재한다고 하더라도 자치체가 존재할 때 그것이 전체에서 얼마만한 비중이냐, 또 자치체의 질적인 성격이 어떠냐라는 문제를 가지고 접근해야 할 것이라고 주장하고 있다.

고구려사를 이해하는 출발점이 다르기 때문에 국가형성 이후 고구려 발전에 대한 분석틀에서 논자에 따라 차이점이 생겨나고 있다. 이러한 견해의 차이는 고구려역사를 좀더 다양하게 분석하려는 긍정적인 점으로 작용하고 있으나 합일점이 부족한 측면이 있는 것도 사실이다.

2) 고구려 초기의 왕계

고구려 초기의 왕실세계에 관해서도 『삼국사기』와 『삼국지』의 비중 여하에 따라 견해를 달리하고 있다.

여기에는 『삼국지』 고구려전에 기록된 소노부에서 계루부로 왕실교 대가 이루어졌다는 내용과 태조왕대 이후의 왕계상의 의문점에 대해 왕 계가 변화한 것으로 보는 견해가 있다.

먼저 이병도는 송양과 소노부를 동일한 존재로 보아 주몽설화를 통 해 소노부에서 계루부로의 왕실교체가 주몽왕대에 있었던 것으로 보았 다.〔이병도, 1956〕

한편 왕실교체가 태조왕대에 이루어진 것으로 보는 견해도 있다. 이 들 견해는 기본적으로 태조왕계와 그 이전의 왕계가 서로 다르다고 본 다. 조인성은 고구려왕실의 시조인식이 동천왕대와 장수왕대에 변화를 겪은 것으로 보았다. 동천왕대 왕실의 세계(世系)인식에서는 태조왕 이 전의 왕실세계가 정리되어 있지 않았고, 혈연적으로 태조왕이 중요시 되었다고 하였다. 반면에 장수왕대 왕실의 세계인식에서는 시조 동명 왕 이래 당대에 이르기까지의 왕실세계가 정리되었다고 한다.

왕실세계 인식의 변화는 동천왕 이후 장수왕대까지의 왕권강화를 기반으로 한 것이었으며, 왕실교체의 경험을 가지고 있었던 왕실이 시 조 동명왕으로부터 자신들까지의 계보를 정리함으로써 왕실의 정통성 를 과시하고자 하였다고 한다. 그 결과 교체의 계기가 되었던 태조왕 대신 그보다 앞선 대무신왕을 혈연적으로 중요시하게 되었다고 한다.

또 장수왕대 왕실세계 인식에 대해서는 「광개토왕비문」의 첫 부분을 주목하고 있다. 종래에는 대주류왕〔대무신왕〕부터 17세손이 왕대수를 가리키는 것으로 이해하였는데, 왕대수가 아니라 세대수를 의미하는 것이 타당하다고 한다. 이 견해는 시조로부터 당대에 이르는 왕실계보의 정리는 시조의 신격화작업과 밀접하게 연결되어 있다고 본다. 즉 왕실에서는 신성한 동명왕의 직접적인 자손이라는 것을 강조함으로써 자신들의 신성성을 확보하려고 하였다는 것이다.〔조인성, 1991〕

또 다른 견해는 태조왕대 왕실교체설에 대해서 회의적인 입장을 취하고 있다. 이 주장은 광개토왕비에 전하는 왕계와 『삼국사기』 고구려본기의 왕계를 비교하여 형제상속을 부자상속으로 바꾸거나 실전(失傳)한 왕계를 삽입하는 형태로 왕계복원을 시도하였다. '태조'는 창업주의 의미로 해석할 수 없으며, 그 시호는 후대에 소급·추존되었거나 존호(尊號)일 가능성이 있다고 한다. 「광개토왕비문」에 보이는 '17세손'은 세대(世代) 수이며, 계루부왕실이 등장하는 기원전 1세기 후반부터의 왕실 부자상속제 확립을 전제로 주몽왕부터 광개토왕 사이에 누락된 4세대 왕계의 복원이 가능하다고 한다.〔이도학, 1992〕

한편 노태돈은 고구려 초기 왕계에 대한 고찰에서 태조왕 등 세 왕의 왕계는 4세기 이전부터 전해져 오던 고구려 자체의 전승에 의거한 것이었다고 한다. 태조왕·차대왕·신대왕을 동모형제(同母兄弟)라 한 『삼국사기』의 기사는 인정하기 어려우며, 태조왕과 차대왕은 형제로, 일종의 정변을 통해 집권한 신대왕은 그들과 가까운 친족관계에 있었을 것으로 본다. 그리고 모본왕과 태조왕은 계보상으로 이어지는 것으로 볼 수 없다고 하였다. 이 두 왕을 연결시킨 것은 현전(現傳)하는 형태의 초기 왕계가 정립될 때였다고 한다. 『삼국사기』에서 전하는 주몽왕에서 모본왕까지의 기사는 그 내용과 구성이 4세기 후반 소수림왕대에 정리된 것

으로 보았다.〔노태돈, 1994〕

박경철은『삼국사기』와「광개토왕비문」에서 왕계에 대한 인식은 기본적으로 동일하며 이러한 중요한 자료의 정합성(整合性)을 태조왕의 존재로 말미암아 역사성에 회의적인 시각을 갖는 것은 재고되어야 한다고 하였다. 그는 태조왕은 고구려 초기의 국가를 다시 한번 중흥시킨 왕이며, 그 이후의 왕들은 모두 그와 혈연적인 관계를 갖는다고 하였다. 태조왕은 이후 동천왕대 이래 '국조왕'으로서 인식되었다고 한다. 그리고 소수림왕부터 고국원왕대에 걸쳐 재편되고 강화된 국가형성과 관련된 '추모왕·유류왕·대주류왕'의 왕계인식이 광개토왕대를 거쳐 장수왕대의 광개토왕비에 각인된 것이라고 하였다.〔박경철, 2002〕

3) 지방통치 문제

고구려의 지방통치 문제 역시『삼국사기』고구려본기의 초기기사에 대한 이해에 따라 조금씩 차이가 있다. 제일 먼저 나타나는 것이 5부에 대한 인식의 차이이다.

고구려 지방통치에 관한 연구는 일제시대 일본인 학자들에 의해서 비롯되었다. 이 문제는 고구려의 지방통치가 어느 정도와 범위에서 이루어졌는가를 가늠하는 문제였으며, 국가발전 수준을 이해하기 위한 방편이었다. 먼저 일본학자들의 견해를 살펴보면 다음과 같다.

이케우치(池內宏)는 고구려 전국이 동·서·남·북·내부의 5부로 구분되었다고 보고, 그 가운데 내부(內部)는 도성을 가리키며, 나머지 4부(四部)는 전국의 구분이라고 하며, 이러한 구분은 동천왕(東川王)대에 이루어졌다고 하였다. 한편 도성은 전·후·상·하·중의 부명을 가진 지역구분이 이루어졌다고 하였다.〔池內宏, 1926〕이마니시(今西龍)는 고구려는 3세기 이후 동·서·남·북·중의 5부가 왕도(王都)를 구성하였다고 한다.〔今西龍, 1937〕이들의 연구는 일제시대『삼국사기』초기기사 불신론의 입장에 서서『삼국지』를 토대로 하여 연구한 결과이다.

이후『삼국사기』기록을 근거로 한 연구로는 미시나(三品彰英)의 연구가 있다. 미시나는『삼국사기』고구려본기에 보이는 나(那)에 주목한 연구를 하였다. 그는 미천왕(美川王) 이전의 고구려는 원시적 소국 또는 부족인 나집단에 의한 부족연합체적 시기에 해당한다고 보았다. 그리고 미천왕 이후는 절대왕권의 발전에 의한 중앙집권적 지배의 성숙에 따라 나집단이 소멸되고 5부제도가 나타났다고 하였다.〔三品彰英, 1954〕

김철준(金哲埈)은 고구려는 본래부터 가부장세력이 중심이 된 5족이 있었고, 5족이 5부족이라고 보았다. 그리고 이들 5부족은 각기 나(那)라고 하는 부족국가를 형성하였다고 하였다. 그런데 중앙의 지배력이 팽창하면서 고구려는 부족연맹체를 구성하였다고 한다. 태조대왕 이후 계루부에서 맹주의 지위를 차지하였는데, 그 후에도 연〔소〕노부 등은 계속 부족국가로 존속하였다고 한다.

이기백(李基白)은 고구려 정치에서 왕비족의 존재에 주목하고, 왕비족이 존재하던 시기를 부족연맹〔연맹왕국〕에서 고대국가로 넘어가는 과도기로 보았다. 이러한 과도기를 거쳐 혈연적·족제적 요소가 강한 5부족제가 지연적·행정적 요소가 강한 5부제로 개편되었다고 하였다.〔이기백, 1959〕

노태돈은 나(那)를 부(部)의 원형으로 보면서, 이러한 나(那)나 평(評)은 씨족공동체가 붕괴된 이후 계급분화가 크게 진행되었으며, 보편적인 공법(公法)과 수취체제가 보이지 않는 상태에서 지역별로 성립된 단위성치제로서 부족이라고 보았다. 그리고 태조왕 22년까지는 5부제제가 완비되었다고 보았다. 이러한 5부체제는 부족연맹체로서 왕국의 성립을 의미하는데, 당시 계루부에서 정치적 주도권을 장악하였으며, 나머지 4부족은 그 자체의 자치권은 인정되나 무역권과 외교권은 박탈당하고 있었다고 보았다.〔노태돈, 1975〕

이들 연구는 주로『삼국지』위서 고구려전에 나오는 '본유오족(本有五族)'이라는 기록과 왕위가 소〔연〕노부에서 계루부로 넘어갔다는 기록에서 기본적인 인식의 출발점으로 삼고 있다. 여기에서 '오족(五族)'에 대해 일본인 학자들은 씨족이나 부족으로 보았다.

야마오는 고구려의 지방통치조직을 군사적인 성격을 지닌 군구(軍區) 조직으로 파악하여 지방통치구조와 영역지배의 성격을 구명하려고 하였다.〔山尾幸久, 1974〕 다케다는 광개토왕비의 수묘인(守墓人) 연호(煙戸)내용을 분석하면서 4·5세기의 지방통치를 구명하려고 하였다. 즉 성곡(城谷)에서 성으로 변화되어, 성(城)－호(戸) 지배체제를 축으로 하여 고구려 지방지배가 실시되었다고 보았다.〔武田幸男, 1978〕

여호규는 남도(南道)와 북도(北道)의 교통로를 통해서 3·4세기경의 지방통치조직에 관하여 고찰하였다. 그는 3세기 후반경 나부통치체제에서 집권적(集權的) 통치체제로 전환되기 시작하였다고 보고, 이에 따라 각 나부지역이 곡·촌 지방행정구역으로 편제되었을 것이라고 하였다. 그는 고구려가 교통로를 매개로 하여 지방통치조직을 정비하였으므로 지방통치조직은 초기부터 2단계의 구조를 갖추게 되었다고 한다.

각 교통로상의 성(城)·곡(谷)을 기본단위로 하여 재(宰)라는 지방관이 파견되고, 각 방면 교통로상의 중요 요충지에는 수(守)·태수(太守)라는 상급지방관이 파견되어 성(城)과 곡(谷)을 통괄하였다고 한다. 이러한 2단계의 지방통치조직이 5세기에 수사(守事)-성(城) 단위의 지방관으로 계승되고, 후기에는 욕살(褥薩)-처려근지(處閭近支)-누초(婁肖)라는 3단계로 변화되었다고 하였다.〔여호규, 1995〕

　이종욱은『삼국사기』고구려본기 초기기록을 중심으로 고구려의 지방통치에 관하여 고찰하였다. 그는 나(那)와 방위명의 부(部)는 나(那)에서 부(部)로 개편한 것이 아니라, 고구려 초기의 태조왕에서 중천왕(中川王)·서천왕(西川王) 대에 걸쳐 나(那)출신 인물과 부(部)출신 인물들이 중앙정부의 여러 관직을 차지한 것으로 나오고 있으며, 따라서 나(那)라는 지역과 부(部)라는 지역이 별개의 행정구획임을 생각할 수 있다고 하였다.

　그는 고구려 초기의 5부 가운데 계루부가 왕기(王畿)를 구성하였다고 보고 있다. 이러한 왕기는 국왕이 거주하던 왕도와 그 주변의 동·서·남·북의 4부가 있었다고 하였다.〔이종욱, 1982〕 그는 또 왕기에 대한 통치는 계루부의 통치조직 그 자체였으며, 단지 중앙귀족의 수가 늘어나면서 동·서·남·북의 부(部)라는 행정구획을 나누어 통치하였다고 한다.

　왕기 외에 4나(那)에 대한 통치에 대한 문제에서 각 나(那)는 독자적인 통치조직과 토착지배세력이 있었으며, 나(那) 역시 지역적인 구분이 되었고, 자연 지배세력도 나뉘어 있었다고 하였다. 중앙정부에서는 사자(使者)와 같은 관리를 파견하여 소극적인 통제를 하였다고 한다.〔이종욱 1982〕

　임기환은 고구려 초기의 지방통치 방식은 각 단위정치체가 존재하였으며, 이를 기반으로 간접적인 통치방식이 전개되었다고 하였다. 또한 '나부체제'의 통치구조 속에서 누층적인 편제가 이루어졌다고 한다. 그리하여 '나부체제'는 나부-나-곡-촌으로 이루어졌다고 본다. 그리고 3세기 이후 중앙집권력이 각 지역에 침투하여 일원적인 중앙집권적

지방통치체제가 마련되었을 것으로 보았다.〔임기환, 1987〕

김현숙은 건국 초기 나부체제하에서의 지방통치 방식은 자치를 허용하는 범위 안에서 간접지배체제였으며, 3세기 후반경에 나부 자체의 폐쇄성과 독자성이 소멸되어 각 나부는 곡과 촌으로 분해되어 지방통치단위로 편제되었다고 하였다. 그리고 이 곳에 국왕의 명령을 대행하는 지방관이 파견되었다고 한다. 복속지역에 대한 지배방식은 이들을 집단예민으로 파악하여 기존의 지배체제를 인정함으로 간접통치를 하였던 것으로 보았다.〔김현숙, 1994〕

한편 북한의 손영종은 고구려를 봉건제국가로 파악하면서 건국 초기부터 통합된 지역을 직할지〔고을〕로 만드는 것이 기본이었고, 이밖에 속국(屬國)·후국(侯國)·속령(屬領)을 두었다고 하였다. 고구려가 지방통치단위로 주(州)·군(郡)·현(縣)의 명칭을 쓰게 된 것은 낙랑군·대방군의 지역을 통합하면서 그 지역에서 쓰고 있던 군현명을 눌러쓰게 되면서부터라고 하였다. 그러다가 370년에 유주(幽州)를 설치하였는데, 이미 쓰고 있던 주·군·현제를 이용하였다고 한다. 이후 대체로 소수림왕대에 불교수입이나 율령반포 등을 계기로 전국적으로 주·군·현제를 도입한 것으로 보았다.〔손영종, 2000〕

고구려는 4·5세기 이후에 많은 산성을 축성하여 이를 거점으로 활발한 군사활동을 하였는데, 이 성이 어떻게 지방통치의 수단으로 활용되었는가에 대한 연구가 있다. 성을 중심으로 지방통치가 행해졌다고 하더라도 이것이 어떻게 지배되었는가에 따라서는 차이가 있다.

노중국은 욕살-처려근지-가라달-누초의 4단계로 보았으며〔노중국, 1976〕, 다케다(武田幸男)는 가라달이 욕살과 처려근지의 속료(屬僚)라고 보아 욕살 ; 가라달-처려근지 ; 가라달-누초의 3단계로 보았는데〔武田幸男,

1980〕 이러한 견해를 임기환과 여호규도 수용하였다.〔임기환, 1995 ; 여호규, 1995〕 김현숙은 하부단위를 다시 전략거점지역〔가라달〕과 일반지역〔누초〕로 나누어본다.〔김현숙, 1997〕

　　노태돈은 고구려가 지방관을 파견하기 시작한 것은 3세기 종반부터였다고 보았다. 그 후 4세기가 되면서 영토의 팽창이 이루어지고 그와 함께 일부 변경지역에 축성을 하고, 성을 중심으로 한 더욱 넓은 지역을 포괄하는 지방통치단위가 설정되었으며, 4세기 종반 이후 6세기 전반에 이르는 시기에 군제(郡制)가 고구려 영토 내에, 모든 지역에서는 아니지만, 상당히 널리 시행되었다고 한다. 그는 군(郡) 아래에 몇 개의 하위의 성(城)이 있고, 그 아래에 촌 등이 있었던 것으로 파악했다.〔노태돈, 1996〕

4) 고구려 후기의 정치형태 문제

　　고구려 후기의 정치형태에 대해서는 대부분의 학자들이 왕권이 약화되고 귀족들이 주도권을 가지고 있었던 것으로 파악한다. 그러나 귀족들이 가지고 있던 관직과 관등에 관련하여서는 학자 사이의 견해차이가 있다.

　　임기환은 6·7세기 고구려 정치동향을 살펴보면서 당시의 고구려 정치계가 평양계·국내계 귀족세력들로 대립되어 있었으며, 그 구조 속에서 귀족연립체제가 형성되고 붕괴된 것이라고 하였다. 그는 6세기에 나타나는 왕위계승 갈등의 기본은 이들 계파의 정치적인 갈등이 표출된 것이며, 이러한 귀족들은 '부체제' 해체 이후 가문별로 결집된 귀족집단으로 파악하였다. 그리고 이들이 왕권을 중심으로 한 관료체제를 부정하면서 새로운 정치운영체제로서 다수의 막리지를 중심축으로 하는 대대로-믹리지 운영체제였다고 한나.〔임기환, 1992〕

김기흥은 연개소문정권에 주목하여 그가 집권할 당시 보장왕대의 고구려정권은 근본적으로 귀족연립적 정권의 성격을 가진 채 상징적인 왕과 실권(實權)을 장악한 대막리지가 집정(執政)으로 존재하는 이원집정적(二元執政的) 체제였다고 하였다.〔김기흥, 1992〕

전미희는 고구려 후기 정치에서 중요한 위치를 점하는 연개소문정권에 대한 분석을 통하여 연개소문세력은 귀족연립체제를 지향하는 귀족들에 의해 견제의 대상이 된 연개소문과 왕위찬탈을 꿈꾸던 일부 왕실세력인 영류왕의 동생〔태양왕〕계의 결합에 의한 것이라고 했다.〔전미희, 1994〕

4. 고구려사 연구의 과제와 전망

고구려의 성립과 국가발전은 한국고대사의 한 축을 형성하는 큰 흐름이었다. 고구려사는 1980년대 이후 연구가 활발해지고, 동시에 현장에 대한 접근도 용이해지면서 다양해지고 있다. 그러나 우리의 고구려사 연구는 몇 가지 과제를 안고 있는 것도 사실이다.

먼저 고구려사 인식의 출발점이 되는 『삼국사기』에 대한 입장의 차이이다. 사료는 모든 역사인식의 출발점이기 때문에 아무리 강조하여도 지나치지 않다. 『삼국사기』가 고구려사 연구의 기본텍스트가 된다는 것도 재론의 여지가 없다. 그런데 12세기 중세에 편찬된 『삼국사기』를 어떻게 인식하여야 하는가의 문제가 가로놓여 있다. 기본텍스트로서의『삼국사기』와 중세 역사인식의 지적 결과물로서의『삼국사기』의 간극을 고찰해야 할 것이다.

일본인 학자들은『삼국사기』가 12세기에 편찬된 사서이기 때문에 기원을 전후한 역사적 사실에 대한 기록을 불신하였으며, 이러한 영향은 우리 학계에도 많은 영향을 미쳤다. 그러나 고고학 분야에서 발굴작업이 진행되면서 오히려『삼국사기』가 가지고 있는 사료로서의 가치가 재확인되었다. 또한 신라본기에서 왕명에 대한 입장에서도 밝혀진 바와 같이 오히려 당대에 씌어진 최치원의『제왕연대력』보다 신라시대의 상황을 이해하고 복원하려고 애썼던 흔적이 있다는 평가를 하고 있다.『삼국사기』 편찬당시의 기본 입장은 기존에 전해져 오던 사료내용에 충실하려고 했음을 환기해야 할 것이다. 이런 점에서『삼국사기』에 대한 긍정적인 사료비판이 필요할 것으로 보인다.

둘째로 기본 텍스트인『삼국사기』에 대한 입장의 차이가 있기 때문에 고구려사 인식의 출발점에서 큰 간극이 자리잡고 있다. 고구려사 초기에 대한 인식의 차이점은 이후 고구려사 발전과정에 관해서도 해석을 달리하고 있다. 비판적인 입장에서는 고구려가 4세기 이후에 왕권이 집권적이었다가 후기에 귀족연립적인 체제였다고 주장한다. 긍정적인 입장에서는 대왕집권체제에서 고대국가가 완성되었을 것으로 보았다.

오늘날『삼국사기』불신문제는 국내 학자들 가운데에서는 어느 정도 해소되어 가고 있다. 다만 비판적인가 긍정적인가의 문제가 있으나 이것은 고구려를 좀더 심층적으로 연구하기 위한 차이이다. 이러한 차이는 학자들간의 토론을 통해서 문제의 실마리를 풀 수 있을 것으로 기대된다.

금경숙

‖ 참고문헌 ‖

금경숙, 1995, 「고구려 전기 정치제도연구」, 고려대학교 대학원사학과 박사학위논문.

_____, 1996, 「고구려의 那 에 관한 연구」, 『강원사학』 5.

_____, 2000, 「고구려 제가회의와 국상제 운영」, 『강원사학』 15 · 16

김기흥, 1992, 「고구려 연개소문 정권의 한계성」, 『서암 조항래교수화갑기념 한국사학
　　　　논총

김영하, 2000, 「한국고대국가의 정치체제발전론 - '부체제' 론쟁에 대한 소견을 대신하
　　　　여」, 『한국고대사연구』 17

김철준, 1956, 「고구려 · 신라의 관계조직의 성립과정」, 『이병도박사화갑기념논총』.

김현숙, 1994, 「고구려의 해씨왕과 고씨왕」, 『대구사학』 47.

_____, 1994, 「고구려 전기 나부통치체제의 운명과 변화」, 『역사교육논집』 20.

_____, 1997, 「고구려 중 · 후기 중앙 집권적 지방 통치 체제의 발전과정」, 『한국고대사
　　　　연구』 11.

노중국, 1976, 「高句麗 律令에 관한 一試論」, 『동방학지』 40.

노태돈, 1975, 「삼국시대 '부' 에 관한 연구」, 『한국사론』 2.

_____, 1993, 「주몽의 출자전승과 계루부의 기원」, 『한국고대사논총』 5.

_____, 1994, 「고구려의 초기 王系에 대한 일고찰」, 『이기백 선생 고희기념 한국사학
　　　　논총』.

_____, 1996, 「5~7세기 고구려의 지방제도」, 『한국고대사논총』 8

_____, 2000, 「초기고대국가의 국가구조와 정치운영 - 부체제론을 중심으로」, 『한국고
　　　　대사연구』 17.

박경철, 1989, 「고구려 군사전략고찰을 위한 일시론」, 『사학연구』 40.

_____, 1996, 『고구려 국가형성 연구』, 고려대학교 대학원 사학과 박사학위논문.

_____, 2002, 「고구려인의 '국가형성' 인식 시론」, 『한국고대사연구』 28.

손영종, 1984, 「고구려의 5부」, 『력사과학』 1984-4.

_____, 2000, 『고구려사의 제문제』, 신서원.

여호규, 1992, 「고구려 초기 나부통치체제의 성립과 운영」, 『한국사론』 27, 서울대학교
　　　　국사학과.

_____, 1995, 「3세기 고구려의 사회변동과 통치체제의 변화」, 『역사와 현실』 15.

이기백, 1959, 「고구려 왕비족고」, 『진단학보』 20

이도학, 1992, 「고구려 초기 왕계의 복원을 위한 검토」, 『한국학논총』 20, 한양대 한국
학연구소.

이병도, 1956, 「고구려 국호고 ― 고구려 명칭의 기원과 그 어의에 대하여」, 『서울대 논
문집 ― 인문사회과학』 3.

이종욱, 1982, 「고구려 초기의 지방통치제도」, 『역사학보』 94 · 95합.

임기환, 1987, 「고구려 초기의 지방통치체제」, 『박성봉교수회갑기념논총』

_____, 1992, 「6,7세기 고구려 정치세력의 동향」, 『한국고대사연구』 5.

전미희, 1994, 「연개소문의 집권과 그 정권의 성격」, 『이기백 선생 고희기념 한국사학
논총』.

조인성, 1991, 「4 · 5세기 고구려 왕실의 世系인식 변화」, 『한국고대사연구』 4.

今西龍, 1937, 「高句麗五族五部考」, 『史林』 6-3.

山尾幸久, 1974, 「朝鮮三國の軍區組織」, 『古代朝鮮と日本』.

三品彰英, 1954, 「高句麗の五族にいで」, 『朝鮮學報』 6.

武田幸男, 1978, 「高句麗官位制とその 展開」, 『朝鮮學報』 86.

_____, 1980, 「6世紀における朝鮮三國の國家體制」, 『東あしあ世界における日本古
代史講座』 4.

池內宏, 1926, 「高句麗の五族及五部」, 『東洋學報』 16-1.

津田左右吉, 1923, 「三國史記 高句麗紀の批判」, 『滿鮮地理歷史硏究報告』 9.

고구려 고고학 연구성과와 과제

1. 머리말

기원전 37년 한반도와 만주 일대를 터전으로 살아가던 예맥족의 일원이었던 주몽(朱蒙)은 오늘날 중국 환인(桓因)지방에서 나라를 세우고 고구려(高句麗)라 칭하였다. 그 후 압록강 중류의 국내성(國內城)으로 도읍을 옮기며 성장한 고구려는 주변지역으로 영토를 넓히며 발전하였다.

4세기 후반에서 6세기에 이르는 동안 영역이 크게 확장되어 서로는 요하(遼河) 좌우, 동으로는 연해주 남단, 북으로는 송화강(松花江) 유역, 남으로는 한반도 중남부 일대까지 세력이 뻗쳤으며, 중국 남조(南朝)와 북조(北朝) 및 유연(柔然)과 함께 동아시아의 국제질서를 좌우하는 4강의 하나로 부상하여 이른바 '고구려적 천하'가 성립되었다.〔전호태, 1999〕 전성기에는 오늘날 중국 동북지방의 요령성과 길림성 및 흑룡강성 일대와 한반도 중남부 일원에 이르는 넓은 지역을 차지하였다.

668년 멸망할 때까지 7백여 년을 존속한 고구려는 넓은 지역에 걸쳐 많은 유적과 유물을 남겼다. 그러나 대부분의 유물이 출토되는 고분은 구조상 도굴이 쉬운 탓에 유물이 많이 남아 있지 않으며, 일제강점기 동안에는 발굴을 명분으로 많은 유적이 파괴되기도 하였다. 고구려 유적은 오늘날 중국의 환인(桓因)과 집안(集安) 일대 및 북한지역에 밀집되어 분포하고 있으며, 최근 남한에서도 고구려의 군사유적이 발굴 조사되고 있다. 그러나 과거 고구려가 존속했던 지역은 오늘날의 정치적인 상황으로 인해 중국과 북한 및 남한으로 분리되어 있어 유적과 유물에 대한 체계적인 연구가 어려운 것이 현실이다.

이 글은 20세기 이후 한·중·일 삼국에서 이루어진 고구려 고고학 연구성과를 바탕으로 고구려 유적과 유물의 양상을 정리한 것으로서 이를 통해 고구려 사람들의 삶과 고구려문화의 특징을 도출해 보고자 한다. 구체적으로는 고구려 고고학 연구사를 간략히 살펴본 뒤, 성곽·고분·건축·토기·기와·철기·금동공예 등 주제별 연구성과를 검토하고, 향후 고구려 고고학 연구의 방향을 전망해 보고자 한다.

2. 고구려 고고학 연구의 흐름

고구려 고고학에 대한 연구는 1880년 '광개토왕릉비(廣開土王陵碑)'의 발견으로부터 시작되었다고 할 수 있다. 그러나 고구려 고고학에 대한 본격적인 연구는 20세기 초 고구려의 두번째 수도인 집안(Jian)시 일대에 있는 고구려 고분과 성곽에 대한 조사로부터 시작되었으며, 이어서 고구려의 세번째 수도인 평양시 일원의 고분에 대한 조사도 이루어졌다.

1945년 이전 일제강점기의 고구려 고고학 연구는 일본인들이 독점하였으며, 그 내용은 고분과 성곽의 조사에 국한되었다. 이 시기 조사된 내용은 일부 보고서로 간행되기도 하였지만 많은 경우 조사결과가 보고되지 않았으며, 본격적인 연구논문도 발표되지 않았다.

그 후 일본에서는 1970년대까지 1945년 이전의 조사내용을 중심으로 개괄적인 보고문과 연구논문이 소량 발표되다가 1980년대 이후에 들어서야 본격적인 연구가 활발해졌다. 특히 1980년대 이후 중국 여행이 자유로워지면서 자료에 대한 접근이 한국인에 비해 상대적으로 용이한 탓에 많은 연구가 이루어졌으며, 현재는 한국·중국과 함께 고구려 고고학 연구의 한 축을 이루고 있다.〔東潮, 1997 ; 東潮·田中俊明 編, 1995〕

1945년 이후 고구려 고고학 연구가 활발히 이루어진 곳은 북한지역이다. 1949년 안악 3호분이 발굴되었는데, 이는 한국인에 의한 최초의 고구려 벽화고분의 발굴로서, 고분의 주인공에 대한 문제는 아직까지도 논란의 대상이 되고 있다. 이어 1950년대부터 평양천도 후 왕성인 안학궁성과 대성산성에 대한 발굴조사가 시작되었으며, 1974년에는 동명왕릉을 비롯한 진파리 고분군에 대한 발굴조사가 이루어졌다. 1976년에는 또 하나의 대표적인 초기 벽화고분인 덕흥리고분이 조사되어 고구려 고고학 연구에 활기를 불어넣는 계기가 되었다.

발굴조사와 더불어 연구논문도 간행되어 1963년 주영헌과 1973년 정찬영에 의해 고구려 고분에 대한 대략적인 편년체계가 수립되었다.〔주영헌, 1963 ; 정찬영, 1973〕 이는 남한이나 중국 및 일본에서는 1980년대에 들어와서야 본격적인 연구논문이 등장하는 점과는 대비되는 사실이다. 그러나 1970년대 이후 북한에서는 야외조사가 다소 위축되는 경향을 보이며, 기존 연구성과를 종합하는 개설서의 간행이 두드러진다.〔손영종, 1995,

1997, 1999 ; 손수호, 2001〕또한 이전에 비해 아주 세부적인 문제에 관한 논문이 소량 발표되기는 하지만 수장하는 바에 비해 논증이 부실하다. 이러한 연구경향은 지금까지 계속되고 있으며, 이는 북한의 사회체제와도 무관하지는 않은 것으로 보인다.

1990년대 이후 최근 북한에서의 고구려 유적에 대한 발굴성과는 자세히 알려지지 않고 있으며, 사회과학출판사에서 간행하는『조선고고연구』등의 학술지를 통해 대강의 내용을 알 수 있을 뿐이다. 조사 내용에 대해서도 종합적인 조사보고서가 간행되지 않아 1~2쪽 분량의 간단한 보고문 형식으로 발표된 글을 참고할 수밖에 없는 것이 현실이다.

최근 북한의 고구려 유적 발굴성과로 우선 장수산 일대의 도시유적을 들 수 있다.〔지승철, 2001〕황해도 재령군과 신원군 사이의 장수산성과 그 아래의 도시유적을 포함하는 것으로 1991년 발굴되었다. 북한에서는 장수산성과 그 아래의 도시유적은 남평양과 함께 고구려의 별도인 한성(漢城)으로 추정하고 있다. 자세한 보고가 없으나 고구려 유적에 대한 연구가 고분을 중심으로 이루어지고 있으며, 생활유적에 대한 연구도 평양을 중심으로 하는 도성에 집중되고 있는 현실을 감안할 때 향후 고구려 고고학 연구에 중요한 실마리를 제공할 것으로 기대된다.

2001년에는 태성리 3호분이라는 새로운 벽화고분이 발굴되었으며〔김인철, 2002〕, 2002년에는 황해북도 연탄군 송죽리에서 또 다른 벽화고분이 발굴되었다. 이 고분에 대한 자세한 내용은 아직 정식으로 북한학계의 보고서를 통해 알려지지는 않았지만, 태성리 3호분은 구조상 357년에 축조된 안악 3호분과 유사하다는 점에서 초기 벽화고분의 연구에 중요한 자료가 될 것으로 보인다.

이상에서 1945년 이후 최근까지 북한에서 이루어진 고구려 고고학

연구성과를 정리하여 보았다. 주지하듯 북한에서는 정권이 수립된 이후 정권의 정통성과 관련하여 고구려 고고학 연구에 집중적인 노력을 기울여왔다. 그러나 1960년대 말 주체사상이 확립된 이후 다른 분야에서와 마찬가지로 고구려 고고학 연구도 교조적인 경향이 강해졌으며, 주로 도성이나 왕릉급의 고분발굴에 조사가 치중되어 왔다. 1980년대 이후에는 그나마 발굴내용도 자세히 보고되지 않고 있으며, 이러한 경향은 현재에도 마찬가지다. 2004년에도 남포시 일원에서 고구려 고분에 대한 발굴이 있었던 것으로 알려지고 있으나 고구려 유적에 대한 체계적인 발굴조사는 당분간 기대하기 어려울 것으로 생각된다.

중국에서는 1956년 고이산성의 발굴조사를 시작으로 고구려고고학에 대한 본격적인 연구가 시작되었다. 이후 집안시 일원의 고분군에 조사가 집중되었으며, 1968년부터 3년 동안에 7백여 기의 고분이 발굴되기도 하였다. 1980년대에 들어와서는 도로공사 등으로 인해 대규모의 발굴이 이루어지고 있으나 발굴내용은 자세히 보고되지 않고 있다. 1990년대 말부터는 환인과 집안 일대의 초기 고구려 유적에 대한 조사와 복원사업이 병행되고 있는데, 이는 순수 학술적인 목적보다는 집안시 고구려 유적의 세계유산 등재 및 관광자원의 확보라는 두 가지 정치적 목적과 관련되어 있는 것으로 보인다.

1970년대까지 중국에서 간행된 글은 대부분 발굴조사보고문의 성격을 띠고 있으며, 1980년대 이후에서야 본격적인 연구논문이 발표되기 시작한다.〔魏存成, 1996〕 하지만 최근에는 다양한 학술잡지를 통해 논문이 발표되고 있으며, 각국의 연구성과를 번역하는 등 고구려고고학 연구를 주도하는 듯한 인상을 준다.

1990년대 이후 최근 중국에서 이루어진 고구려 유적에 대한 조사 성과로는 동구고분군(洞溝古墳群)에 대한 실측조사가 가장 주목된다. 이 조사는 1997년 길림성문물고고연구소(吉林省文物考古研究所)와 집안시박물관(集安市博物館)이 공동으로 실시한 집안 일원의 1만여 고구려 고분에 대한 실측보고서로 주요 고분의 현황 실측도와 함께 지난 50여 년간 이루어진 여러 연구자들의 연구성과를 요약하여 정리하고 있다.〔吉林省文物考古研究所·集安市博物館, 2002〕이 조사는 집안 일원의 고구려 고분의 현황과 위치·유형·연구성과 등을 집대성하여 목록화함으로써 향후 고구려 고분연구의 기초자료로서 활용할 수 있게 하였다는 데 의미가 있다.

2004년 6월에는 중국 내 고구려 유적의 세계문화유산 등재를 앞두고 4권의 발굴보고서를 간행하였다.〔吉林省文物考古研究所·集安市博物館, 2004a, 2004b, 2004c;遼寧省文物考古研究所, 2004〕이들 보고서는 1990년 이후 2003년에 이르는 동안 집안시 일원에서 행해진 왕릉급 고분에 대한 것과 환인의 오녀산성, 집안의 국내성과 환도산성 등에 대한 발굴성과가 자세히 수록되어 있다.

집안시 고구려 왕릉 보고서에서는 이 기간 동안 발굴된 주요 고분 14기의 구조와 규모 및 축조방법 등에 대해 비교적 상세히 기술하고, 고분의 형식과 출토유물 등의 비교를 통해 연대를 비정한 후, 일부 고분은 구체적으로 주인공을 비정하고 있다. 이러한 비정은 고분의 편년자료와 문헌에 나오는 장지에 관한 기록을 근거로 하고 있는데, 앞으로 검토할 여지는 많이 있는 것으로 생각된다. 그 외에도 오녀산성과 국내성, 환도산성에 대한 보고서는 이들 각 성곽의 구조와 내부시설물 및 출토유물에 대한 자세한 소개와 분석을 통해 연대를 추론하고 있다.

이상의 최근 중국의 고구려 유적발굴은 환인과 집안 일원의 대형 고분들과 도성을 중심으로 이루어졌는데, 이는 물론 세계문화유산 등재 나아가서는 고구려사의 중국사로의 편입을 염두에 둔 것임은 주지하는 바와 같다. 그러나 이러한 정치적인 목적을 감안하더라도 이들 새로이 간행한 보고서는 기존의 연구방식과는 큰 차이를 보이는 것이 주목되는 점이다. 즉 과거의 발굴조사는 소규모이거나 정비차원에서 행해진 것이 많으며 그 내용도 자세히 보고된 적이 드문 데 비해, 최근조사된 이들 유적의 조사내용은 비교적 광범위하고 보고내용도 자세하다는 점이다. 이러한 점은 그 의도가 어떻든 간에 향후 고구려 고고학연구에 큰 활력소가 될 것으로 생각된다.

남한에서는 1979년 '중원고구려비' 발견 이후 고구려 고고학 자료가전무한 상태였다. 따라서 중국이나 북한에서 간행된 보고서 등의 2차자료를 중심으로 연구할 수밖에 없었다. 1960년 김원용의 「고구려 벽화고분의 기원에 대한 연구」를 필두로 연구가 시작되었다.〔김원용, 1960〕

그러나 이후 1980년대까지도 벽화고분 및 개설서 외에는 별다른 연구의 진척은 없었다. 특히, 1980년대 백제·신라·가야 고고학 연구의비약적인 성과와 비교할 때 남한에서의 고구려 고고학 연구는 거의 불모지대였다고 할 수 있다. 그러다가 1980년대 후반 이후 최근까지 한강유역의 아차산 일원을 비롯하여 임진강에서 금강유역에 이르는 넓은 지역에서 많은 수의 고구려 보루가 확인되고, 일부는 발굴조사가 실시됨으로써 남한에서도 고구려 고고학 연구가 활발해지고 있다.〔최종택, 2004 ; Choi Jongtaik, 2005〕

남한지역의 고구려 유적은 대부분이 관방유적으로 산성(山城 : fortress)보다는 규모나 기능이 제한적인 보루(堡壘 : fort)가 주를 이룬다는 것이 특징이다. 이들 보루는 임진강유역과 양주분지, 한강 일원과 금강유역의네 곳에 집중적으로 분포하고 있는데, 발굴조사와 분석이 잘 이루어진

한강유역의 고구려 보루를 통해 자세한 구조와 성격이 밝혀지고 있다.

한강유역의 고구려 보루는 한강 북안의 아차산과 한강변 저지대의 구릉을 따라 배치되어 있으며, 대략 5백 미터 가량의 거리를 두고 인접해서 배치되어 있다. 각 보루는 외곽의 성벽과 내부의 건물지로 구성되어 있으며, 건물지 안팎에는 온돌과 저수시설·배수시설·간이대장간 등의 시설물이 설치되어 있다.

한강 남안의 몽촌토성은 초기백제의 수도인 한성(漢城)의 방어성으로 기능을 하였으나, 475년 고구려에게 점령당한 후 고구려의 남하를 위한 거점성으로 사용되었다. 한강 북안의 고구려 보루들은 한강을 방어하기 위한 고구려 최전방 방어시설로 대략 5백 년을 전후한 시점에 축조되어 551년까지 사용되었으며, 각각의 보루에는 규모에 따라 10명, 50명, 1백 명 단위의 부대가 주둔하였다.

남한지역의 고구려 보루들은 고구려고고학 연구에서 몇 가지 중요한 의미를 갖는다. 첫째로 그 동안 중국 동북지방과 북한지역의 자료에 대한 접근의 제약으로 남한지역에서 고구려 고고학에 대한 연구가 제대로 이루어질 수 없었음은 주지의 사실인바, 이들 유적의 조사를 통하여 남한지역에서의 고구려 고고학 연구가 가능해졌다는 것이다. 둘째로 그 동안 고구려고고학 연구는 중국 동북지방과 북한지역의 고분을 중심으로 이루어져왔는데, 이들 보루의 발굴을 계기로 고구려 사회와 문화전반으로 연구가 확장될 수 있게 되었다. 특히 아차산 보루의 발굴을 통해 부대의 편제가 밝혀진 점은 고구려 사회의 이해에 크게 기여할 것으로 생각된다. 셋째로 남한지역 고구려 유적의 발굴을 계기로 그 동안 연구의 공백으로 남아 있던 고구려의 남진(南進)과정과 남한지역에 대한 고구려의 지배방식에 대한 세밀한 연구가 가능해졌다. 마지막으로 그 동안 고구려고고학 연구에서 가장 문제가 되었던 것 중의 하나가 유물의 편년근거가 부족하다는 것이었는데, 아차산 보루에서 출토된 유물, 특히 토기의 연대를 통해 이러한 문제를 어느 정도 해결할 수 있게 되었다는 것이다.

3. 고고자료를 통해 본 고구려인들의 삶과 자취

1) 성곽—도성과 산성

고구려는 '구려(句麗)'라는 말에서 유래한 것인데, '구려'는 고구려말로 '성(城)'을 의미하는 '구루(溝瀍)'나 '홀(忽)'의 음을 한자로 표기한 것이다. 또 '광개토왕릉비'에는 고구려의 건국과정에 대해, 시조 주몽(朱蒙)이 부여에서 나와 강을 건너 '비류곡(沸流谷) 홀본(忽本) 서쪽 산 위에 성(城)을 쌓고 도읍을 세웠다'라고 적고 있다. 이처럼 고구려라는 나라 이름 자체가 성과 관련된 것이고, 먼저 성을 쌓은 뒤 나라를 세워 도읍을 정하였음을 알 수 있다.

고구려가 건국한 압록강 중류 일대는 중국기록의 표현처럼 "큰 산과 깊은 계곡이 많으며 넓은 들판이 없어 산골짜기에 의지하여 살면서 기름진 농토가 없어 부지런히 농사를 지어도 먹고살기 힘든 곳"으로〔『三國志』卷30, 魏書 第30 東夷傳 高句麗條〕, 고구려는 이와 같은 경제적 취약성을 극복하기 위해 주변의 집단을 복속하고 영토를 확장할 필요가 있었다.

실제 고구려 역사상 145회에 달하는 많은 전쟁이 있었으며, 따라서 성곽의 축조는 국가가 존속하기 위해 필요불가결한 조건이자, 고구려가 7백여 년의 역사를 유지하는 데 밑바탕이 되었다. 고구려의 주요 활동무대였던 중국의 길림성(吉林省)과 요령성(遼寧省) 일대에는 2백 개가 넘는 성곽이 남아 있고, 북한지역에서도 1백 개 이상이 확인되고 있으며, 남한지역에도 50여 개의 고구려성이 조사되어 고구려는 말 그대로 성곽의 나라라고 할 수 있다.〔王綿厚, 2002 ; 여호규, 1998, 1999 ; 최종택, 1999〕

고구려성은 평지에 쌓은 평지성과 산 위에 쌓은 산성으로 크게 나뉘며, 주요 교통로상의 험준한 골짜기를 가로막아 쌓은 차단성(遮斷城) 또는 관애(關隘) 및 교통로를 따라 작은 봉우리에 쌓은 보루(堡壘) 또는 초소(哨所)가 있다. 숫자상으로는 산성이 압도적으로 많은데, 산성은 주로 방어용으로 사용되었다. 고구려성은 기능에 따라 왕이 기거하던 도성과 도성 외곽의 방어용 산성으로 구분되는데, 아래에서 고구려의 도성과 산성 방어체계에 대해 살펴보기로 한다.

왕이 기거하는 도성(都城)은 주로 평지에 쌓는데, 평지성은 방어에 불리하기 때문에 가까운 곳에 산성을 쌓아 보완하는 것이 일반적이다. 이처럼 고구려의 도성은 왕궁을 둘러싼 평지의 왕성(王城)과 배후의 방어용 산성으로 구성되어 있다.

고구려의 발상지인 혼강유역에는 오녀산성(五女山城)과 하고성자고성(下古城子古城)이 남아 있는데, 이 곳이 고구려 초기의 도성(都城)으로 알려지고 있다. 하고성자고성은 혼강을 따라 10킬로미터 가량 남쪽에 위치해 있는데, 오녀산성과는 달리 강변의 평지에 축조되어 있어 평상시 왕이 기거하던 곳으로 추정된다. 성의 형태는 장방형으로 동벽은 유실되었으나 6백여 미터의 토성이 남아 있다.

오녀산성은 중국 환인현(桓仁縣)에서 동북쪽으로 8.5킬로미터 떨어진 혼강 맞은편의 오녀산 정상에 위치하고 있다. 오녀산은 해발 8백여 미터로 주변에서 가장 높으며, 산 중턱에서 정상에 이르기까지는 1~2백 미터 높이의 절벽을 이루고 있다. 산성은 정상부의 평탄지를 둘러싸고 있는데, 남북으로 길이가 1천 미터, 동서 너비가 3백 미터 정도 된다. 성 내부에는 천지라 불리는 연못과 왕궁터를 비롯한 많은 수의 건물, 점장대 등이 남아 있으며, 옹성(甕城)구조로 된 문지가 남아 있다.

최근 간행된 보고서에서는 발굴된 건물지와 유물에 대한 분석을 통해 오녀산성은 5개의 문화기로 구분하고 있다. 이 중 오녀산성 제3문화기는 고구려의 건국연대와 일치하고 있으며, 제4문화기는 4~5세기로 비정되고 있어서 오녀산성은 고구려 건국과 동시에 축조되어 고구려 중기까지 사용되었음을 알 수 있다.〔遼寧省文物考古硏究所, 2004〕

중기 도성의 모습은 집안시에 위치한 국내성(國內城)과 주변의 산성을 통해서 살펴볼 수 있다. 국내성은 고구려의 두번째 도읍의 왕성으로 잘 알려져 있지만 도시화로 인해 성의 모습이 파괴되어 자세한 내용을 알기 어려웠으나, 2000년부터 이루어진 일련의 발굴을 통하여 성벽과 문지시설 및 배수시설이 새로이 조사되었으며, 성 내부에서는 여러 기의 건물지가 발굴되었다.〔吉林省文物考古硏究所, 集安市博物館, 2004〕

국내성은 평지에 축조된 방형의 석성으로 전체 둘레는 2천686미터에 달한다. 성벽 중간중간에 치(雉)가 설치되어 있고, 모퉁이에는 망루가 축조되어 있다. 모두 6개의 문지가 남아 있는데 모두 옹성구조를 하고 있다. 성 내부는 6개의 문지와 연결된 대로를 따라 6개의 방형구획으로 구분되어 있어서 중국식 도성의 평면을 채택하였음을 알 수 있다. 국내성의 석축성벽은 1930년대까지만 해도 원형을 거의 유지하고 있었으나, 지금은 대부분 유실되어 기초부분만 남아 있다. 또한 이 석축성벽이 기원후 3년 졸본에서 이 곳으로 도읍을 옮길 당시 국내성의 모습인지는 확실하지 않으나 일부 지점에서 발굴된 성벽의 단면에서 석축성벽 아래에 토루의 흔적이 있다. 토루에서 출토된 유물의 연대로 보아 처음 도읍을 옮길 당시 국내성은 석축성벽이 아니라 토성이었을 가능성이 크다.

국내성의 북쪽에는 방어용 산성인 산성자산성(山城子山城)이 있는데, 『삼국사기』에 기록된 환도성(丸都城)으로 비정되어 환도산성이라고 불린다. 집안시 외곽에 위치한 환도산성은 국내성의 방어성으로 기능했으며, 일시적으로 왕성으로 사용되기도 하였다. 발굴조사를 통하여 성벽과 7개에 달하는 문지의 구조가 자세히 밝혀졌으며, 성 내부에서는 점장대와 궁전터 등이 발굴되었는데, 고구려 궁궐의 모습을 연구하는 데 매우 중요하다.〔吉林省文物考古研究所, 集安市博物館, 2004〕

후기의 도성은 평양의 대성산성(大城山城)과 안학궁성(安鶴宮城)·평양성(平壤城) 등을 통해 그 모습을 살펴볼 수 있다. 427년 평양으로 도읍을 옮긴 고구려는 대성산 남쪽에 도성인 안학궁성을 축조하고, 북쪽에는 대성산성을 축조하여 방어용 산성으로 삼았다. 안학궁성은 대성산성 남쪽의 대성산 산록에 위치하고 있는데, 정방형으로 둘레는 2천480미터이며 성벽의 높이는 4미터 가량 된다. 성 외곽으로는 해자(垓子)가 돌려져 있고, 문지는 남쪽에 3개소, 동·서·북쪽에 각각 1개소씩 설치되어 있으며, 성 내부에는 남궁·중궁·북궁 등의 궁궐이 축조되어 있다. 대성산성은 안학궁성의 방어성으로 대동강 북안의 대성산 위에 축조되어 있는데, 둘레는 7천218미터에 달하며 장대와 각루 및 연못·우물·창고 등이 남아 있다. 한편 일부 학자들은 안학궁성 출토유물의 연대문제를 거론하며, 고구려가 평양으로 도읍을 옮긴 후 쌓은 방어용 산성인 대성산성에 대응하는 평지 토성은 청암리토성이라고 주장하기도 한다.〔田中俊明, 1999〕

고구려가 평양으로 천도한 이후에도 상당기간 평지의 도성과 배후의 방어용 산성으로 구성된 도성 방어체계는 한동안 유지되었다. 그러나 이 체계는 몇 가지 문제를 안고 있었다. 이러한 도성체계에서는 도성이 공격을 받으면 평지의 왕성에 거주하던 왕과 관리 및 주변의 백성들이 모두 산성으로 들어가 방어를 하기 위해 고안된 것이었다. 그러나 성공적인 방어로 외적을 물리쳤다고 하더라도 평지 왕성을 비롯한 도시가 폐허가 되는 것을 막기는 어려웠던 것이다.

따라서 산성의 방어기능과 평지 왕성의 기능을 함께 갖춘 성곽의 축조가 필요하게 되었다. 그리하여 양원왕(陽原王) 8년인 552년에는 평양을 둘러싼 대동강과 보통강을 자연해자(垓字)로 삼아 평양성을 쌓았으며, 평원왕(平原王) 28년인 586년에는 평양성으로 천도하였다.〔『三國史記』, 高句麗本紀 平原王條〕 평양성은 둘레 23킬로미터, 내부 면적 185만 제곱미터에 달하는 거대한 규모로, 북쪽에서부터 네 개의 성곽이 연결된 것으로 북성－내성－중성－외성으로 구성되어 있다.

왕이 기거하는 궁궐은 내성에 있었으며, 성 내부는 방형의 도로를 따라 시가지가 조성되어 있다. 내성의 성벽에는 성벽의 축조와 관련된 기록이 남아 있는데, 기축(己丑 : 569)년과 병술(丙戌 : 566)년에 축조된 것임을 알 수 있다. 이처럼 도시 전체를 둘러싸고 있는 평양성은 산성의 방어기능과 왕성의 기능을 함께 갖춘 새로운 개념의 도성으로 이로써 고대 도성체계가 완성되었다고 할 수 있다.

고구려의 산성은 하천이나 계곡 연안의 전략적 요충지에 축조되었는데, 입지와 규모 및 기능에 따라 여러 가지로 나뉜다. 산성은 기본적으로 방어에 유리한 지형에 쌓는데, 삼면이 강으로 막혀 있거나 가파른 절벽을 이루고 있으며, 다른 한 면은 경사가 완만하여 출입이 용이한 지형을 가장 선호하였다. 이러한 형태의 산성은 내부에 골짜기를 끼고 있어서 포곡식산성(包谷式山城)이라고 부르는데, 집안의 환도산성이 대표적이다. 성 내부가 넓으며, 방어에도 유리하여 이 유형의 산성이 가장 많이 축조되었다.

다음은 산 정상부를 둘러막아 쌓은 것으로 테뫼식(山頂式)산성이라 불리는 것으로 산정상부가 평평하고 주변이 급경사를 이루거나 절벽으로 이루어진 지형에 축조한 것이다. 오녀산성이 이 유형의 대표적인 예이며, 험준한 지형으로 인해 방어에 적합한 형태이나 성 내부가 좁을 경우 많은 군사가 주둔하기에 어려운 점이 있다.

한편 최근 남한지방을 중심으로 보루라고 불리는 소규모 산성이 많이 조사되는데, 이들은 대개 장수왕대 고구려의 남진정책에 따라 축조되어 551년경까지 사용된 것으로 보인다. 보루는 강을 건너기 위한 곳이나 교통로상의 주요 지점에 축조하였는데, 오늘날 군인들의 초소와 같은 작은 군사요새이다. 보루는 규모가 작아 적은 수의 군사가 주둔할 수밖에 없으며, 자체로는 방어기능을 충분히 발휘하기 어렵다. 따라서 보루는 4~5백 미터의 간격을 두고 여러 개를 배치하여 전체가 하나의 방어체계를 갖추도록 하였다.〔최종택, 1999〕

고구려 성곽은 일정한 방어체계를 갖추고 있으며, 왕이 살고 있는 도성(都城)을 중심으로 한 도성 방어체계와 외곽 방어체계로 크게 나뉜다. 도성 방어체계는 평지의 도성과 배후의 산성으로 구성되는바, 그 내용은 앞에서 살펴본 바와 같다. 외곽 방어체계는 도성지역을 중심으로 한 최종 방어선 외곽에 배치된 방어선으로 중요 교통로상의 요충지에 성곽을 쌓아 방어선을 구축하고 있다. 실제로 국내성 시기의 방어체계를 보면 국내성을 중심으로 북쪽을 향하여 동심원을 그리며 2차 · 3

차의 외곽방어선이 배치되어 있고, 3차 방어선의 밖에는 주요 강을 따라 몇 개의 축선상 방어선이 구축되어 있다. 또한 고구려는 7세기에 이르러 변방에 있는 산성을 연결하여 천리장성(千里長城)을 쌓기도 하였다.

이러한 성곽 중심의 방어체계를 운용하는 고구려의 전술로는 험준한 지형과 지리적 이점을 백분 활용한 기습공격과 청야수성(淸野守城)을 들 수 있다. 청야수성이란 아군에 비해 월등히 많은 수의 적군의 공격에 대항하기 위한 고구려 특유의 전술로 2세기경 후한(後漢)의 침공 때 명림답부(明臨答夫)가 처음 실행하였다고 전한다. 이 전술은 유사시 성밖의 식량과 물자 등 적이 사용할 만한 것과 백성을 모두 성안으로 옮긴 후 성곽을 지키는 것을 말한다.

이러한 성곽은 대부분 험준한 지세를 이용하여 축조하였으므로 적의 접근이 어렵고 아무리 대군이라 하여도 공격할 수 있는 면이 좁아서 효과적인 공격을 하기 어렵다. 반면에 아군은 적은 수의 군사로 장기간의 농성전(籠城戰)을 수행하고, 기습공격을 통하여 적의 보급로를 차단하는 등 적의 전투력을 약화시킨 후 반격을 가하는 것이다. 수양제의 침공 때 요동성(遼東城) 전투와 당태종의 침입시 안시성(安市城) 전투 등이 청야수성 전술의 좋은 예이고, 이러한 전술을 통하여 수·당의 대군을 물리칠 수 있었던 것이다.

2) 고　분

고구려의 고분은 오늘날 중국의 환인·집안시 일대와 평양을 중심으로 한 평안도 및 황해도 일원에 분포하고 있는데, 1958년 중국 환인에서만 750기의 고분이 조사되었으며, 집안시 인근에서는 1만 기가 넘는 많은 수의 고분이 조사되었나. 1997년도에 조사한 통계에 따르면 중국 집안시 일원에는 모두 1만 782기의 고분이 있었으나, 이 중 3천928기는 없어졌으며, 6천854기만 남아 있다.〔吉林省文物考古研究所·集安市博物館, 2002〕

고구려 고분은 1~2기가 따로 떨어져 있는 경우도 있으나, 많은 수의 무덤이 한 곳에 밀집되어 있는 것이 일반적인데 앞에서 언급한 집안시 일원의 고분들은 6개의 고분군으로 나뉘어 있으며, 각 고분군에는 수십 기에서 수천 기씩 군집을 이룬 고분이 분포되어 있다.

고구려는 처음부터 돌로 고분을 축조하였는데, 이는 인근의 중국 동북지방 제 민족의 묘제와는 구별되는 것이다. 『삼국지』위서(魏書) 고구려전에는 고구려 사람들의 무덤 및 장례풍습에 관한 기록이 남아 있는데, "돌을 쌓아 봉분을 만들었으며〔積石爲封〕, 관은 있으나 곽은 없다〔有棺無槨〕"고 하였다.

고구려의 고분은 축조재료에 따라 강돌이나 다듬은 산돌을 쌓아 만든 돌무지무덤〔積石塚〕과 커다란 판석으로 무덤방을 만들고 흙을 덮어 만든 돌방무덤〔封土墳〕으로 크게 나뉜다. 또한 매장방식에 따라서 돌로 곽을 짜고 시신을 안치한 후 뚜껑을 덮은 수혈식(竪穴式)무덤과 돌로 하나 이상의 무덤방을 만들고 널길〔羨道〕을 따로 설치한 횡혈식(橫穴式)무덤으로 나누기도 한다. 횡혈식무덤은 널길 입구와 무덤방 입구에 출입문을 통하여 추가장이 가능한 형태로 수혈식무덤에 비해 한층 발전한 형태이며, 하나의 무덤에 여러 사람의 매장이 가능한데, 대체로 부부를 위한 무덤으로 생각된다.

초기의 무덤인 돌무지무덤은 주로 넓은 들을 낀 강가의 낮은 대지 위에 위치하다가 점차 내륙의 대지나 산기슭으로 옮겨가며 축조된다. 돌무지무덤은 요령(遼寧)지방의 청동기시대 적석묘(積石墓)에서 변화된 것으로 보이는데, 처음에는 강돌을 깔고 그 위에 관을 안치한 후 돌을 둥글게 덮어 만든 무기단식이 사용되었으나 점차 다듬은 석재를 이용하여 네모난 기단을 만든 형태로 바뀌게 된다. 반면에 북한의 학자들은 고구려 적석총의 기원을 청동기시대 이래의 고인돌에서 찾고 있다. 4세기경에는 잘 다듬어진 커다란 석재를 이용하여 여러 단의 계단식으로 축조한 피라미드 형태의 고분이 등장하며, 고분의 내부에는 널길이 달린 횡혈식 무덤방이 설치된다. 돌무지무덤은 427년 평양으로 도읍을 옮긴 후 점차 쇠퇴하다가 돌방무덤에 자리를 내어주게 된다.

4~5세기에 유행한 피라미드형의 계단식돌무지무덤은 이전의 무덤에 비해 규모도 크며, 무덤 꼭대기에 건물을 올리는 등 새로운 양식으로 흔히 왕릉으로 추정된다. 대표적인 예로 집안의 장군총(將軍塚)과 태왕릉(太王陵)·천추총(千秋塚)을 들 수 있다.

장군총은 7단의 계단식돌무지무덤으로 바닥의 한 변 길이가 31미터 전체 높이는 14미터에 달하는 거대한 규모이다. 시신이 안치된 무덤방은 널길이 달린 장방형으로 제4단의 윗면에 설치되어 있다. 무덤의 정상부는 자갈과 석회를 섞어서 돔형으로 마감하였으며, 난간이 설치되어 있었다.

태왕릉은 광개토대왕비(廣開土大王碑)에서 5백 미터 떨어진 거리에 위치하고 있는데, 많이 무너졌으나, 크기는 밑변의 길이가 60미터에 달하며, 면적은 장군총의 4배에 달한다. 태왕릉에서는 '원태왕릉안여산고여악(原太王陵安如山固如岳)'이라는 명문이 새겨진 벽돌이 출토되어 광개토대왕의 능으로 추정되고 있다. 또한 최근의 발굴조사를 통하여 태왕릉에서는 "辛卯年 好太王 □造鈴 九十六"이라는 내용의 명문이 새겨진 청동방울이 출토되어 고분의 주인공이 광개토대왕이라는 기존학설을 뒷 받침해 주는 것으로 평가되고 있다.〔吉林省文物考古硏究所, 集安市博物館, 2004〕

돌방무덤은 커다란 판석(板石)과 할석(割石)을 이용하여 지하 또는 반 지하에 널길〔羨道〕이 달린 무덤방을 만들고 그 위를 흙으로 덮어 만든 무덤이다. 돌방무덤은 대체로 3세기 후반 이후에 등장하여 고구려 멸 망시기까지 유행하는데, 중국 한(漢)대의 무덤에서 영향을 받아 만들어 진 것으로 생각되고 있으나, 돌무지무덤에서 변화된 것이라는 주장도 제기되고 있다. 무덤의 외형은 사각뿔의 윗면을 잘라낸 모양의 방대형 이며, 무덤방의 천장은 납작천장〔平天井〕 · 활천장〔穹隆式天井〕 · 모줄임천장 〔抹角藻井式天井〕 등 다양하다. 내부 무덤방의 수는 1개에서 3개 이상까지 다양한데, 대체로 3실묘에서 단실묘로 변화된다.

한편 돌무지무덤 중 극히 일부와 돌방무덤 중 일부에는 벽화가 그 려진 무덤이 있는데, 평양지방에 72기, 집안지방에 21기가 알려져 있다.

고구려 고분에 대한 최근의 연구에 따르면, 고구려 고분은 석곽적 석총이 중심이 되는 수혈식묘제가 주로 사용된 시기(2c B.C..~A.D. 3c)와 4세기 이후의 횡혈식묘제 시기로 구분된다. 횡혈식묘제 시기는 다시 석 실적석총과 석실봉토분이 함께 사용되던 시기(4~5c)와 석실봉토분이 주 로 사용되는 시기(6c 이후)로 나뉜다.

또한 이 연구에서는 고분의 구조와 규모를 바탕으로 고구려 고분의 위계를 설정하였는데, 고분 정상에 건축물이 있는 4~5세기대의 초대형 적석총은 최상위 위계를 가진 왕릉으로 비정하고, 그 하위에는 묘상건 축이 없는 중앙귀족의 무덤 등으로 비정하였다. 그리고 이러한 무덤의 등급과 분포상황을 통해 고구려 영역의 확장과정과 고구려 사회의 발 전과정을 분석하기도 하였다.〔강현숙, 2000〕

3) 건축-궁궐·사찰·일반건축

고구려는 건국 초기부터 성곽과 궁궐을 지었다. 중국 진(晉)나라의 진수(陳壽, 233~297)가 편찬한 『삼국지』 동이전에는 고구려 사람들은 "즐겨 궁실(宮室)을 지으며, 거처하는 곳 좌우에 큰 집을 지어 귀신과 영성(靈星)·사직(社稷)에 제사한다"고 하여 고구려 사람들이 궁궐을 잘 짓는다고 기록하였다. 고구려의 건물로 현재 실물로 남아 전하는 것은 없으나, 발굴된 유적과 고분벽화 등을 통해 비교적 상세히 그 내용을 알 수 있다. 고구려의 건물은 기거하는 주체에 따라 궁궐과 사찰, 귀족저택 및 일반주택, 군사들의 막사 등 다양하였으며, 주인의 신분에 따라 규모와 형태에는 차이가 있었다.

궁궐 또는 궁실이란 왕이 정무를 살피던 궁전을 비롯한 각종 공공건물을 함께 일컫는 말이다. 『삼국사기』 고구려본기를 보면 동명왕(東明王) 주몽이 건국하던 해에는 궁실을 지을 겨를이 없어 비류수(沸流水 : 오늘날 환인의 혼강)가에 집을 짓고 기거했으나, 3년 뒤인 동명왕 4년(34 B.C.) 가을 7월에 성곽과 궁실을 지었다고 기록하고 있다. 이처럼 고구려는 건국 초기부터 궁궐을 지었으나, 초기의 궁궐모습이 어떠했는지는 오늘날 자세히 알기는 어렵다. 다만 최근 발굴된 집안의 환도산성을 통해서 고구려 초기 궁궐의 규모 등을 짐작할 수 있다.

환도산성의 궁전터는 서쪽으로 낮게 경사진 산기슭에 위치하고 있으며 전체 면적은 8천 제곱미터다. 궁전건축물 외곽은 담장으로 둘러싸여 있는데, 담장의 규모는 96×75미터로 대형이며, 서벽에는 두 개의 문지가 확인되었다. 담장 안쪽에는 인공적으로 축조된 4개의 건축기단이 있으며, 그 위에는 각기 다른 11기의 건물이 축조되었다. 건물은 대개 장방형 평면을 하고 있으며, 초석을 갖춘 지상거물이다. 건물 중에는 8각형 건물터 두 곳이 대칭 상태로 발굴됐는데, 이러한 형태의 건물은, 절터 등에서나 발견되는 8각형 건물터가 나온 것으로 보아 제사나 의례가 열렸던 장소였을 것으로 추정된다.[吉林省文物考古硏究所, 集安市博物館, 2004]

고구려는 소수림왕(小獸林王) 2년(372)에 동진(東晉)의 승려 순도(順道)를 통해 불교를 받아들였다. 그로부터 3년 뒤인 375년에는 초문사(肖門寺)와 이불란사(伊弗蘭寺)를 세웠다. 이 두 사찰은 중국 집안(集安)의 국내성(國內城) 근처에 있던 것으로 추측될 뿐 자세한 내용은 알 수 없다.

이후 고구려 사찰의 모습은 평양천도를 전후해 세워진 것으로 보이는 청암리사지(淸岩里寺址)와 상오리사지(上五里寺址)·정릉사지(定陵寺址)·금강사지(金剛寺址)·토성리사지(土城里寺址) 등을 통해 알 수 있다. 이들을 통해 볼 때 고구려 사찰의 기본배치는 가운데 탑을 중심으로 동·서·북쪽에 금당(金堂)을 세운 이른바 1탑3금당식(一塔三金堂式)이다.

발굴조사를 통하여 전체규모가 자세히 밝혀진 정릉사지를 통해 고구려 사찰건물의 세부구조를 잘 알 수 있다. 정릉사는 평양시 력포구역의 동명왕릉 앞에 위치해 있으며, 시조 동명왕의 명복을 빌기 위해 건립한 절이다. 발굴조사 과정에서 '정릉(定陵)'·'능사(陵寺)' 등의 글자가 새겨진 토기조각이 출토되어 정릉사로 불리게 되었다.

정릉사의 평면은 동서 폭이 약간 넓은 네모난 형태로 면적은 3만 제곱미터에 달하며, 우리나라 삼국시대 사찰 중 가장 큰 규모이다. 사찰의 외곽은 모두 회랑(回廊)식 담장을 둘렀으며, 그 안에는 1기의 탑과 크고 작은 건물 18채가 배치되어 있다. 건물은 크게 다섯 구역으로 나뉘어 배치되었으며, 각 구역과 건물은 모두 회랑으로 연결되었다. 사찰 중앙에는 목탑을 세우고, 목탑을 중심으로 북쪽과 동서 양쪽에 하나씩의 금당을 세워 1탑3금당식의 고구려 특유의 가람(伽藍)배치를 하고 있다.

고구려 사람들의 주택은 발굴된 유적이 많지는 않지만 고분벽화에 당시 주택을 묘사한 그림이 많이 있어 그 형태를 비교적 자세히 알 수 있다. 고구려 사람들은 죽어서도 생전의 삶을 그대로 누리고자 하였으며, 이러한 생각은 고분벽화에 반영되어 있다. 특히 4세기 중엽에서 5세기 중엽에 이르는 시기 동안의 고분벽화는 무덤 주인의 생활 및 풍속과 관련된 내용을 주로 그렸으며, 따라서 고분의 구조도 당시 주택의 모습을 잘 반영하고 있다.

생활풍속을 주로 그린 벽화고분으로 대표적인 안악3호분(357)과 덕흥리고분(408)은 무덤이 여러 칸으로 나뉘어 있으며, 안악3호분에는 회랑도 있다. 이들 고분은 당시 귀족들의 주택을 묘사한 것인데, 귀족주택은 주인이 공적인 업무를 처리하던 사랑채와 일상생활을 영위하던 안채로 크게 구분되며, 안채와 사랑채는 담장으로 구분되었다. 주택의 외곽은 담장으로 둘러져 있으며, 건물은 물론 담장에도 기와지붕을 얹었다.〔전호태, 1999〕

귀족주택의 경우 안채와 사랑채와 같은 주요건물 외에도 부엌과 고깃간·우물·다락창고와 차고〔수렛간〕·외양간·마구간 등 다양한 부속시설이 마련되었다. 또한 규모에 따라 차이가 있겠으나 연못이 있는 정원을 꾸미고, 규모가 큰 집에서는 정원에서 활쏘기를 즐길 수도 있을 정도였다.

집안의 난방은 벽을 따라 설치된 온돌을 통해 해결하였다. 고구려의 온돌은 오늘날의 온돌방과는 차이가 있는 것으로 고래가 하나나 둘밖에 없어서 흔히 '쪽구들'이라고 불린다. 온돌은 집안시 외곽의 동대자(臺子) 유적과 황해도 오매리 절골유적 등에서 잘 볼 수 있으며, 최근 조사된 아차산의 고구려 보루에서도 같은 형태의 온돌이 많이 발굴되었다.

온돌은 납작한 돌을 두 줄로 세우고 그 위에 얇은 구들장을 얹은 후 진흙을 발라 마감하였으며, 불을 때는 아궁이는 고래의 진행방향과 직각이 되도록 설치하였다. 직선형 온돌도 있으나 규모가 큰 집에서는 'ㄱ'자형으로 꺾인 형태를 주로 사용하였으며, 이 경우 온돌이 집안의 두 벽을 따라 설치되어 난방효과를 높일 수 있었다.

일반 평민들이 살던 집의 모습은 발굴된 유적을 통하여 알 수 있다. 고구려 초기의 자강도 시중군 노남리(魯南里)유적에서는 3기의 집터가 조사되었다. 2호 집터의 구조가 잘 남아 있는데, 동서 12미터, 남북 10미터의 남향집이었다. 집안에는 'ㄱ'자형의 외고래 온돌이 2기가 동서 방향으로 설치되어 있었으며, 기둥구멍 4개가 일정한 간격으로 배치되어 있었다.

이보다 늦은 평안남도 북창군 대평리(大平里)유적에서는 집터 바닥을 진흙으로 잘 다듬은 뒤 'ㄱ'자형 온돌을 설치하였는데, 모두 고래가 두 줄이었다. 기둥은 주춧돌을 놓고 그 위에 세웠는데, 땅을 파고 기둥을 세운 노남리 집터보다 발전된 것이다. 일반 평민들의 집은 강을 끼고 산을 의지한 지형에 지었으며, 집터에서는 기와가 출토되지 않는다. 이러한 상황은 "사는 곳은 언제나 산골이고, 민가는 모두 초가집이다"라는 『구당서(舊唐書)』의 기록과도 잘 맞는다.

군사들의 막사도 일반 평민들의 집과 비슷하였다. 물론 야전(野戰)에서 일시적으로 주둔할 경우에는 천막 등을 이용하였겠으나, 장기적인 주둔의 경우는 막사용 건물을 지었다. 최근 한강 북안의 아차산 일원에서 장수왕대에 축조한 고구려 군사시설이 발굴되었다. 이 중 아차산 4 보루는 210미터 가량의 장타원형 성벽 안쪽에 모두 7채의 건물이 있었다. 건물은 모두 장방형으로 벽채는 돌과 흙으로 쌓아올린 담장식이며, 지붕은 맞배식으로 추정된다.

각 건물의 내부에는 '직선형'이나 'ㄱ자형' 온돌이 1기 이상 설치되어 있는데, 가장 규모가 큰 3건물은 길이가 45미터에 달한다. 3호건물 내부에는 강당과 온돌이 설치된 방이 3칸, 물을 저장하던 저수시설 2기 및 배수시설 등이 설치되어 있다. 가장 규모가 큰 온돌은 'ㄱ'자형으로 총 연장길이가 9미터에 달한다. 온돌방 한 칸은 13~16평의 규모로 10여 명의 군사가 사용하였던 것으로 보이며, 이 유적에는 1백여 명의 군사들이 주둔하고 있었던 것으로 추정된다.〔최종택, 2004〕

4) 토　기

고구려 토기는 백제나 신라·가야 토기와는 상당히 다른 특징을 가지고 있는데, 우선 모래가 거의 섞이지 않은 고운 점토질〔泥質〕의 바탕흙을 사용한다는 점이다. 이른 시기의 토기 일부를 제외하면 대부분의 토기는 물레를 사용하여 제작하였다. 그러나 자기를 만드는 것처럼 점토 소지를 물레에 얹고 회전력을 이용해 그릇을 뽑아 올리는 것이 아니라 테쌓기를 이용해 대체적인 형태가 완성된 그릇의 외형을 말끔히 마무리하는 데 물레를 사용하였다.

고구려 토기의 제작방법은 오늘날 전통옹기의 제작법과 유사한데, 납작한 바닥을 만들고 그 위에 일정한 두께의 점토띠를 겹겹이 쌓아올리는 방법으로 그릇을 만들었다. 그릇의 형태가 갖추어지면 물레에 올리고 표면을 마무리하거나 에새와 같은 도구를 이용해 몸제 아래쪽을 깎아내거나 표면을 문질러서 마무리하였다.

고구려 토기는 회색이나 황색 및 흑색이 많다. 모든 토기의 바닥은 납작한 것이 특징이며, 같은 시기 백제나 신라·가야의 항아리가 모두 둥근 바닥인 점과는 대조적이다. 이는 고구려 사람들이 평상 위에서 생활하였고, 입식생활을 하였던 점과 관련이 있는 것으로 생각된다.

또한 고구려 토기는 문양으로 장식된 것이 드물다. 간혹 무늬가 장식된 것이 있다고 하더라도 고분에서 출토된 부장용이거나 의례용기이다. 대부분의 생활용기는 무늬가 없는 간소한 형태이며 실용적이지만 전체적인 모양과 손잡이 등을 이용해 조화된 형태를 만들어 내었다. 또한 삼국 중 가장 먼저 유약을 바른 토기를 만들어냈는데, 4세기 이후에는 저화도 유약을 입힌 황유도기(黃釉陶器)나 녹갈도기(綠褐陶器) 등이 제작된다.

고구려 토기의 기원과 형성과정에 대해서는 아직 많은 부분이 미해결의 장으로 남아 있는데, 이는 전적으로 자료의 부족에 원인이 있다. 현재까지의 자료로 보아 중국 집안일대의 혼강유역과 압록강유역의 청동기시대 토기의 전통 위에 전국 말(戰國末)~한(漢)대 회도(灰陶)의 영향이 가미되어 고구려 토기가 형성된 것으로 생각된다.〔박순발, 1999〕

구체적으로 고구려 전기에 보이는 굵은 모래가 섞인 조질태토와 세로로 달린 띠고리손잡이〔帶狀把手〕및 마연(磨研) 등의 속성은 청동기시대 이래의 전통이며, 고운 점토질의 니질태토(泥質胎土)와 회색토기 등의 속성과 일부 기종에 보이는 한대 토기의 요소 등은 새로이 유입된 것이다.

그러나 3세기 이전의 토기는 자료가 거의 없어서 공백상태로 남아 있으며, 현재로서는 3세기 말~4세기 전반경에 이르러서야 정형성을 갖춘 고구려 토기가 형성되는 것으로 보이는데, 이러한 현상은 고구려의 집권적 국가체제 성립과 궤를 같이하는 현상이다. 최근 조사된 오녀산성에서는 고구려 초기의 토기가 여러 점 보고되어 있으나 기종 구성이나 제작기법 등에서는 기존에 알려진 자료와 대동소이하다.〔遼寧省文物考古研究所, 2004〕

고구려 토기는 모두 30여 개의 기종(器種)으로 분류되며, 실용기와 비실용기로 대별된다. 기종별로 보면 처음부터 의례용으로만 사용되는 것도 있으나, 초기에 부장용으로 사용되다가 실용기로 기능이 전환되는 것도 있다. 일반적으로 실용기는 부장용기에 비해 크기가 커지는 경향을 보인다. 비실용기는 고분에서 출토되는 부장용기와 생활유적에서 출토되는 의례용기로 구분할 수 있는데, 유약을 바르거나 무늬로 장식한 것이 대부분이다. 실용기는 형태와 크기에 따라 저장용기 · 조리용기 · 배식기 · 운반용기 등으로 세분할 수 있다.

고구려 토기는 제작기법 및 형태상의 변화에 따라 전기(300년 이전) · 중기(300~500) · 후기(500년 이후)의 세 시기로 구분된다. 시기별 · 기종별로 차이가 있기는 하지만 고구려 토기의 일반적인 특징으로는 고운 점토질의 니질태토와 물레나 돌림판을 사용한 성형기법, 띠고리손잡이와 평저기형, 일부 기종의 시유(施釉) 등을 들 수 있다. 이러한 제작기술은 시간의 흐름에 따라 변화 발전한다.

전기에는 태토에 굵은 사립이 섞인 조질토기가 많으며, 중기에 들어서 태토의 완전한 니질화가 이루어지고, 중기부터 저화도 녹갈도기가 제작되기 시작한다. 성형기법 면에서는 전기의 손으로 빚은 수제토기(手製土器) 위주에서 중기부터는 돌림판이나 물레를 사용한 윤제토기(輪製

土器)로 변화된다. 표면을 마연하는 기법 역시 고구려 토기의 특징적인 요소로 생각되고 있으나, 진 시기를 거쳐 일부 기종에서만 마연이 확인되고 있다.

고구려 토기에는 문양이 시문된 토기가 드물지만 중기부터는 눌러서 찍는 압날법(押捺法)이나 그어서 새기는 음각법(陰刻法)에 의한 점열문(點烈文)・연속사각문(連續四角文)・거치문(鋸齒文)・어골문(魚骨文 : 전나뭇잎무늬)・격자문(格子文)・사격자문(斜格子文)・동심원문(同心圓文)・파상문(波狀文)・중호문(重弧文) 등이 일부 기종의 어깨에 시문된다.

후기에는 이들 문양이 일부 계속 시문되기도 하지만 흔히 암문(暗文)이라고 불리는 찰과법(擦過法)에 의한 불규칙한 사선문이나 격자문・연속고리문 등이 시문된다. 표면 색조는 고구려 전 시기를 통틀어 황색이 가장 많으나, 점차 회색이 증가하는 경향을 보이며, 중기 후반부터는 회색의 경질토기가 제작되고 이러한 전통은 발해시기까지 이어진다.〔최종택, 1999〕

5) 기와와 벽돌

고구려는 백제나 신라보다 먼저 기와를 사용하였는데, 국내성 도읍기에 이미 기와 제작기술을 받아들여 기와를 얹은 목조건물을 축조하였다. 기와는 중요한 건축부재의 하나로서 초기에는 제작과 사용이 엄격하게 정해져 있었던 것으로 보이는데, 『구당서』 권199 고려전에는 불교사찰과 사당, 왕궁 및 관청건물에만 기와를 얹었다고 기록되어 있다.

또한 집안지역에서 출토된 기와에는 '조와소(造瓦所)'에서 만들었다는 기록과 "십곡의 주민이 만들었다(十谷民造)", 또 "정사(丁巳)년 5월 20일

만들었다"는 등의 기록이 있는 점으로 미루어 기와를 만드는 관청과 이에 대한 제도가 있었음을 알 수 있다. 또, '관(官)'이나 '사(寺)' 등의 글자가 새겨진 점으로 미루어 관청이나 사찰에 기와를 만드는 수공업집단이 소속되어 있었음도 알 수 있다.

기와의 종류는 암키와·수키와 그리고 막새기와〔瓦當〕·반쪽막새기와〔半瓦當〕·치미기와〔鴟尾〕 등 다양하다. 기와의 색깔은 붉은색이 가장 많으며, 회색도 많이 사용되었다. 기와의 안쪽에는 삼베자국이 찍혀 있으며, 등에는 노끈무늬〔繩文〕와 격자무늬〔格子文〕가 가장 많다.

초기의 기와 중에 명문이 새겨진 막새기와가 중국 집안지방에서 발견된 바 있으며, 불교가 전래된 4세기 후반부터는 연꽃무늬로 장식된 막새기와가 등장하여 427년 평양으로 천도한 이후 본격적으로 사용된다.〔耿鐵華, 2001〕그밖에 보상화문(寶相花文)·인동문(忍冬文)·당초문(唐草文) 등이 막새기와의 문양으로 사용되었다. 그밖에 도깨비 얼굴을 형상화한 귀면문(鬼面文)도 와당에 자주 표현되는데, 벽사의 의미로서 건물을 나쁜 기운으로부터 지켜준다는 주술적인 의미가 내포되어 있다. 귀면문은 집안지방에서부터 발견되어 이미 이른 시기부터 사용되었음을 알 수 있다.

연꽃무늬는 연꽃잎의 수와 모양에 따라 단판(單瓣)·중판(中瓣)·세판(細瓣)·혼판(混瓣) 등으로 구분된다. 초기에는 중국의 영향을 받아서 막새의 면을 두 줄 또는 세 줄로 구획하고, 그 안에 연꽃을 시문하는 단판양식이 사용되었다. 평양으로 도읍을 옮긴 후에는 구획선이 점차 사라지고 연꽃잎 사이의 간판(間瓣)이 등장하며, 보상화문·인동문·당초문 등의 새로운 무늬가 채용되면서 고구려의 독자적인 양식이 성립된다. 고구려의 와당은 연꽃잎의 수가 4개에서 10개까지로 다양하며, 꽃잎의 너비가 좁고 날카로우며 두툼하여 전체적으로 매우 강한 인상을 주는 것이 특징이다.

벽돌(塼)은 건축물의 기초나 무덤·통로·바닥 등을 만드는 데 사용되었다. 평양의 금강사(金剛寺)와 정릉사(定陵寺)는 벽돌로 도로와 건물의 바닥을 깔았다. 5~6세기 최전방 초소인 한강 북안의 구의동 보루의 병사들도 벽돌을 바닥에 깔고 생활할 정도로 널리 보급되었다.

벽돌의 형태는 방형·장방형·삼각형·부채꼴 등 다양하며 크기도 다양하다. 벽돌의 표면에는 문양이 없는 것이 일반적이나 가는 노끈무늬나 연꽃무늬 등을 시문한 것도 있다. 집안의 태왕릉(太王陵)에서는 '원태왕릉안여산고여악(原太王陵安如山固如岳)'이라는 글자를 새긴 명문전이 출토되었으며, 천추묘(千秋墓)에서는 '천추만세영고(千秋萬歲永固)'·'보고건곤상필(保固乾坤相畢)'이라고 새긴 벽돌이 출토되기도 하였다.

6) 철 기

고구려는 제철기술에서도 상당한 수준에 도달해 있었다. 압록강유역에는 이미 기원전 3세기경 주조철기들이 사용되고 있으며, 기원전 2~1세기경의 노남리(魯南里)유적에서는 제철유적과 함께 선철(銑鐵)과 강철(鋼鐵)제 무기와 공구들이 출토되고 있다. 고구려 중기에 들어서 제철기술은 더욱 발전하는데, 구의동 보루에서 출토된 화살촉과 도끼의 분석결과 초강(炒鋼)을 소재로 하여 만들어졌으며, 탄소함량이 0.86퍼센트에 달하는 고탄강(高炭鋼)으로 오늘날의 공구강 수준에 맞먹는 강도를 지닌 것으로 밝혀진 바 있다.

또한 동일한 유물이라도 사용한 부위에 따라 강도가 서로 다른 재질을 사용하기도 하였다.〔최종택·장은정·박장식, 2002〕 그밖에 고분벽화에도 다양한 종류의 철제무기와 마구 및 수레부속구 들이 등장하고 있으며, 투구와 갑옷으로 완전무장한 군사들의 모습을 통해서도 발달한 제철기술을 엿볼 수 있다.

이러한 제철기술의 발달은 철제농기구와 공구류의 발달과 보급을 통한 농업생산력의 증대를 가져왔으며, 철제무기류의 발달로 인해 활발한 대외정복활동을 가능하게 하여 고구려 국가체제의 확립과 발전에 크게 기여하였다.

무기류

무기는 공격용 무기와 방어용 무기로 크게 나뉘며, 공격용 무기는 다시 활〔弓〕과 쇠뇌〔弩〕와 같은 원거리 무기와 칼〔刀劍〕·도끼〔斧〕·창〔矛〕·꺽창〔戈〕·극〔戟〕·낫〔鎌〕 등의 근거리무기, 그리고 성을 공격할 때 사용되는 공성용 무기 등으로 나뉜다.〔전주농, 1958, 1959〕 방어용 무기에는 갑옷〔甲冑〕과 방패 등이 있으나, 방패는 벽화의 그림에서만 볼 수 있고 실물로 발견된 예는 없다.

고구려의 활은 길이가 짧은 단궁(短弓)으로 맥궁(貊弓) 또는 각궁(角弓)이라고도 불리는데, 성능이 우수해서 당시에 이미 중국에까지 널리 알려져 있었다. 활을 제외한 고구려군의 주요 무기는 칼·창·도끼 등인데, 칼과 도끼는 단병기(短兵器)로 근접전에서 창을 놓쳤거나 적의 목을 벨 때 사용하였으며, 일반적으로는 창이 주무기로 사용되었다. 창은 용도에 따라 길이가 다른데, 중국의 기록에 따르면 삭(矟 : 장창)·모(矛 : 중창)·연(鋋 : 단창) 등의 구분이 있었다. 장창인 삭은 기병이 주로 사용하였으며, 모와 정은 보병이 사용하였다.

무기는 이미 신사시대부터 제작되었으나, 철기의 보급이 확대된 삼국시대에 들어와서 종류가 다양해지고 기능적으로 발전하게 된다. 고구려 초기에는 칼과 창이 주력무기였으나, 곧이어 창 중심으로 무기체계가 단일화되어 개인용무기로 창이 중요해지게 되었으며, 화살촉이 다량으로 출토되는 점으로 미루어 활 역시 부대전투에 중요한 무기로 사용되었음을 알 수 있다. 또한 4세기 이후에는 갑옷과 투구가 발달하고, 말을 부리기 위한 각종 마구와 말갑옷 등이 발달하는 등 무기체계가 복합적으로 변한다. 따라서 전투행위도 개인중심의 보병전에서 보병과 기병의 복합전으로 변모하며, 전쟁의 규모가 커지게 된다.〔여호규, 1999〕

고구려의 갑옷은 작은 철판에 구멍을 뚫어 가죽끈으로 서로 연결한 비늘갑옷〔札甲〕이 주로 사용되었는데, 몇 장의 철판을 연결하여 만든 단갑(短甲)에 비해 활동성이 좋고 충격에 더 잘 견디도록 고안된 것이다. 고구려의 투구는 이른바 관모형복발주(冠帽形伏鉢冑) 또는 몽고발형투구의 일종으로 가운데 복발(伏鉢)에 여러 장의 찰편(札片)을 연결하여 만들었으며, 벽화에는 다양한 형태의 투구가 등장한다.

마구류

마구는 말에 올라타기 위한 기구와 말을 조정하기 위한 기구, 말을 장식하던 기구 등으로 구성된다. 말에 오르기 위한 기구로는 안장(鞍裝)과 등자(鐙子), 여러 종류의 말띠와 말띠고리〔鉸具〕 등이 있다. 말을 조정하기 위한 기구는 주로 재갈〔銜〕과 관련된 것으로 말의 입에 물리던 재갈과 재갈멈치〔鏡板, 鑣〕 및 고삐이음쇠와 고삐 등으로 구성된다. 말을 장식하던 기구는 여러 종류의 말방울〔馬鐸〕과 말 궁둥이 옆에 매다는 행엽(杏葉),

말 등에 세우는 운주(雲珠)와 운주를 세우기 위한 고들개 등이 있다.

한편 전투용이 아닌 장식용으로 제작된 금동마구가 출토되는데, 이러한 금동제 마구를 통해 당시 왕과 귀족계층의 여유로운 삶을 엿볼 수 있다. 대표적인 예로 평양의 지경동 1호분과 집안의 태왕릉에서 출토된 금동제 마구를 들 수 있다. 지경동고분군은 1967년에 발굴되었는데, 이 가운데 1호분은 이미 도굴된 상태였으나 마구 일식이 확인되었다. 출토된 마구는 안장턱테〔鞍輪〕와 재갈멈추개〔鏡板〕·발걸이〔鐙子〕·행엽(杏葉)·운주(雲珠) 및 관자(貫子) 등인데, 발걸이를 제외하고는 모두 금동으로 만들었다. 최근 조사된 태왕릉에서는 금동제 등자와 행엽 및 각종 마구장식이 출토되었는데, 이 중 투조장식의 금동제 등자는 지금까지 발굴된 것 중 가장 이른 시기의 장식등자로 주목된다.

마구 중에서 안장과 등자 및 재갈은 말타기 기술과 관련된 것으로 이러한 기구의 발달은 전력의 향상에 큰 영향을 주었으며, 기병전술의 발달을 가져왔다. 이들 마구의 많은 부분은 백제와 신라·가야 및 일본으로 전해지기도 하였다.

농공구류

제철기술의 발달과 더불어 철제 농공구류도 발달하였다. 농기구로는 보습〔犁〕과 삽날·살포〔鋤〕·낫〔鎌〕 등이 있으며, 공구류로는 굴지구나 목공구로 사용된 단조철부(鍛造鐵斧)와 끌〔鑿〕 및 여러 종류의 정(釘)이 있다. 이들 농공구류는 기능에 따라 서로 다른 재질의 철기를 사용하였으며, 제작기법도 다양하여 발달된 고구려 철기기술을 보여주고 있다.〔최종택·장은정·박장식, 2002〕

용기류

고구려는 철을 이용해 여러 가지 그릇을 만들었는데, 여러 종류의 철제단지와 항아리를 비롯해 철솥[鐵釜]·세발솥[鼎]·부뚜막[竈] 등을 만들어 썼다. 철솥은 비교적 많은 예가 남아 있는데, 초기의 철솥은 바닥에 높은 굽이 달려 있으나 점차 굽이 얕아지고 몸체가 납작한 형태로 변화된다.

무기와 마구를 통해 본 고구려의 병종구성

고구려의 군사는 보병(步兵)과 기병(騎兵)으로 대별된다. 이에 대한 자세한 기록은 없으나 안악3호분 등 고분벽화의 내용을 통하여 그 면모를 살펴볼 수 있다. 보병은 다시 무장상태에 따라 갑옷과 투구를 착용한 중장보병(重裝步兵)과 착용하지 않은 경장보병(輕裝步兵)으로 나뉘는데, 경장보병의 비율이 월등히 우세하다.

기병 역시 무사와 말이 갑옷과 투구 및 구장개(具裝鎧)를 모두 갖춘 중장기병과 무사만 무장을 한 갑주기병(甲冑騎兵), 무사와 말 모두 무장하지 않은 경장기병으로 구분되는데, 갑주기병은 매우 적으며, 중장기병과 경장기병의 비율은 비슷하다. 또 보병이나 기병 모두 갑주를 착용한 비율이 높지 않으나 기병이 보병에 비해 무장비율이 높은 편이다. 또 보병과 기병의 비율은 3 대 1정도로 보병이 훨씬 많은 숫자를 유지하였던 것으로 추정된다.〔여호규, 1999〕

병사들이 사용한 무기는 칼(刀)·창[矛]·도끼[斧]·극(戟)·활[弓]·쇠뇌〔弩〕 등 다양한데, 벽화고분의 그림을 보면 병종별 주로 사용하는 무기에 다소 차이가 있다. 병종별 무기구성을 보면 보병은 도끼·창·칼·활·창+칼 등의 순으로 나타나나고 있으며, 기병은 활·창·칼 등의 순으로 무기를 소지하고 있어서 보병의 주무기는 도끼와 창·칼인 반면에 기병은 활과 창을 주무기로 하였음을 알 수 있다. 그러나 이는 벽화에 나타난 모든 무사를 대상으로 한 것이고, 전투와 관련된 장면만을 대상으로 할 경우 창이 가장 많이 사용되고 있으며, 창이 가장 중요한 개인무기였다고 할 수 있다. 실제로 5~6세기 고구려 군사유적인 한강 북안의 구의동 보루에서는 칼 2점, 창 9점, 도끼 4점, 화살촉이 3천여 점 출토되어 창이 가장 중요한 무기임을 알 수 있다.

각 병사들은 무장정도와 주력무기에 의해 구분되는데, 기병은 주로 창을 사용하였다. 보병의 경우는 활과 창을 주력무기로 사용한 궁수(弓手)와 창수(槍手) 및 도끼를 주로 사용하는 부월수(斧鉞手), 고리자루칼(環頭大刀)을 주로 사용하는 환도수(環刀手) 등으로 구분된다. 전투시 이들 병종별 군사들의 배치에 대한 자세한 기록은 없으나 벽화내용을 바탕으로 추정해 보면, 진영(陣營)의 맨 앞에는 중장기병이 서고 경장기병·창수·환도수·부월수·궁수가 그 뒤를 따르고 있었던 것으로 보인다.

고구려 군대의 규모는 시기별로 차이가 많은데, 1~3세기대에는 대체로 수천 명에서 2만 명 전후로 나타나고 있다. 구체적으로 2세기의 병력동원 규모는 1만 명을 넘지 못하며, 3세기 중엽 무렵에는 2만 명으로 늘어난다. 4~5세기대에는 국가의 지배체제가 확립되고 왕권이 강화되면서 병력동원체계가 발전하여 4~5만 명의 병력이 동원되고 있다.〔余昊奎, 1999〕 이들 군대의 병종별 구성과 부대편제에 대해서는 자세히 알기 어려우나 단편적인 기록과 벽화내용 및 최근 발굴된 한강유역 고구려 보루의 예를 통해 대략적인 상황은 알 수 있다. 예를 들어 광개토왕 17년(407) 백제를 공격할 당시 보병과 기병 5만 명이 동원되었는데, 당시의 보병과 기병의 비율이 3 대 1 정도이므로 보병이 3만 7천5백여 명, 기병은 1만 2천5백여 명으로 구성되었던 것으로 추정할 수 있다.

한편 당시의 난위부대 편제에 대한 기록이 남아 있지는 않으나, 고구려의 최소 부대단위로 밝혀진 구의동 보루의 경우 10여 명이 주둔하고 있었으며, 상급단위인 아차산 제4보루에서는 1백여 명이 주둔하였다. 또 아차산 일원에는 이러한 보루가 15개 가량 분포하고 있으므로 이미 파괴된 유적을 감안한다면 1천 5백~2천여 명이 그 다음 상급 단위부대를 구성한 것으로 추정된다.〔최종택, 2004〕

7) 금동공예

고구려 고분은 일찍부터 도굴이 심하여 유물이 많이 남아 있지는 않으나, 지금까지 남아 전하는 유물들을 통하여 발달된 금동공예 기술을 엿볼 수 있다. 문헌에도 고구려 사람들이 금은 장신구를 즐겨 사용했음이 기록되어 있는데,『삼국지』위서 고구려전에는 "고구려의 정식의복은 모두 비단으로 수놓고 금·은으로 장식하였다"고 기록되어 있으며,『삼국사기』권45 열전 온달전에는 "고구려 공주가 진귀한 금과 은, 팔찌 수십 개를 손목에 걸고 대궐문을 나섰다"는 기록이 있다. 그 외에도 고구려에서 나는 금과 은을 중국의 북위(北魏)와 일본 등 이웃나라에 보내기도 할 정도로 귀금속 공예품을 많이 생산하였으며, 이는 고구려 사람들의 풍요로운 삶의 한 단면을 보여주는 증거이기도 하다.

금동관

고분벽화나 기록을 통해 볼 때 고구려 사람들은 다양한 형태의 관모

(冠帽)를 사용하였으나, 실물로 전하는 것은 많지 않다. 벽화에는 건(巾)과 절풍(折風)·책(幘)과 함께 다양한 형태의 관(冠)이 등장하여 그 형태를 짐작할 수 있다.〔전호태, 1999〕

관은 왕족이나 귀족들만 사용하였는데, 신분에 따라 서로 다른 색의 관을 사용하였다. 이 중 나관(羅冠)의 경우 운두가 솟은 책(幘)모양의 내관(內冠)과 '나(羅)'라고 불리는 외관(外冠)으로 구성되어 있는데, 백색의 백라관은 왕이 쓰고, 청색의 청라관은 신하들이 썼다고 한다.

실물로 출토된 금동관은 이러한 벽화 속의 관들과는 다소 형태가 다른데, 대표적인 것으로 평양의 청암리토성에서 출토된 불꽃무늬맞새김금동관(火焰文透彫金銅冠)을 들 수 있다. 이 금동관은 인동(忍冬)무늬를 맞새김한 테두리 위에 아홉 개의 불꽃무늬를 세워 장식하였으며, 테두리의 양쪽에는 옷고름과 같은 모양의 드리개장식을 두 개 늘어뜨렸다. 금동관 테두리의 인동무늬 위에는 꽃모양 장식 7개를 같은 간격으로 배치하여 변화를 주었다. 또한 테두리와 드리개에는 윤곽을 따라 작은 연주문(連珠文)을 새겼으며, 특히 드리개장식의 옷고름모양 부분에는 매우 가는 선을 여러 번 그어 장식하는 등 정교한 세공기술을 발휘하였다. 이 금동관은 크기가 작고 형태가 보살상의 머리에 장식된 보관(寶冠)과 같아서 원래는 보살상의 머리에 장식되어 있던 보관으로 추정되기도 한다. 하늘을 향해 뻗어 오르는 힘찬 불꽃모양에서 고구려 사람들의 기상을 엿볼 수 있으며, 정교하면서도 세련된 고구려 금동공예 기술을 짐작할 수 있다. 또한 이 금동관의 불꽃장식은 백제 무령왕릉에서 출토된 왕의 관식(冠飾)과 유사하며, 전체적인 의장에서 일본 호류사(法隆寺)의 백제관음상(百濟觀音像)의 보관과도 맥을 같이하고 있어서 고구려 금동공예술이 백제와 멀리 일본에까지 전해졌음을 알 수 있다.〔이난영, 1996〕

그밖에도 완전한 형태의 관은 아니나 관장식 몇 점이 알려져 있다. 중국 집안시 우산하 3천560호 고분에서 출토된 금동관장식은 'T'자형 무늬와 사각형·삼각형 무늬를 맞새김한 '산(山)'자 모양의 테두리 안에 인동무늬를 맞새김하여 장식한 특이한 형태다. 또한 중국 집안지방에서 출토된 것으로 전하는 '산(山)'자형 앞가리개와 새깃모양의 솟은장식이 있는데, 고구려 사람들이 즐겨 쓰던 조우관(鳥羽冠)이나 절풍(折風)에 꽂았던 장식으로 생각된다.

귀걸이 및 기타 장식

금동관 외에 고구려의 장신구로는 귀걸이·팔찌·반지 등이 있다. 귀걸이는 가는 고리로 된 세환식(細鐶式)과 굵은 고리로 된 태환식(太鐶式)의 두 종류로 크게 나뉜다. 초기의 귀걸이는 세환식이나 태환식 모두 하나 또는 두 개의 고리로만 구성되어 있는데, 평양의 영화 9년(353)명 벽돌무덤에서 출토된 것이 대표적이며, 가장 오래된 예다. 그 후 집안 마선구1호무덤에서 출토된 것처럼 굵은 고리에 젖꼭지 모양의 드리개장식이 달린 형태가 제작된다.

이러한 초기의 귀걸이는 아주 단순한 형태로 하나의 둥근 고리나 그 밑에 하나의 장식이 달린 것인데, 4세기 중엽 이전부터 제작되기 시작한 것으로 알려지고 있다. 이 가운데 마선구 1호분 출토품은 경주 황남대총 북분에서 출토된 것과 유사하며, 영화9년명 고분에서 출토된 것은 황남동 109호분 출토품과 유사하여 신라 초기의 귀걸이에 미친 고구려 귀걸이의 영향을 짐작하게 한다.〔東潮, 1988〕

이후 귀걸이는 맨 위의 둥근 고리와 마지막의 드리개장식 사이에 중간장식이 추가되는 형태로 변화되며, 이처럼 세 부분으로 구성된 귀걸이는 이후 삼국시대 귀걸이의 전형이 된다. 중간장식과 드리개장식은 가는 고리가 이어진 사슬이나 이보다 큰 둥근 고리로 연결되는 것이 일반적인데, 평양 만달산록 출토품처럼 둥근 구체(球體)를 바로 연접해 놓은 것도 있다. 중간장식은 대개 작은 고리 여러 개를 연접해 붙인 속이 빈 구체가 대부분이다. 드리개장식은 금판을 오려서 만든 하트모양이나 원형·타원형 등이 많으며, 덕화리3호분 출토품처럼 풍탁모양의 드리개장식이 달린 특이한 예도 있다.

고구려 귀걸이는 많은 예가 알려져 있지는 않지만 이를 통해 다양한 판금기법과 누금(鏤金)기법 및 도금기법 등 발달된 귀금속 세공기술을 보여주는 중요한 자료이다. 이러한 발달된 세공기술은 백제와 신라에 전해져 삼국시대 공예기술의 발달을 견인하였다.

그밖에 관모양의 장식으로 알려진 유물이 있는데, 해모양맞새김금동장식〔日像透彫金銅裝飾〕또는 해뚫음무늬금동장식으로 불리는 것으로 평양의 진파리 7호무덤에서 출토되었다. 이 장식은 원래 나무판 위에 비단벌레〔玉蟲〕의 껍질을 깔고 그 위에 부착했던 것으로 전체적으로 복숭아를 반으로 잘라 옆으로 약간 눕힌 모양이다. 바닥에는 금동판으로 테를 두르고, 나머지 가장자리는 작은 구멍을 뚫은 테를 둘렀다. 테 안쪽에는 금동판을 뚫어서 여러 무늬를 새겼는데, 가운데에는 구슬을 박은 둥근 테 속에 태양을 상징하는 세발까마귀〔三足烏〕를 새기고, 그 아래 좌우에는 두 마리의 용을 새겼다. 세발까마귀 위에는 입에서 불을 뿜고 있는 봉황을 새겼으며, 이들 사이에는 하늘을 향해 타오르는 듯한 불꽃무늬를 새겨넣었는데, 고구려 사람들의 힘찬 기상을 느낄 수 있다.

이 금동장식은 1941년 평양 북쪽에 위치한 진파리 고분군에서 발굴되었는데, 발굴당시의 기록에는 출토지가 진파리 1호분으로 기록되어 있으나, 나중에 북한에서 간행한 자료에는 자세한 설명이 없이 진파리 7호분으로 기록되어 있다. 선체석인 형태가 금동관 모양이어서 금농관 장식으로 불려왔으나, 현재는 베개마구리 장식으로 추정하는 것이 일반적이다.

그밖에도 봉황모양장식·소나무모양장식·탑모양장식·인동무늬장식 등 다양한 형태의 장식이 있는데, 모두 금동판을 맞새김하여 만든 것으로 이들 역시 고구려 사람들의 발달된 금동 세공기술을 보여준다.

4. 맺음말 – 고구려 고고학 연구과제

20세기 초 일본인들에 의해 고구려 고고학 연구가 시작된 이후 1970년대 북한학자들에 의한 고분의 편년에 대한 연구를 제외하면, 1980년대까지는 고구려 고고학 연구는 발굴조사에 집중되었으며, 고고학 자료에 대한 종합적인 연구는 없었다고 할 수 있다. 1980년대 중반에 들어와서 남북한과 중국 및 일본학자들에 의해서 종합적인 연구가 본격화되었다. 고구려 고고학 연구는 고분과 고분벽화의 편년 및 도성과 산성의 구조에 대한 연구에 집중되어 있으며, 출토유물에 대한 연구는 부수적인 것으로 취급되어 왔다.

1980년대 중반 이후에 들어와서야 토기를 비롯한 유물에 대한 종합적인 연구성과가 하나둘 제시되고 있는 형편이다. 1990년대 이후 연구경향의 또 하나는 고고학 자료를 통하여 고구려의 국가형성과 사회발전단계를 설명하려고 하는 시도인데, 이는 기존의 편년중심의 고고학 연구에서 벗어나려는 한국 고고학 전반의 노력과 맥을 같이하는 것이다.

향후 고구려고고학 연구에 있어서 무엇보다도 필요한 것은 안정적인 편년체계의 수립이다. 지금까지의 고구려 고고학 연구가 고분의 편년에 치중해 있었던 것이 사실이며, 많은 성과가 있었지만 아직 안정적인 편년체계가 수립된 것은 아니다. 편년에서는 고분의 편년결과를 유물에 적용하고, 다시 유물의 편년결과를 고분편년에 적용하는 순환논리적인 모순을 벗어나 고분과 유물 각각에 대한 편년체계의 수립이 요구된다.

안정적인 편년체계의 수립과 편년과 연구의 다양화가 요구된다. 특히 토기를 비롯한 각종 출토유물에 대한 다각적이고도 종합적인 연구가 이루어져야 한다. 더불어 고분의 구조와 규모 등을 통한 사회조직에 대한 연구도 필요하다. 또한 고구려 국가형성과 관련된 문제의 해결도 중요한 연구과제의 하나다.

많은 진전이 있었음에도 불구하고 고구려 고고학 연구에는 여전히 많은 어려움이 노정되어 있는데, 이는 고구려의 영토가 중국과 북한 및 남한으로 구분되어 있는 현실 정치상황과 밀접한 관계가 있다. 향후 고구려고고학 연구에서 가장 시급히 요구되는 것은 남북한과 중국학자들 간의 교류이다. 논문이나 연구자료의 교환은 현재에도 어느 정도 가능하지만 고고학의 특성상 자료에 대한 직접적인 접근이 필수적이다. 따라서 연구의 진전을 위해서는 공동발굴이나 출토유물에 대한 공동연구 등의 사업이 절실히 필요하다.

공동발굴이나 연구가 즉시 이루어지기 어렵다면 발굴된 자료에 대한 철저한 공개가 필요하다. 최근 중국에서 발굴된 유적·유물의 양적인 증가에도 불구하고 공개적으로 보고된 자료는 매우 적다. 실제 1980년대 중엽 이후 중국 집안시 일원에서는 수백 기의 고분이 조사되었으나 이에 대한 자세한 보고문은 아직 간행되지 않고 있다. 이러한 연구경향은 북한의 경우도 마찬가지인데, 이에 대한 개선이 조속히 이루어져야 한다.

현재 고구려 유적에 대한 발굴과 연구는 남·북한과 중국의 세 지역으로 나뉘어 진행되고 있으며, 각각이 처한 정치적 상황과 연구수준에 따라 상이하게 진행되고 있다. 이러한 현실은 고구려 고고학 연구의 진전을 가로막는 가장 큰 요소로 작용하고 있는바, 향후 이들 상호간의 공동연구가 절실히 필요하다.

최종택

‖ 참고문헌 ‖

姜賢淑, 2000, 『高句麗 古墳 硏究』, 서울大學校 大學院 博士學位論文.

金元龍, 1960, 高句麗 古墳壁畵의 起源에 對한 硏究, 『震檀學報』 21.

김인철, 2002, 「태성리3호 벽화무덤의 축조 년대와 주인공 문제에 대하여」, 『조선고고연구』 2002-1호, 사회과학원 고고학연구소.

朴淳發, 1999, 「高句麗土器의 形成에 대하여」, 『百濟硏究』 第29輯.

손수호, 2001, 『고구려고분연구』, 사회과학출판사.

손영종, 1995, 『고구려사』 1, 과학백과사전출판사.

_____, 1997, 『고구려사』 2, 과학백과사전출판사.

_____, 1999, 『고구려사』 3, 과학백과사전출판사.

余昊奎, 1998, 『高句麗 城』 Ⅰ, 國防軍史硏究所.

_____, 1999, 「高句麗 中期의 武器體系와 兵種構成」, 『韓國軍事史硏究』 2, 國防軍事硏究所.

_____, 1999, 『高句麗 城』 Ⅱ, 國防軍史硏究所.

李蘭暎, 1996, 「高句麗 金屬工藝의 對外交涉」, 『高句麗 美術의 對外交涉』, 圖書出版 藝耕.

전주농, 1958·1959, 「고구려시기의 무기와 무장」 (1)(2), 『문화유산』 58-5·59-1.

전호태, 1999, 『고분벽화로 본 고구려 이야기』, 풀빛.

정찬영, 1973, 「기원4세기까지의 고구려 묘제에 관한 연구」, 『고고민속논문집』 5.

주영헌, 1963, 「고구려 봉토무덤의 기원과 그 변천」, 『고고민속』 63-3.

지승철, 2001, 『장수산의 력사와 문화』, 사회과학출판사.

崔鍾澤, 1999, 「京畿北部地域의 高句麗 關防體系」, 『고구려연구』 8.

_____, 1999, 『高句麗土器 研究』, 서울大學校 大學院 博士學位論文.

_____, 2004, 「남한지역출토 고구려 토기 연구의 몇 가지 문제」, 『白山學報』 69호.

崔鍾澤·張恩晶·朴長植, 2002, 『三國時代 鐵器 研究－微細組織分析을 통해 본 鐵器 製作技術體系』, 서울대학교박물관.

吉林省文物考古研究所, 集安市博物館, 2002, 洞溝古墳群 :1997年調查測繪報告, 文物 出版社

_____, 集安市博物館, 2004a, 『國內城』, 文物出版社.

_____, 集安市博物館, 2004b, 『集安高句麗王陵』, 文物出版社.

_____, 集安市博物館, 2004c, 『丸都山城』, 文物出版社.

耿鐵華, 2001, 『高句麗瓦當研究』, 吉林人民出版社.

遼寧省文物考古研究所, 2004, 『五女山城』, 文物出版社.

王綿厚, 2002, 『高句麗古城研究』, 文物出版社.

魏存成, 1996, 『高句麗考古』, 吉林大學出版社.

東潮, 1988, 「高句麗文物に關する編年學的一考察」, 『橿原考古學研究所論集』 第10輯.

_____, 1997, 『高句麗考古學研究』, 吉川弘文館.

東潮·田中俊明 編, 1995, 『高句麗の歷史と遺蹟』, 中央公論社.

田中俊明, 1999, 「城郭施設에서 본 高句麗의 防禦體系」, 『고구려연구』 8

Choi Jongtaik, 2005, *Studies on Koguryo Archaeological Remains in South Korea, Proceeding of The Harvard Conference on Koguryo History and Archaeology*, Havard University Korea Institute, U.S.A.

백제의 성립과 발전

1. 백제사에 대한 이해

문헌기록에 의하면, 백제는 기원전 18년에 건국하여 660년에 나·당 연합군에 의해 멸망했다. 백제는 한때 지금의 서울·황해도 일부·경기도·충청도·전라도·제주도까지 그 영역을 확장하면서 약 7백 년의 역사를 구가한 고대국가의 하나였다.

백제사를 어떤 관점에서 바라보는가에 따라 여러 가지 시대구분이 있을 수 있다. 이 중 왕도의 변천에 따라 한성시대(18 B.C. ~475)·웅진시대(475~538)·사비시대(538~660)로 나누는 구분이 통용되고 있다. 그러나 학자에 따라서는 수도의 변천을 기준으로 하면서도 백제가 마한 여러 나라를 통일한 시점에 의미를 두어 한성시대 전기(18 B.C. ~369)·한성시대 후기(369~475)·웅진시대(475~538)·사비시대(538~660)의 4시기로 나누기도 하고, 웅진도읍기를 한성시대에서 사비시대로 전환되는 과도기로 보기도 한다.

문헌자료가 영세한 고대사 연구의 특성상 백제국가의 올바른 모습을 구명하는 작업은 쉬운 일이 아니다. 고대국가의 실체를 밝히기 위해서는 여러 가지 전제조건을 충족시켜야 하기 때문이다. 토지소유와 생산관계에 대한 경제사적인 접근, 그 당시의 운영질서였던 신분제에 대한 고찰, 통치이념이었던 사상에 대한 유기적인 연구가 조화롭게 이루어져야 한다. 그리고 이와 더불어 고대국가의 정점에 있던 왕을 중심으로 하는 정치체제와 권력구조 등 통치체제 일반에 대한 연구도 필수적이다.

1950년대 이후 활발히 진행된 고대사 연구는 고대국가와 사회조직에 대한 연구를 위해 정치제도와 신분조직 등에 대한 연구에 관심을 두었다. 1970년대에 들어오면서는 고대국가의 기원과 발전단계론에 대한 논의가 중심을 이루었다. 그 동안의 연구를 통해 정치사회사 분야에 대한 연구도 많은 진전을 이루었다.

백제사 연구가 본격적으로 자리잡게 된 것은 1980년대 중반이라고 할 수 있다. 백제 지배세력을 중심으로 정치적 변화과정과 중앙 및 지방의 통치조직 등을 통해 백제사를 조망한 박사학위논문이 나온 것이다.〔노중국, 1986〕 이를 계기로 1990년대에는 웅진시대나 사비시대만을 다룬 박사학위 논문들이 나왔으며, 1990년대 후반에는 백제 지방통치제도에 대한 일련의 박사학위논문이 나왔다. 이러한 연구들을 통해 백제는 한국 고대국가의 하나로서 그 위상을 복원할 수 있었다.

1990년대 후반 이후 능산리 사원을 중심으로 하여 창왕 사리감과 같은 금석문이나 궁남지 및 능산리 목간, 공주시 의당면 수촌리유적과 같은 새로운 자료들이 발굴되면서 문헌사료에서 오는 한계를 극복할 수 있는 길을 열어주고 있다. 그리하여 백제사 내에서도 다양한 분류사 연구가 심화되고 있다. 정치사 일변도에서 벗어나 신분제 문제, 제의(祭儀)와 종교·사상 등을 통한 정신세계의 문제, 농업생산력의 발달이나 촌락구조 등을 통한 민(民)의 존재양태, 도성사·병제사·과학기술사·생활사·문화사·질병사 등에 이르기까지 연구주제가 자유로워지고 있다. 이러한 연구주제의 다양화는 백제사 연구의 새로운 가능성을 시사하고 있으며, 이를 통해 백제의 역사상이 더욱 풍부하게 복원될 것으로 기대된다.

이 글에서는 백제의 성립과 발전이라는 주제를 가지고 그 동안의 연구사를 문헌사적 입장에서 정리하고자 한다. 다양한 주제 가운데 백제의 성립문제에 대해서는 건국시기와 중심세력, 중심지로서의 도성, 국가의 형성과 정치체제라는 몇 가지 쟁점에 초점을 맞추고자 한다. 그리고 백제의 발전이라는 면에서는 정치세력 및 중앙과 지방의 정치제도 정비에 대한 내용을 중심으로 살펴보고자 한다.

2. 백제사 연구의 어제와 오늘

백제사 연구는 그 동안 어떻게 진행되어 왔는가? 1950·60년대에는 정치체제의 공동체적 요소, 왕과 귀족세력의 권력관계 등에 대한 연구가 진행되었다. 1970·80년대에는 『삼국사기』 초기기록에 대한 신빙론과 함께 부족국가론에 대한 비판이 제기되면서 연구가 더욱더 심화되었다. 또한 백제 초기 왕계를 부정하거나 왕위가 교체되었다고 보는 백제 왕위계승이나 왕계의 문제, 도읍지의 변천에 따른 귀족세력의 변천 문제, 6좌평 16관등제 및 22부와 관련된 정치제도의 문제 등에 논의가 집중되었다. 이기백·신형식·김정배·이기동·이종욱·노중국 등의 일련의 연구를 통하여 초기국가의 성격 및 백제사의 역사상이 구체화되기 시작하였다.

또한 문헌사료의 부족을 보완하면서 고고학 분야에서의 접근도 이루어졌다. 1970년대 이후 백제의 고도인 서울·공주·부여와 영산강 유역 일대의 고고학적 성과가 축적됨에 따라 『삼국사기』 초기기록에 대한 긍정적인 검토와 함께 문헌사료의 부족을 보완해 줄 수 있는 많은 연구가 진행되었다. 김원용·최몽룡·이남석·박순발·임영진·권오영·신희권 등의 고고학 관련 논문은 백제사 연구의 시야를 넓혀주는 계기가 되었다.

이러한 연구를 바탕으로 삼국의 정치체제에 대한 논의가 활발히 진행되었다. 그 이해는 귀족연합체제→전제왕권체제론과 부체제→중앙집권체제론으로 나뉜다. 귀족연합체제→전제왕권체제론의 입장에서 보면, 백제사는 3~5세기 왕족과 왕비족의 귀족연합시대, 5세기 중·후반의 과도기, 6세기 초 전제왕권의 성립기로 이해할 수 있다.〔이기백, 1959〕 또한 백제의 정치체제를 3세기 중엽~4세기 중엽에 각 세력집단이 왕권을 중심으로 귀족합좌제를 운영하던 연맹왕국기, 4세기 후반~5세기 중엽의 왕족과 왕비족의 귀족연합정권기, 5세기 후반의 과도기, 6세기 전반의 전제왕권확립기로 구분하기도 하였다.〔양기석, 1990〕

부체제론은 부족연맹체론의 문제의식을 비판적으로 계승하는 한편 혈연성을 내포한 부족이라는 개념 대신 건국의 주체로서 부(部)를 설정하였다. 이러한 부체제 입장에서는 왕권과 중앙정부의 집권력이 강화되면서 해체되고, 일원적 수취체계와 관료조직에 입각한 중앙집권적 정치체제가 성립된다.〔노태돈, 1975〕 이를 백제사에 적용하여 3세기 중엽 고이왕대에 부체제가 형성되었다고 보아 소국연맹에서 중앙집권국가로 전환하는 과도기의 국가발전단계로서 부체제를 설정하기도 하였다.

노중국은 고대국가의 발전단계를 백제사에 적용하여 읍락사회(邑落社會)−소국(小國)−소국연맹(小國聯盟)−부체제(部體制)−중앙집권적 고대국가(中央執權的 古代國家)로 파악했다. 그리고 고구려나 신라 초기의 부의 성격을 전제로 백제 초기의 부의 성격에 대해 단위정치체제로 추정하기도 했다.〔주보돈, 2000 ; 김영심, 2000〕 반면『삼국사기』백제본기 초기기록에 대한 분석을 통해 단위체로서의 독자성은 인정하되, 부(部)를 왕권 아래의 지방행정구획이나〔박현숙, 1990〕, 군관구(軍管區)적인 지방구획〔양기석〕으로 파악하였다. 또한 행정편의를 위하여 중앙에서 임의로 구획한 행정·군사적 단위체〔김기섭, 1997〕로 정의하면서 백제 초기의 부를 지방편제방식의 전개과정과 관련하여 고찰하기도 하였다.

그런데 귀족연합체제→전제왕권체제론이나 부체제→중앙집권체제론 모두 전제왕권체제와 중앙집권체제 다음에는 귀족연립체제가 성립한다고 보았다.〔노중국,1988〕 이와 같이 귀족연합체제→전제왕권체제론이 정치권력의 분배형태에 관심을 두었다면, 부체제→중앙집권체제론은 국가권력의 집중과정과 운영원리에 초점을 맞추었다고 할 수 있다.

이에 대해 두 견해를 접목하여 삼국의 정치체제가 귀족합의제에서 대왕집권제(大王執權制)로 발전했다는 국가발전단계론을 내세우기도 했다. 〔김영하, 1995〕 부체제는 고대국가 지배체제의 일환이므로, 고조선·부여·가야 등에까지 포괄적으로 정의할 수 있는 개념으로서 귀족세력이 평의하는 귀족합의체제가 부체제라는 용어보다 더 적절하다는 것이다.

백제 초기의 정치체제를 어떻게 이해하느냐에 따라 왕권과 귀족회의를 보는 관점도 달라진다. 부체제론자의 입장에서는 구성원의 독자적 기반을 강조하여 귀족회의의 명칭을 족장적 전통을 반영하는 제솔회의·제간회의라고 부르는 반면, 귀족연합체제론자는 왕권 아래의 귀족이라는 의미를 가진 좌평회의·대등회의라고 부른다. 이와 같이 귀족회의는 집권체제의 확립에 따라 정치적 실권을 거의 상실하였다가 귀족연립체제가 성립됨에 따라 다시 정치운영의 중심기구로 등장하게 된다고 보았다.

한편 집권체제 성립 이후 귀족들은 왕을 정점으로 여러 정치세력으로 나뉘어 서로 대립하게 된다. 백제는 초·중기의 진씨와 해씨 세력의 대립, 그리고 신진세력의 등장에 따른 백제 후기의 대성팔족(大姓八族)의 활동을 들 수 있다. 지배세력의 연구에서 왕과 귀족과의 권력관계를 지나치게 대립적으로 파악하는 연구경향은 지양해야 할 것이다.

백제사의 성립과 발전을 보는 다기한 입장은 크게 기원전 1세기에 성립된 백제국가가 연속적인 발전의 과정을 거쳤는가, 아니면 3세기경에 성립 발전되는 더딘 모습을 보였는가 하는 관점으로 대별된다고 할 수 있다. 그 과정에서 왕권의 위상에 대한 문제는 국가의 성격을 논하는 데 관건이 된다. 이와 같이 백제사를 바라보는 두 개의 커다란 관점은 『삼국사기』 백제본기가 그리는 백제사상을 어떻게 이해하는가의 문제와 직결된다고도 할 수 있다. 백제의 성립과 발전에 대한 논의는 『삼국사기』 백제본기 초기기록과 『삼국지』 위서 동이전 한전의 사료적 신뢰성 문제로 귀결되면서, 현재에도 평행선을 달리고 있다고 할 수 있다. 이러한 백제사의 전체적인 연구사 경향을 이해하면서 다음 몇 가지 쟁점에 대해 더욱 구체적으로 살펴보도록 하겠다.

3. 백제사의 여러 쟁점

1) 건국시기와 건국세력의 문제

백제의 건국시기와 주체세력의 문제는 서로 맞물려 논의될 수 있는

주제이다. 주체세력을 어떻게 파악하는가에 따라 건국의 시기가 설정
될 수 있기 때문이다.

백제의 건국시기에 대해서는 한말(韓末)까지『삼국사기』백제본기의
건국연도인 전한 성제(成帝) 홍가(鴻嘉) 3년(18 B.C.)을 의심하지 않았다. 그
러나 쓰다(津田左右吉) 이후 일본사학자들 사이에서『삼국사기』초기기록
의 신빙성을 부인하는 경향이 생기면서, 백제의 기원을『삼국지』한전에
근거하여 3세기 말경으로 파악하려고 하였다.〔今西龍, 1934 ; 井上秀雄, 1972 ;
坂元義種, 1978〕

이에 대해 이병도는 중국사서에 백제의 시조로 나오는 구태(仇台)의
고음(古音)이 고이(古尒)와 같다는 사실에 착안하여 고이왕(234~286)이 백제
의 실질적인 시조라고 보았다.〔이병도, 1936〕 이기백도 백제왕실계보의 검토
를 통해 늦어도 3세기 중엽에는 백제의 국가형성이 이루어졌다고 보았
다.〔이기백, 1959〕 한편 이기동은 고이왕 때인 3세기 중엽에 마한족의 백제국
(伯濟國)이 성읍국가에서 연맹왕국단계로 비약했고, 4세기 무렵에는 다시
고구려 계통의 온조집단이 남하하여 백제국을 정복하였을 것으로 추론
하였다.〔이기동, 1981〕 이도학은 백제의 연원을 부여에서 찾고 정복국가설에
따라 근초고왕대인 4세기를 백제사의 전환기로 파악하였다.〔이도학, 1995〕

구체적인 맥락에서는 연구자에 따라 차이가 있겠지만,『삼국사기』
초기기록을 국가발전단계론에 따라 재구성하여『삼국사기』초기기록
분해론을 제기한 노중국과 김기섭·문안식·강종원 등도 한강유역에서
백제국가의 출발을 3세기 내지 4세기로 파악하였다.

그러나『삼국사기』초기기록을 긍정론의 관점에서 보면 백제 초기
사의 모습은 사뭇 달라지게 된다.『삼국사기』초기기록에 대한 논의는
1970년에 들어와 초기기록의 신빙론이 강력히 대두되면서 새로운 국면

으로 접어들었다.

김원용은『삼국사기』초기기록을 긍정적으로 보아 기원전 1세기에 백제가 건국되었다고 파악하였다. 천관우 역시 이러한 긍정론의 입장에서『삼국사기』백제본기를 분석하였으며, 이를 통해 우태(優台)-비류(沸流)-고이(古爾)계와 주몽(朱蒙)-온조(溫祚)-초고(肖古)계로 나누어 살핌으로써 왕실교대의 가능성을 제기했다. 연구자마다 구체적인 해석의 차이는 있지만 이를 범주화한다면, 이종욱·김정배·박찬규·박현숙·김병남·최범호·이용빈 등도『삼국사기』초기기록에 대한 적극적인 해석을 통해 백제의 건국시기를 온조왕대로 설정하였다.

백제의 시조에 대해서도 온조설(溫祚說)·비류설(沸流說)·구태설(仇台說)·도모설(都慕說) 등 각기 다른 전승이 전해짐으로써 이를 바탕으로 한 다양한 논의가 전개되고 있다. 온조를 시조로 하는 설은『삼국사기』백제본기 온조왕조의 본문에 그 기사가 전한다. 이 설은 고구려의 주몽과 직결된다. 비류를 시조로 인정하는 설은『삼국사기』백제본기 온조왕조 할주(割註)에 인용된 기사다. 구태(仇台)를 시조로 보는 설은『주서(周書)』이역(異域)상, 백제전에 근거한다. 마지막으로 도모(都慕)설은『속일본기』권40, 환무천황(桓武天皇) 9년 가을 7월조에 백제의 태조가 도모대왕(都慕大王)이었다는 기록이 보인다.

1980년대만 하더라도 백제의 건국집단을 '부여계 고구려 유이민(扶餘系 高句麗 流移民)'이라는 포괄적인 의미로 파악했기 때문에 부여와 고구려를 굳이 나누지 않았다. 그러나 천관우와 이기동에 의해 백제 왕실교대론이 제기되어 백제의 건국집단을 비류계와 온조계로 나누고, 비류를 우태와 온조를 주몽과 각각 연결시킴으로써 다시금 이 문제가 쟁점화되었다.

그리고 노중국과 이종욱은 국호의 변화에 주목하여 십제(十濟) → 백제(百濟)로 확대되는 표현이 백제의 성장을 그대로 반영하고 있다고 보았다. 노중국은 온조와 비류가 형제라는 시조형제설화는 백제가 소국 연맹단계였음을 보여준다고 해석했다.

건국주체에 대해서도 연속성 내지 계승성을 인정하는 입장과 불연속성 내지 단절을 강조하는 견해로 크게 나눌 수 있다. 연속성을 인정하는 입장은 『삼국지』 한조의 마한 소국 가운데 하나인 3세기 무렵의 백제국(伯濟國)과 4세기 이후의 백제와의 관계를 연속선상에서 보는 것이다. 이 견해는 다시 『삼국사기』 초기기록을 역사적 사실의 반영으로 인정하는 긍정론과 절충론으로 나뉜다. 불연속성 내지 단절을 강조하는 입장은 4세기 중반 이후 백제의 갑작스러운 발전에 대해 이전의 백제와는 별개의 존재로서 만주지역에 존재하던 기마민족이 남하하여 세운 일종의 정복왕조였기 때문이라고 설명한다.

이와 같이 백제의 건국주체와 시기의 문제는 『삼국사기』 초기기록을 어떻게 볼 것인가 하는 사료의 문제에서 출발하여, 고구려와의 친연성을 강조할 것인가, 아니면 부여의 계승성을 강조할 것인가, 그리고 비류와 온조의 문화적 기반차이를 어떻게 설명할 것인가 하는 과제들이 있다.

2) 한성시기의 도성문제

한성시대 백제사 연구의 주요한 테마 가운데 하나가 왕성을 포함한 도성의 문제이다. 백제 초기역사를 이해하기 위해서는 그것이 진행되었던 역사적 공간에 주목하지 않을 수 없기 때문이다. 더욱이 백제 한성시대 도성과 관련하여 『삼국사기』 백제본기에는 건국당시의 도성, 온조왕

14년에 천도한 도성, 근초고왕 26년의 이도지, 개로왕대의 도성 등 다양한 기록이 있다. 이로 말미암아 연구자가 사료를 어떻게 해석하느냐에 따라 그 변천과정과 위치에 대한 다기한 의견이 개진되고 있다.

『삼국유사』 기이편 남부여 전 백제조를 보면 위례성(慰禮城)·한산(漢山)·북한산(北漢山)을 각각 지금의 직산(稷山)·광주(廣州)·양주(楊州)에 비정하였다. 이러한 위치비정은 그 이후 『고려사』와 『세종실록』 지리지 및 『신증동국여지승람』에도 그대로 계승되었다.

안정복의 『동사강목』에서도 위례성을 직산으로 비정하면서 하남위례성을 광주, 한성을 한양부에 비정했다. 그런데 조선 후기 실학자인 정약용은 위례성을 직산에 비정하던 종래의 견해에 이의를 제기하면서 삼각산 동쪽 자락인 한양 고읍에 비정하였다. 그러나 두 견해 모두 위례성→하남위례성→한성으로 백제의 도성이 변천했다는 데는 뜻을 같이 한다.

차용걸은 하남위례성=한성이라는 이병도의 견해를 이었는데, 한산으로의 이도 사실을 인정해 위례성〔중랑천 유역〕→하남위례성〔몽촌~이성산성 사이〕=한성→한산〔남한산성〕→한성으로 보았으며, 중랑천 유역에 위례성을 비정하였다. 성주탁은 하북위례성〔중랑천 부근〕→하남위례성〔몽촌~이성산성 사이〕→한성〔남한산성〕으로 파악해 하남위례성과 한성을 달리 보았다. 최몽룡·권오영도 하북위례성〔중랑천 일대〕→하남위례성〔몽촌토성〕→한산〔춘궁리 일대〕→한성〔이성산성〕으로 비정하면서, 이기백·정영호·성주탁의 견해를 이어 하남위례성을 몽촌토성으로 봄으로써 이후 몽촌토성이 하남위례성지로 유력하게 되었다.

한성시대 도성에 대한 문제는 김기섭에 의해 더욱 세분화되었다. 그는 한성이란 북성〔대성〕을 추축으로 하여 왕성인 남성을 포함하는 명칭으로서 넓게는 두 성을 포괄하는 지역의 범칭이며, 좁게는 북성을 지칭하는 것으로 보았다. 웅진천도를 단행한 이후에도 한성은 두 가지 의미를 모두 지니고 있었던 것으로 파악했다. 그리고 하북위례성〔성동구와 동대문구 일대〕→ 하남위례성〔한성〕으로 변화된 것으로 보면서, 한성≧북성=대성=사성=거민성=현재 풍납리토성과, 한성>남성=하남위례성=왕성=현재 몽촌토성이라는 왕성과 거민성이 합쳐진 넓은 의미의 도성이라고 파악했다. 그 뒤 한산과 관련하여 한성은 풍납토성이며, 새로 이도한 한산은 성새로서의 기능을 더욱 강화한 왕성인 몽촌토성이라는 견해를 내놓았다.

이도학은 근초고왕 때의 '이도한산(移都漢山)'이라는 기록에 대해 한산을 지금의 북한산성으로 비정했으며, 이후에 다시 한성으로 재천도하였을 것이라고 주장하였다. 강인구는 위례성과 하남위례성은 별개의 도성이 아니라 같은 하나의 도성이며, 하남위례성과 한성은 별개의 도성이라고 보았다. 그래서 위례성을 풍납리토성에, 한성을 몽촌토성에 비정하였다. 그리고 한산성은 산성이 아니라 현재의 뚝섬지구로 보았다. 결국 위례성〔하남위례성〕에서 한성으로 변화했다고 보면서, 위례성〔하남위례성〕=북한성=북성=풍납리토성과, 한성=도성=남성=몽촌토성이라고 이해함으로써 하남위례성의 비정에 차이를 보이고 있다.

박현숙은 하남위례성에서의 '하남(河南)'이란 한강 남쪽이라는 뜻으로, 고유명사가 아니라 위례성의 상대적 개념으로 쓰인 것이라고 해석했다. 그리고 근초고왕 26년의 '이도한산'이란 고구려왕을 살해함으로써 그에 대한 반격을 우려한 수도방어의 필요성을 절감하고, 방어성인 산성으로 일시적으로 도읍을 옮긴 것으로 보았다. 따라서 백제 한성시대의 도성은 위례성〔중랑천 일대〕→ 한성〔=하남위례성, 풍납리토성과 몽촌토성〕→ 한성+한산성〔남한산성〕으로 변화해 간 것으로 파악하였다.

여호규는 371년 무렵 고구려의 침공에 대비하기 위해 한산에 축조한 군사방어성을 한성이라고 보았다. 이후 줄곧 왕성으로 사용되다가 「광개토왕릉비문」에 기록된 것같이 396년 고구려 광개토왕의 백제 도성공략에 항복하면서 평상시의 왕성이었던 북성, 즉 풍납토성으로 환도하였고, 몽촌토성은 비상시의 군사방어성으로 활용되었을 것으로 보았다.

박순발은 한성기 백제 도성의 변화를 하북위례성→하남위례성(한성)→한산→한성으로 정리하고, 백제의 왕도였던 한성=하남위례성에는 대성=북성과 왕성=남성이 존재한다고 보았다. 그리고 북성은 풍납리토성, 남성은 몽촌토성이라는 견해에 동의하면서, 풍납토성만이 하남위례성이고 왕성이라는 주장은 무의미하다고 보았다. 또한 풍납토성과 몽촌토성 모두 3세기 중·후반경 이후에 축성되었는데, 몽촌토성이 더 이른 시기에 등장하였고 이어서 국가의 성장과 함께 풍납리토성이 축조되었을 것으로 이해하였다.

반면에 신희권은 풍납리토성을 기원전후에 초축된 것으로 파악하여 『삼국사기』 초기기록의 신뢰성을 확인하였으며, 한성시대에서 하남위례성으로서 풍납토성이 차지하는 역사적 비중을 강조하였다. 풍납리토성의 축조시기와 성격을 둘러싼 고고학계의 논쟁은 한성시대 도성문제에 대한 간극을 쉽게 좁히지 못하고 있다.

이와 같이 많은 연구자들이 백제 한성시대의 도성에 대한 관심을 가졌다. 그래서 한성에는 두 개의 성이 있었는데, 그것은 대성[=북성]과 왕성[=남성]이며, 북성은 풍납토성, 남성은 몽촌토성이라는 데까지는 논의가 좁혀진 듯하다.

그러나 출발점인 위례성·하남위례성·한성·한산의 위치비정과 관계에 대해서는 더욱 논의가 필요하다. 또한 위례성과 하남위례성이 같은 도성인지 다른 도성인지, 하남위례성과 한성을 동일시할 것인지 달리 볼 것인지, 풍납리토성과 몽촌토성의 선후관계를 어떻게 볼 것인지, 근초고왕 26년의 한산천도 사실을 인정할 것인지 등에 대한 논의는 아직도 진행되고 있다고 할 수 있다.

3) 정치세력의 문제

정치체제와 권력구조에 대한 연구는 고대국가의 지배체제뿐 아니라, 고대사회의 전반적인 성격을 이해하는 데 매우 중요한 과제다. 백제의 정치사는 지금까지 정치체제, 그리고 국왕과 귀족세력 사이의 권력관계 등을 중심으로 연구되면서 정치체제의 운영원리와 발전과정 등을 밝히려는 노력들이 진행되고 있다.

노중국은 백제가 소국연맹단계에 비류계의 해씨에서 초고계의 부여씨로 왕실교체가 있었으며, 초고왕대부터 부여씨 왕계가 확립되면서 부여씨 일계에 의해 왕위가 계승되었다고 보았다. 그리고 한성시대 전기의 대표적 지배세력으로 왕족 부여씨와 왕비족 진씨를 들었다. 그는 진씨 왕비족은 부여씨 왕실이 지배귀족 가운데 진씨가문과 거듭 혼인함으로써 성립된 것으로, 근초고왕에서 아신왕대까지를 진씨 왕비족시대로 부르기도 하였다. 그러나 진지왕의 왕위계승에서 일어난 분쟁을 계기로 진씨에서 해씨로 왕비족이 바뀌었다고 보았다.

또한 그는 웅진천도 뒤 동성왕 이후의 백제왕실은 사씨(沙氏)·연씨(燕氏)·백씨(苩氏) 등의 신진세력을 등용하여 남래하여 온 기성귀족과의 세력균형을 도모했다고 보았다. 그리고 관산성 패전 이후 귀족중심의 운영체제에서 사씨(沙氏)·연씨(燕氏)·협씨(劦氏)·해씨(解氏)·진씨(眞氏)·국씨(國氏)·목씨(木氏)·백씨(苩氏) 등의 대성팔족(大姓八族)이 대두한 것으로 파악하였다.

한편 강종원은 초고계(肖古系)의 방계출신인 비류왕이 고이계(古爾系)와는 인척관계라는 정치적 배경을 통해 왕위에 오를 수 있었으며, 그를 추대한 세력은 범초고계의 왕족을 비롯하여 해씨(解氏)와 고이계 우씨(優氏) 세력 일부가 포함되었을 것으로 보았다. 그리고 정재윤은 백제 웅진시대 정치사의 전개과정을 국왕과 귀족세력의 동향을 중심으로 체제의 개혁과 권력구조의 변화 등 많은 정치적 변혁이 이루어졌음을 고찰하였다.

귀족의 존재에 대해서는 좌평과 달솔 관등을 중심으로 연구되었다. 좌평은 대성팔족이 차지했으며, 왕권에 대립하는 존재로서 사비시대 백제의 정치를 주도한 것으로 이해되었다.〔노중국, 1988 ; 김주성, 1990〕 그러나 대성팔족과 왕권과의 관계를 파악하는 데 너무 대립적인 요소로만 볼 수 있는가에 대한 반론도 제기되었다.〔김수태, 1992〕 또한 사비시대의 정치세력에 대해서는 기존연구가 주로 왕과 귀족의 입장에서 이루어진 것에 대한 문제점을 지적하면서, 왕자를 비롯한 왕족에 대한 적극적인 해석을 시도하고 있다.〔김주성, 1990 ; 김수태, 1992, 1998〕 그러나 왕족을 왕권과의 친밀성 속에서 이해해야 할지, 넓은 의미의 귀족으로 이해해야 할지에 대한 논의가 있어야 할 것이다.

정치세력에 대한 논의에서 왕과 귀족과의 관계를 어떻게 바라볼 것인가는 고대국가의 성격을 이해하는 데 중요한 관건이 된다. 왕과 귀족과의 관계를 대립적인 측면에서 이분법적으로 접근하는 것에는 주의를 기울여야 할 것이다. 왕은 귀족과 대립하지 않고 일정한 관계 속에서 타협하고 조화를 이루고자 했으며, 귀족들도 왕의 보호 아래 그 권력을 행사할 수 있었기 때문이다. 또한 국왕의 세력기반에 대한 연구, 귀족세력 내의 분화의 모습과 개별가문에 대한 연구, 또한 개별인물들에 대한 정치한 연구가 이루어짐으로써 백제 지배세력에 대한 논의가 좀더 풍요로워질 수 있을 것이다.

4) 중앙통치체제의 정비

삼국이 대치하고 있던 상황에서 중앙과 지방에 대한 통치를 얼마나 효율적으로 수행하느냐 하는 것은 바로 그 국가의 생존과 발전에 관한 문제였다. 따라서 중앙통치체제에 대한 문제는 백제사 연구의 중요한 쟁점이라고 할 수 있다. 먼저 중앙통치제도에 대해 살펴보면, 관직과 행정관서 등 관료체제의 정비는 집권체제의 정비와 함께 이루어진다.

그런데 백제의 통치제도에 대한 논의에서도 역시 『삼국사기』 초기 기록의 신빙성 문제가 대두된다. 고이왕대에 이루어진 관직의 정비와 공복제를 어떻게 이해할 것인가부터 초점이 맞추어지기 때문이다. 3세기 중엽 고이왕대의 관제개혁은 백제 정치사에서 중요한 사건이었지만, 이를 바라보는 입장은 백제 초기의 정치체제를 어떻게 파악하느냐에 따라 나뉘게 된다. 즉 이를 고이왕대의 사실로 인정하여 관제의 기본골격이 갖추어졌다고 파악하는가 하면[이종욱, 1978], 6좌평·16관등제는 후대 사실의 부회로 파악하기도 한다.[노중국, 1988 ; 양기석 1990]

대부분의 연구자는 고이왕대에 이루어진 관직의 정비와 공복제를 사비시대의 소급으로 이해하고 있다. 사비천도 후 백제는 왕권중심의 정치운영체제를 확립하여 웅진도읍기 이래의 신·구세력들을 16관등체제하에 편제하였다고 보았다. 따라서 5좌평으로 대변되는 귀족들의 정

치적 비중은 상대적으로 약화되고, 그 대신 왕명을 봉행하는 22부가 정
치운영에서 중요한 기능을 수행하게 되었다고 본 것이다. 그리고 위덕
왕 즉위 후 귀족중심의 정치운영이 되었으며, 이러한 귀족중심체제는
처음에는 5좌평이 중심이 되었으나, 그 후 중국의 6전(典)조직의 영향으
로 6좌평으로 확대되었다고 보았다.〔노중국, 1988〕

　　백제의 정치기구는 좌평제와 22부사제(部司制)를 중심으로 연구되었
다고 할 수 있다. 백제의 가장 중요한 정치기구이며 제도라 할 수 있는
좌평제의 성립시기에 대해서는 각기 견해가 다르다. 6좌평의 성립시기
에 대해서 3세기 중엽〔이종욱, 1978〕·5세기 초〔양기석, 1990〕·7세기 초〔노중국,
1988 ; 김주성, 1990〕등으로 달리 파악하고 있다. 그리고 좌평제의 경우 6좌
평을 사비시대의 실상으로 이해하는 경향이 강하지만, 3좌평제와 5좌
평제 및 6좌평제의 상호관계에 대해서는 논의가 다양하다.

　　이것은 대좌평의 존재를 어떻게 이해하느냐의 문제와도 연결된다. 사
비시대에 보이는 대좌평이 상좌평과 다른 것인지〔노중국, 1988 ; 양기석, 1997〕
아니면 같은지〔김수태, 2003〕도 문제다. 그리고 6좌평제와 대좌평의 상호관
계나 그 당시 귀족회의의 실상에 대한 설명도 확연하지 않다. 상좌평이
국정을 총괄하는 재상의 성격을 지닌 것〔이기백, 1959〕에 대해서는 대부분
동의하지만, 왕권을 뒷받침하는 관직인지〔이종욱, 1978 ; 양기석, 1990〕, 귀족세
력의 이익을 대변하는 제도인지〔노중국, 1988〕에 대해서는 합의되지 않았다.

　　좌평제가 관직중심의 정치기구라면, 22부사제는 행정관서의 성격이
강하다. 궁중사무와 일반서정의 분리, 군사·재정·행정 업무의 분화,
장관의 3년임기제 등은 관료제적 성격을 보여준다. 그러나 내관(內官)이
외관(外官) 10부보다 많고, 북주의 6관제를 채용하였다는 점은 왕권강화
의 측면을 말해 준다.

6좌평과 22부사제의 관계에 대해서도 다양한 견해가 제기되고 있다. 육전조직에 근거한 6좌평제는 7세기에 비로소 성립되었다는 설[노중국, 1988], 6좌평제는 6세기 이전에 성립되었다가 22부사제의 실시로 관직적 성격을 잃고 신분표시 기능만 지니게 되었다는 설[양기석, 1997], 6세기 전반에 좌평제라는 합의기구와 22부사제라는 행정기구가 양립하였다가 6세기 후반에 좌평이 22부사를 장악하였지만, 7세기 전반 왕권강화로 6좌평제가 행정기구화하면서 국왕의 통제 아래 22부사를 관장하였다는 설[김주성, 1990] 등으로 나누어진다.

22부사제의 경우 사(司)는 격이 떨어지는 것으로서 부(部)의 통제를 받은 관청인지[노중국, 1988] 아닌지[강종원, 2003], 내관 전내부가 신라의 내성에 해당하는지[노중국, 1988] 집사부에 해당되며 외관을 통제하였는지도 [김주성, 1990] 논의되고 있다. 또한 22부사의 책임자로 좌평이 임명되었는지[정재윤, 1999], 아니면 솔계(率係)관등에 속하는 사람이 임명되었는지[김주성, 1990]에 따라 정치기구에 대한 이해는 사뭇 달라진다.

5) 지방통치제도의 발전

고대국가의 성장기에 영역확장과 그 결과 새로이 편입된 지역에 대한 통제는 국가의 통치의지가 구체적으로 시행·관철되는 것으로서 중앙집권화 노력의 성패를 가름하는 관건이었다. 따라서 지방통치제도의 문제는 중앙의 통치력을 가늠하는 기준이 된다.

백제의 지방통치에 대한 연구는 각 지역별 고고학 연구성과가 축적되면서 1996년부터 본격적으로 시작하였다. 1990년대 후반 이후 지방통치에 대한 문제는 백제사 연구의 중요한 주제라고 할 수 있다.

백제 지방통치제도의 변화양상에 대해서 다케다(武田幸男)는 4세기 말의 성·촌체제→5세기의 왕·후·태수제→ 6세기 초의 담로체제→ 6세기 중엽 이후의 방-군-성체제로 파악했고, 노중국은 읍락-소국체제→ 4세기 후반 이후의 담로체제→6세기 중반 이후의 방-군-성체제로 명명했다. 한편 박현숙은 부제→4세기 중반 이후의 담로제→ 6세기 중반 이후의 5방체제로 지방통치제도의 변화상을 파악했으며, 김영심은 부체제→ 5세기 중반 이후 담로제→6세기 전반 이후 5방체제로, 정재윤은 5세기 후반 이후 성체제→6세기 초반 이후 담로제→6세기 중반 이후 5방제로 이해했다.

이를 통해 부제(部制) → 담로제(檐魯制) →5방체제(五方體制)로 변화하는 지방제도의 골격은 파악된 셈이지만, 세부적인 문제에서는 다양한 견해가 제기되고 있다. 즉 백제의 지방통치와 관련하여 초기의 '부'를 어떻게 볼 것인지, 담로제를 어떻게 파악할 것인지, 5방체제의 형성과 그 의미를 어떻게 볼 것인지 그리고 지방관의 파견시기와 지방관의 성격을 어떻게 이해할 것인지 하는 문제 등으로 나눌 수 있다.

백제 초기사에 보이는 '부(部)'의 문제는 부체제와 관련하여 또는 지방의 행정구획과 관련하여 크게 논의되었다. 특히 백제 초기 '부'의 성격을 어떻게 파악하느냐 하는 문제가 고구려·신라의 '부' 문제와 더불어 부각되었다.

노태돈은 부여·고구려·백제·신라 등의 초기역사에서 공통적으로 나타나는 '부'를 연맹단계의 내부구조로서 주목하였다. 그리하여 이후 '부체제(部體制)'는 중앙정치구조와의 관련성 아래 고찰되었다. 즉 종래 국가발전 단계상의 혈연적인 부족연맹체론(部族聯盟體論)을 비판적으로 수용하면서 그 대안으로 '부체제론'을 제기한 것이다. 독자성을 띠는 단위정치체인 부체제가 해체되면서 일원적인 관료조직에 입각한 중앙집권체제가 출현했다고 보았다.〔노중국, 1988 ; 양기석, 2000 ; 김영심, 2000 ; 주보돈, 2000〕

그러나 백제 초기의 '부'는 고구려·신라의 이른바 '부체제(部體制)'와는 달리 초기기록에서부터 이른바 '족제적(族制的) 또는 부족적(部族的)' 성격이 약한 방위부(方位部)인 행정구획적 특징을 나타낸다고 본 견해들이 있다. 물론 백제 초기의 부제(部制)에도 독자성을 띠는 세력집단들의 존재가 상정되지만 이는 중앙집권력의 미숙성으로 야기된 것으로, 실제적으로는 지방행정구획인 부(部)에 산재해 있던 재지세력들을 통한 간접통치의 양상으로 파악할 수 있는 것이다.〔박현숙, 1990 ; 김기섭, 1997〕

담로제와 관련하여서는 실시시기와 성격에 대한 이해에서 차이를 보이고 있다.『일본서기』인덕기 41년조의 기록을 근초고왕대의 사실로 이해하는 입장에서는 근초고왕대에 담로제가 실시되었다고 보았다.〔노중국, 1985, 1991〕 그리고 근초고왕이 369년 전라도지역의 마한세력을 복속하기 이전인 한성시대 전기에는 부(部)-성(城)-촌(村)이 중심이었는데, 한성시대 후기에는 금강 이북지역은 부-성-촌제였으나, 복속지는 일부 성에만 지방관을 파견하는 거점지배방식을 취한 이원적 통치형태를 취했다고 본 견해도 있다.〔이도학, 1988〕 그렇지만 담로제는 대부분 새로운 영토확장이 이루어지는 근초고왕대에 이루어졌다고 보았다.〔김주성, 1991〕

한편 담로제는 지방통치구획으로서의 부제에 대한 보완으로 여러 성에 대한 거점지배의 성격을 띠는 것으로, 22개의 담로는 초기 5부제에서 사비시대의 5방체제로 넘어가는 과도기의 지방통치체제로 이해하기도 하였다. 즉 비류왕대부터 담로제가 시행되었기 때문에 근초고왕대의 비약적인 발전이 가능하였다고 보았다.〔박현숙, 1990, 1993〕 이와는 달리 근초고왕대를 진후한 무렵에야 부-성-촌체제로 편제하여 국가권력에 의한 지방세력 통제를 꾀하였으며, 이후 각 지역의 성주의 역할이 증대되면서 부가 본래의 기능을 상실하게 되었다고 보았다.〔김기섭, 1997〕

사비시대의 행정구획에 대해서는『주서』에 기록된 왕도5부제와 지방통치제도인 5방체제가 일찍부터 관심의 대상이 되어 왔다. 이마니시(今西龍)는 앞 시기와의 연관관계에 대해서는 언급하지 않고 5부·5방에 대한 분석을 시도하여, 무령왕 단계에서는 지방에 23담로를 설치했다가 사비천도 후에 도성을 5부로, 지방을 5방으로 나누었다고 보았다. 야마오(山尾幸久)는『양서』백제전의 내용을 6세기 초의 사실로 보아 사비천도 후에 실시된 방제가 얼마 후 37개 전후의 담로로 개편된 것으로 보았다. 김철준은 백제 초기의 전국 행정구역 4부가 사비시대의 5방으로 연결된다고 보아 지방지배체제에 대한 개괄적인 윤곽을 제시했으나, 그 연결고리인 담로제에 대해서는 언급하지 않았다.

김영심은『주서』에 기록된 5방이란 이전의 담로가 군(郡)이라는 중국식 표현으로 대치되는 변화를 나타낸 것으로서 백제 지방통치체제가 명실상부한 군현제의 모습을 갖춘 것이라고 보았다. 그리고 방-군-성체제를 갖추는 시기를 군령과 성주가 구체적인 칭호로 나타나는 6세기 전반으로 상정했다. 이에 대해 박현숙은 5방에 대한 지명비정을 통한 방의 실체 파악과 방-군-성의 유기성 등을 살핌으로써 백제국가가 전국을 어떻게 통할했는가에 주목하였다.

한편 사비시대의 행정구획 5부제는 비록 왕도의 행정구획이지만,『주서』에 5방체제와 함께 보이고 있으며, 통치제제의 일부분으로서 사비시대 백제국가의 지배체제의 일단을 보여준다는 점에서 일찍부터 지방제도인 5방체제와 함께 연구되었다. 김영심은 5~6세기 백제의 지방제도를 다루면서 동성왕대인 5세기 말~6세기 초 단계에서 이미 왕도5부제의 틀이 마련되었고, 사비도읍기에 들어서 부-항체제를 갖춘 전형적인 5부제가 실시된 것으로 보았다. 박현숙은 궁남지 출토 목간을 통해 왕도5부제의 변화양상을 언급하면서 사비시대에 들어 왕도에 5부(部) 25항(巷)제도가 실시되었음을 밝혔다.

지방관의 파견과 관련하여 백제 지방통치를 이해하기도 하였다. 이를 구명하기 위해 도사(道使)의 존재를 주목하였으며[김수태, 1997], 도사의 파견시기를 담로제의 확립과정 속에서 구하고, 이 때 파견된 지방관을 성주라고 호칭하였을 것으로 보았다.[노중국, 1988] 그러나 성주라는 명칭이 3세기 초반부터 나타나므로, 그 파견시기를 3세기대로 올려 보아야한다는 견해도 제기되었다.[김주성, 1990]

백제의 중앙통치제도와 조직에 대한 이해는 지배세력과 정치변동을 어떻게 이해하느냐에 따라서 다양한 논의가 나올 수 있다. 즉 왕권의 전제화가 진행된 시기였는지, 아니면 귀족에 의해 정치가 주도되었는지에 따라 달라지게 된다. 따라서 통치체제나 정치조직에 대한 연구는 왕과 귀족 사이의 관계설정 및 지배귀족들 사이의 힘의 관계, 그리고 정치변동에 대한 전반적인 이해를 바탕으로 고찰되어야 한다.

또한 지방통치제도도 중앙정치조직과 함께 국가의 통치를 원활히 하기 위해 마련된 지배체제의 중요한 축이므로 이를 단순히 제도사적 차원에서 접근해서는 안 된다. 역사지리와의 관계 속에서, 그리고 중앙 정치 및 권력구조, 나아가 대민지배와 지방사회의 존재양태 등과 유기적 관계 속에서 연구되어야 한다.

4. 백제사 연구의 과제

　이상으로 문헌을 중심으로 백제 건국시기와 중심세력, 중심지로서의 도성, 정치세력 및 중앙과 지방의 정치제도를 중심으로 백제사 연구의 현황을 짚어보았다.

　백제의 건국 주체세력 및 시기와 관련해서는 왕실교대론·기마민족설·이동설 등 다양한 입장이 표명되었다. 건국 주체세력의 문제에서는 고구려와의 친연성을 강조할 것인지 부여의 계승성을 강조할 것인지를 고민해야 할 것이다. 또한 토착문화인 마한적 전통에 대한 문제도 조망되어야 한다.

　백제 한성시대의 도성에 대해서도 다양한 논의가 진행되었다. 그러나 위례성과 하남위례성이 같은 도성인지, 하남위례성과 한성을 동일시할 것인지, 근초고왕 26년의 한산천도 사실을 인정할 것인지, 풍납토성과 몽촌토성의 선후관계를 어떻게 볼 것인지 등은 합의를 도출해내야 할 과제이다.

　백제의 국가성격의 문제에서 '부체제'에 대한 논의는 한국고대사의 국가발전 단계를 구체화하여, 삼국 사이의 공통점을 찾으려 했다는 점에서 의의를 갖는다. 그러나 삼국의 공통점 못지않게 국가의 발전과정에서 그 규모나 중앙집권력의 정도에서 차이를 발견하는 것이 타당하리라고 생각된다.

　그러나 다양한 논의와 새로운 관점의 제시에도 불구하고, 백제형성기에 관련된 논의는『삼국사기』백제본기와『삼국지』위서 동이전의 괴리를 어떠한 접점에서 출발할 것인가 하는 문제로 귀결된다. 최근의 연구에서는 서로 다른 한성시대 백제상을 그리고 있는 두 사료를 절충론이라는 미명 아래 무차별 인용함으로써 백제사 연구의 어려움을 가중시키고 있다.

『삼국사기』의 초기기록을 기반으로 한다고 해서 『삼국지』의 내용을 무시할 수는 없다. 또한 『삼국지』가 그리는 백제 초기의 시대상에 전적으로 의존하는 것도 문제이다. 『삼국사기』와 『삼국지』 사이의 간극이 왜 생겼는지, 그리고 백제 초기의 모습을 올바르게 투영하고 있는 사서는 어느 것인지 하는 검토에서부터 출발하지 않을 수 없다. 『삼국지』 위서 동이전의 기록을 토대로 한 『삼국사기』 초기기록의 백제를 불신하기보다는 두 사서의 합리적인 해석, 나아가 『삼국사기』 초기기록의 적극적인 분석과 활용이 요구된다. 또한 백제 초기기록의 영세성과 그들 문헌이 가지는 한계를 보완할 수 있는 고고학적 발굴과 연구가 이루어져서 백제 초기사에 대한 삽입과 보간이 이루어져야만 백제 건국주체와 시기에 대한 연구가 한 단계 도약할 수 있을 것으로 보인다.

백제사와 관련된 논문의 주제가 다양해지고 자유로워지는 것은 고무적인 일이다. 최근에는 학회단위의 기획논문이 많이 발표되고 있어서 학회의 활성화와 연구논문의 양적 확대에 이바지하고 있다. 한 걸음 더 나아가 논문의 질적인 발전에도 기여할 수 있어야 할 것이다. 다양한 주제에 대한 느리지만 지속적이고도 깊이있는 관심과 성찰, 그리고 사료의 한계를 넘어설 수 있는 새로운 방법론의 모색을 시도할 수 있는 백제사 연구가 되어야 할 것이다.

박현숙

‖참고문헌‖

강인구, 1993, 「百濟 初期 都城 問題 新考」, 『韓國史研究』 81.

강종원, 2003, 『4세기 백제사 연구』, 서경문화사.

국사편찬위원회 편, 1995, 『삼국의 정치와 사회, 백제』. 한국사 6.

김기섭, 1990, 「百濟前期 都城에 관한 一考察」, 『청계사학』 7.

_____, 1993, 「漢城時代 百濟王系에 대하여」, 『韓國史研究』 83.

_____, 1997, 「백제 한성시대 통치체제 연구」, 한국정신문화연구원 박사학위논문.

_____, 1998, 「百濟 前期의 部에 관한 試論」, 『百濟의 地方統治』, 학연문화사.

_____, 2000, 『백제와 근초고왕』, 학연문화사.

_____, 2004, 「백제 漢城期 연구 동향과 과제」, 『제3회 백제문화개발연구원 학술회의-백제사연구 활성화방안』.

김두진, 1990, 「百濟 建國神話의 復元試論」, 『國史館論叢』 13 ; 1999, 『韓國古代의 建國神話와 祭儀』, 일조각.

_____, 1991, 「百濟始祖 溫祚神話의 形成과 그 傳承」, 『韓國學論叢』 13.

김병남, 2000, 「百濟 領土 變遷史 研究」, 전북대학교 박사학위논문.

김수태, 1992, 「百濟 義慈王代의 太子册封」, 『百濟研究』 23.

_____, 1992, 「百濟 義慈王代의 政治變動」, 『韓國古代史研究』 5.

_____, 1997, 「백제의 지방통치와 도사」, 『백제의 중앙과 지방』, 충남대 백제연구소.

_____, 1998, 「백제 의자왕대의 왕족의 동향」, 『백제연구』 28.

_____, 2004, 「사비시대 백제사 연구의 성과와 과제」, 『제3회 백제문화개발연구원 학술회의-백제사연구 활성화방안』.

김영심, 1990, 「5~6世紀 百濟의 地方統治體制」, 『韓國史論』 22.

_____, 1997, 「백제 지방통치체제 연구」, 서울대학교 박사학위논문.

_____, 2000, 「百濟史에서의 部와 部體制」, 『韓國古代史研究』 17.

김원용, 1967, 「三國時代의 開始에 關한 一考察」, 『東亞文化』 7, 동아문화연구소.

김정배, 1986, 『韓國古代의 國家起源과 形成』, 고려대학교 출판부.

김주성, 1990, 「百濟 泗沘時代 政治史 研究」, 전남대학교 박사학위논문.

_____, 1992, 「百濟 地方統治體制의 變化와 地方社會의 再編」, 『國史館論叢』 35.

김철준, 1964,「韓國古代國家發達史」,『한국문화사대계』Ⅰ, 고려대 민족문화연구소 ;
　　　　1990,『韓國 古代史研究』, 서울대출판부.

남형종, 1993,「百濟 東城王代의 支配勢力의 動向과 王權의 安定」,『北岳史論』3.

노명호, 1981,「百濟의 東明神話와 東明廟」,『歷史學研究』Ⅹ.

노중국, 1988,『百濟政治史研究』, 일조각.

　　　　1989,「韓國古代의 邑落의 構造와 性格〉『大邱史學』38.

　　　　1991,「百濟 武寧王代의 集權力 强化와 經濟基盤의 擴大」,『百濟文化』21.

　　　　1994,「4~5세기 百濟의 政治運營」,『韓國古代史論叢』6.

　　　　2003,「웅진·사비시대 백제사」,『고대 동아세아와 백제』, 백제문화연구소.

문안식, 2002,『百濟의 領域擴張과 地方統治』, 신서원.

박순발, 2002,「漢城期 百濟의 城郭」,『향토서울』62.

박승범, 2003,「漢城時代 百濟의 國家祭祀」,『先史와 古代』19.

박찬규, 1995,「百濟의 馬韓征服過程 研究」, 단국대학교 박사학위논문.

박현숙, 1990,「百濟 初期의 地方統治體制 研究 - '부' 의 성립과 변화과정을 중심으로」,
　　　　『百濟文化』20.

　　　　1993,「百濟 檐魯制의 實施와 그 性格」,『宋甲鎬敎授停年退任紀念論文集』.

　　　　1996,「백제 泗沘時代의 지방통치체제 연구」『韓國史學報』창간호.

　　　　1997,「百濟 地方統治體制研究」, 고려대학교 박사학위논문.

신형식, 1990,『백제사』, 이화여자대학교 출판부.

신희권, 2002,「風納土城 발굴조사를 통한 河南慰禮城 고찰」,『鄕土서울』62.

양기석, 1990,「百濟 專制王權 成立過程 研究」, 단국대학교 박사학위논문.

　　　　1990,「百濟 威德王代 王權의 存在形態와 性格」,『韓國古代史研究』21.

　　　　1991,「百濟 聖王代의 政治改革과 그 性格」,『韓國古代史研究』4.

　　　　1991,「韓國 古代의 中央政治」,『國史館論叢』21.

　　　　1997,「백제 사비시대의 좌평제 연구」,『충북사학』9.

　　　　2000,「百濟 初期의 部」,『韓國古代史研究』17.

여호규, 2002,「漢城時期 百濟의 都城制와 防禦體系」,『百濟研究』36.

이기동, 1981,「百濟 王室交代論 에 대하여」,『百濟研究』12.

　　　　1996,『百濟史 研究』, 일조각.

이기백, 1959,「百濟王位繼承考」,『歷史學報』11,

이도학, 1990,「漢城 後期의 백제 王權과 支配體制의 整備」,『百濟論叢』2.

　　　　1995,『백제 고대국가 연구』, 일지사.

이병도, 1936,「三韓問題의 新考察」,『震檀學報』6 : 1976,『韓國古代史硏究』, 博英社.

_____, 1959,『韓國史』古代篇, 震檀學會.

이용빈, 2001,「百濟 檐魯制 硏究」, 명지대학교 박사학위논문.

_____, 2002,『백제 지방통치제도 연구』, 서경문화사.

이우태, 1993,「百濟의 部體制」,『百濟史의 比較硏究』, 충남대 백제연구소.

이종욱, 1976,「百濟의 國家形成」『大邱史學』11.

_____, 1977,「百濟王國의 成長」『大邱史學』12·13.

_____, 1978,「百濟의 佐平〉『震檀學報』45.

_____, 1990,「百濟 泗沘時代의 中央政治組織」,『百濟硏究』21.

_____, 1994,「百濟의 建國說話−百濟初期國家 形成過程에 대한 기초적 검토」,『百濟論叢』4.

_____, 1996,「『三國志』韓傳 정치관계 기록의 사료적 가치와 그 한계」,『吉玄益.敎授停年紀念史 學論叢』.

이홍직, 1969,『韓國古代史의 硏究』, 신구문화사.

정재윤, 1992,「熊津·泗沘時代 百濟의 地方統治體制」『韓國上古史學報』10.

_____, 1999,「웅진시대 백제 정치사의 전개와 그 특성」, 서강대학교 박사학위논문.

조법종, 1989,「百濟 別稱 鷹準考」,『韓國史硏究』66.

주보돈, 2000,「百濟初期史에서의 戰爭과 貴族의 出現」,『百濟史上의 戰爭』, 서경문화사.

차용걸, 1981,「慰禮城과 漢城에 대하여」(Ⅰ)『鄕土서울』39.

천관우, 1976,「三韓의 國家形成 (下)」,『韓國學報』3, 일지사.

최몽룡·권오영, 1985,「考古學的 資料를 通해 본 百濟 初期의 영역 考察」,『千寬宇先生 還曆紀念 韓國史學論叢』.

최몽룡·심정보 편, 1991,『百濟史의 理解』, 학연문화사.

최범호, 2001,「百濟 溫祚王代의 部 硏究」, 전북대학교 박사학위논문.

今西龍, 1921,「百濟五方五部考」『藝文』12年 8·11月號 ; 1934,『百濟史硏究』.

_____, 1934,「百濟略史」,『百濟史硏究』, 近澤書店.

山尾幸久, 1974,「朝鮮三國の軍區組織」『古代朝鮮と日本』, 龍溪書舍.

武田幸男, 1980,「6世紀における朝鮮三國の國家體制」『東アヅア世界における日本古代史 講座』4, 學生社.

津田左右吉, 1921,「百濟に關する日本書紀の記載」,『滿鮮地理歷史硏究報告』8, 東京帝國大學校 文學部.

坂元義種, 1978,「百濟史の硏究」,『塙書房』, 1978.

백제 고고학 연구의 현 단계

고분과 성곽을 중심으로

1. 머리말

백제 고고학에 대한 조사와 연구가 일제시대부터 시작되기는 하였지만 본격적인 조사와 연구는 1960년대부터라고 할 수 있다. 영암 내동리 고분군〔국립박물관, 1960〕, 부여 동남리 와요지(瓦窯址)〔국립부여박물관, 1962〕, 광주 신창동 옹관묘군(甕棺墓群)〔김원용, 1963〕, 그리고 풍납동토성(風納洞土城)〔김원용, 1964〕의 조사가 그것이다.

때마침 비슷한 시기에 공주대학교 백제문화연구소(1965), 충남대학교 백제연구소(1970), 원광대학교 마한·백제문화연구소(1973)가 설립되고, 1978년에는 국립광주박물관이 신설됨에 따라 조사와 연구의 폭이 한층 넓어지게 되었다. 특히 1980년대에 들어서서는 백제권 개발사업이 본격화되면서 백제유적에 대한 조사와 연구도 한층 활기를 띠게 되었다. 몽촌토성·공산성·부소산성·익산 미륵사지·왕궁리 유적, 그리고 영산강 유역을 중심으로 한 전남지역의 독특한 고대문화에 대한 연차적인 조사와 연구가 본격적으로 시작된 것도 그즈음의 일이다.

이러한 조사와 연구의 열기는 1990년대를 거쳐 현재에까지 이어지고 있다. 어떤 면에서는 단순한 열기가 아니라 가히 폭발적이라고 할 만큼 조사되는 유적의 수가 급증하고 있는 실정이다. 게다가 최근 들어서는 각 지역별로 발굴조사만 전문적으로 수행하는 전문기관들이 들어서면서 이제는 조사내용을 파악하기조차 어려운 실정이 되고 말았다.

이렇게 새로운 자료들이 폭발적으로 증가함에 따라 백제 고고학 연구도 새로운 수정을 거듭하고 있다. 새로운 자료가 출현하면 기존 자료를 바탕으로 이루어진 견해는 수정되어야 하는 것이 불가피한 고고학의 특성을 고려하면, 현재 무차별적으로 증대된 기초자료를 토대로 다양한 논리가 제기되는 것도 어쩌면 당연한 결과이기도 하다. 따라서 여기에서는 최근에 논의되고 있는 내용을 중심으로 백제 고고학 연구의 현황을 살펴보고자 한다.

백제 고고학의 범주에서 다룰 수 있는 주제는 매우 넓다. 구태여 유적이나 유물의 분류를 언급하지 않더라도 각종 생활유적이나 매장유적, 그리고 관방유적을 비롯한 다양한 유적이 확인되어 있고, 거기에서 유추되는 백제인의 생활모습은 폭넓게 검토되고 있다. 따라서 각종 유적이나 유물을 망라하여 검토범위를 정하는 데 적지 않은 어려움이 있기도 하다. 여기에서는 백제의 정치·사회현황과 비교적 밀접하게 관련된다고 믿어지는 고분과 성곽의 연구현황을 중심으로 살펴보고자 한다.

나아가 발굴자료와 같은 기초자료의 검토는 양적인 방대함을 이유로 배제하고, 이를 통해서 전개되는 해석과 관련된 문제만을 중심으로 살펴보고자 한다. 아울러 백제는 두 번에 걸친 천도를 단행함으로써 한성시대·웅진시대·사비시대로 흔히 구분하는만큼(김원용, 1986) 여기에서도 이러한 구분법에 따라 각 시기별로 연구내용을 살펴볼까 하는데, 이는 각 시기별로 논쟁이 되고 있는 부분이 각각 다르기 때문이다.

2. 한성시대

주지하는 바와 같이 한성시대에는 백제의 건국 및 성장과정이 최대의 관심사라고 할 수 있다. 자연히 고고학적 연구도 이 부분에 집중되어 있다. 더구나 이 부분은 문헌기록만으로는 완전한 해명을 보기 어려운 문제인만큼 고고학적 연구의 주된 연구분야이자 고고학자의 책무라고도 생각된다.

백제의 건국시기를 파악하기 위한 고고학적 자료로는 고분과 성곽이 줄곧 거론되어 왔다. 실제로 이 두 요소는 백제뿐 아니라 고구려나 신라의 경우에도 실질적인 건국시기를 확인할 수 있는 상징물로 받아들여지고 있다. 그 중 먼저 연구가 진행된 것은 고분이다.

백제고분에 대해서는 이미 일제시대 때 서울의 강남지역에 이른바 갑총(甲塚)과 을총(乙塚)으로 대별되는 89기의 고분이 자리한다는 사실〔朝鮮總督府, 1917〕이 알려지면서부터 지속적으로 학계의 관심대상이 되어 왔다. 그러나 일제시대까지만 해도 이들에 대한 간단한 설명과 도면이 소개되었을 뿐 별다른 연구는 이루어지지 못했었다.〔朝鮮總督府, 1920, 1927〕 그러다가 1969년에 가락동 1호분과 2호분이 조사되면서 비로소 본격적인 관심의 대상이 되었다.〔윤세영, 1974〕

지금까지 조사에 의하면 서울시 강남 일대를 중심으로 한 한성시대 백제고분으로는 적석총·석실분·분구묘·토광묘·석곽묘·옹관묘 등이 있는 것으로 알려져 있다. 이 가운데 상대적으로 출현시기가 뒤지는 석실분은 백제의 건국과는 무관하다. 자연히 적석총·분구묘·토광묘·석곽묘·옹관묘 등이 관심의 대상이었다. 그러나 여기에 대해서는 서로 다른 입장들이 제시되고 있어 서울지역에 자리하고 있는 고분의 유형만큼이나 복잡하고, 혼란스러운 느낌이다.

처음으로 서울시 강남 일대의 한강 하류역에 자리하고 있는 백제고분을 백제의 건국과 관련시켜 이해한 것은 강인구였다.〔강인구, 1989, 1990, 1991〕 다시 말해서 강남지역의 백제고분을 토묘(土墓)계통과 석묘(石墓)계통으로 나누고, 이들을 역사상에 등장하는 비류계(沸流系)와 온조계(溫祚系)로 비정하였다. 즉, 강남지역에서 제일 먼저 등장하는 묘제가 토묘계통의 토광묘이고, 뒤이어 석묘계통의 적석총이 등장하는 것을 들어 비류계＝토광묘＝부여계, 온조계＝적석총＝고구려계로 이해했던 것이다.

이러한 견해는 그 당시 고분의 유형과 구조에 대한 간단한 설명에 머물러 있던 백제고분 연구를 한 단계 끌어올린 것이 사실이다. 그렇지만 적석총의 등장과 함께 그 이전의 백제와 그 이후의 백제를 구별해 보아야 한다는 점에서 이른바 역사학에서 말하는 단절설〔이기동, 1981, 1990〕에 가까운 것으로 이해되는데, 그러면서도 적석총의 등장을 3세기 후반으로 보고 있는 것은 납득하기 어렵다. 무엇보다도 한강유역의 토광묘를 건국과 관련짓는 것도 문제지만, 그렇게 되면 토광묘와 적석총 사이에 등장하는 이른바 토축묘(土築墓)의 존재를 어떻게 이해할 것인가도 문제가 아닐 수 없다.

서울 강남지역의 백제고분을 적석총계〔적석총·석곽묘·석실분〕와 토광묘계〔토광묘·옹관묘·즙석봉토분·토광적석묘〕로 나누는 것은 임영진도 마찬가지다.〔임영진, 1987〕 다만 적석총의 등장을 백제의 건국으로 본다는 점에서 차이가 있다.〔임영진, 2003, 2004a, 2004b〕 즉 서울 강남을 포함한 북한강·남한강유역에서 발견된 적석총을 고구려식·백제식·말갈식으로 나누고, 고구려식 적석총의 강남지역 등장을 백제의 건국시기로 보고 있다. 이렇게 되면 석촌동 1호분이 가장 빠른 단계의 고구려식 적석총이 되는데, 그 시기는 3세기 중엽경에 해당되는 것으로 보고 있다. 즉 3세기 중엽경에 백제가 건국되었다는 의미가 된다. 아울러, 그 담당자들은 압록강 이남지역의 적석총 축조집단이라고 보았다.〔임영진, 2003〕

백제의 건국자 집단이 고구려와 관련이 있다는 것은 이미 다 아는 사실인 만큼 강남지역의 적석총을 백제의 건국과 관련짓는 데에는 이론이 없다. 다만 그렇게 되면 사료상에 등장하는 비류(沸流)로 대표되는 집단의 존재가 무엇인가가 문제가 아닐 수 없다. 더불어 사료상에는 고구려와 함께 부여와 백제와의 관련성도 구체적으로 나타나고 있는 만큼 이에 대한 해명도 필요해 보인다.

물론, 즙석분구묘와 비류와의 관련성을 상정하기도 하는데,〔임영진, 2004b〕 그렇게 되면 비류가 온조의 형으로 나타나고 있고, 사서에 따라서는 비류를 시조로 보는 것도 있는만큼 결국 백제의 실질적인 건국은 즙석분구묘의 등장에서 찾아야 하는 것이 아닐까 한다. 또한, 대부분의 연구자들이 백제와 고구려와의 관련성만큼이나 백제와 부여와의 관련성도 추구하고 있는 데 비해 백제와 부여와의 관련성을 부정하고, 단순히 고구려와의 대등함을 강조하기 위한 명분에서 백제 지배세력이 부여계를 표방하였다는 견해도 쉽게 납득하기 어렵다. 백제 왕실이 부여씨를 자칭하였고, 사비로의 천도 후 국호를 남부여(南扶餘)라고 하였던 사실을 단순히 명분을 살리기 위한 제스처로 보기에는 사안의 중요성이 너무나도 크다고 생각되기 때문이다.

이러한 문제점은 결국 백제의 건국을 적석총과 관련시으려는 생각, 다시 말해서 백제와 고구려의 관련성만을 강조하고 부여와의 관련성을 애써 외면하려 한 데서 비롯된 것이라고 볼 수 있다. 그와 관련된 때문인지 박순발은 적석총 이전에 등장하는 분구묘에 주목하고 있다. 강인구, 임영진과 더불어 오랫동안 백제의 초기역사 구명에 노력해 온 박순발은 가락동 2호분, 석촌동 파괴분, 석촌동 5호분, 석촌동 6·7호분 등 이른바 즙석봉토분(葺石封土墳)을 새로이 목관봉토분(木棺封土墳)으로 보고, 이러한 목관봉토분의 등장을 백제의 건국시기로 파악하였다. 다시 말해서 이러한 목관봉토분의 대표적인 예라고 할 수 있는 가락동 2호분의 축조시기를 출토된 토기를 통하여 3세기 중·후반경으로 보고[박순발, 2001], 이 시기를 곧 백제의 실질적인 건국시기로 파악하였다.

한편 그 동안 백제의 실질적인 건국을 대변하는 것으로 전해 오던 적석총, 그 중에서도 고구려식 기단식 적석총은, 그 대표적인 예라고 할 수 있는 석촌동 3호분이 근초고왕릉이라는 견해[김원용·이희준, 1987]를 받아들여 근초고왕대에 처음으로 등장하는 것으로 파악했다. 근초고왕이 활동하던 4세기 중엽이 기단식 적석총의 출현 상한이 되는 셈이다. 아울러 이 시기에 갑자기 고구려식의 적석총이 등장하는 이유는 부여계 공동후예로서의 고구려와 백제의 뿌리깊은 경쟁의식의 결과, 부여계의 적통적 지위를 확보한 표방으로서 백제에서 적석총을 사용한 것으로 보았다.[박순발, 2001]

백제의 실질적인 건국을 3세기 중·후반으로 보고 있다는 점에서는 박순발과 임영진은 의견이 일치하고 있지만 그 증거로 제시하는 묘제는 전혀 다른 것을 알 수 있다. 한쪽이 고구려와의 관련성만을 강조하고 부여와는 무관함을 주장하는 데 비해, 다른 한쪽에서는 오히려 고구려와 백제와의 관련성을 부정하고 있다.

다양한 의견 제시에도 불구하고 최대 관심사인 백제의 건국시기와 건국자 집단의 출자(出自)문제는 오히려 미궁에 빠지고 있는 느낌이다. 특히 박순발이 제시하고 있는 목관봉토분〔본고에서의 분구묘〕이 서울·익산·완주 등지에서 잇따라 발견되고 있고, 최근에는 서산에서도 비슷한 유형의 고분이 발견됨으로써 백제의 건국문제는 처음부터 재검토할 필요성을 요구받고 있다.

한성시대 백제고분 문제에서 빠뜨릴 수 없는 것이 횡혈식 석실분과 관련된 문제. 횡혈식 석실분은 시기적으로 서울 강남 일대에서 발견된 토광묘나 분구묘〔즙석봉토분·목관봉토분〕·적석총보다 후대에 등장하기 때문에 백제의 건국과는 무관하다. 다만 이 묘제가 웅진·사비시대 백제의 주 묘제로 기능한다는 점에서 그 중요성은 결코 간과할 수 없다. 가락동·방이동 등지에 자리하고 있는 횡혈식 석실분은 발견 초기에만 하더라도 별다른 의심이 없이 백제 석실분으로 이해하였다.〔잠실지구유적발굴조사단, 1975, 1976 ; 조유전, 1975〕 그러나 이들에 대한 의문이 제기되면서〔김원용, 1974〕 신라 토기가 출토된다는 사실에 근거하여 백제고분이 아닌 신라의 횡혈식 석실분이라는 주장이 계속되고 있다.〔최병현, 1992 ; 임영진, 1993 ; 박순발, 1994〕

가락동·방이동의 횡혈식 석실분이 조사된 1970년대까지만 해도 횡혈식 석실분의 형식분류와 구조적 특징에 대해서는 자세한 내용을 알 수 없었던 것이 사실이고, 따라서 유적의 편년에 고분이 자리하고 있는 위치가 삼국 중 어디에 속했느냐 하는 것이 중요한 근거의 하나로 작용했던 것도 부정할 수는 없는 사실이다. 그런 점에서 막연하게 유적이 자리한 위치에 근거한 편년의 위험성을 지적하고, 역사고고학에서 문헌기록의 중요성을 강조한 점〔김원용, 1974〕은 분명 경청할 필요가 있다고 생각된다.

그러나 그렇다고 해서 가락동·방이동처럼 엄연히 백제의 영토였던 지역의 고분까지 의심할 필요는 없을 것이다. 물론, 강남지역의 석실분에서 신라토기로 볼 만한 유물이 출토된 것이 사실이지만, 역시 신라토기가 출토된 신봉동 92-1호분·2호분은 백제 석실분으로 보면서 유독 강남지역의 석실분만을 신라고분으로 파악하는 것[박순발, 2001]은 형평성에도 어긋난다. 여기에 백제 초기의 횡혈식 석실분이 후대 신라인에 의해 재활용되면서 신라토기가 부장될 수 있음을 청주 주성리 2호분은 적나라하게 보여주고 있다. 뿐만 아니라 강남지역의 석실분을 모두 신라고분으로 이해하면 웅진시대 이후 백제 중앙에서 횡혈식 석실분을 채용한 배경을 합리적으로 설명하기도 곤란해진다.

지금까지 백제 횡혈식 석실분 조사자료에 의하면 서울의 가락동·방이동 고분군을 제외할 경우, 4세기 이후 백제 고지(故地)에는 중앙이 아닌 지방사회에서 횡혈식 석실분이 광범위하게 사용된 것으로 판단할 수밖에 없다. 나아가 이처럼 서울의 가락동·방이동의 자료를 제외하고 나머지 자료만을 근거할 경우, 한성시대의 백제는 중앙을 제외한 외곽에서 먼저 횡혈식 석실분을 받아들여 유행시켰다고 볼 수밖에 없을 것이다.

여기에 웅진시대 이후 백제 중앙에서 횡혈식 석실분을 사용한 사실에 대해서는 이론이 있을 수 없는만큼, 결국은 웅진시대의 횡혈식 석실분의 등장은 지방세력이 사용하던 횡혈식 석실분을 천도를 계기로 백제 중앙에서 받아들였다고 볼 수밖에 없을 것이고, 이 경우 천도를 계기로 백제 중앙세력이 횡혈식 석실분을 채용한 배경이 문제로 남을 수밖에 없다. 이에 대해서도 천도에 따른 정정불안과 석실분을 사용하던 지방세력이 백제의 최고 지배세력으로 부상하면서 자연스럽게 백제 중앙의 묘제가 되었다고 보는 주장[임영진, 2004b]도 있지만, 웅진천도 이후 백제 중앙의 최고 지배세력으로 성장한 지방세력이 천도 이전부터 횡혈식 석실분을 사용해 왔다는 사실이 명확하게 입증되지 않는 이상 궁색한 변명에 불과할 뿐이다.

고분만큼이나 한성시대 해명에 큰 논란이 되고 있는 것은 도성의 문제다. 주지하는 바와 같이 한성시대 백제의 중심지라고 할 수 있는 서울 강남지역에는 풍납동토성과 몽촌토성이 자리하고 있다. 이러한 사실은 삼국시대 삼국의 도읍지로 알려져 있는 고구려의 환인·집안·평양이나 신라의 경주에서는 찾아볼 수 없는 현상이다.

대부분의 도읍지에서는 도성으로 인정되는 성곽이 1개소 자리하고 있는 것이 보통이지만 강남지역에만 유독 2개소의 성곽이 자리하고 있기 때문이다. 따라서 그 동안 한성시대 백제의 도성을 해명하기 위한 노력이 다각도로 이루어져 왔다. 그러나 관련자료가 불분명하고, 고고학적 조사자료 역시 분명치 않은 상황에서 상대적으로 집중적인 조사가 이루어진 몽촌토성이 한성시대 백제의 도성지로 지목되어 왔다.〔성주탁, 1983 ; 최몽룡·권오영, 1985 ; 박순발, 1989〕

그런데 최근 들어 아파트 신축과정에서 풍납동토성의 지하 4미터 깊이에서 백제유구가 발견됨에 따라 논란이 촉발되었다. 조사결과 3세기 이전에 현재와 같은 정교한 판축으로 성벽이 축조되고, 성벽의 기저부가 폭 43미터, 높이가 11미터에 이르는 것으로 확인됨으로써〔국립문화재연구소, 2001, 2002〕 한성시대 백제의 도성은 물론이고, 백제의 국가형성시기에 대한 재검토 필요성이 제기되었기 때문이다. 여기에 백제토기의 편년문제까지 결부되면서 풍납동토성의 문제는 단순히 백제 초기 성곽의 문제를 넘어 한성시대 백제 고고학의 총체적인 문제를 포함하고 있는 양상이다. 문제의 핵심은 역시 풍납동 토성의 축조시기가 언제냐 하는 것이 되겠는데, 기원전 1세기대에서 기원후 2세기대 사이에 초축되고, 적어도 3세기를 전후한 200년 무렵에는 현재와 같은 모습으로 완성되었을 것이라는 주장[신희권, 2001]과 3세기 중·후반 이후의 어느 시기에 초축되었을 것이라는 주장[박순발, 2003]이 팽팽히 맞서고 있는 실정이다.

한성이 함락될 때 사료에 보이는 이른바 북성(北城)과 남성(南城)이 현재의 풍납동토성과 몽촌토성이라는 사실에 대해서는 대부분의 연구자가 의견을 같이하고 있는만큼 한성시대의 어느 때부터는 두 성이 공존했을 가능성이 대단히 크다. 그러나 어느 것이 먼저 출현하였고, 각각의 성격이나 기능이 어떠했는지에 대해서는 쉽게 결론이 나지 않을 것 같다.

한편 1980년대까지만 해도 이성산성을 포함한 하남시의 춘궁동 일대가 하남위례성의 위치로 더 각광을 받았다. 그러나 최근 들어 춘궁동·교산동의 건물지가 조사되고[김무중 외, 2000] 이성산성에 대한 연차적인 조사가 이루어지면서 그 가능성은 점점 희박해져 가는 느낌이다.

요컨대 한성지역, 즉 지금의 서울지역은 그것이 백제의 도읍지였음에도 불구하고 불행히도 백제의 건국 후 5백여 년간 영위된 역사의 발자취는 극히 일부만 잔존하고, 대부분은 인멸된 상태이며, 그것도 지금의 강남지역 일부에 편중되어 있을 뿐이다. 그와 관련된 탓인지, 백제의 한성지역에 대한 고고학적 환경은 고구려적 요소가 크게 강조되는가 하면, 일시적으로 이 지역에 진출하였던 신라의 요소 탐색에 더욱 심혈을 기울이는 감이 없지 않다.

그러나 분명히 백제는 이 지역을 터전으로 5백여 년의 역사를 누렸고 삼국의 일원으로 자웅을 겨루던 고대국가이다. 따라서 우리는 이점을 유의하면서 백제의 한성시대 고고학적 환경을 엿보기 위해서는 기본적으로 도읍지였던 지금의 서울지역에 남겨진 유적·유물에 대한 치밀한 검토를 진행한 후, 이를 바탕으로 백제의 건국과 초기의 발전문제

가 논급되어야 할 것이다

3. 웅진시대

웅진시대는 한성시대에 비해 '백제'라는 실체가 좀더 분명하게 드러나는 시기다. 한성시대의 주무대였던 한강 하류유역은 백제뿐만 아니라 고구려·신라가 일정기간 동안 점령한 경험이 있었던 곳이고, 그에 따라 삼국의 문화요소가 공존하는 곳이다. 뿐만 아니라 백제가 건국되기 이전에는 마한의 영향권에 포함되어 있었던 곳이기도 하다. 한성시대 백제 고고학을 둘러싼 논란은 여기에서 촉발되었다고 해도 과언이 아니다. 백제적인 요소뿐만 아니라 고구려·신라·마한의 요소가 함께 나타나고, 경우에 따라서 이러한 여러 요소가 결합된 복합적인 양상을 띠는 것이 한성시대 백제 고고학의 특징이다. 출자(出自)문제·편년(編年)문제·국적(國籍)문제가 끊임없이 제기되고 있는 것도 그 때문이다. 그것은 또한 한성시대 백제 고고학 연구가 안고 있는 가장 큰 걸림돌이기도 하다.

그런 점에서 본다면 웅진시대는 마한·고구려·신라 등 한성시대 백제 고고학 연구의 발목을 잡아오던 불필요한 요소들이 모두 제거되고 백제문화의 특징을 여실히 잘 보여주고 있는 시기라고 볼 수 있다. 그렇기 때문에 종래에 웅진으로의 천도배경이 웅진시대 백제사를 해명하는 데 주된 관심사 중의 하나였다.

그러나 웅진천도의 배경을 속 시원히 설명해 주는 사료는 어디에도 없다. 그런 점에서 한성(漢城)의 폐허화, 잠재되어 있는 고구려의 재침 가능성, 담로로 기능하고 있던 웅진지역의 위치 등이 결합되어 웅진천도가 추진되었으리라는 주장[박현숙, 2001]은 경청할 필요가 있이 보인다. 다만, 웅진천도 이전에 웅진지역에 담로가 파견되었을 것이라는 주장은 납득하기 어렵다. 담로의 실체를 인정할 만한 어떠한 흔적도 발견된바 없기 때문이다.[이남석, 1997]

따라서 최근에 조사된 수촌리(水村里)유적을 주목할 수가 있다.[충남발전연구원, 2003] 수촌리유적은 백제의 웅진천도 이전에 만들어진 가장 확실한 백제유적 중 하나인데, 고분의 구조나 출토유물로 볼 때 왕릉급에 버금가는 무덤임에 틀림없다. 그러나 수촌리유적은 서로 다른 유형의 고분이 한 자리에 분포하고 있는 것에서도 알 수 있듯이 웅진지역에 파견된 백제의 중앙세력이라기보다는 웅진지역에 토대를 둔 수장층의 무덤이라고 보는 것이 합리적이다. 그런 점에서 수촌리유적을 가지고 백제시대의 담로 자체를 상정할 수는 없을 것이다.

수촌리유적을 백제의 유력귀족 가운데 하나였던 목씨(木氏)의 근거지로 보는 데에도[김수태, 2004] 찬동하기 어렵다. 목씨가 백제의 웅진천도를 주도했던 귀족 가운데 하나였다는 점에서는 일말의 개연성도 있어 보이지만 무엇보다도 수촌리유적을 목씨의 근거지로 볼 만한 근거는 개연성 이외에 아무것도 없다. 따라서 지금으로서는 담로나 특정세력과 연결시키기보다는 조사의 범위를 확대하여 성격과 연대를 좀더 분명히 하는 것이 순서라고 생각된다.

이상은 웅진시대의 시작과 관련된 논쟁인데, 웅진시대의 개막과 더불어 논란이 되고 있는 것은 웅진시대 백제고분과 도성에 관한 문제다. 먼저, 웅진시대 백제고분과 관련된 논쟁 중 첫번째에 오는 것은 송산리고분군 내에서 발견된 적석총의 진위문제다. 문제의 유구는 송산리고분군 내에 있는 백제고분 중에서 가장 높은 곳에 자리하고 있다.

송산(末山)의 정상부 가까이에 문제의 적석총이 자리하고 있고, 그 아래쪽으로는 웅진시대 백제고분을 대표하는 횡혈식석실분과 무령왕릉이 자리하고 있다. 언뜻 보아서는 경사면의 위에서 아래쪽으로 순차적으로 고분을 조성한 것으로 보이며, 그 때문에 문제의 적석총을 한성시대부터 이어져 온 백제 적석총의 마지막 단계로 파악하는 견해가 제시되었다.〔조유전, 1991〕

문제의 이 적석총은 백제문화권 유적 정비사업의 일환으로 송산리고분군 내에 또 다른 고분이 있는지의 여부를 확인하는 과정에서 발견되었다.〔윤근일, 1988〕 겉모습만 보아서는 고구려식의 방단계단형 적석총과 흡사한 형태를 하고 있다. 조사결과 내부는 돌이 아닌 점토로 채워져 있었는데, 석촌동 2호분이나 4호분과는 달리 뚜렷한 매장주체시설이 확인되지 않았다. 그런 점에서 이 유구를 적석총으로 단정하기는 어렵다.〔서정석, 1995〕 오히려 그 위치나 구조로 보았을 때 제단시설과 관련이 있을 가능성이 더 크다고 생각된다.〔서정석, 1995 ; 이남석, 1997 ; 권오영, 2002〕

그런데도 최근들어 다시 이 적석유구를 백제의 적석총으로 보는 주장이 제기되고 있다.〔임영진, 2003〕 한강유역에 남아 있는 이른바 백제식 적석총과 구조가 흡사할 뿐만 아니라 제단시설로 보기에는 출입이 어렵다는 것이 주된 이유인 것으로 생각된다. 물론 이 유구를 적석총으로 파악하는 이면에는 한성시대 백제 중앙세력의 묘제가 적석총이고, 횡혈식석실분은 웅진시대에 와서야 비로소 중앙세력의 묘제로 채용되었다는 생각이 강하게 작용하고 있기 때문인 것으로 보인다.

임영진은 한강유역의 적석총을 고구려식·백제식·말갈식으로 구분하고 있다. 그 중 백제식 적석총은 겉모양은 고구려식의 적석총 형태

를 하고 있지만 내부를 점토로 채운 적석총을 말한다.〔임영진, 2003〕

그런데 송산리의 직석유구는 한강유역에 있는 적석총과는 입지가 다르다. 또한 한강유역에 있는 백제식 적석총과는 달리 송산리의 적석유구는 제1단이 생토면으로 구성되어 있고 제2단과 3단만을 점토로 채우고 있다. 더구나 고구려식 적석총을 왕족으로 보는 데 비해 이러한 백제식 적석총은 왕비족으로 보는 것이 일반적이다.〔김원용 외, 1989〕 다시 말해서 그 피장자를 순수 적석총보다 한 단계 아래 등급으로 파악하고 있다. 그런 점에서 송산리의 적석유구를 과연 적석총으로 이해해도 되는지, 더 나아가 이 적석유구의 존재가 백제 중앙세력이 횡혈식석실분을 채용한 시기를 웅진시대로 볼 수 있는 절대적인 자료가 될 수 있는 것인지는 지극히 의심스럽다 하지 않을 수 없다.

웅진시대의 횡혈식석실분에 대해서는 한강유역의 석실분과 달리 국적에 대한 논쟁이 없는 대신, 송산리 6호분과 무령왕릉과의 선후관계가 오래 전부터 논쟁거리 중의 하나였다. 무령왕릉과 달리 송산리 6호분에서는 이렇다 할 유물이 출토되지 않은 이상 두 무덤의 선후관계는 구조적 차이를 통해 밝힐 수밖에 없다.

무령왕릉보다 6호분이 발달된 축조기법을 보이고 있는 것에 착안하여 6호분이 나중에 만들어진 것이라는 주장〔안승주, 1975〕이 제기되었으나, 반대로 무령왕릉이 나중에 만들어진 것이라는 주장〔윤무병, 1974〕이 뒤를 이어 그 선후관계는 미궁에 빠지는 듯했다. 그러나 6호분의 연도를 폐쇄하는 데 사용한 벽돌 중에 무령왕릉 축조에 사용된 연화문전이 포함되어 있는 것이 확인되면서 6호분이 나중에 만들어졌을 가능성이 재차 제기되었다.〔정재훈, 1987〕

그런데 6호분의 연도폐쇄에 무령왕릉의 연화문전이 사용된 것과 마찬가지로 무령왕릉의 연도에도 6호분 축조에 사용된 오수전(五銖錢) 무늬의 벽돌이 섞여 있다. 따라서 연도의 폐쇄전만으로 양자의 선후관계를 결정짓기는 곤란해 보인다.〔이남석, 1997〕 이는 비슷한 시기에 두 고분이 축조되었다는 의미가 되기 때문이다. 그런 점에서 양자의 선후관계를 판단할 때 우선적으로 고려되어야 하는 것은 6호분이 단장(單葬)이라는 사실이 아닌가 한다.

주지하는 바와 같이 6호분에는 1개의 독립관대(獨立棺臺)가 자리하고 있어 단장(單葬)으로 추정된다. 이에 비해 인접한 무령왕릉은 합장이 분명하며, 아울러 현실 내에서 출토된 치아로 볼 때 무령왕비는 30대 초반이었던 것으로 판단된다.〔이남석, 1997〕 무령왕이 62세의 나이로 붕어(崩御)한 것을 고려해 볼 때 합장한 왕비가 초혼(初婚)이라고는 생각되지 않는다. 그런 점에서 6호분이야말로 무령왕의 첫 부인이 아니었을까 한다.〔이남석, 1997, 2002〕

한강유역의 백제고분에 비해 상대적으로 논란이 적었던 웅진시대 고분문화에 새로운 논란거리를 제공한 것이 최근 공주 단지리(丹芝里)에서 조사된 횡혈묘(橫穴墓)이다.〔충청문화재연구원, 2004〕 횡혈묘란 말 그대로 경사면을 옆으로 파고 들어가 현실을 조성한 무덤을 말하는데, 그 이전에도 공주 안영리·장선리, 부여 정동리 등지에서 간헐적으로 조사되다가 이번에 단지리(丹芝里)에서 대규모 횡혈묘군(橫穴墓群)의 형태로 발견된 것이다.

단지리의 횡혈묘들은 생토면을 파고 들어가 만든 것이기 때문에 특별히 봉분의 흔적은 찾을 수 없는 대신 현실(玄室)과 묘도(墓道)로 구성되어 있는데, 현실의 장축방향은 종장식과 횡장식이 혼재되어 있는 것이 확인되었다. 이러한 횡혈묘들은 국내에서는 처음으로 그 존재가 알려진 것이지만 일본열도에서는 이미 오래 전부터 발견되던 것들이다. 일본에서 발견된 최고(最古)의 횡혈묘들이 5세기 후반에서 6세기 전반경에 걸친 시기에 조성된 것이라고 하여 단지리의 횡혈묘들 역시 그 시기에 조성되었다고 보는 데는 신중을 기할 필요가 있다고 생각된다.

이번에 그 존재가 알려진만큼 앞으로는 이러한 형태의 횡혈묘들이 더 발견될 가능성이 대단히 높다고 볼 수 있는데, 가장 먼저 발견되었다고 해서 꼭 조성시기도 가장 빠르다는 주장은 논리적으로 타당하지 않다고 보기 때문이다.

고분과 더불어 웅진시대 백제 고고학 연구에서 논란이 되고 있는 것은 역시 도성에 관한 문제다. 웅진시대 백제의 도읍지가 현재의 공주라는 사실에는 이론이 있을 수 없는데, 문제는 당시의 왕궁이 어디에 있었느냐 하는 점이다. 이에 대해서는 이미 일찍부터 공산성 남록, 즉 옛 시외버스 터미널자리가 그 후보지로 거론되어 왔다.〔김영배, 1968 ; 성주탁, 1980, 1997〕 넓은 평탄면으로 되어 있고, 부근에서 방형초석도 발견된 바 있으며, 무엇보다도 주산(主山)을 뒤로 하고 개활지를 앞으로 하는 이른바 배산임수형(背山臨水形)으로 왕궁이 자리한다는 일반적인 사실을 감안한 때문이었다. 즉 사비도성처럼 뒤쪽에 산성이 자리하고 있는 그 남록에 왕궁이 자리하고 있다는 생각 때문이었다.

그러나 1985년부터 공산성 내 쌍수정 앞 광장에 대한 연차적인 조사가 이루어지면서〔안승주·이남석, 1987〕 공산성 내에 왕궁지가 있었을 가능성이 본격적으로 제기되기 시작했다.〔안승주, 1988 ; 유원재, 1993 ; 이남석, 1999 ; 서정석, 2000〕 공산성에 대한 설명이나 웅진도읍기 사료에 보이는 왕궁과 관련된 직·간접적인 기록들을 검토해 볼 때 웅진시대의 왕궁이 공산성 안에 있었던 것은 거의 분명한 듯하다.

그런데 최근 들어 다시 왕궁이 공산성 밖에 있었을 가능성이 제기되었다.〔박현숙, 2001 ; 김수태, 2001〕 그러나 막연히 공산성 내에 왕궁이 자리하기에는 면적이 협소하다는 이유로 공산성 밖에 왕궁이 있었을 가능성을 제시하는 것은 설득력이 약해 보인다. 더구나 대안으로 제시할 수 있는 곳이 없고, 그나마 유력한 후보지 중의 하나였던 공산성 남록일대가 조사결과 별다른 유적이 없는 것으로 확인된 이상〔이훈, 1998〕 검증되지 않은 이론이나 단편적인 기록만으로 완벽한 왕궁지의 위치를 요구할 것이 아니라 고고학적 조사자료에 귀를 기울여야 할 것으로 생각된다.〔이남석, 2001 ; 이남석, 2002 ; 차용걸, 2004〕

백제의 웅진시대는 불가피한 남천에서 비롯된 것으로 문헌사 혹은 고고학적으로 시대성격을 규정하는 데 적지 않은 어려움이 있다. 웅진시대가 한성시대의 연장선상에 존재하는 것은 분명하지만, 정치·사회·문화적으로 상호 연계될 수 있는가의 문제, 그리고 이후 사비시대와는 어떻게 구분될 수 있을까의 문제도 있다. 더불어 웅진시대의 여러 환경도 자료가 그리 풍부하지 않은 상황에서 분명한 성격을 규정하기는 적지 않은 어려움이 있기도 하다. 그러나 사비시대의 고고학적 환경과 웅진시대의 그것을 비교할 경우 나름의 백제적 특색을 다시금 갖추어 나간 것이 아닌가 추정된다.

4. 사비시대

사비시대 백제유적은 한성시대나 웅진시대의 유적에 비해 성격이나 편년이 상대적으로 안정되어 있다. 따라서 그다지 큰 논쟁거리가 될 만한 것이 비교적 적은 것이 특징이다. 그러나 사비시대 백제 고고학에도 아직 미해결의 과제는 있다. 그 중 첫손가락에 꼽을 수 있는 것이 사비도성의 구조에 대한 문제다.

사비도성은 계획적으로 조성된만큼 도성 내 시가지의 구조를 확인해보는 데 가장 유리한 유적이다. 한성시대의 도성 흔적은 급속한 시가지의 팽창으로 있었다 하더라도 실체를 확인하기 어렵게 변해 버렸으며, 웅진시대의 도읍지 구조는 웅진시대 자체가 60여 년에 불과하기 때문에 역시 기대하기 어려운 것이 사실이다. 그에 비해 사비시대는 120여 년 동안 지속되었고, 계획적으로 도성을 축조한 다음 천도가 이루어진만큼 백제의 도읍지를 알 수 있는 가장 유리한 유적이 된다.

따라서 사비시대 백제 왕궁지를 찾는 작업이 사비시대 백제 고고학의 최우선 과제가 되어왔다. 부소산 남록, 현 국립부여문화재연구소 터 주변에 왕궁지가 있었던 것으로 오래 전부터 알려져 왔었던만큼 자연이 지역에 대한 조사가 집중되었다. 그러나 1982년부터 2004년에 이르기까지 10차례에 걸친 조사가 이루어졌지만 왕궁지로 볼 만한 흔적은 아직까지 발견되지 않고 있다.

백제시대의 장방형 연지(蓮池) 및 대규모 공방유구(工房遺構)·와적기단건물지(瓦積基壇建物址)와 도로시설, 그리고 수십 기에 이르는 다양한 백제시대의 생활유구가 발견된 것이 전부다. 다행히 목간(木簡), 연화문와당, 각종 토기 및 자기류 등 1천여 점의 유물이 출토되어 사비시대 백제문화를 살펴볼 수 있는 중요한 정보를 확보하기는 하였지만 관심을 가졌던 왕궁지의 흔적은 찾지 못하였다.

지금과 같은 상황이라면 앞으로 추가조사가 이루어진다 해도 백제 왕궁지를 찾을 가능성은 희박해 보인다. 따라서 이제는 관북리 일대만 고집할 것이 아니라 왕궁 및 사비도성에 대해 그 동안 갖고 있었던 선입관을 버리고 처음부터 다시 생각할 필요가 있다고 생각된다. 왕궁지 및 도성에 대한 생각을 근본적으로 바꿀 필요가 있다는 뜻이다. 그럴 경우 새롭게 주목되는 것이 청마산성(靑馬山城)이다.

사비도성의 동쪽 지근거리에 자리하고 있는 청마산성은 둘레 4킬로미터에 이르는 초대형 백제산성이다. 규모도 규모지만 사비도성 및 능산리 고분군과 가까이 자리하고 있다는 사실에 주목하고 싶다. 왜냐하면 지금까지의 사비도성 연구에서는 청마산성을 제외한 채 부소산성 및 관북리·동남리 일대에만 국한하여 관심을 기울여왔기 때문이다.

백제시대 최대급에 속하는 청마산성이 도성과 가까이에 있는 이상 도성제의 운영과 어떠한 형태로든 연결되어 있었던 것이 아닐까 한다. 비록 기본적인 지표조사조차 이루어지지 않아 청마산성에 대해서는 더 이상 논의하기가 어렵지만, 이제 사비도성에 대한 연구는 부여읍내 중심으로 이루어져 왔던 종래의 관점에서 벗어나 주변 유적들을 함께 고려하는 방향으로 재검토할 필요가 있다고 생각된다.

왕궁지의 위치와는 달리 도성 내 시가지의 구조에 대해서는 다양한 견해가 제시되고 있다. 주지하는 바와 같이 『주서(周書)』·『북사(北史)』·『수서(隋書)』·『한원(翰苑)』 등 중국측 기록에 의하면 사비도성은 부(部)와 항(巷)으로 나누어져 있었다. 궁남지에서 출토된 목간에 보이는 '서부후항'이라는 구절은 중국측 기록이 사실임을 훌륭하게 입증해 주고 있다. 아울러 부와 항의 관계는 '서부후항(西部後巷)'에서 보듯이 각 부에 5항씩 모두 5부 25항이 있었던 것으로 믿어진다.〔박현숙, 1995〕

문제는 실제로 부와 항이 도성 내에 어떻게 편제되어 있었느냐 하는 점이다. 사비도성 내에 부와 항이 있었다는 사실에 대해서는 의견이 서로 일치하고 있지만 실제 편제방식에 대해서는 연구자마다 제각각이다. 부와 항이 도성 내에 있있는지, 도성 밖에까지 확대된 공간에 대한 편제방식인지조차 의견통일이 이루어지지 않고 있다. 대부분의 연구자들은 사비도성 안, 다시 말해서 현재의 나성 안쪽에 대한 편제방식으로 이해하고 있는 데 비해 김영심은 나성 밖에까지 확대된 공간에 대한 편제방식이었을 가능성도 배제하지 않고 있다.〔김영심, 2000〕

지금까지 연구에 의하면 대부분의 연구자들은 사비도성 안쪽의 시가지에 대한 편제방식으로 이해하고 있다. 다만, 그 경우에도 중국의 조방제(條坊制)처럼 일정한 크기로 나뉘어 편제되어 있었는지〔田中俊明, 1997 ; 서정석, 2002〕, 아니면 자연부락 단위로 편제되어 있었는지〔성주탁, 1982 ; 이다운, 1999 ; 박순발, 2000 ; 이병호, 2001〕에 대해 의견이 서로 엇갈리고 있다.

부와 항이 도성편제의 원리였다면 그 범위는 사비도성 내에 국한되었을 것이다. 아울러 현재 남아 있는 부여 나성의 형태를 고려해 볼 때 나성 한가운데에 금성산이 자리하고 있다는 사실은 도성 전체를 조방제(條坊制)로 편제하기는 힘들었을 것으로 보인다. 다만 그럴 경우에도 관북리 일대에서 동서방향과 남북방향의 도로가 발견된 바 있고 양자가 서로 직교하도록 설계되어 있는 것으로 보아, 도성 내 일정공간은 가로 세로의 도로에 의해 정연하게 편제되었을 가능성을 완전히 배제할 수는 없을 듯하다.

왕궁지를 찾는 작업이 만족할 만한 성과를 거두지 못하고 있는 사이 사비시대 백제문화를 한눈에 확인시켜 주는 의미있는 발굴이 이루어졌다. 나성과 능산리 고분군 사이에 위치한 능사(陵寺)에 대한 발굴이 그것이다.〔국립부여박물관, 2002〕 조사가 이루어지던 첫해만 해도 별다른 주목을 받지 못하였지만 1993년에 백제금동대향로가 출토됨으로써 학계는 물론 전국민을 흥분시켰고, 뒤이어 창왕명(昌王銘) 석조사리감이 출토됨으로써 능사는 사비시대 백제유적 연구의 기준잣대가 되었다. 무령왕릉이 발견된 지 30여년 만에 발견된 능사는 화려한 유물도 유물이지만 명문이 있는 석조사리감이 발견됨으로써 무령왕릉의 지석과 마찬가지로 사찰의 창건연대 및 출토유물의 편년에 귀중한 자료를 확보하게 되었던 것이다.

능사의 발굴 의의는 여기서 그치지 않고 인접한 능산리 고분군에 자리하고 있던 백제왕릉들의 연구에 획기적인 전기(轉機)를 마련해 주었다. 능사에서 출토된 창왕명 석조사리감에 의해 이 사찰이 창왕〔위덕왕〕 13년, 즉 567년에 부왕(父王)이었던 성왕(聖王)을 위해 창건한 원찰(願刹)임이 밝혀짐으로써〔김수태, 1998〕 능산리 고분군에 자리하고 있던 백제왕릉들에 대해 재해석할 수 있는 여지를 마련하였던 것이다.

주지하는 바와 같이 능산리 고분군은 사비시대 백제왕 및 왕족의 무덤을 대표하는 고분군이다. 공주의 송산리 고분군과 같은 성격이라고 할 수 있다. 그러나 그 동안 능산리 고분군에 대해서는 별다른 연구가 이루어지지 못했던 것이 사실이다. 주인공의 추정도 이루어지지 못하였다. 그러나 능사 및 사리감을 통해 억울하게 숨진 성왕의 넋을 위로하기 위해 창건된 원찰임이 밝혀짐으로써 적어도 성왕의 무덤은 능산리 고분군에 자리할 가능성이 커졌다.〔이남석, 2000〕 아울러 성왕을 뒤이어 등극한 위덕왕과 혜왕·법왕이 모두 동일혈연이라면 이들 역시 능산리 고분군에 함께 묻혔을 가능성이 크다.

이러한 관점에서 능산리 고분군의 무덤을 살펴보면, 중하총은 재료의 차이만 있을 뿐 무령왕릉과 흡사하다는 점에서 무령왕의 아들이었던 성왕의 무덤일 가능성이 크다고 생각된다. 아울러 그 다음 단계에 해당되는 무덤이 동상총인데, 그런 점에서 동상총은 위덕왕의 무덤으로 판단된다. 이렇게 되면 중상총·서상총·서하총·동하총 4기의 무덤이 남게 되는데, 이들은 단장(單葬)을 하고 있는 것이 특징이다. 그런 점에서 이 4기의 무덤은 위덕왕을 뒤이은 혜왕·법왕 및 그 왕비의 것으로 생각된다.〔이남석, 2002〕

5. 영산강 유역

대형옹관묘와 전방후원분으로 대표되는 영산강 유역의 고대문화는 같은 백제지역 안에서도 다른 지역과 뚜렷한 차이를 보이는 독특한 특징을 지니고 있다. 여기에서 굳이 이 지역의 문화를 따로 떼어서 살펴보려는 것도 그 때문이다.

종래 영산강 유역을 포함한 전남지역의 고대문화 연구자들은 이러한 영산강 유역의 독특한 고대문화를 마한으로 보고, 마한과 백제와의 차이점을 부각시키는 방향으로 연구를 진행시켜 왔다. 이러한 연구는 영산강 유역의 고대문화가 갖는 특징을 세세한 부분까지 살렸다는 점에서는 주목할 수 있겠지만, 그 과정에서 이 지역의 문화와 백제와의 차별성을 지나치게 강조한 나머지 뜻하지 않은 결과를 초래하기도 하였다. 영산강 유역을 포함한 전남지역을 이른바 모한(慕韓)으로 보고자 하는 견해가 그것이다.〔東潮, 1995〕 영산강 유역의 고대문화가 백제문화와 얼마간 차이가 있는 것은 사실이지만 그러한 차이를 어떻게 설명할 것인가는 앞으로의 연구과제라고 하겠다.

영산강 유역의 대형옹관묘는 이 지역만의 독특한 특징이자 영산강문화를 특징짓는 키워드이기도 하였다. 따라서 종래에는 이러한 대형옹관묘가 어떻게 형성되었을까 하는 것이 큰 관심사 중의 하나였다. 그러나 그 묘제가 워낙 독특한 만큼 쏟는 열기에 비해 만족할 만한 결과는 얻지 못했던 것이 사실이다. 그런 점에서 최근에 조사된 주구묘(周溝墓)가 새롭게 주목을 끈 것은 어쩌면 당연한 결과였는지도 모른다.

주구묘란 매장부의 외변에 구(溝)가 둘린 것을 말한다.〔이남석, 2002〕이러한 주구묘에는 토광묘에 간단한 주구(周溝)가 둘린 주구토광묘(周溝土壙墓)와 매장부 외변에 방형으로 주구를 둘린 방형주구묘(方形周溝墓)로 구별된다. 한편 주구묘와 주구토광묘로 구별하는 견해도 있다.〔崔完奎, 1996〕

그런데 주구토광묘와 달리 방형주구묘는 조사할 때 매장주체부가 좀처럼 확인되지 않는 것이 특징이다. 물론 처음부터 매장주체시설을 마련하였을 것이지만, 아마도 지상에 매장주체시설을 만든 관계로 봉분이 유실되면서 함께 사라진 것이 아닌가 한다. 설령 지면을 파고 토광을 만들었다 하더라도 일반적인 토광묘처럼 토광을 깊이 파고 매장주체시설을 마련한 것이 아니라 대단히 얕게 파고 마련하였기 때문에 현재까지 남아 있는 예가 극히 드문 것으로 판단된다.

방형주구묘가 갖는 이러한 특징에 주목하여 영산강 유역의 대형옹관묘는 결국 이 방형주구묘에서 발전·확대된 것이라는 주장이 제기되었다.〔최완규, 1997〕이러한 설명은 그 동안 대형옹관묘의 출현배경에 대해 뾰족한 해답을 찾지 못했던 사실을 감안해 볼 때 대단히 주목할 만한 주장이라고 생각된다. 적어도 매장 주체시설을 에워싸고 있는 주구의 존재와 지상에 매장주체시설을 마련한다는 사실이 공통점으로 확인되기 때문이다. 그런 점에서 대형옹관묘의 기원이 방형주구묘일 가능성을 완전히 배제할 수는 없다.

그러나 여기에는 우려되는 면도 없지 않다. 먼저 대형옹관묘와 달리 방형주구묘는 단장(單葬)이라는 사실이다. 주지하는 바와 같이 대형옹관묘는 한 분구 안에 토광이나 옹관을 사용하는 다수의 매장주체시설로 구성되어 있다. 그러나 현재까지의 자료로 보는 한 방형주구묘는 여러 개의 매장주체시설을 마련한 흔적을 찾을 수 없다. 그런 점에서 몇 가지 공통점이 있음에도 불구하고 현 단계에서 방형주구묘와 대형옹관묘를 직접 연결시키기에는 무리가 있어 보인다.

이들이 조성된 연대도 문제가 아닐 수 없다. 방형주구묘는 4세기대까지 조성시기가 내려오는 데 비해 대형옹관묘는 3세기 중엽 무렵부터 등장하여 발전을 거듭하고 있다. 그런 점에서도 방형주구묘와 대형옹관묘는 무관할 가능성이 엿보인다.

분포범위도 문제다. 방형주구묘는 전남뿐 아니라 전북·충남에까지 분포범위가 확대되고 있다. 당정리·관창리·서산 부장리 등지가 대표적인 유적이다. 그러나 대형옹관묘는 전남지역을 크게 벗어나지 않고 있다. 따라서 이 양자를 직접 연결시키기 위해서는 방형주구묘와 대형옹관묘의 분포범위가 일치하지 않는 사실에 대한 해명도 필요하다.

영산강 유역을 포함한 전남지역에 분포하는 전방후원분 문제도 크나 큰 관심사이다. 처음 전방후원분이 국내에 분포하고 있다는 사실이 알려질 때까지만 해도 그것은 별다른 관심을 끌지 못했었다.(강인구, 1984) 그러나 1990년대를 지나면서 여러 가지 이유로 전방후원분(신경철 외, 2000)이 조사되면서 이제 더 이상 존재 자체에 대해 의심하는 연구자는 없다.

다만 그 성격에 대해서는 서로 다른 견해들이 제시되고 있다. 크게 보면 피장자를 재지세력으로 보는 견해(임영진, 1997 ; 土生田純之, 2000)와 왜인(倭人)으로 보는 견해로 나누어 볼 수 있는데, 피장자의 계통도 중요하지만 이러한 독특한 형태의 무덤이 전남지역에 남게 된 이유를 밝히는 작업이 필요하다고 생각된다. 그것이 자리하고 있는 곳이 공주와 부여 등 당시 백제의 도읍지가 아니라 도읍지에서 멀리 떨어진 변방이라는 사실이다. 이것은 분포면에서 볼 때 전방후원분이 외형적으로 커다란 규모임에도 불구하고 당시 한·일 사이의 정치적인 관계를 설명해 주는 자료로는 적당하지 않다는 것을 의미하는 것으로 판단된다.

전남지역의 전방후원분은 유적 그 자체만으로 구조적 특징이나 부장품의 내용보다 훨씬 큰 관심을 불러일으키고 있는데, 이는 이 무덤을 백제 고지(故地)에서 발견되는 다른 무덤처럼 취급하지 않고 당시 한일관계를 구명할 수 있는 핵심적인 자료라고 본 선입관 때문이었다. 물론 조사와 연구 여하에 따라서는 그 중요성이 지금보다 훨씬 더 크게 나타날 수도 있겠지만 현재로서는 이것만으로 한일관계의 모든 것을 해명할 수 있는 것은 아니라고 여겨진다. 그런 점에서 이제는 국내에서 발견되는 전방후원분의 기원, 형식변천, 부장품의 내용과 성격, 다른 고분과의 관련성 등 전방후원분 자체가 갖고 있는 특징을 좀더 세밀하게 구명하는 작업이 선행되어야 할 것이다.

전방후원분 문제와 더불어 전남지역의 백제고분 문제를 해명할 때 빠짐없이 거론되는 것이 횡혈식석실분 문제다. 앞서 지적한 대로 영산강 유역을 포함한 전남지역에는 3세기 중엽경부터 대형옹관묘를 축조하기 시작하여 여타의 다른 지역과는 뚜렷하게 구별되는 독특한 고대문화를 형성하였다. 따라서 종래에 이러한 이 지역만의 독특한 고분문화를 주목한 연구자들은 전남지역을 백제의 지배력이 미치지 못한 지역으로 설명해 왔다. 전남지역에 토대를 둔 토착세력들이 백제와는 무관하게 독자적인 세력을 일정기간 동안 견지해 왔다는 것이다. 아울러 그 시기는 전남지역에서 대형옹관묘가 사라지고 횡혈식석실분이 등장하는 시기까지로 보고 있다.

그런데 문제는 전남지역에 있는 횡혈식석실분이 모두가 같은 계통이 아니라는 사실이다. 즉 백제식 석실분에 앞서 이른바 영산강식 석실분이 먼저 도입되었고, 뒤이어 백제식 석실분이 도입되어 유행하였다고 한다.(임영진, 1997) 석실 안에 옹관이 들어가 있는 나주 복암리 3호분과 같은 것이 대표적인 영산강식 석실분이 되겠는데, 이러한 석실분은 비록 묘제 자체는 대형옹관묘와 다른 것이지만 고분의 입지·구조·출토유물 등 여러 특징이 옹관묘와 맥을 같이하는 이상, 이 단계까지도 독자적인 세력이 유지되고 있었다고 보아야 한다는 것이다.

전남지역에서 발견되는 석실분이 모두가 같은 구조, 같은 계통이 아니라는 점은 수긍되는 바가 없지 않다. 실제로 입지나 구조, 출토유물, 분포의 면에서 보았을 때 전남지역의 석실분 중 일부는 공주나 부여에 자리하고 있는 전형적인 백제 석실분과는 차이가 있는 것이 분명하다. 그렇다고 해서 이들 소위 영산강식 석실분이 백제와는 전혀 무관한 것으로 치부하기에는 많은 한계가 있다.

예컨대 논리대로 6세기 중엽경에 이르러 전남지역이 백제에 완전히 복속되고 그로써 백제식 석실분을 사용하게 되었다는 견해를 수용할 경우, 그렇다면 이전의 호남지역은 백제와 전혀 무관한 상태로 존재하였는가라는 반문이 제기된다. 물론 완전복속 이전까지 지속되었다는 간접지배의 개념도 모호하지만, 탐라에서 조세를 바치지 않아 왕이 친히 정벌하기 위해 무진주까지 이르렀다는 동성왕 20년조(498)의 기사를 어떻게 이해할 것인가 하는 문제도 있다. 즉 이 시기에 동성왕이 무진주까지 이르렀다면 적어도 5세기 후반까지 전남지역은 백제와 일정한 상관관계에 있었다고 볼 수 있지 않을까 생각된다.

이를 종합하면 이 지역의 횡혈식석실분은 백제사회에 이 묘제가 유입되면서 토착적인 것과 결합된 양상으로 존재하다가 적어도 6세기대 백제의 통제력이 강화되는 즈음에 중앙의 묘제, 즉 백제식 석실분이 그대로 축조된 것으로 이해하는 것이 더욱 합리적일 것으로 판단된다.

6. 맺음말

최근 들어 발굴조사를 전담하는 전문기관들이 속속 들어서면서 백제지역의 고고학적 자료는 폭발적으로 증가하고 있다. 각 자료들 사이의 인과관계와 변천과정을 살펴보는 것은 고사하고 발굴 조사된 자료를 제때에 확인해 보기도 힘거울 정도다. 이렇게 폭발적으로 증가하는 고고학적 자료는 모두가 백제사의 구명에 큰 보탬이 되겠지만 모든 것을 제대로 소화할 수 없는 현재로서는 불필요한 소모전을 야기하는 측면도 있어 보인다. 각자가 발굴 조사한 자료만을 가지고 결론을 이끌어 내다 보니 열 사람이 모두 다른 결론을 도출해 내는 진풍경이 벌어지고 있다.

여기에서는 백제를 한성시대·웅진시대 그리고 사비시대로 구분하고, 각각의 지역에서 확인된 고고학 자료 가운데 고분과 성곽을 통해 백제사와 관련하여 논급되는 쟁점에 대해서 개략적으로 살펴보았다. 그러나 고분과 성곽이란 특정분야의 논점을 살피면서 그와 관련하여 반드시 검토되어야 할 출토유물, 지역적 분포현황, 각각의 위계성 문제, 나아가 성곽에 대한 세부적 현황과 변화·변천의 문제 등은 전혀 언급조차 할 수 없었다. 이는 고분과 성곽이란 매우 한정된 범주에서도 매우 다양한 이견이 속출하고 있음을 보여주는 것인데, 그 배경은 자료의 폭발적 증가에 따른 것으로 결국은 백제 고고학 이해의 폭을 넓히는 데로 연결될 수 있을 것이다.

이외에 백제 고고학에서 다루어야 할 주제가 적지 않다. 한성시대에서는 다양한 형태의 백제 주거지·백제 토기가 연구의 쟁점으로 떠오르고 있으며, 최근에는 백제 석성의 출현시기 및 백제와 낙랑과의 관계에 대해서 다양한 견해가 제시되고 있다.

웅진시대에 들어서서는 정지산유적의 성격, 대통사터의 창건시기, 연화문와당의 변천과정 등에 대한 견해가 최근에 다시금 제시되고 있으며, 시기적으로 한성시대에 해당되지만 지역적으로 충남에 속하는 공주 안영리의 이른바 토실유적도 검토의 필요성이 회자되고 있다.

여기에 사비시대에 들어서서는 나성의 범위·축성법·가람배치 등에 대한 새로운 시각이 나타나고 있으며 최근 들어 주목받고 있는 백제시대 자(尺)의 문제도 크게 주목되고 있는 실정이다. 물론 이들에 대해서는 좀더 깊은 천착이 필요하겠지만 생략한 부분에 대해서는 조만간 다른 기회를 통해 재검토의 기회를 갖고자 한다.

바야흐로 백제 고고학은 새로운 전환기를 맞이하고 있다. 조사자료의 폭증과 연구인력의 확대로 과거 그 어느 때보다도 깊이있는 연구를 추진할 분위기가 마련되고 있다. 실제로 서울·경기지역·호서지역·호남지역을 중심으로 학회가 결성되어 조사와 연구를 함께 진행하고 있어 기대가 크다. 다만 그 과정에서 지역별로 연계가 제대로 되지 않는 것 같아 아쉬움도 있다. 같은 유적에 대한 인식이 지역별로 차이를 보이는 것도 그 때문이 아닌가 한다. 지역별로 세밀한 연구를 추진하는 것도 좋지만 크게 보면 모두가 백제 고지(故地)에서 일어났던 일을 대상으로 하고 있는만큼 연구자 사이에, 또는 연구기관 사이의 긴밀한 협조를 통해 합리적인 결론이 도출되기를 기대해 본다.

이남석

‖참고문헌‖

姜仁求, 1984, 『三國時代 墳丘墓 研究』, 嶺南大 出版部.

_____, 1989, 「漢江流域 百濟古墳의 再檢討」, 『韓國考古學報』 22.

_____, 1990, 「漢江流域의 土築墓社會」, 『韓國學의 世界化』, 韓國精神文化研究院.

_____, 1991, 「初期 百濟古墳의 檢討-建國과 관련하여」, 『百濟研究』 22, 忠南大學校 百濟 研究所.

國立文化財研究所, 2001, 『風納土城 Ⅰ』.

_____, 2002, 『風納土城 Ⅱ』.

국립박물관, 1950, 『영암 대동리고분군』.

國立扶餘博物館, 1952, 「부여 동남리 와요지」.

_____, 2002, 『陵寺』.

_____, 2003, 『百濟金銅大香爐와 古代東亞世亞』.

權五榮, 2002, 「百濟의 對中交涉의 전개와 그 성격」, 『古代 東亞世亞와 三韓·三國의 交涉』, 복천박물관.

金武重 外, 2000, 「河南 校山洞 建物址 發掘調查 中間報告書」, 畿甸文化財研究院.

金壽泰, 1998, 「百濟 威德王代 扶餘 陵山里 寺院의 創建」, 『百濟文化』 27輯, 公州大 百濟文化研究所.

_____, 2001, 「熊津城의 變遷」, 『百濟文化』 30輯, 公州大學校 百濟文化研究所.

金永培, 1968, 「熊川과 泗沘城時代의 百濟 王宮址에 대한 考察」, 『百濟文化』 2輯, 公州大 百濟文化研究所.

金元龍 外, 1989,『石村洞 1·2號墳』, 서울대학교 박물관.

金元龍, 1974,「百濟 初期 古墳에 대한 再考」,『歷史學報』62.

金元龍·李熙濬, 1987,「서울 石村洞 3號墳의 年代」,『斗溪李丙燾博士九旬紀念韓國史學論叢』.

김수태, 2004,「백제의 천도」,『한국고대사연구』36.

김영심, 2000,「泗沘都城의 행정구역 편제」,『사비도성과 백제의 성곽』, 서경문화사.

김원용, 1964,『풍납동토성포함층조사보고서』, 서울대학교 고고학과.

_____, 1986,『한국고고학개설』(제3판).

朴淳發, 1989,「漢江流域 百濟土器의 變遷과 夢村土城의 性格에 대한 一考察」, 서울대학교 석사학위 논문.

朴淳發, 1994,「漢城百濟 成立期 諸墓制의 編年 檢討」,『先史와 古代』6.

_____, 2000,「泗沘都城의 構造에 대하여」,『百濟研究』31輯, 忠南大 百濟研究所.

_____, 2001,『漢城百濟의 誕生』, 서경문화사.

_____, 2003,「漢城期 百濟 都城의 問題－風納土城과 夢村土城의 築造 時期 比定을 中心으로」,『先史와 古代』19.

朴賢淑, 1995,「宮南池 出土 百濟 木簡과 王都 5部制」,『韓國史研究』92.

_____, 2001,「熊津 遷都와 熊津城」,『百濟文化』30輯, 公州大學校 百濟文化研究所.

徐程錫, 1995,「宋山里 方壇階段形 積石遺構에 대한 檢討」,『百濟文化』24, 公州大學校 百濟文化研究所.

_____, 2000,「百濟 熊津都城의 構造에 대한 一考察」,『百濟文化』29, 公州大學校 百濟文化研究所.

_____, 2002,『百濟의 城郭』, 學研文化社.

成周鐸, 1980,「百濟 熊津城과 泗沘城研究 (其一)」,『百濟研究』11, 忠南大 百濟研究所.

_____, 1982,「百濟 泗沘都城 研究」,『百濟研究』13.

_____, 1983,「漢江流域 百濟 初期 城址 研究」,『百濟研究』14.

成周鐸, 1997,「百濟 熊津城 研究 再齣」,『百濟의 中央과 地方』, 忠南大 百濟研究所.

申敬澈 外, 2000,『韓國의 前方後圓墳』, 충남대학교 출판부.

申熙權, 2001,「風納土城의 築造技法과 性格에 대하여」,『風納土城의 發掘과 그 成果』, 한밭대학교 향토문화연구소.

安承周, 1975,「百濟古墳의 研究」,『百濟文化』7·8合輯, 公州大 百濟文化研究所.

_____, 1988,「百濟都城(熊津城)에 대하여」,『百濟研究』19, 忠南大 百濟研究所.

安承周·李南奭, 1987,『公山城內 百濟 推定王宮址 發掘調査 報告書』, 公州大學校 博

物館.

兪元載, 1993,「百濟 熊津城 研究」,『國史館論叢』45, 國史編纂委員會.

尹根一, 1988,「公州 宋山里古墳 發掘調査 槪報」,『文化財』21號.

尹武炳, 1974,「武寧王陵 및 宋山里 六號墳의 塼築構造에 대한 考察」,『百濟研究』5, 忠南大百濟研究所,

尹世英, 1974,「可樂洞 百濟古墳 第1號·第2號墳 發掘調査 略報」,『考古學』3輯.

李 勳, 1998,「공주 산성동 주택부지 조사」,『各地試掘調査報告書』, 公州大學校 博物館.

李基東, 1981,「百濟 王室 交代論에 대하여」,『百濟研究』12, 忠南大 百濟研究所.

李南奭, 1997,「公州 宋山里古墳群과 百濟王陵」,『百濟研究』27, 忠南大學校 百濟研究所.

_____, 1997,「熊津地域 百濟遺蹟의 存在意味」,『百濟文化』26, 公州大學校 百濟文化研究所.

_____, 1999,「百濟 熊津城인 公山城에 대하여」,『馬韓·百濟文化』14, 圓光大 馬韓百濟文化研究所,

_____, 2000,「陵山里古墳群과 百濟王陵」,『百濟文化』29輯, 公州大 百濟文化研究所.

_____, 2001,「公州 公山城內 百濟 推定王宮址」,『百濟文化』30輯, 公州大 百濟文化研究所.

_____, 2002,『百濟 墓制의 研究』, 서경문화사.

_____, 2002,『백제의 고분문화』, 서경문화사.

_____, 2002,『熊津時代 百濟考古學』, 서경문화사.

李道學, 1990,「百濟의 起源과 國家形成에 관한 재검토」,『한국 고대국가의 형성』, 民音社.

이병호, 2001,「백제 사비도성의 구조와 운영」,『한국의 도성』(2001서울학심포지움 발표요지), 서울시립대학교.

林永珍, 1987,「石村洞一帶 積石塚系와 土壙墓系 墓制의 性格」,『三佛金元龍教授停年退任紀念 論叢』Ⅰ(考古學篇).

_____, 1993,「百濟 初期 漢城時代 古墳에 관한 研究」,『韓國考古學報』30.

_____, 1997,「全南地域 石室封土墳의 百濟系統論 再考」,『湖南考古學報』6, 호남고고학회.

_____, 2003,「積石塚으로 본 百濟 建國集團의 南下 過程」,『先史와 古代』19.

_____, 2004a,「고분을 통해 본 한성백제」,『한성백제의 역사와 문화』, 서울역사 학술대회.

_____, 2004b,「百濟 漢城期 墓制의 多樣性과 그 意味」,『한성기 백제고고학의 제문제

(Ⅱ)』, 서울경기고고학회.

蠶室地區遺蹟發掘調查團, 1975, 『蠶室地區遺蹟發掘調查報告書』.

_____, 1976, 『蠶室地區遺蹟發掘調查報告書』.

鄭在勳, 1987, 「公州 宋山里 6號墳」, 『文化財』 20號, 文化財管理局.

朝鮮總督府, 1917, 『大正五年度古蹟調査報告』.

_____, 1920, 『大正六年度古蹟調査報告』.

_____, 1927, 『昭和二年度古蹟調査報告』 第二册.

趙由典, 1975, 「芳荑洞遺蹟 發掘調査 報告書」, 『文化財』 9, 문화재관리국.

_____, 1991, 「宋山里 方壇 階段形 무덤」, 『武寧王陵』 公州大學校 百濟文化硏究所.

차용걸, 2004, 「백제의 도성」, 『백제문화의 특성 연구』(이남석 편), 서경문화사.

崔夢龍·權五榮, 1985, 「考古學資料를 통해 본 百濟 初期의 領域 考察」, 『千寬宇先生 還曆紀 念韓國史學論叢』.

崔秉鉉, 1992, 『新羅古墳硏究』, 一志社.

崔完奎, 1996, 「周溝墓의 特徵과 諸問題」, 『古文化』 49.

_____, 1997, 「全北地方 古墳의 墳丘」, 『湖南考古學報』 5, 湖南考古學會.

충남발전연구원, 2003, 『공주 수촌리유적』(현장설명회자료).

忠淸文化財硏究院, 2004, 「公州 丹芝里 橫穴墓群」(현장설명회자료).

東潮, 1995, 「榮山江流域と慕韓」, 『展望考古學』, 考古學硏究會 40周年 紀念論集.

田中俊明, 1997, 「百濟後期王都泗沘城の諸問題」, 『角田直先生古稀記念論文集』

土生田純之, 2000, 「韓·日 前方後圓墳의 比較檢討」, 『韓國의 前方後圓墳』, 충남대 출판부.

신라의 성립과 발전

1. 신라사의 이해

『삼국사기』 기록에 따르면, 신라의 시조는 성(姓)이 박(朴)이고, 이름이 혁거세(赫居世)로, 전한(前漢) 효선제(孝宣帝) 오봉(五鳳) 원년(57 B.C.) 4월에 즉위하여 거서간(居西干)이라 하였는데, 그 때 나이가 13세로 나라이름을 서나벌(徐那伐)이라 하였다고 한다.

이에 앞서 조선 유민들이 산과 계곡 사이에 나뉘어 살면서 6촌(村)을 이루었는데, 6촌은 ① 알천양산촌, ② 돌산고허촌, ③ 취산진지촌, ④ 무산대수촌, ⑤ 금산가리촌, ⑥ 명활산고야촌이었다. 하루는 고허촌장 소벌공이 양산기슭을 바라보니 나정 옆 숲속에 말이 꿇어앉아 울고 있어 가서 보니 갑자기 말은 보이지 않고 다만 큰 알이 있었다. 그 알을 가르니 어린아이가 나와서 거두어 길렀다. 나이 10여 세가 됨에 6부(部) 사람들이 그 아이를 받들어 임금으로 삼았다.

『삼국유사』에도 같은 내용의 신라 건국설화가 기록되어 있는데, 약간의 차이를 보이는 부분도 있다. 『삼국사기』에서는 6촌의 조상들이 조선의 유민이었다고 기록한 것에 비해, 『삼국유사』에서는 하늘에서 내려왔다고 한다. 6촌의 사람들이 모여 나라를 세울 것을 논의한 사실과 그 시기에 대해서도 『삼국사기』에서는 특별히 언급하지 않는 데 비해, 『삼국유사』에서는 전한(前漢) 지절(地節) 원년(69 B.C.)에 나라를 세울 것을 논의하고 혁거세라는 어린아이를 얻었다고 하고, 그가 왕이 된 해를 전한 오봉(五鳳) 원년(57 B.C.)으로 기록하였다.

신라가 건국된 이후에 최고통치자의 칭호가 거서간(居西干)―차차웅(次次雄)―이사금(尼師今)―마립간(麻立干)―왕(王)―대왕(大王)순으로 바뀌고, 왕실도 박씨(朴氏)에서 석씨(昔氏)로, 석씨에서 다시 박씨로, 박씨에서 석씨로, 석씨에서 김씨로, 김씨에서 석씨로, 다시 김씨로 바뀌었다. 『삼국사기』에는 이러한 변화가 진행되는 동안에 경주지역만을 차지했던 사로국(斯盧國)이 3세기 말까지 이서국〔청도〕·우시산국〔울산〕·거칠산국〔부산 동래〕·음즙벌국〔흥해·포항〕·실직국〔삼척〕·압독국〔경산〕·비지국〔창녕〕·다벌국〔대구〕·초팔국〔초계〕·소문국〔의성〕·감문국〔김천〕·골벌국〔영천〕·사벌국〔상주〕을 차례로 이미 통합한 것으로 나오는데, 『삼국지』에는 사로국이 진한12국 중의 하나로 나온다.

어떤 사료를 더 신빙하는가에 따라 신라 초기사회를 보는 입장이 학자마다 다르기는 하지만, 4세기 후반에 신라는 고구려, 백제와 함께 삼국시대를 연출할 대국(大國)으로 성장했다는 데에는 학계의 의견이 대체로 일치하고 있다.

통치체제도 유리왕 9년에 6부의 이름을 양부·사량부·본피부 등으로 바꾸고, 17관등을 두었다는 『삼국사기』의 기록이 상징적으로 암시하듯이, 왕권이 강화되고 중앙통치체제가 정비되었으며, 지방통치체제도 지방분권적 간접지배체제에서 중앙집권적 직접지배체제로 변화해 갔다.

신라의 고분양식도 지석묘에서 토광목관묘로, 다시 토광목관분－적석목곽분－횡혈식석실분 순으로 변해 갔고, 봉분도 왕권의 신장을 반영하듯이 점차 커지고 부장품도 화려해지고 많아졌다. 적석목관분에서 나온 화려한 금관과 각종 금제 혹은 금동제 장식품 그리고 철제무기와 농기구들은 금·은·동 세공기술과 제철·제련 기술을 포함한 신라의 과학기술이 상당히 높은 수준에 도달했음을 보여주고 있다.

2. 신라사 연구의 어제와 오늘

신라 초기의 역사에 일찍부터 관심을 가졌던 학자들은 주로 광복 이전 일본인 학자들이었다. 이들은 대개 『삼국사기』 신라본기 초기기록을 조작된 것으로 보거나, 그 내용이 허구적인 것이라는 연구결과를 내놓았다.〔末松保和, 1938〕

광복 이전 한국인 학자의 연구로는 신라의 기원문제에 관한 이병도의 연구를 찾을 수 있다.〔이병도, 1937〕 이 연구에서는 급량부와 사량부를 각기 박씨와 김씨로 보았다. 그러나 1952년에 나온 김철준의 연구에서는 6개 씨족 중 급량부(及梁部)만이 경주에 존재하여 김(金)·박(朴) 두 족단(族團)이 이부체제(二部體制, dual organization)를 구성하였다고 주장했다.〔김철준, 1952〕

1960년대 전반의 연구로는 수정론적인 입장에서 신라 상고세계와 그 기념에 관한 문제를 다룬 연구[김철준, 1962]와, 신라의 초기국가도 씨족사회-부족국가-부족연맹-고대국가의 발달단계를 거쳤다는 연구가 김철준에 의해 나왔다.[김철준, 1964] 신라의 성립이나 발전 문제와는 다소 거리가 있지만 신라 초기의 권력구조를 이해하는 데 도움이 되는, 이기백의 대등과 상대등에 관한 연구가 나온 것도 이 때였다.[이기백, 1962, 1974]. 1960년대 후반에는 김원용이 고고학적 입장에서『삼국사기』초기기록을 신빙할 수 있다는 견해를 제시했고[김원용, 1967], 김철준이 신라 초기의 삼성(三姓)을 이중출자(二重出自, double descent)의 친족구조를 가진 집단으로 설명한 연구성과를 내놓았다.[김철준, 1975]

1970년대 전반에도 수정론적인 입장에서 신라 상고세계와 기년 문제를 다룬 연구성과가 나왔다.[김광수, 1973] 그러나 같은 해 김정배는 1세기경의 김해패총이나 웅천패총에서 쏟아져 나오는 헤아릴 수 없는 철기는 고대국가 성립의 경제적 배경이 완벽함을 나타낸다는 견해를 제시했다.[김정배, 1973] 이기백도 같은 해에 신라 상고시기의 기록을 신빙하는 입장에서 갈문왕에 관한 연구성과를 내놓았다.[이기백, 1974] 그 후, 1970년대 후반과 1980년대 전반에는 고고학 분야의 발굴성과와 연구성과를 크게 반영하면서 신라 상고세계와 연대기의 역사적 사실성을 인정하는 연구성과가 줄을 이었다.[천관우, 1989 ; 이종욱, 1980 ; 최재석, 1983]

1970년대에 주요쟁점이 되었던 문제는 한국사에서 고대국가를 어떻게 정의할 것인가 하는 문제와 고대국가의 형성과 발달단계는 어떠한 것이었는가였다. 종래에 사용되어 온 부족국가라는 용어의 부적절성을 지적하면서 시작된 이 논의는 2가지 방향으로 전개되었다. 그 하나는 성읍국가에서 영역국가로의 발전단계를 설정하는 것이었고[천관우, 1989], 다른 하나는 미국에서 개발된 군사회(band society)-부족사회(tribe society)-군장사회(chiefdom society)-국가(state) 등의 발전단계를 한국사에 적용해 보는 것이었다. '군장사회(Chiefdom)론'을 한국사에 적용한 선구자는 김정배였고〔김정배, 1973〕, 그것을 가지고 신라의 국가형성사를 적극적으로 연구한 학자는 이종욱이었다.〔이종욱, 1982〕 1930년대 이래 '부족국가론'이 많은 영향력을 끼쳤다면, 1970년대 이후에는 '군장사회론'이 크게 유행하였다.

1970년대의 신라 초기사 연구에서 인류학이론이 적극적으로 적용된 또 다른 연구분야는 신라 상고세계 및 골품제 해명과 관련된 분야였다. 1972년에 이기동은 「나물왕계의 혈연의식」이라는 논문을 발표했는데, 이 논문에서 나물왕계라는 부계씨족을 설정하고 그 안에 계보친족(lineage)의 존재를 상정하는 연구성과를 내놓았다.〔이기동, 1972〕 이 논문은 이중출자(double descent)가 아닌 부계씨족(父系氏族)을 상정하였다는 점에서 김철준과 입장을 달리하지만, 인류학의 친족이론을 신라사에 적용하였다는 점에서는 같은 경향의 연구성과라 할 수 있다.

그 후 이종욱이 신라사회를 부계사회로 보는 입장에서 신라상대의 왕위계승을 논하였고,〔이종욱, 1980〕, 피영희가 이중출자(double descent)〔피영희, 1979〕, 이광규와 이순근이 선택적 출자(ambilineal descent)〔이광규, 1977 ; 이순근, 1980〕, 최재석이 비단계 출자(non-unilineal descent)〔최재석, 1987〕, 이인철이 양계출자(bilateral descent)〔이인철, 1986〕라는 인류학 친족이론을 신라의 상고세계・왕위계승・골품제・친족구조를 해명하는 데 적용하였다.

1970년대 후반에는 김원용이 고분분포를 중심으로 사로 6촌의 위치를 지금의 경주분지 내로 비정했다.〔김원용, 1976〕 이종욱은 이보다 좀더 넓게 보아 사로 6촌이 읍면지역을 포함한 경주시 전역에 있었다는 견해를 제시했고〔이종욱, 1982〕, 구체적인 촌의 위치에 대해서는 의견이 다를 지라도 이 견해는 강인구·이형우·이인철로 이어졌다.〔강인구, 1995 ; 이인철, 2002〕 사로 6촌이 경상도 일원에 분포하였다고 보는 견해는 일찍이 김철준이 제시한 바 있고〔김철준, 1952〕, 최근에 선석열과 서의식이 유사한 주장을 하고 나섰다.〔선석열, 1996 ; 서의식, 2003〕

하지만 『삼국사기』 초기기록에 보이는 압독국·음즙벌국·실직국 등 소국의 위치나 『삼국지』에 기재된 진한 12국의 존재를 염두에 두면, 사로 6촌의 위치는 통합 경주시의 범주를 벗어났을 것으로 생각되지는 않는다. 문제는 사로 6촌이 경주분지 내에 있었을 것인가, 통합 경주시 전역에 자리하고 있었는가인데, 지석묘나 왕릉의 분포 그리고 「신라장적」에 기재된 촌역(村域)을 참고해서 보면, 종래의 경주시와 월성군을 합한 통합 경주시 영역보다는 약간 좁은 지역에 사로 6촌이 위치하고 있었다고 봄이 옳을 것이다.〔이인철, 2002〕

1980년대 후반에는 고고학의 발굴성과는 존중되어야 하지만 그것이 문헌에 나타나는 모순점을 모두 해결해 줄 수 없다는 입장에서 신라 상고세계와 그 기년에 대한 재검토가 이루어졌다. 이인철은 『삼국유사』에 인용된 고본(古本)에는 6부 사람들이 나라를 세울 것을 논의한 시기를 건무(建武) 원년(A.D. 25) 혹은 건원(建元) 3년(138 B.C.)으로 전하는 기록이 있음에 주목하여, 신라의 건국시기를 37년으로 파악한 연구성과를 냈고〔이인철, 1986〕, 그 후 강종훈·박남수·채희국·신석열 등이 『삼국사기』 초기기록을 그대로 신빙할 경우에 생물학적 상식으로 지나치게 인간의 수명이 길게 나오는 것 등에 의문을 가지고 신라상고기의 기년을 조정해 보는 연구성과를 내놓았다.

하지만 같은 수정론적 입장의 연구라고 하더라도 신라의 건국연대를 1세기 초로 보는 이른바 긍정적 수정론〔이인철, 1986 ; 채희국, 1992 ; 전덕재,

2003)과 3세기 전반 이후로 대폭 낮추어보는 부정적 수정론[강종훈, 1991 ; 선석열, 1996)으로 연구경향이 나누어진다.

삼성족단에 관한 논의가 1990년대 후반에 다시 일어났는데 이에 대해서는 일찍이 천관우가 박씨족이 도래하여 세습왕권을 잡고, 선주민인 김씨를 왕비족으로 삼았으며, 탈해는 북방의 흉노계의 인물이고, 벌휴왕 이후 석씨족은 한강유역에서 마한 백제세력에 밀려 2세기 말경에 이동해 온 세력이었다는 견해를 제시하였고[천관우, 1989], 이종욱은 박씨족·석씨족·김씨족을 기원전 3세기 말에서 2세기에 중국 동북지역이나 고조선·위만조선 지역에서 온 이주민 세력으로 보았다.[이종욱, 1980, 1982)

한편 선석열은 박씨와 김씨는 앞뒤로 이어지고, 석씨왕실은 두 왕실과 병존하는 별개였다는 견해를 제시했고[선석열, 1996], 강종훈은 3세기 후반인 탈해이사금대 이전에 박·석 두 족단은 경주지역에 정착하였고, 김씨 족단은 충주지역을 중심으로 한 소백산맥 일대에 있다가 파사이사금대에 신라에 통합되어 박·석·김 삼성족단정립체제를 성립시켰다고 하였다.[강종훈, 2000]

한편 주보돈은 「신라본기」 초기기사의 내용이나 기년을 그대로 받아들이지 않고 후대사실이 소급·부회된 것이라 보지만 적어도 박혁거세로부터 흘해이사금까지 이어지는 일원적인 왕계는 물론 왕명 자체도 거의 믿는 입장에서 연구성과를 내놓았다. 박·석·김의 소위 3성교립(交立)을 실제적인 사실로 보면서, 족단(族團)세력의 변화를 토광목관묘(土壙木棺墓)-토광목곽묘(土壙木槨墓)-적석목곽분(積石木槨墳)으로 이어지는 묘제의 변화와 연결지어 설명하였다.[주보돈, 2003]

1990년대 말에서 2000년대 초에는 1970년대 중반 이후에 제기되었던 부체제론[노태돈, 1975]과 1980년대 초에 등장한 부체제부정론[이종욱, 1982]

이 재대결하는 양상을 보였다.〔노태돈, 2000 ; 이종욱, 2000〕. 특히 부체제론과 부체제부정론의 후속세대들이 학맥을 연결고리로 하어 확연히 양분되면서 대립하는 모습을 보였다. 이는 이 논쟁이 학문적 논쟁의 영역을 벗어나 학문 외적인 영역에서 전개된 부분도 있다는 평가를 피하기 어렵다는 의미가 될 것이다.

3. 신라사의 쟁점 및 검토

1) 신라의 상고기년과 진한소국 정복

신라사의 연구에서『삼국사기』신라본기 상고기년(上古紀年)의 문제가 쟁점이 되는 것은 이 문제가 해결되어야 신라의 성립과 발전에 관한 다른 학문적 논의가 가능하기 때문이다. 이 문제가 해결되지 않고서는 신라의 건국연대·삼성세계(三姓世系) 내지 족단(族團)문제·소국정복시기·국가발전단계와 국가체제에 대한 이해가 전혀 다르기 때문에 연구자마다 서로 다른 구도를 가지고 개별연구를 진행할 수밖에 없으므로, 해당 연구가 하나의 주장 이상의 의미를 갖기 어렵다.

『삼국사기』신라본기 초기기록을 조작 혹은 허구로 파악한 일본인 학자들의 견해〔末松保和, 1938〕는 더 이상 주목할 가치가 없는 것으로 치부되고 있다. 현재 학계에서 쟁점이 되고 있는 것은 허구론을 비판하면서 대두한 이른바 수정론〔김철준, 1962 ; 김광수, 1973 ; 이인철, 1986 ; 강종훈, 1991 ; 채희국, 1992 ; 선석열, 1996〕과 수정론적 연구성과에 만족하지 못하고, 해방 이후 크게 증가한 고고학 분야의 발굴성과와 연구성과를 크게 반영하면서 신라 상고세계와 연대기의 역사적 사실성을 인정하는 긍정론[천관우, 1989 ; 이종욱, 1980 ; 최재석, 1987]이다.

고고학의 연구성과가 존중되어야 하는 것은 더 말할 나위없다. 그러나 그렇다고 그것이 만능의 열쇠가 될 수는 없다. 『삼국사기』 신라본기 초기기록에 나타나는 구체적 건국연대나 왕의 즉위시기나 재위기간, 사건의 발생, 등장인물들의 관계 등은 사료검토를 통해서만 해결할 수 있기 때문이다. 신라상고의 기년을 그대로 신빙할 경우, 등장인물의 수명이 생물학이나 의학적 상식으로 납득하기 어려울 만큼 길어지기 때문에 이를 신빙하는 측에서도 불가불 한두 명의 인물을 중간에 끼워넣어 설명하고 있는데[이종욱, 1980], 이 또한 원사료의 수정에 해당한다.

여기서 반드시 알아야 할 사실은 전한 오봉(五鳳) 원년(57 B.C.)에 신라가 건국되었다는 『삼국사기』와 『삼국유사』의 기록이 절대 유일한 것은 아니라는 점이다. 『삼국유사』에서는 고본을 인용하여 6부 사람들이 나라를 세울 것을 논의한 시기를 건무(建武) 원년(A.D. 25) 혹은 건원(建元) 3년(138 B.C.)으로 전하고 있기 때문이다. 고본이 무엇인지 알 수는 없지만 『삼국유사』의 저자가 본 사료에는 사로 6촌의 주민들이 나라를 세울 논의를 한 시기를 건무 원년 혹은 건원 3년으로 적어놓은 기록이 있었다는 말이다. 그 고본이 『구삼국사(舊三國史)』가 아닌가 생각해 볼 수 있지만 확언할 수는 없다.

건무 원년과 건원 3년 중에 후자는 『삼국사기』의 신라 건국기년보다 더 올라가는 것이므로 가능성이 없다고 하더라도 전자, 즉 건무 원년은 원사료에 그렇게 기록되어 있다고 하므로 일단 사료로서 높은 가치를 지닌다고 볼 수 있다. 25년에 나라를 세울 것을 논의하고 그로부터 혁거세가 13세 되는 해에 신라가 건국되었다면 신라의 건국연대는

37년이 된다.〔이인철, 1986〕

『삼국시』에는 왜여왕 비미호가 한(漢)에 사신을 보낸 시기를 경초 2년(238)과 정시 8년(247)으로 전하는데,『삼국사기』에는 아달라왕 20년(172)에 신라에 사신이 온 것으로 기록되어 있다. 비미호가 비슷한 시기에 한과 신라에 사신을 보냈다고 보면, 대략 70년 정도『삼국사기』신라본기 초기기년이 올라갔다고 할 수 있다.〔김광수, 1973 ; 이인철, 1986〕 이에 따라 생물학적 상식에서 볼 때, 지나치게 인간의 수명이 길게 나오는 부분의 국왕 재위기간을 줄여보는 방식으로 신라상고기의 기년을 조정한 견해가 제시되었다.〔이인철, 1986 ; 강종훈, 1991 ; 채희국, 1992 ; 선석열, 1996〕

하지만 같은 수정론이라고 하더라도 신라의 건국연대를 1세기 초정도로 보는 입장〔이인철, 1986 ; 채희국, 1992〕과 3세기 전반 이후로 대폭 낮추어봄으로써 결과적으로 3세기 전반 이전 신라사를 부정하는 입장〔강종훈, 1991 ; 선석열, 1996〕은 명백히 구분되어야 한다. 전자를 긍정적 수정론, 후자를 부정적 수정론이라 한다면, 부정적 수정론은 3세기 전반 이전 신라사를 공백상태로 만들어 놓는다는 점에서 종래의 허구론과 별반 차이가 없다.

부정적 수정론은『삼국사기』신라본기에서는 3세기 이전에 일어난 사건으로 기재해 놓은 것을 모두 3세기 전반 이후로 끌어내려 이해한다. 그러나 경주시 일원에 분포하고 있는 지석묘는 사로 6촌의 주민들이 지석묘가 축조될 단계부터 경주지역에 살았음을 보여주고 있다. 경주지역에는 지석묘에 이어 토광묘가 축조되었는데, 조양동 38호분에서는 전한경(前漢鏡)이 출토되었다. 이는 기원전 1세기에서 기원후 1세기경에 한나라의 침략 혹은 한사군의 지배를 피하여 고조선유민들이 남하해 와서 사로 6촌, 곧 사로국의 지배층을 형성하였음을 의미한다.〔최

병현, 1992 ; 이인철, 2003]

『삼국유사』에서는 사로 6촌의 조상들이 모두 하늘에서 산으로 내려왔다고 기록하고 있는데, 이는 환웅이 하늘에서 태백산으로 내려왔다고 하는 단군신화와 같은 유형의 신화라 할 것으로, 자신들을 하늘의 자손이라고 믿은 고조선유민들이 남하하여 사로 6촌의 지배층이 되었음을 암시한다. 이 같은 고고학적 자료와 사로 6촌장 신화는 적어도 기원전 1세기경에는 사로 6촌이 완성되었고 기원 1세기경에는 신라가 건국된 것으로 볼 수 있게 한다. 그러나 부정적 수정론을 따를 경우, 신라 초기역사는 지석묘 단계에서 토광목관묘·토광목곽묘 단계에 이르는 초기신라사가 공백상태로 될 수밖에 없다.

신라 초기역사를 『삼국사기』 기록보다 연대를 끌어내려 3세기 중반 이후로 이해하는 배경에는 기본적으로 『삼국사기』 초기기록을 불신하고 『삼국지』 기록을 더 신빙하는 입장이 자리하고 있다.〔강종훈, 1991 ; 선석열, 1996〕 주지하는 바와 같이 『삼국지』 변진전(弁辰傳)에는 진한 12국의 명칭이 기록되어 있고, 사로국이 12국 중에 하나의 소국으로 기록되어 있음에 비해, 『삼국사기』 신라본기에는 3세기 말 이전에 진한지역의 소국들을 모두 정복한 것처럼 기록되어 있다. 『삼국지』 마한전에도 3세기 중반까지 백제가 마한 54국 중 하나로 기록되어 있음에도 『삼국사기』에는 탈해왕대(57~80)에 백제와 신라가 전투를 하였다는 기록이 있다.

이러한 기록을 예로 들어 『삼국지』의 기록을 신빙하는 측에서는 『삼국사기』에 3세기 이전에 발생한 것으로 기록되어 있는 사건을 3세기 중반 이후로 끌어내려 논의를 전개하였다.〔강종훈, 1991 ; 선석열, 1996〕 이와는 반대로 『삼국사기』 초기기록을 믿을 수 있다고 보는 측에서는 3세기 이전 신라의 진한소국 정복을 전면 긍정하는 입장에서 논의를 전개하였다.

어느 입장을 취하느냐에 따라 신라 초기국가의 모습이 달라진다.

신라의 진한소국 정복에 대해서는『삼국지』변진조와『삼국사기』신라본기에 기재된 소국이 서로 이름은 다르게 기록되어 있지만 동일한 소국들이라는, 이른바 이명동국(異名同國)이라는 견해와『삼국지』변진조와『삼국사기』신라본기에 기록된 소국이 이름도 다르고 나라도 다른 나라였다는, 이른바 이명이국(異名異國)이었다는 견해로 나누어진다. 이명동국으로 보는 견해에는 다시『삼국사기』의 기록을 주로 신빙하는 입장에서 신라의 소국정복을 다룬 연구가 있는가 하면[이종욱, 1982],『삼국사기』의 기년이 인상되었다고 보아 이를 불신하면서『삼국지』의 기록을 주로 신빙하여 3세기 후반 이후 4세기 중엽 사이에 신라가 진한 소국을 정복하였다는 주장이 있다.[선석열, 1996]

『삼국사기』신라본기를 통해서 보면 사로국은 3세기 말까지 이서국〔청도〕·우시산국〔울산〕·거칠산국〔동래〕·음즙벌국〔흥해·포항〕·실직국〔삼척〕·압독국〔경산〕·비지국〔창녕〕·다벌국〔대구〕·초팔국〔초계〕·소문국〔의성〕·감문국〔김천〕·골벌국〔영천〕·사벌국〔상주〕을 차례로 정복하였다. 당시까지 문경·예천·영주·안동·봉화·울진 등 경북 북부지역은 사로국에 통합되지 않은 채로 있었다.

문제는『삼국지』변진조에 기록된 이저국(已柢國)·부사국(不斯國)·근기국(勤耆國)·난미리미동국(難彌離彌凍國)·염해국(冉奚國)·군미국(軍彌國)·여담국(如湛國)·호로국(戶路國)·주선국(州鮮國)·마연국(馬延國)·우중국(優中國) 등의 소국 명칭이 이저국(已柢國)·부사국(不斯國)을 제외하고는『삼국사기』신라본기에 전하는 앞의 소국 명칭과 일치하거나 비슷한 명칭의 소국이 없다는 사실이다. 이는 곧『삼국사기』신라본기에 전하는 소국과『삼국지』변진조에 전하는 소국이 이명이국이었다는 의미가 될 것이다.

이처럼 『삼국사기』와 『삼국지』에 전하는 소국이 이명이국이었다는 입장에서 『삼국사기』 신라본기에 전하는 소국은 신라가 3세기 말 이전에 정복한 소국으로, 『삼국지』에 전하는 소국은 3세기 후반 이후 4세기 말 이전에 신라가 정복한 오늘날 경북 북부지역에 있었던 소국들이었다는 견해가 제시되었다.〔이인철, 2003〕 이 견해에 따르면 『삼국사기』 신라본기 초기기록과 『삼국지』 변진조의 기록은 학계에서 논의되는 것처럼 상호 대립되거나 모순된 것이 아니라는 해석이 가능하게 된다.

2) 신라의 국가형성과 부체제

1930년대 이래 한국고대의 국가발전단계에 관한 다양한 견해가 있어왔다. 일찍이 손진태는 사회발전단계를 '씨족공동사회—부족사회—부족국가—부족연맹왕국—귀족국가'로 설정하였다. 1950년대에 이병도는 씨족제도가 붕괴하고 고대국가가 형성된다고 하면서, 신라의 경우 나물왕대에 고대국가체제를 이룬 것으로 파악하였고, 1960년대에 김철준은 '씨족사회—부족국가—부족연맹—고대국가'의 발전단계를 제시하고, 신라는 마립간시대 말기부터 고대국가체제가 형성되기 시작하여 그것이 완성된 것이 진평왕대라 하였다.〔김철준, 1964〕

1970년대에 김정배는 '군사회—부족사회—군장사회—국가'의 구미학계 국가발달단계를 활용하여 한국 고대국가의 기원에 관한 논의를 진행하였고, 1980년대에는 신라는 처음 군장사회에 있다가 조양동 38호묘 단계에서 새로운 사회로 변모하였다고 하였다.〔김정배, 1986〕 새로운 사회가 무엇인지는 구체적으로 언급하지 않았지만 군장사회 다음 단계가 국가이므로, 기원선후기에 신라가 고대국가로 변모를 하게 되었다는 설명이 아닌가 한다.

천관우는 성읍국가에서 영역국가로의 발전단계를 설정하였다.[천관우, 1989] 이 성읍국가론은 이기백이 적극 활용하여 '성읍국가-연맹왕국-중앙집권적 귀족국가'로의 발전단계를 세우게 된다.[이기백, 1976]

1980년대에는 이종욱이 서비스(Service, E.R.)의 치프덤설을 신라의 국가형성에 적용하면서도 자신의 관점을 보탠 연구성과를 내놓게 된다. 이 연구는 추장[촌락]사회단계의 사로육촌사회에서 시작하여 신라가 3국 중의 한 나라로 형성될 때까지를 다루며, 기원전 7세기경부터 기원후 4세기 중엽 또는 5세기 말까지에 걸친 기간을 국가형성기라 규정하고 있다. 동시에 신라사회는 촌락[추장]사회 단계의 사로육촌-소국시대의 사로국-진한소국연맹시대의 사로국-진한제소국정복시대의 사로국을 거쳐, 삼국시대의 신라로 발전하게 된다고 하였다.[이종욱, 1982]

앞의 논의에서 부족국가[혹은 성읍국가]를 고대국가라고 한다면, 부족국가 이후의 단계는 고대국가 발전단계가 된다. 그러나 고대국가를 국가로 본다면, 그 이전 단계는 국가형성단계라고 해야 한다. 이종욱의 설명에서도 소국시대의 사로국을 국가라고 본다면 그 이후의 국가형태는 국가발전 내지 국가발달 단계가 되어야 한다. 그럼에도 삼국시대의 신라 이전시기를 형성기라고 말하고 있는 것을 보면, 이종욱 자신도 4~5세기경까지는 신라가 국가단계에 이르지 않았다고 판단하였던 것이 아닌가 하는 생각이다. 하지만 전반적인 그의 논지를 보면, 사로국단계에서 신라는 이미 국가단계에 도달하였고, 신라의 왕은 6부의 장(長)보다는 높은 지위를 가진 존재로 설명하고 있어, 명백한 입장정리가 필요한 듯하다.

　루이스 모건(Morgan, L.)의 이론에 토대를 둔 부족국가론이 설득력을 상실하면서, 부족국가 내지 부족연맹체로 분류되었던 시기를 설명하는 논리로 등장한 것이 이른바 부체제론이다.〔노태돈, 1975〕 그것을 처음 주창한 학자가 그것을 의식하였건 그렇지 않건 간에 부족연맹체론이 부족(部族)이라고 부르던 것을 부(部)라고 지칭하면서 문패를 바꾸어 달았다는 느낌을 지울 수가 없다. 이에 대해 부체제론자는 부족연맹체와 부체제는 다르다고 주장한다. 부족연맹체는 국가가 아니지만 부체제는 어디까지나 '국가'의 정치체제로서 초기 고대국가 단계에 해당한다는 것이다.〔노태돈, 2000〕 여하튼 부족연맹체론이나 연맹왕국론이 일정한 개념 정의 없이 심정적으로 사회형태를 설명하였던 것에 비해, 부체제론은 그것을 비판하는 측의 공격을 받아 개념정의를 하게 되면서 더욱 세련되었다는 점은 주목할 만한 일이다.

　이에 여기서 부체제론자〔노태돈, 2000〕가 말하는 부체제의 개념규정을 자세히 살펴볼 필요가 있겠다.

① 초기 고대국가는 정치적 위상을 달리하는 각급 자치체의 연합체이다. 초기 고대국가를 건설하고 그 운영을 주도하며, 그 국가구조 내에서 집단적으로 우월한 위치에 있었던 집단들이 존재하였다. 그들은 몇 개의 자치체로 구성되어 있었다. 그 자치체가 곧 부(部)이다.

② 부는 혈연집단이 아니라 지연에 바탕을 두고 형성된 집단이며, 부 내부에는 계층분화가 진전되었다.

③ 각 국에서 부로 편제되었던 집단들의 범위 결정에는 건국의 역사적 과정과 함께 종족적·문화적인 요소가 일정하게 작용하였다.

④ 부는 왕권에 의해 무역·외교·전쟁권 등의 대외교섭권 등을 박탈당

하는 등 일정한 통제를 받았으나, 그 내부의 사안(事案)에 대해서는 상당한 자치력을 보유한 단위정치체였다. 부내에도 하위 자치제가 존재하였다.[部內部]

⑤ 초기 고대국가의 사람들은 자기가 속한 자치체와 그 상위 정치체인 국가에 소속되었고, 그에 따라 부인(部人)들의 귀속의식 또한 양속성(兩屬性)을 지녔다. 고유한 부명(部名)을 관칭(冠稱)하는 것은 그런 면을 상징적으로 나타낸 것이다.

⑥ 복수(複數)의 부를 결속시키는 일차적인 힘은 왕을 대표로 하는 집권력이다. 왕은 제부(諸部) 가운데 가장 강력한 부의 장(長)인 동시에 제부 전체를 통괄하며 피복속집단을 포괄한 국가의 임금이다. 당시의 왕은 초월적인 권력자는 아니며 제 부의 대가(大加: 干)들의 대표와 같은 존재였다.

⑦ 왕이 임석하에 제 부의 대가[간]들이 참여한 제가[간]회의와 같은 회의체가 국정운영에서 주요 기능을 하였다. 초기 관등제의 형성은 제가회의와도 연관성을 가진 것이었다.

⑧ 부의 대가[간]들과 왕실 사이에는 때로는 갈등을 일으키기도 하였지만, 휘하의 읍락민을 통제하는 데에는 이해관계를 함께 하여 상호의존적이었다. 초기 고대국가는 계급적 측면에서는 대가들의 연합체라고 할 수 있다.

⑨ 피복속집단들 중 상대적으로 크고 유력한 세력은 '후국(侯國)'으로, 약소한 것은 집단예민이 되었다. 피수탈 정도 등 구체적인 예속양상에서는 차이가 있었지만, 기본적으로 각 집단 내부의 일은 자치를 행하면서 공납과 군사적 조력(助力)을 제공하였다.

⑩ 각 자치체를 구성하는 기본단위가 되는 집단은 읍락이다. 이 시기 읍락은 상당한 정도로 공동체적 관계가 유지되고 있었다. 부와 부내부의 읍락이나 식읍과 집단예민 등의 읍락은 그 거수를 통해 왕실과 대가층에 공납을 하였다. 초기 고대국가의 국가구조 내에서 정치적 위상을 달리하는 각급 자치체에 속한 각종 읍락의 민은 피지배민으로서의 기본

적인 동질성을 지니고 있었다.

⑪ 제 부와 후국(侯國) 및 집단예민을 포괄한 초기 고대국가의 국가구조와 정치운영에서 중심을 이루는 것이 제 부였고, 부의 성격이 곧 이 시기 정치구조를 상징적으로 나타내준다. 이런 정치구조는 일정한 사회적 문화적 토대를 지니고 있었고, 상당기간 지속되었으므로, 한 시기의 역사적 성격을 집약해서 반영하는 하나의 체제(system)로 규정할 수 있다. 그런 면에서 초기 고대국가의 국가구조와 정치운영의 성격을 집약해서 부체제(部體制)라 규정할 수 있다.

⑫ 부체제와 유사한 면은 위만조선의 정치체제, 요(遼) 출현 이전의 북아시아 유목민국가, 전국시대 이전의 고대 중국의 국가들에서도 비슷한 면을 상정할 수 있다.

⑬ 왕권으로 상징되는 통제력과 각 부의 자치력 간의 상호관계는 삼국 초기의 정치정세의 전개에 주요 요소로 작용하였고, 그것은 점차 전자의 우위로 진전되어갔다. 부는 삼국 중기 이후 점차 수도와 부도(副都)의 행정구역단위로, 그리고 귀족의 원적(原籍)과 같은 성격으로 변모하였다. 수도의 행정구역 단위로서의 부는 조선시대까지도 이어진다. 부가 수도의 행정구역 단위로 변하는 것은 삼국의 정치체제가 부체제에서 영역국가[군현제국가]적인 중앙집권체제로 변모하는 것과 궤[軌]를 같이한다.[노태돈, 2000]

이처럼 부체제론에서는 초기 고대국가를 정치적 위상이 다른 각급 자치체의 연합체로 정의하고, 그 자치체를 부라 하였다. 따라서 부체제 단계의 사회는 고대국가이다. 이러한 개념정의에 바탕을 두고, 부체제 론자들은 초기신라의 경우 6세기 초반 냉수리비와 봉평비의 '간지(干支)'의 존재와 매금왕이나 갈문왕이 부명을 관칭(冠稱)한 점 등으로 미루어볼 때 당시까지도 단순한 수도의 행정구역이었다고 볼 수 없고, 부의 자치력이 크게 약화된 상태이지만 왕이 부명을 관칭하고 있어 그 전시기 면모의 잔영을 보여준다고 하며, 6세기 초 이전 신라의 부는 자치체로서의 성격을 시녔다고 하여 부체제를 주장하였다.〔노태돈, 2000〕 불론 부체제론자라고 하더라도 학자에 따라, 신라에서 부체제가 존속되었다고 보는 시기가 다르다.

부체제를 부정하는 측〔이하 서술의 편의상 부체제부정론자라 함〕에서는 부체제론자가 신라의 왕을 6부 가운데 한 부의 부장으로 보고 있는 데 비해, 부체제부정론에서는 신라의 왕이 사로국을 형성할 때 이미 6촌 전체를 지배하는 군주가 되었다고 본다고 하면서, 신라의 왕이 부의 장인가, 부장이 아니라 국가 전체를 다스리는 정치적 지배자인 군주인가에 따라 한국고대사 체계는 크게 달라진다고 주장한다.〔이종욱, 2000〕 부체제부정론자는 부체제설의 뿌리가 깊다고 본다. 1945년 이후 한국인 연구자들이 일본의 제국주의 정책에 따른 한국고대사 체계〔또는 식민사관〕를 벗어나지 못한 결과, 부체제론이 나타났다는 것이다.

부체제부정론에서는 『삼국사기』와 『삼국유사』에 나오는 신라의 건국신화를 보면, 사로국 형성 이전에 6촌이 있었고, 촌에는 각기 촌장으로 지배세력으로 있었는데, 사로국이 형성되면서 혁거세는 사로국의 군주로 6촌의 촌장보다는 한 단계 높은 서라벌소국의 정치지배자가 되었다고 설명한다. 따라서 왕을 부장으로 보는 부체제설은 서라벌소국 처음부터 성립할 수 없다고 주장한다.〔이종욱, 2000〕

부체제부정론은 부체제설이 『삼국사기』 초기기록을 수정론의 관점에서 보고 있고, 그 수정론의 뿌리는 부정론〔또는 허구론〕에 있다고 하며, 그 부정론은 지난 1백 년 동안 한국고대사 연구를 가로막은 통설이었다고 비판한다. 또, 이 통설이 지난 1백여 전부터 일본고대사 체계에 종속되어 만들어진 한국고대사 연구체계 중 『삼국지』 한전 중심의 고대사체계를 한국학계가 아무런 비판없이 받아들이고 있어 문제라 지적한다.

일본인 연구자들은 일찍부터 1~3세기 한국고대사 중 삼한단계를 설정하고 삼한은 각기 소국들로 구성되었다고 하였고, 『삼국사기』 초기기록에 나오는 백제와 신라의 소국병합을 통한 정치적 성장에 대한 사실을 인정하지 않고, 한반도 남부지역을 정치적 힘의 공백지대로 만들었다는 것이다. 그 결과, 4세기 왜가 남한을 정복하고 그에 대한 통치를 하였다는 임나일본부설을 쉽게 펼 수 있었다고 말한다.〔이종욱, 2000〕

사로 6촌이 혁거세에 의하여 통합되어 사로국이 된 뒤 6촌은 사로국의 지방행정구역이 되었고, 사로국은 이웃 소국을 병합하고 신라의 왕경으로 되었으며, 사로 6촌을 모체로 하여 신라 왕경 6부가 편성되었다는 것이 부체제부정론의 입장이다.〔이종욱, 2000〕

왕경 안에는 금성·월성·만월성과 같은 왕성이 축조되었고, 금성 안에는 사량궁, 월성 안에는 대궁, 만월성 안에는 양궁과 같은 세 왕궁이 만들어졌다고 한다. 왕은 주로 대궁에 살았고 그의 형제들은 사량궁 또는 양궁에 가서 살았고, 이들 왕과 그 일족들은 경주 중심부의 금관을 출토하는 적석목곽분을 주로 하는 고총고분의 주인공들이었다고 한다. 따라서 그 같은 고총고분의 주인공들은 6부의 부장들과 아무런 관계가 없다고 한다.〔이종욱, 2000〕

부체제부정론에 따르면, 신라 초기에 만들어진 정치중심구역이 발전한 왕도에는 왕실세력들이 살았다고 한다. 중심구역에서 성장한 왕도에는 탁부·사탁부 그리고 일부 본피부에도 위치한 것으로 생각되며, 왕도에 살던 세력은 법흥왕대에 진골신분까지 되었고 경주중심부의 고분군의 2급 고분의 주인공이 되었다는 것이다. 왕궁이나 왕도에 살던 세력들은 어느 부의 세력일 수는 없기 때문에 냉수리비·봉평비 등에는 단지 그 거주지의 위치를 표기하였을 뿐이라 한다.[이종욱, 2000]

6촌을 모체로 하여 편성된 왕경의 행정구역인 6부는 종래 6촌장들의 후손들이 부주(部主)가 되었고 후에는 부감○(部監○) 등의 지배세력으로 되었으며, 이들이 후일 6두품으로 편제되었고, 이·정·최·손·설·배 등 6성을 받게 된 집단이라 한다.[이종욱, 2000]

냉수리비에 보이는 '칠왕등공론(七王等共論)'의 왕에 대해, 부체제론에서는 왕 일인에게만 한정해서 붙이는 것이 아니라 간층에 속하는 사람에게도 적용되었다고 하며, 이는 당시까지 왕 자체가 초월적인 권력자로서 권위와 체계를 확립하지 않았던 것으로 본다.[노태돈, 2000] 이에 대해 부체제부정론에서는 냉수리비에 사탁부가 3명, 탁부가 2명, 다른 부가 1명씩으로 모두 7명으로 되어 있는데, 이는 제가회의의 존재를 증명하는 것이 아니라 탁부와 사탁부의 월등한 정치적인 지위를 보여주는 자료일 뿐이라 한다.[이종욱, 2000] 또 부체제부정론에서는 부체제론이 성립하려면 부장들의 무덤은 부의 중심에 있어야 하고, 경주 중심부에 모여 있을 수가 없다고 하며, 경주 중심부의 무덤은 왕, 왕의 형제, 왕의 어머니, 그리고 그들의 부인들과 같은 사람들의 무덤이라고 본다.[이종욱, 2000] 즉, 부체제부정론에서는 왕 혹은 왕실이 6부의 장(長)보다 월등히 높은 지위를 차지하고 있었다고 보는 데 비해, 부체제론에서는 당시까지 왕이 간층(干層)에 속하는 사람, 6부의 장(長)과 대등한 지위에 있었다고 보고 있다.

부체제부정론에서는 왕이 부장이냐, 아니면 국가 전체를 다스리는 지배자인가 묻는 것에 대해, 부체제론에서는 왕은 부장이면서 국가전체를 다스리는 지배자라고 답한다. 부체제의 왕권, 국가권력과 집권력은 부족연맹체 단계의 그것에 비해서는 엄청나게 강화된 것이고, 그 다음 단계의 영역국가 중앙집권체제하에서의 왕과 비교하면 상대적으로 미약한 것이었다고 한다.〔노태돈, 2000〕

부체제론이 초기 고대국가를 정치적 위상이 다른 각급 자치체의 연합체로 규정하고, 그 자치체가 부이며, 왕이 부의 장이라고 하는 것에 대해, 부체제부정론에서는 왕이 부장(部長)이라는 증거는 냉수리비와 봉평비에 왕의 부를 표기했다는 것 이외에 어디에도 없다고 비판하면서, 왕은 부장이기보다는 부장을 임명하던 높은 정치적 지배자였다고 주장한다.〔이종욱, 2000〕

음즙벌국(音汁伐國)과 실직곡국(悉直谷國)이 강역을 다투다가 왕에게 와서 결정해 줄 것을 요청하였다. 왕이 이를 어렵게 여겨, 금관국 수로왕이 연로하고 아는 바가 많다고 하면서 불러서 물었다. 수로왕이 논의하여, 다투는 땅을 음즙벌국에 속하게 하였다. 이에 왕이 6부에 명령을 내려 수로왕에게 향연을 베풀도록 하였다. 5부는 모두 이찬(伊湌)을 주〔主, 접대사〕로 삼았으나, 한기부(漢祇部)만이 관위(官位)가 낮은 자를 주(主)로 삼았다. 수로왕이 노하여 노 탐하리(奴 耽下里)에게 명하여 한기부 주 보제(保齊)를 죽이고 돌아갔다. 노(奴)는 달아나 음즙벌국 주 타추간가(陁鄒干家)에 숨었다. 왕이 사람을 시켜 노를 수색하였는데, 타추가 보내지 않았다. 왕이 노하여 음즙벌국을 공격하니 그 주와 무리들이 스스로 항복하고, 실직국과 압독국이 항복해 왔다.〔『삼국사기』, 파사이사금 23년조〕

이 사료는 부체제론자들이 많이 이용한 자료인데, 여기서 보면 왕이 6부에 명령을 내리고 있다. 이는 신라의 왕이 6부보다 상위에 자리하고 있음을 의미한다. 또, 6부 가운데 5부는 수로왕을 위한 접대사로 이찬을 내보내고, 한기부만 지위가 낮은 자를 접대사로 내보냈다는 기록은 왕이 6부 중에 1부의 부장이 아니었음을 뜻한다. 왕은 5부에서 내보낸 이찬도, 한기부에서 보낸 관위가 낮은 사도 아니었기 때문이다. 그러나 부에서 접대사를 결정하여 내보냈다는 사실은 부가 자치권을 가지고 있었음을 뜻한다.

파사이사금 23년에 수로왕을 위한 향연에 참석했던 사람들을 비문에 적는다면 어떤 형태가 될까? 영일 냉수리비와 울진 봉평비의 기재 방식을 따를 경우, 6부에서 나온 사람들은 각기 "○○部 ○○○ 伊湌智"라 기재하게 될 것을 예상할 수 있다. 문제는 왕이다. 왕을 비문에 기재할 때, 소속부를 적지 않을 수도 있지만 영일 냉수리비와 울진 봉평비에는 왕이 속한 부를 기록해 두었다.

영일 냉수리비와 울진 봉평비에서 왕도 소속부를 적은 원칙을, 앞의 파사이사금 23년 기사에 적용시킨다면, 파사이사금은 6부의 대표나 부장이 아니지만, 비문에는 그가 소속된 부가 기재되어 "啄部婆娑尼師今"이란 표기가 나타날 것을 예상할 수 있다. 이처럼 6부 위에 존재하여 명령을 내리는 위치에 있는 왕을 다른 인물들과 마찬가지로 소속 부를 기재하였다면 이는 비문 표기방식의 미숙함 이외에 다름 아닐 것이다.

결국 신라의 왕은 왕이면서 동시에 제부 중 가장 강력한 부의 장(長)이었다는 부체제론자들의 주장이 옳지 않음을 보여준다. 또한 6부가 자치력을 가지고 있었으므로 이를 단순히 왕경의 행정구역으로 보는 견해도 전적으로 옳은 것은 아님을 보여준다. 신라의 6부는 어느 정도 자치력을 가지고 있으면서도, 6부의 상위에 존재하는 왕의 명령을 수행해야 하는 위치에 있었던 것으로 판단되기 때문이다.

4. 신라사 연구의 과제 및 전망

비단 신라의 성립과 발전에 관한 문제뿐 아니라 올바른 역사연구를 위해서는 객관적으로 연구하는 자세가 요청된다. "사실을 있는 그대로 서술하라"는 랑케(Ranke, L.von)의 말을 빌리지 않더라도 이는 역사연구에서 너무도 당연한 명제다. 그럼에도 귀중한 지면을 할애하여 이 같은 말을 하고 있는 것은 신라상고사의 연구에서는 적어도 그렇지 못하였다는 판단 때문이다. 일찍이 일본학자들이 나물왕 이전의 신라사를 모두 허구로 간주하여 부정한 것은 식민사관이 목적하는 바에 따라 신라사를 연구하였던 때문이다.

광복 이후에는 출신학교별로 신라상고사의 연구경향이 크게 갈렸다. 이는 신라상고사의 연구가 역사의 실체를 해명하기보다는 지도교수나 선배의 연구경향을 추종하는 식으로 연구가 진행되었기 때문이라는 지적을 피하기 어려울 것이다. 특정학교 출신이 아닌 경우에는 학계에서 돌아가는 형편에 편승하는 연구도 발견된다. 학문의 연구가 선학의 영향을 받지 않을 수는 없겠지만, 그 영향에서 벗어나지 못하여 객관적인 연구를 하지 못한다면 이는 결코 바람직한 일이라 할 수 없다. 더욱이 학계의 연구동향을 추종하여 객관적인 연구를 포기한다면 이는 학자라고 말할 가치조차도 없을 것이다.

진리는 다수결에 의해 결정되는 것이 아니기 때문이다. 이러한 입장에서 신라의 성립과 발전에 관한 연구를 위해서는 주위 환경의 영향으로부터 과감히 벗어나 객관적이고 자립적인 연구를 진행하는 것이

우선 해결해야 할 중요한 과제라 제시해본다.

자립적인 연구를 수행할 때, 『삼국지』 기록을 신빙하고, 『삼국사기』 초기기록을 불신하는 경향이 있었던 연구자들은 『삼국사기』 신라본기의 초기기록에 대해 새로운 의미를 부과할 수 있게 되고, 기원전 1세기에서 기원후 3세기까지로 편년되는 수많은 고고자료를 적극적으로 활용하여 역사를 새롭게 설명할 수 있게 될 것이다. 반대로 『삼국사기』 신라본기 초기기록을 더 신빙해 온 학자들은 『삼국지』 기록을 활용하여 3세기 신라사회를 적극적으로 설명하는 길이 열리게 될 것이다. 그렇게 될 때, 신라 초기 국가체제가 부체제인가 아닌가의 양자택일식 논쟁에서 벗어나 역사의 실체에 더욱 근접하는 연구와 설명이 가능하게 될 것으로 판단한다.

앞으로 고고발굴이 증가하면서 많은 자료들이 축적되고 새로운 연구방법이 개발될 것이기 때문에 신라상고사 연구는 점차 바람직한 방향으로 연구가 진행되리라 전망된다. 특히 새로운 문헌자료의 발견은 어렵다고 하더라도, 획기적인 금석문자료가 출토되는 일은 전혀 기대하기 어려운 일만은 아니라 생각된다. 따라서 고고발굴의 증가, 금석문자료의 발굴, 새로운 연구방법의 도입 등으로 신라상고사 연구는 역사적 실체에 접근해 가리라 전망한다.

이인철

‖ 참고문헌 ‖

姜鍾薰, 1991, 「新羅上古紀年의 再檢討」, 『韓國史論』 26 ; 2000, 『신라상고사연구』, 서

울대출판부.

金光洙, 1973,「新羅上古世系의 再構成試圖」,『東洋學』3.

金貞培, 1973,『韓國民族文化의 起源』, 고려대 출판부.

_____, 1986,「韓國古代의 國家起原과 形成」, 고려대 출판부.

金元龍, 1967,「三國時代의 開始에 관한 一考察」; 1987,『한국고고학연구』.

_____, 1976,「新羅六村과 慶州古墳」,『歷史學報』70.

金哲埈, 1952,「新羅 上代社會의 Dual Organization」上,『歷史學報』1.

_____, 1964,「韓國古代國家發達史」,『韓國文化史大系 Ⅰ』.

_____, 1975,「新羅上古世系와 그 紀年」, 1962 ;『韓國古代社會研究』.

盧泰敦, 1975,「三國時代의 部에 관한 研究」,『韓國史論』2.

_____, 2000,「초기 고대국가의 국가구조와 정치운영」,『韓國古代史研究』17.

_____, 2000,「삼국시대 部와 부체제」,『韓國古代史論叢』10.

徐毅植, 2003,「'辰韓六村'의 性格과 位置」,『新羅文化』21.

宣石悅, 1996,「『三國史記』新羅本紀 初期記錄 問題와 新羅國家의 成立」釜山大 博士 學位論文.

李光奎, 1977,『韓國家族의 史的研究』, 一潮閣.

李基東, 1980,『新羅 骨品制社會와 花郎徒』, 一潮閣.

李基白, 1974,『新羅政治社會史研究』.

李丙燾, 1937,「新羅의 起源問題」,『震檀學報』8 ; 1976,『韓國古代史研究』, 博英社.

李仁哲, 1996,「新羅上古世系의 新解釋」,1986 ;『新羅村落社會史研究』.

_____, 2002,「斯盧 6村의 形成과 發展」,『震檀學報』93 ; 2003,『신라 정치경제사 연구』.

李鍾旭, 1982,『新羅國家形成史研究』, 一潮閣.

_____, 1980,『新羅上代王位繼承研究』, 영남대 출판부.

_____, 2000,「한국고대의 부와 그 성격」,『한국고대사연구』17.

全德在, 2003,「尼師今時期 新羅의 成長과 6部」,『新羅文化』21.

朱甫暾, 2003,「斯盧國을 둘러싼 몇 가지 問題」,『新羅文化』21.

채희국, 1992,「신라건국년대와 초기발전」;『조선고대 및 중세초기사 연구』.

千寬宇, 1989,『古朝鮮史·三韓史研究』, 일조각.

최광식, 1994,『고대한국의 국가와 제사』, 한길사.

崔秉鉉, 1992,『新羅古墳研究』, 一志社.

崔在錫, 1987,『韓國古代社會史方法論』, 一志社.

末松保和, 1938,「新羅上古世系」; 1954,『新羅史의 諸問題』.

신라 고고학의 연구사적 검토

1. 머리말

『삼국사기(三國史記)』와 『삼국유사(三國遺事)』를 통해 볼 때 신라는 기원전 57년부터 기원후 935년까지 거의 1천 년을 존속한 국가라고 할 수 있다. 이 긴 기간을 하나의 흐름으로 정리하기는 이전부터 어려웠던 것 같다. 그에 따라 위의 책들에서는 신라의 역사를 각기 상대·중대·하대 혹은 상고·중고·하고 등 몇 개의 분기로 이해하여 왔다. 이와는 별개로 신라에 의한 삼국의 통일을 중요시하는 관점에서는 신라와 통일신라, 혹은 신라 전기와 신라 후기로 구분하기도 하였다. 본고에서 다루고자 하는 부분은 시기적으로 신라와 통일신라로 나뉨을 전제로 하여 신라의 고고학적 성과에 대해 정리한 것이다.

이럴 경우 원칙적으로 신라의 기원부터 삼국의 통일기까지를 다루어야 할 것이지만, 여기에는 약간의 문제가 있다. 이 시대와 관련된 또 다른 문헌자료인『삼국지(三國志)』동이전(東夷傳)에 의하면 직어도 3세기까지는 아직 삼국 가운데 신라로 부를 수 없는 단계인 삼한(三韓)의 사로국(斯盧國)으로 기술되고 있기 때문이다. 이러한 문제점 때문에 신라 역사의 전반부를 연구자들의 인식에 따라 각기 원삼국시기·삼한시기, 철기시대 후기 또는 삼국시대 전기로 부르고 있는 실정이다. 그리고 그 논의의 바탕에는 이 시대를 삼국시대의 전기(前期)로 보느냐, 아니면 전사(前史)로 보느냐 하는 인식론적 전제가 깔려 있는 것이기도 하다.〔이희준, 1998〕

필자는 이 시기를 삼국시대 전기로 인식하는 것에 동의하고 있지만, 1권에서 삼한에 대한 현황 검토가 있는 관계로 간략하게 정리하고 여기서는 주로 그 이후부터 7세기까지를 다루고자 한다.

신라 고고학에 대해서는 이미 다양한 각도에서 많은 연구사적 검토가 시행된 바 있다. 따라서 본고에서는 근대적인 연구가 시작된 이래 현재까지를 변화의 획기가 되었다고 생각되는 유적의 조사를 중심으로 고고학적 연구영역의 변화를 살펴보고자 한다.

2. 일제강점기와 그 영향

대부분의 근대적인 의미의 학문이 그러하지만 고고학의 경우에 있어서도 일본의 영향은 거의 절대적이라고 할 수 있다. 특히 유물과 유적을 직접 다루는 고고학은 1945년 해방이 될 때까지 일인연구자들에게 전적으로 독점되었다. 신라유적에 대한 기초적인 조사는 총독부가 설치되기 전인 1902년 이미 세키노(關野貞)에 의해 시행되어 1904년『한국건축조사보고(韓國建築調査報告)』라는 보고서로 발간되었다. 1906년에는 이마니시(今西龍)가 경주 황남동의 한 고분을 발굴하였는데, 이것이 공식적인 신라고분 발굴의 시작이다. 한편 세키노도 의도하지는 않았지만 야쓰이(谷井濟一)와 같이 1909년 황남동의 한 왕릉급 고분과 서악리(西岳里)의 한 고분을 발굴하였다. 이들의 조사는 모두 고분의 중심부에는 도달하지 못하였으나, 외형상 토총인 경주 평지고분의 내부구조가 적석으로 되어 석곽이 없다는 점, 그리고 경주의 고분을 '평원시대'와 '구릉시대'로 나누고, 내부주체가 '평원시대' 고분은 적석으로, '구릉시대' 고분은 횡혈식석실로 이루어졌다는 점 등을 밝힌 것은 이후 연구의 기준이 되기도 하였다. 이후 황남동 검총, 보문리 부부총 등의 발굴조사가 간헐적으로 이루어지기는 하였지만 본격적인 조사는 1921년 금관총이 발견된 때부터라고 할 수 있다.

경주시가지의 확장공사 과정에서 드러난 유물층에서 금관을 비롯하여 금제과대(金製銙帶)와 요패(腰佩), 유리용기 등 부장품이 출토되면서 금관총(金冠塚)으로 명명된 고분의 발견은 이후 신라고분 연구의 방향을 결정지었다. 금관총의 발견 이후 일본연구자들의 집중적인 주목을 받은 신라 고분은 1924년 우메하라(梅原末治)에 의해 그 내부구조를 밝힌다는 명목으로 금령총(金鈴塚)과 식리총(飾履塚)이 발굴된 이래 고이즈미(小泉顯夫)의 서봉총(1926), 아리미쓰(有光敎一)의 황남동 82·83호분(1931), 황오동 54호분(1933), 사이토(齊藤忠)의 황오리 14호분(1934)·황남동 109호분(1934)·황오리고분(1936) 등 경주시내의 평지고분이, 또 고이즈미(小泉顯夫)에 의해 소

금강산록고분군·서악리고분·동천리고분(1928), 아리미쓰(有光敎一)에 의해 충효리고분군(1932) 등 경주주변 산지고분이 발굴되었다.

일제강점기에는 수많은 신라고분이 파헤쳐진 것으로 알려져 있는데, 정작 기록으로 보고된 것은 얼마 되지 않아 현재까지도 정확한 실상을 확인할 수 없는 실정이다. 그러나 당시의 일본연구자들의 조사를 통해 신라의 고분에 대한 기본적인 인식의 틀은 일단 체계화되었다고 할 수 있다. 즉 김해패총에 대한 발굴을 통해 그 시기를 금석병용기(金石竝用期)로, 그 곳에서 출토된 토기를 이후 신라고분출토 토기의 전단계로 이해한다거나[조선총독부, 1937], 신라고분은 경주일원의 고분만으로 나머지 다른 영남의 고분은 가야고분으로 보기도 하였다.[梅原末治, 1947] 이러한 견해들은 이후 신라고분을 이해하는 기본축이자 극복의 대상이 되었던 것이다.

이러한 상황은 해방 이후에도 그다지 큰 변화를 가져오지 못하였다. 해방 이후 한국인으로서 발굴경험자가 없다는 이유 때문에 한국에서 최초로 이루어진 고고학적인 조사를 전 총독부 박물관 주임 아리미쓰의 귀국을 연기시키면서까지 맡길 수밖에 없었는지에 대해서는 앞으로도 더 많은 고민이 필요할 것으로 생각된다. 1946년 그에 의해서 이루어진 경주 노서리(路西里) 140호[호우총]분과 은령총의 발굴로 인해 한국 고고학은 일제시대 일본인들이 세워놓은 지식체계를 출발점으로 하여 시작되고[김원용, 1988], 그 조사방식도 이전 일제강점기와 동일하게 진행되어 이후로도 오랫동안 한국의 고분발굴의 전범이 되는 우를 범하게 된 것이다.

어쨌든 이 호우총에서는 '을묘년명 청동합(乙卯年銘 靑銅盒)'이 출토되었는데, 이는 비록 논쟁은 있지만 지금까지도 신라고분에서 절대연대를 산정하는 데 중요한 유물이 되고 있다.

이후에도 경주에서는 고분의 발굴이 비교적 꾸준하게 이루어졌는데, 전쟁 중인 1952년 월성 금척리에서 도로에 잘려나갔던 고분을 발굴하면서 시작된 경주지역에 대한 조사는 1953년 쌍상총(雙床塚)과 마총의 재조사나 1964년의 황남동 파괴고분과 151호분의 발굴, 1962년의 황오리 4·5호분 발굴, 1964년의 서악리고분 발굴, 1965년의 황오리 1·33호분 발굴, 1968~1969년의 월성군 방래리(芳來里)고분군의 발굴 등으로 이어졌다.

이들 발굴은 비록 대부분 파괴고분에 대한 수습발굴이거나 구제발굴이었지만 많은 성과도 있었다. 이 가운데 황오리 1호분은 남북 두 개의 매장이 있는데, 남곽[부인]이 먼저 매장된 뒤 봉토를 떼내고 북곽[주인]이 설치된 것이 봉토 단면에서 확인되었다. 이것은 신라고분에 대한 최초의 소위 사분법 발굴이었으며 그것을 통해 이와 같은 선후관계가 밝혀진 것이다. 33호분도 역시 부부합장의 동서 양곽으로, 서곽이 동곽의 위에 겹쳐 있어 시대의 선후를 알 수 있었다. 한편 쌍상총과 마총은 평지고분군에서 횡혈식석실분의 존재를, 황남동 파괴고분과 151호분은 수혈식(竪穴式)석곽분과 횡구식석곽분의 존재를 확인시켜준 것이었는데, 특히 151호는 일봉토(一封土) 내에 석실분과 적석총이 동시에 확인되었다. 이와 더불어 해방 후 최초의 경주 주변 산지 석실분의 발굴로 유명한 서악리 고분에서는 초기인화문토기가 출토되기도 하였다.

한편 이렇게 신라 경주의 고분을 중심으로 한 발굴이 성과를 내고 있을 때 신라토기를 중심으로 전혀 다른 각도에서 신라의 고고학적 의미부여와 논쟁이 이루어지고 있었다. 이미 김해패총에 대한 종래의 연대관을 재검토한 바 있었던 김원용(金元龍)은 1960년 「신라토기의 연구」를 발표하였다. 여기서 그는 일제강점기의 발굴성과를 바탕으로 김해식토기와 신라토기의 개념과 관계, 신라토기의 지역성과 양식구분, 신라·가야 고분의 편년 등에 관하여 종합적인 견해를 밝혔다. 이에 대해 웅천패총을 발굴한 김정학(金廷鶴)이 그의 약보고서(1967)에서 김원용의 글을 비판하였던 것이다. 즉 신라토기 발생을 기원후 3백 년대로 본 김원용의 구설〔당시 이미 2백 년대로 정정〕에 대해 기원후 1세기경으로 올리고, 또 가야지구 신라토기가 김원용의 소위 신라중심군에 속하는 점을 이유로 신라토기를 신라군·가야군의 두 군으로 구분하는 것은 잘못이라고 하였던 것이다. 그러자 김원용은 1967년도 『역사학보』39의 '회고와 전망'에서 김정학의 웅천패총연구에 대한 신랄한 비판을 가하였다. 웅천패총 보고서가 너무 약식이고 개괄적이어서 김원용이 제기한 설을 비판하는 중대한 결론을 내린 기초가 매우 박약하다고 평가하였던 것이다.

김정학은 경성제국대학 문과대학 사학과에 입학(1940)하여 후지다(藤田亮策)에게서 조선고대사와 고고학을 배웠다. 졸업(1943) 후에도 연구실에 남아 고대사와 고고학에 대해 연구하였는데, 1946년에는 서울대 사범대학 교수로 있다가, 1947년 고려대학교로 이직하게 된다. 이후 김정학은 당시 대학의 고고학계를 대표하는 인물이었던 것이다.

이에 비해 김원용은 경성제국대학 사학과에서 동양사학을 전공하였는데 당시 강사로 출강하던 아리미쓰에게 고고학을 배웠다고 한다. 해방 몇 년 후 국립박물관에 들어가면서부터 1961년 서울대 고고인류학과에 들어갈 때까지 그는 박물관의 고고학계를 대표하는 인물이 되었다. 이들 김정학과 김원용에 의해 시작된 논쟁은 이후 가야중심의 연구와 신라중심의 연구로 확전되게 된다.

한편 이와는 별도로 김기웅을 통해 박진욱의 견해〔박진욱, 1964〕가 소개되었는데, 여기에서 그는 적석목곽분의 기원에 대한 우메하라의 견해를 부분 수정하고 그 변천과정을 다곽분과 단곽분이라는 내부구조에서 찾고, 신라·가야고분의 상한 연대를 3세기까지 올려 편년했다.

당시까지 논의되었던 경주 적석목곽분의 성립과정에 대한 인식수준은 기본적으로 금석병용기설에 바탕으로 두고 이해했다는 점에서 이후 초기철기시대라든가 와질토기시기 등의 새로운 시기의 설정 등을 통해 극복될 수밖에 없었다. 즉 일제강점기에 일인연구자들에 의해 이루어진 신라고분에 대한 기초적인 인식은 비록 이를 극복하기 위한 노력이 있었음에도 불구하고 큰 변화없이 1970년대까지 이어지게 된다.

3. 경주고도개발사업과 고분편년 중심의 연구

1970년대에 들어 신라고분의 편년에 대한 본격적인 논의는 일본에서 시작되었다. 1971년 이토(伊藤秋男)는 이식(耳飾)의 연계금구를 기준으로 하고, 각 유물형식의 공반관계에 의하여 신라고분을 3기로 나누고, 각기는 절대연대를 알 수 있는 영화9년명 전축분·서봉총·무령왕릉·분황사석탑 내의 유물 등에 의해 4세기 후반~450년, 450년~520년, 520년~634년 이전으로 편년하였다.〔伊藤秋男, 1971〕 여기에서는 또한 황남동 109호분 전체가 아닌 3곽만이 최고식(最古式)임을 논증하여 이전의 다곽식 →단곽식으로의 변천관의 문제점을 지적하였다. 한편 1973년에는 414년이라는 절대연대를 가진 중국 요령성의 풍소불묘(馮素弗墓)에서 발견된 단병등자를 통해서 황남동 109호분 3곽의 상한연대를 5세기 초로 비정한 아나자와(穴澤咊光)·마노메(馬目順一)의 논문이 발표되었다.〔穴澤 咊光·馬目順一, 1973〕이는 향후 신라고분의 상한실정과 관련된 논의의 한 축이 된다.

이와는 별도로 경주에서는 일제강점기인 1906년 시작된 이래 1960년 대까지는 사실상 폐고분들에 대한 수습조사 수준이었다고 밖에 할 수 없었던 고분에 대한 조사가 전혀 새로운 방식의 조사로 바뀌어 이루어 지게 된다. 1973년부터 1975년에 걸쳐 경주에서 고분의 집중적인 발굴 이 이루어졌는데, 이 대대적인 경주 고분의 발굴은 향후 신라고분 조 사·연구의 전환점이 되었다. 비로소 경주에서도 본격적인 대규모의 계 획발굴이 시행된 것이다.

즉 '경주고도개발사업'의 일환으로 경주 일원의 폐고분 정리, 미추 왕릉지구 고분공원〔대릉원〕조성과 그 주변 도로개설에 따른 공사구역의 지하유구 조사, 관광자원 조성을 위한 발굴 후 내부복원을 전제로 한 대규모 완형분의 발굴이 정부의 계획하에 시행된 것이다. 완형분으로서 는 문화재관리국이 천마총〔황남동 155호분〕과 황남대총〔황남동 98호분〕을, 대 학박물관들이 단독분인 황남동 110호분·인왕동 149호분 등을 발굴하 였으며, 미추왕릉지구 고분공원 공사구역과 계림로·담성로 개설구역 의 지하유구 조사에서는 여러 유형의 적석목곽분·수혈식목곽분·옹관 묘 등 다양한 묘제가 대량으로 발굴되었다.

이러한 1970년대 전반기의 대형발굴을 통하여 각종 자료가 대량으 로 수집됨으로써 신라고분 연구를 한 차원 높일 수 있게 되었다. 특히 천마총과 황남대총의 발굴은 대형 적석목곽분의 구조와 성격을 파악할 수 있게 하였고, 소형 적석목곽분의 집중적인 발굴은 적석목곽분의 여 러 가지 유형을 확인시켜 준 것으로, 그 동안의 신라묘제 연구를 재검토하게 하는 계기가 되었다. 또한 다양한 고분 구조의 확인과 유물의 대량 출토는 신라고분의 편년연구를 활성화하는 자료가 되었다. 아나자와에 의해 제기된 고분연대 결정방법[穴澤咊光, 1972], 즉 신분과 그다지 관계없는 자료와 Cross-dating이 가능한 유물들을 바탕으로 한 적석목곽분에 대한 본격적인 연구가 가능하게 된 것이다.

1970년대 초반의 자료축적기를 거친 결과, 1979년 김원용은 종래의 편년관을 수정하여 적석목곽분을 3시기로 나눈 후 각 시기 폭을 1백 년으로 설정하고 상한을 기원후 350년, 하한을 650년으로 설정하였다.[김원용, 1979] 또한 후지이(藤井和夫)도 경주지역 출토 토기 가운데서 고배와 장경호를 중심으로 형식분류를 진행하고, 다른 토기형식과의 공존관계를 바탕으로 적석목곽분을 10기로 설정하였다.[藤井和夫, 1979] 나아가 황남동 109호분 3곽의 4백 년 상한설을 바탕으로 각 기를 20년으로 설정하고 하한은 580년 전후로 비정했다. 그런데 동일한 자료의 축적을 바탕으로 한 연구임에도 김원용과 후지이의 이러한 고분편년의 차이는 그것이 단순히 자료만의 문제가 아님을 잘 보여준다. 사실 한국측에서는 1960년대 박진욱의 연구에 힘입어 고분의 구조변천을 상대편년을 기준으로 하고 유물을 보충자료로 하면서 신라·가야 고분의 상한연대도 모두 4세기 전반기 이전으로 잡고 있었던 데 비하여, 일본측에서는 철저히 유물의 형식만을 고분편년의 상대편년 자료로 삼아 신라·가야 고분의 상한연대를 모두 4세기 후반 또는 5세기 이후로 잡고 있는 것이 그것이다.

어쨌든 이와 같은 새로운 자료들에 입각한 신라고분의 연구성과는 1970년대 후반기부터 나오기 시작하였지만 더욱 본격적인 논의는 1980년대를 기다려야 했다. 1979년 말 최병현의 석사논문「고신라 적석목곽분의 연구」는 이듬해『한국사연구』와『한국고고학보』에 분재되었는데,

경주고분발굴조사단에서 일한 8년 동안의 경험을 토대로 적석목곽분을 새로운 관점에서 분류·편년한 것이었다.

여기에서 그는 적석목곽분의 내부구조를 묘곽형식으로 부르고 이를 편년의 기본단위로 인식하면서 부곽의 유무, 주부장군과 두향과의 관계 등에 의하여 묘곽형식을 세분하고 호석의 중복관계와 반출유물의 형식 공존관계에 의하여, 주부곽식에서 단독곽식으로의 커다란 변화를 지적하면서, 적석목곽분을 6기로 세분하였다. 더불어 종래 등자에 의해 설정된 적석목곽분 5세기 상한설을 새로운 등자의 조형을 설정하면서 비판하여 4세기 전반~6세기 전반(520)의 고분편년을 작성했다. 1970년대의 발굴성과에 대한 체계적인 정리라는 점에서 김원용은 이 글을 해방 후 우리 고고학계의 가장 뛰어난 업적의 하나라고 한 바 있다.

그런데 1970년대 전반기의 이 대규모 발굴이 정점에 이른 경주지역의 적석목곽분과는 성격을 달리하는 고분, 즉 토광묘가 1979년부터 경주 조양동에서 발굴되기 시작하였다. 이 발굴은 1981년까지 계속되었는데, 이 조양동유적의 토광묘 발굴은 그동안 공백기로 되어 있던 신라조기, 즉 원삼국기 경주를 비롯한 영남지방의 주묘제가 바로 토광묘였음을 확인시켜 주는 계기가 되었으며, 이전까지 논의된 바 없던 새로운 유형의 부장토기를 통해 이후 새로운 논의가 진행될 수 있는 단서를 만들어 주었다.[최병현, 1988] 즉 1970년대 조도패총 발굴 이후 제기된 김해식토기 기원전 발생설에 대한 반론[신경철, 1980]은 조양동의 토광묘 발굴을 통해 확인된 새로운 기종의 토기가 원삼국시대의 진정한 토기라는 주장[신경철, 1982 ; 최종규, 1982]과 연결되어 '김해기'라는 개념의 폐기와 '와질토기'를 바탕으로 한 시기의 설정으로 발전했다.

이러한 성과를 바탕으로 하여 이들은 5세기대의 신라에 대한 재인식을 시도하였다. 즉 최종규는 적석목곽분을 그 입지와 고구려계 문물과 남조계 문물의 출현에 바탕하여 무구류를 중심한 시기[황남동 109호분 3곽]와 장신구류를 중심한 시기[황오동 14호분], 용기류를 중심한 시기[황남동 98호분]로 나누었다.[최종규, 1983] 한편 신경철은 고식도질토기라는 공통양식에서 낙동강 동안지방을 중심으로 한 신라양식 토기와 낙동강 서안의 고령 이남지방을 중심으로 한 가야양식 토기의 성립시기를 황남동 109호분 3곽에 두고, 그 절대연대를 4백년상한설을 바탕으로 430년으로 비정하였다.[신경철, 1986]

이들의 주장은 김원용·최병현 등이 새롭게 만들었던 신라고분의 변천과정에 대한 인식과는 전혀 다른 방향에서의 인식이 가능함을 보여주었으며, 양자의 논쟁은 이후 신라에 대한 고고학적 이해의 바탕이 되었다.

4. 황룡사지의 발굴과 신라 고고학 영역의 확대

1970년대 말에서 80년대로 들어오면 영남지역 신라유적의 발굴조사는 폭발적으로 늘어났다. 경주지역만 하더라도 조양동유적의 토광묘 발굴에 이어 1982년 정래동토광묘, 1985년 황성동토광묘 등 신라조기 토광묘의 발견이 이어졌다. 또한 1985년도에 시행된 월성로 하수도 설치에 따른 수습조사에서는 토광묘로부터 적석목곽분으로 넘어가는 과정의 고분 초기 자료가 많이 수집되었다. 1985년의 용강동고분, 1986년의 황성동고분의 발견·조사는 경주 석실분 연구에 중요한 자료가 되었다.[최병현, 1988]

이렇게 증가하는 고분의 조사와 그에 따른 연구의 확대는 자칫 이전 연구에 대해 아무런 비판없이 단순한 인용에 그치고 그것에 의한 논지의 확대 재생산으로 흐를 가능성도 있다. 이희준은 황남동 109호분 구조에 대한 재검토를 통해 이러한 문제점을 극복할 수 있는 대안으로서 과거 보고서에 대한 재해석이 필요함을 제시하였다.〔이희준, 1987〕

그러나 고분에 대한 조사와 연구만으로 신라사회 전반을 이해하는 데는 한계가 있기 때문에, 또 다른 방향에서의 고고학적인 접근이 필요했다. 이러한 문제의식은 1959년 국립중앙박물관에 의해 이루어진 감은사지(感恩寺址) 발굴이 '새로 발족한 한국고고학이 고분발굴에 치우친 일제시대의 결함을 시정하려는 한 가지 시도에서' 실시되었다는 보고서의 서문을 통해서도 이미 제기된 바 있음을 확인할 수 있다. 다만 선험적인 담론이 아닌 실제적인 인식의 변화는 그로부터 오랜 기간이 지난 후에 비로소 시작되었다.

당시 중점적으로 이루어지던 고분발굴과는 별도로 경주지역에서는 거대한 규모의 문제로 이전까지 조금씩밖에 손대지 못하였던 대형유적 발굴이 문화재관리국 산하 문화재연구소에 의해 주도되기 시작하였다. 바로 신라 최대의 사찰이었던 황룡사지가 1976년부터 본격적으로 발굴되었던 것이다.

황룡사지에 대한 연구 역시 대부분의 유적이 그러하듯이 일제강점기인 1922년에 『대정십년도(大正十年度) 고적조사보고서』 제1책을 통해 간략하게 조사된 결과가 발표되면서 시작되었다. 그 후 후지시마(藤島亥治郎)는 1927년 이래 몇 차례의 답사를 통해 지표면에서 확인되는 초석들을 중심으로 황룡사의 가람배치 복원안(復原案)을 제시하였다.〔藤島亥治郎, 1930〕 이 때 만들어진 1탑1금당식(一塔一金堂式) 가람배치의 복원안은 이후

1976년 황룡사지가 정식으로 발굴되기 이전까지 정설로 받아들여져 그대로 사용되었다. 단지 1963년 문교부에 의해 사적 제6호로 지정된 것을 제외하고는 이렇다 할 조사가 이루어지지는 않았다.

황룡사지가 학계에 크게 부각된 것은 우연히도 목탑지(木塔址)에서 시작되었다. 노출된 상태로 보존되던 목탑지의 심초석 상면에 파여 있는 사리공(舍利孔) 속의 사리장엄구(舍利莊嚴具)가 도난당하는 사건이 발생하였다. 이렇게 사리공이 도굴되자 이에 대한 정밀한 조사의 필요성이 대두되어 1967년 1월 27일부터 29일까지 이 사리공에 대한 정밀조사가 이루어졌다. 이와 같은 목탑지에 대한 조사 이후 황룡사에 대한 관심은 더욱 증폭되어 1969년에는 황룡사의 규모를 일부라도 밝히기 위해 문화재관리국과 이화여대 박물관이 합동으로 강당지 일부를 발굴조사하기에 이르렀다.

그럼에도 불구하고 황룡사지가 본격적인 발굴에 착수한 1976년까지도 황룡사지의 가람배치에 대한 기본적인 이해는 이전 후지시마에 의해 제기되었던 1탑1금당식의 배치로 인식되고 있었다.

황룡사지의 발굴은 사실 '경주관광종합개발계획(慶州觀光綜合開發計劃)'의 일환으로 황룡사의 전체 가람규모를 확인하고 그 자료를 기초로 정비·정화하는 데 그 근본목적이 있었다. 1976년 4월 20일부터 착수한 발굴조사는 처음에 후지시마(藤島亥治郞)에 의해 작성된 추정 가람배치도를 바탕으로 3개년으로 계획되었다. 그러나 1차년도 조사부터 당초 예상 범위보다 규모가 훨씬 크다는 것이 밝혀지고, 아울러 예상 밖의 건물지가 회랑 내곽 안에 존재함이 확인되면서 기존의 조사계획은 수정이 필요하게 되었다.

총 8년으로 연장된 발굴조사 결과 황룡사 가람 전체평면이 기존에 알려져 있던 남북으로 긴 장방형이 아니라, 중심곽이 되는 강당 동서편의 건물지에서 동·서·남 회랑의 기단을 포함한 규모가 동서 180.2미터, 남북 161.6미터로서 2만 9,120제곱미터[약 8천8백 평]의 평면적을 갖춘 정방형에 가까운 건물배치임을 알게 되었다. 게다가 1차년도에 서금당으로 추정되는 건물지가 금당의 서편으로 병렬되고 있음을 확인하고 2차년도에는 동금당으로 추정할 수 있는 서금당지와 동일한 크기의 건물지가 조사됨으로써, 하나의 금당이 조성되었다고 본 기존의 가람배치에 대한 인식과는 달리, 조사단에서는 삼금당(三金堂)이 병렬식으로 조성된 가람배치였던 것으로 이해하였다. 담장 내부 약 2만5천 평의 면적에 대한 유구 발굴조사는 황룡사지의 특성을 명확하게 구명하기 위해 두 차례의 발굴기간 수정을 거쳐 일단 1983년 12월로 조사를 마치게 되었다.

이와 같은 과정을 통해 황룡사에 대한 기존의 인식은 완전히 바뀌게 된다. 이러한 인식의 변화는 단순히 황룡사 그 자체에만 그치지 않았다. 처음에는 주로 건축사적인 관점에서 사지에 대한 비교연구가 중심을 이루었다. 황룡사지의 발굴이 진행되는 과정에서 그 동안 몇 차례의 부분적인 발굴이 이루어졌던 익산의 미륵사지에 대한 전면적인 발굴조사(1980~1988)가 진행되었다. 이 과정에서 미륵사지 가람 배치양식이 기존에 알려진 것과 차이가 있다는 사실을 확인하게 되었다. 따라서 새로운 가람배치에 대한 이해가 필요하게 되었는데, 그 비교의 대상은 기존에 중점적으로 논의되어 왔던 가람들이 아닌 새롭게 발굴된 백제와 신라를 대표하는 최대의 사찰인 미륵사와 황룡사가 중심이 되었다.[金正基, 1984]

이와 같은 기존의 유구중심의 사지연구에서 새롭게 추가된 것이 출토 유물에 대한 분석이다. 최병현은 당시 고고학계에서 가장 문제가 되고 있던 신라고분(新羅古墳)의 편년을 결정하는 주요한 단서 중 하나로서 황룡사지 출토의 고신라토기(古新羅土器)를 분석하였다.[최병현, 1984] 문헌에서 연대를 확인할 수 있는 특정유구에서 출토된 유물에 대한 분석을 통해 신라에서도 역년대(曆年代)를 바탕으로 한 편년이 가능함을 보여준 것이다. 이는 황룡사지에서 출토된 유물자료가 단순히 황룡사에 대한 설명만으로 그치는 것이 아니라 다양한 방향에서 검토되어야 함을 잘 보여 주었다.

한편 출토유물에 대한 관심이 증폭되는 가운데 사지발굴을 통해 가장 많이 출토되는 기와에 대한 인식도 재고되기 시작하였다. 황룡사지에서는 이전의 사지발굴에서 출토된 기와와는 전혀 다른 성격의 기와와 관련된 유구가 확인된 바 있다. 즉 사지 내에서 정확한 폐기장소를 알 수 있는 기와가 발견되었던 것이다.[신창수, 1985, 1987]

이와 같은 연구를 통해 이전의 미술사적인 방향에서 이해되어 왔던 사지와 그 출토 유물에 대한 연구에도 고고학적인 접근이 필요함을 인식할 수 있는 계기가 되었다.[양정석, 2004]

마지막으로 황룡사지에 대한 조사는 의도했든 의도하지 않았든 간에 이보다 더 큰 변화의 중심에 있게 되었다. 바로 왕경에 대한 재인식이 가능하게 되었던 것이다. 황룡사 중심곽에 대한 조사가 어느 정도 마무리되고 1984년부터는 사역의 정확한 확인을 위하여 외곽지역에 대한 발굴조사가 본격화되었다. 그런데 사지의 외곽지역에서는 사지의 유구와는 관련이 없는 건물지와 집수·배수시설, 담장 기초석렬 등과 함께 도로로 추정되는 유구가 확인되었다.

이에 따라 1987년부터는 황룡사지의 동편지역의 도시유구에 대한 조사가 왕경유적이라는 이름으로 국립경주문화재연구소에 의해 이루어지게 되었다. 여기에서는 확인된 유구는 통일신라시대의 건물지들을 비롯하여 당시의 도로·담장·우물·배수시설 등이 중심을 이루고 있지만, 그 아래에서 삼국시대 신라의 건물지·도로유구·배수시설 등의 중복이 확인되었다.〔경주문화재연구소, 2002〕

이는 기존의 왕경에 대한 인식이 안압지나 성동동 왕경관련 건물지 등을 통해 주로 통일신라를 중심으로 이루어졌던 것을 삼국시대 신라로 확장하기에 충분하였다.

서편 남북도로는 도로의 서쪽에 위치한 황룡사와 왕경유적의 경계선을 이루며, 후에 황룡사의 사세확장에 따라 폐기되었다고 한다. 노폭은 12미터 내외이며, 동편에 폭 1미터의 측구를 두었고, 노면 상면에서 정연한 남북향 수레바퀴 자국이 노출되었다. 도로가 황룡사 창건시 매립된 적갈색 점질토층 상면에서 발견되어 도로의 초축이 적어도 6세기 중반 이후일 것으로 추정하였다.〔김교년, 2003〕 이 도로의 연대는 분황사 창건연대인 634년보다 이를 것으로 추정되고 있는 분황사 남쪽에서 발견된 동서도로와도 밀접한 관련이 있는 것으로 보인다.〔박방룡, 1998〕

황룡사지 주변지역에 대한 조사를 통해 삼국시대 신라 왕경에 대한 인식이 단순히 문헌사료의 나열이 아닌 유적과 유물을 통해 경험적으로 가능하게 된 것이다. 이는 삼국시대 신라사회에 대한 고고학적 접근에 새로운 가능성을 부여한 것이다. 1990년대 중반 이후의 도로유구(道路遺構)와 관련된 연구는 거의 대부분 이 곳을 중심으로 하여 이루어지고 있다고 해도 과언이 아니다.

한편 이와는 별개로 사실상 신라의 왕궁이 있었을 것으로 여겨지는 월성(月城)에 대한 조사도 이루어졌다. 월성해자에 대한 조사를 통해 그 조영시기가 5세기 후반에서 7세기 후반으로 확인되어 왕성의 조영과 확대를 파악할 수 있는 근거자료를 확보할 수 있었다.〔김낙중, 1998〕최근에는 신라 시조 박혁거세의 탄생과 관련있는 것으로 생각되는 나정(蘿井) 조사를 통해 팔각건물이 확인되고 있어 신라사의 복원에 많은 단서를 제공하고 있다.〔중앙문화재연구원, 2005〕

이러한 조사결과를 바탕으로 신라에 불교가 유입되는 시기에 이르면 이미 왕경 전체의 도시계획이 있었을 것으로 보는 견해가 발표하기도 하였다.〔신창수, 1995〕나아가 지금까지 주작대로가 월성 북편 중앙에 위치하였다고 보았으나 발굴을 통해 그곳에 존재하지 않았을 것으로 보는 견해도 제기되었는데, 여기에서는 황룡사 옆에서 확인된 대규모의 도로를 왕경대로(王京大路)로 명명하기도 하였다.〔박방룡, 1998〕

황룡사지와 그 주변에 대한 조사과정에서 확인된 도시유적은 삼국시대 신라에 대해서 고분이 아닌 다른 유적을 통해서 중앙에 대한 인식의 기본틀을 만들 수 있는 계기가 되었다.

5. 신라 고고학의 새로운 방향

신라 고고학은 일제강점기에서 현재에 이르기까지 끊임없이 각종 조사와 연구를 통해 발전해 왔다. 그 과정에서 몇 차례의 종합적 정리가 이루어지기도 하였다. 먼저 김원용은 『신라토기의 연구』(1960)에서 이전까지 체계적으로 이해되지 않았던 신라토기에 대한 개괄적 검토를 통해 신라 고고학의 1차적인 정리를 할 수 있는 여지를 만들었다.

1980년대 중반에는 한국의 고고학을 체계화하는 데 목적을 둔 국사편찬위원회의 기획에 의하여 신라의 고고학에 대한 정리가 이루어진다. 우선 1985년 역사시대편인 『한국의 고고학 Ⅲ』〔한국사론 15〕이 간행되었는데, 이 곳에서 김원용의 토기, 박방룡의 도성 · 성지, 그리고 윤세영의 장신구 연구가 발표되었다. 이후 1987년 『한국의 고고학 Ⅳ』〔보유편. 한국사론 17〕에서 앞에서 다루지 못하였던 분묘부분이 최병현에 의해 신라 토광묘 · 적석목곽분이라는 제목으로 정리가 이루어졌다.

이와는 별도로 『한국고고학연보』 10집 기념호에서 한국고고학 40년을 회고하는 가운데 최종규에 의해 신라 고고학이 정리된 바 있다. 또 최병현에 의해 『한국고고학보』 21호 '한국고고학 회고와 전망' 특집과 『국사관논총』에 '신라 · 가야의 고고학'을 종합한 바 있다. 더불어 역사학회에서 간행되는 『역사학보』에도 새롭게 나온 신라 고고학의 연구성과가 소개되어 오고 있다. 나아가 1996년에는 한국고고학회 창립 20주년 기념 제20회 한국고고학전국대회가 '신라 고고학의 제문제'라는 주제로 열리기에 이르렀다.

이러한 정리를 통해 신라 고고학의 현황에 대한 인식과 이를 바탕으로 새로운 연구로의 발전을 꾀할 수 있었다는 점은 매우 고무적이다. 더불어 이제 신라 고고학이 일정수준 이상으로 발전하였다는 점을 확인할 수도 있었다. 그럼에도 불구하고 이전까지의 신라 고고학이 역사 고고학의 한 분야로서 가지고 있는 한계도 있었던 것으로 생각된다.

한국 고대사에 대한 종합적인 이해를 위해서 문헌자료 중심의 연구와 발굴자료 중심의 연구, 즉 역사학과 고고학의 연계를 통한 연구방법론이 필요하다는 것은 이미 많은 연구자들에 의해 지적된 바 있다.〔김정배, 1982 ; 이희준, 1997〕 특히 상대적으로 문헌자료가 풍부한 시기라면 발굴 조사된 유적이나 유물이 가지고 있는 상징적(象徵的) 의미를 다양한 학제간(學際間)의 방법론적 교류를 통해 해석하는 것은 필수적이라고 할 수 있다. 그러나 학계에서 이러한 방법론적 교류가 원활하게 이루어지고 있다고 말하기에는 아직 성과가 부족한 감이 없지 않다.

아직까지도 연구의 대부분이 고분의 편년과 토기의 연대관 중심으로 이루어지고 있다는 점이다. 그 원인은 삼국시대 신라의 경우 기본적으로 조사된 유적의 성격이 대부분 고분 중심이었다는 데 있다. 따라서 유적으로서 고분이 가지고 있는 특성과 그곳에서 출토된 다양한 유물의 성격에 대한 분석을 바탕으로 그 시대를 이해할 수밖에 없다는 아쉬움도 크다.

다행히 1990년대 중반 이후 엄청난 전면발굴을 통해 확보한 자료를 바탕으로 고고학 연구환경의 변화가 이루어졌으며, 이와 더불어 새로운 역사고고학의 연구방식이나 주제들이 전면에 나타나기 시작하였다.

나아가 1990년대 후반에 들어 신라 고고학의 위상이 정립되어 가면서〔한국고고학회, 1995 ; 이희준, 1997〕 신라사 전반에 대한 이해수준을 한 단계 끌어올릴 수 있는 계기가 마련되어 가고 있다.

연구의 경향도 기존의 적석목곽분으로 상징되는 4~5세기 고분 중심에서 고분들이 쇠퇴하는 6~7세기 이후 시기까지 다루어지는 대상 시기의 폭이 확대되어 가고 있다.〔홍보식, 1995〕

이는 최근 들어 기본적으로 경주를 중심으로 한 경북일원, 나아가 경기·충청·강원 등에서 실시된 각종 발굴성과에 기인한다고 할 수 있다. 이와 함께 고고학적 연구의 범위도 단순히 고분과 고분출토품 중심으로 이루어지는 경향에서 벗어나고 있는 것으로 보인다. 특히 도로유구의 확인이라든가 대규모의 사지 발굴조사 등을 통해 다양한 복원작업이 행해짐으로써, 신라 당시의 사회를 보다 구조적이고 복합적으로 이해할 수 있는 단서를 마련할 수 있게 되었다. 이는 역사고고학의 분야가 고분과 부장유물뿐 아니라 도시유적·생산유적 등에 대해 확장되고 있음을 의미하는 것이기도 하다.

최근 삼국시대 신라에 대한 새로운 고고학적인 인식이 필요함을 제기한 견해[이성주, 2004] 역시 이와 궤를 같이하고 있는데, 이를 통해서 앞으로 당시 사회와 문화에 대해 한층 명확한 이해가 가능할 것으로 생각한다.

본고에서는 이러한 인식을 바탕으로 신라 고고학의 흐름을 일제강점기 이래 근대적 학문으로서의 고고학이 성립되는 과정과 그 영향이 짙게 깔려있던 시기, 국토개발과 더불어 새롭게 이루어진 발굴조사 성과를 바탕으로 신라 고고학의 독자적인 해석이 가능해진 시기, 마지막으로 지역단위, 그 중에서도 왕경에 대한 인식을 통해 신라의 사회와 문화에 대한 새로운 접근이 이루어진 시기로 구분하여 검토해 보았다. 이 구분은 시기적으로 서로 중복되어 있는 점도 있고 연구가 현재 진행형인 점도 있어 시간적 흐름에 의한 구분이 아님을 알 수 있을 것이다. 오히려 인식의 지평이 확대되어 가는 과정을 단순하게 구분해 본 방편에 지나지 않음을 밝히고 양해를 구할 뿐이다. 그리고 논지의 명확한 전개를 위해 고고학적으로 중요한 많은 부분을 생략하게 되었다. 다행스럽게 앞에서 밝힌 많은 연구사적 검토의 글에서 이러한 부분을 보충할 수 있지 않을까 한다.

양정석

‖참고문헌‖

慶州古蹟發掘調査團, 1984, 『皇龍寺 遺蹟發掘調査報告書』Ⅰ.

慶州文化財研究所, 2002, 『新羅王京』Ⅰ.

국사편찬위원회, 1985, 『한국의 고고학』Ⅲ.

국사편찬위원회, 1987, 『한국의 고고학』Ⅳ.

김교년, 2003, 「新羅 王京의 發掘調査와 成果」, 『新羅王京調査의 成果와 意義』, 國立
　　　　慶州文化財研究所.

金基雄, 1976, 『新羅の古墳』, 學生社.

金洛中, 1998, 「新羅 月城의 性格과 變遷」, 『韓國上古史學報』27.

金龍星, 1998, 『新羅의 高塚과 地域集團－大邱·慶山의 例』, 春秋閣.

金元龍, 1950, 『新羅土器의 研究』, 乙酉文化社.

_____, 1979, 「古新羅の土器と土偶」, 『世界陶磁全集』17.

_____, 1985, 『韓國考古學概說－3版』, 一志社.

_____, 1988, 「韓國考古學의 成果와 課題」, 『韓國考古學報』21.

金正基, 1984, 「百濟伽藍의 特性－益山 彌勒寺址 遺構를 中心으로」, 『馬韓·百濟文化』
　　　　7, 원광대 마한·백제문화연구소.

金貞培, 1982, 「韓國考古學의 成果와 反省」, 『現代韓國歷史學의 動向』, 一潮閣.

朴方龍, 1998, 『新羅都城研究』, 東亞大學校 博士學位論文.

朴普鉉, 1995, 『威勢品으로 본 古新羅社會의 構造』, 慶北大學校 博士學位論文.

박진욱, 1964, 「신라무덤의 편년에 대하여」, 『고고민속』64-4

申敬澈, 1980, 「熊川文化期 紀元前上限說再考」, 『釜大史學』4.

_____, 1982, 「釜山·慶南出土 瓦質系土器」, 『韓國考古學報』12.

_____, 1986, 「新羅土器의 發生에 대하여」, 『韓日古代文化의 諸問題』.

申昌秀, 1985, 「皇龍寺址 廢瓦무지出土 新羅瓦當」, 『文化財』18.

_____, 1987, 「三國時代 新羅 기와의 研究－皇龍寺址出土 新羅기와를 中心으로」, 『文
　　　　化財』20.

_____, 1995, 「中古期 王京의 寺刹과 都市計劃」, 『新羅文化祭學術發表會論文集』16.

梁正錫, 2004, 『皇龍寺의 造營과 王權』, 서경문화사.

李盛周, 1998, 『新羅・伽耶社會의 起源과 成長』, 학연문화사.

＿＿＿, 2004, 「批評論文 : 歷史考古學」, 『歷史學報』183.

李熙濬, 1987, 「慶州 皇南洞 第109號墳의 構造 再檢討」, 『三佛金元龍敎授停年退任記 念論叢』 I.

＿＿＿, 1997, 「新羅考古學 方法論 序說」, 『韓國考古學報』37.

＿＿＿, 1998, 『4~5世紀 新羅의 考古學的 硏究』, 서울대학교 박사학위논문.

趙由典, 1994, 「皇龍寺 三金堂考」, 『石堂論叢』20.

＿＿＿, 1987, 『新羅 皇龍寺伽藍에 관한 硏究』, 東亞大學校 博士學位論文.

中央文化財硏究院, 2005, 『慶州 蓀井』, 현장설명회 자료 05-4.

崔秉鉉, 1984, 「皇龍寺址出土 古新羅土器」, 『尹武炳博士回甲紀念論叢□□

＿＿＿, 1991, 『新羅古墳硏究』, 一志社.

崔鍾圭, 1982, 「陶質土器 成立前夜와 展開」, 『韓國考古學報』12.

＿＿＿, 1983, 「中期古墳의 性格에 대한 약간의 考察」, 『釜大史學』7.

＿＿＿, 1995, 『三韓考古學硏究』, 서경문화사.

한국고고학회, 1996, 『신라고고학의 제문제-제20회 한국고고학전국대회논문집』.

洪潽植, 1995, 「고분문화를 통해 본 6~7세기대의 사회변화-嶺南地域을 중심으로」, 『韓國古代史論叢』7.

＿＿＿, 2003, 『新羅 後期 古墳文化 硏究』, 춘추각.

東潮・田中俊明, 1988, 『韓國의 古代遺跡 1-新羅編』, 中央公論社.

藤島亥治郎, 1930, 「朝鮮建築史論」其1, 『建築雜誌』532.

藤井和夫, 1979, 「慶州古新羅古墳編年試案」, 『新奈川考古』6.

早乙女雅博, 2000, 『朝鮮半島의 考古學』, 同成社.

穴澤咊光, 1972, 「慶州古新羅古墳의 編年」, 『古代學』18-2.

穴澤咊光・馬目順一, 1973, 「北燕 馮素弗墓의 提起하는 問題-日本朝鮮考古學과의 關 聯性」, 『考古學ジャナル』85.

Ito, Akio, 1971, "Zur Chronologie der Fruhsillazeitlichen Graber in Sub Korea", *BAYERISCHE AKADEMIE DER WISSENSCHAFTEN PHILOSOPHISH- HISTORISCHE KLASSE ABHAND LUNGEN, NEUEFOLGE, HEFT 71*, MÜNCHEN.

가야사 연구의 성과와 전망

1. 머리말

　근년 한국사 연구에서 가장 현저한 진전을 보였던 분야의 하나가 가야사였다. 『일본서기』에 대한 비판적 활용과 가야유적의 발굴조사를 통한 고고학적 성과의 축적은 가야사의 기본적 복원을 가능하게 하였다. 이제 가야사는 더 이상 '수수께끼의 역사'도 아니며, 한국고대사 연구에서 독립된 연구주제의 하나로서 그 시민권을 인정받기에 이르렀다.

　가야사 연구의 성과와 전망을 개관하고자 하는 이 글은 연구사적 정리와 근년 가야사 연구의 쟁점소개 및 전망으로 구성되었다. 가야사 연구의 어제와 오늘에서는 ① 조선 전기까지 사서편찬에서의 가야사, ② 조선 후기 실학자들의 지명고증으로서의 가야사, ③ 일제 식민사학의 합병정당화로서의 가야사, ④ 민족사학의 독립운동으로서의 가야사, ⑤ 광복 이후 고대사 복원을 위한 가야사를 다루었고, 쟁점의 소개와 전망에서는 ① 전기론(前期論)과 전사론(前史論), ② 가야연맹설의 비판적 검토,

③ 전기가야의 여러 문제, ④ 후기가야의 여러 문제, ⑤ 고대 동아시아의 가야와 왜로 나누어 소개하였다.

2. 가야사 연구의 어제와 오늘

1) 조선 전기까지의 가야사 연구 – 사서편찬에서의 가야사

기원 전후에서 6세기 중엽에 이르기까지 전개되었던 가야제국(加耶諸國)의 역사는 532년에 가락국(駕洛國, 金官國)이, 562년에 가라국(加羅國, 大加耶)이 신라에 통합되면서, 우리 민족사의 무대에서 자취를 감추었다. 무려 6백 년에 가까운 역사를 가지고 있었음에도 불구하고, 가야인 자신이 남긴 기록은 거의 없다. 현재 가야사에 관련된 기술들은 훨씬 후대에 기록되었고, 가야사의 서술을 위한 것이 아니라 가야제국이 전쟁이나 외교교섭을 가졌던 상대국이나 제삼국에 의해 기술된 것이 대부분이다.

『삼국지(三國志)』는 전기가야의 역사를 전하는 최초이자 유일한 기록이다. 3세기 후반경 중국의 진수(晉壽)가 편찬한 『삼국지』 한(韓)전 변진(弁辰)조는 변진 12국명과 함께 각국의 정치·사회·문화에 관한 문자기록을 남기고 있다. 각각의 소국(小國)이 국읍(國邑)과 별읍(別邑)으로 구성되어 있음과 소국의 군장(君長)들이 중국군현과 통교하던 상황을 전하고 있다. '국출철(國出鐵)'이라는 기사는 김해지역의 고분에서 출토되는 철기류와 함께 '철의 왕국'의 면모를 복원하는 단서를 제공하였으며, 왜인전(倭人傳)에서는 대방군에서 일본열도의 왜인들의 나라에 이르는 바닷길을 기술함으로써 김해 회현리패총에서 출토된 화천(貨泉) 등과 함께 가락국[狗邪韓國]이

'해양왕국'이었다는 추론을 가능하게 하였다. 이외에도 봄·가을의 축제와 편두 및 부뚜막에 관한 기술은 관련 고고학 자료를 바탕으로 전기가야인의 정신세계를 복원해 볼 수 있는 자료가 되고 있다.

「광개토왕릉비(廣開土王陵碑)」는 가야사의 단편을 전하는 가장 이른 우리의 문자기록이다. 5세기 중·후엽에 고구려의 장수왕은 부왕의 업적을 기리기 위해 광개토왕릉비를 세웠다. 임나가라(任那加羅)와 안라(安羅)로 나뉘어 표기된 가야는 왜(倭)와 함께 신라를 공격하다가 광개토왕이 파견한 5만 군에 의해 격퇴된 대상으로 서술되었다. 4백 년의 이 역사적 사건은 가야사를 전기와 후기로 나눌 때, 남부 해안지역에서 시작된 가야의 역사와 문화가 북부 내륙지역으로 전개되었던 전환점으로 이해되고 있다.

『남제서(南齊書)』는 가라왕(加羅王) 하지(荷知)가 479년에 조공하고 보국장군(輔國將軍)·본국왕(本國王)의 칭호에 제수되었음을 전하고 있다. 대가야의 독자적 사절단 파견으로 해석되는 이 기술은 가야가 고대 동아시아의 책봉외교 무대에 등장했던 사실을 전하는 사료로서, 고대 동아시아세계의 변동을 연구시각에 포함시켜야 할 필요성을 확인시켜 주고 있다. 아울러 이 사절단의 이동경로에 대한 추론은 대가야식 토기의 확산, 가야금 12곡명에 대한 지명비정, 고령 지산동 고분군의 발굴조사 성과 등과 함께 가라국〔대가야〕이 서부경남 일대에서 영역국가를 추구해가던 상황을 재구성해 볼 수 있게 하였다.

『일본서기(日本書紀)』는 712년에 야마토조정(大和朝廷)이 편찬한 고대일본의 사서이나 백제·신라·고구려·왜에 관련된 기술로서 가야사의 일부를 채록하였다. 여기에서 가야사는 백제와 신라 그리고 왜에 의해 수동적으로 움직였던 역사로 서술되었다. 『일본서기』는 현존하는 가야사 관련 기록 중에서 가장 많은 양의 서술을 보여주는 자료이지만, 고대일본의 소중화주의적 역사관과 백제계통의 원자료적 편중성이라는 특징과 한계를 가지고 있다. 따라서『일본서기』를 기초로 올바른 가야사를 복원하기는 쉽지 않은데, 비판적 활용을 위한 우선의 전제로 이러한 사서적 특징과 한계에 대한 철저한 사료비판을 거쳐야 할 것이다. 일본중심적 역사관과 백제중심적 원사료의 한계를 어떻게 걸러볼 수 있는가가 비판적 활용의 첫번째 열쇠가 되어야 할 것이다.

『삼국사기』는 고려 인종 23년(1145)에 김부식(金富軾) 등이 왕명을 받들어 편찬한 사서로, 「신라본기」·「악지(樂志)」·「열전」 등에 가야사의 단편을 전하고 있다. 고구려·백제·신라의 삼국을 본기(本紀)로 설정하여 독립된 역사로 다루고 있는 데 반해, 가야사는 그렇지 못하였다. 「신라본기」에서 보이듯이, 가야관련 기록들은 신라와의 전쟁이나 외교에 관련된 교섭사의 단편으로 서술되었다. 『일본서기』의 대부분이 백제와의 관계를 중심으로 기록되었던 것과 좋은 대조를 이루고 있다. 『삼국사기』와『일본서기』가 근거했던 사료적 계통의 차이에서 기인되었던 점도 적지 않았겠지만, 가야사를 신라의 변경사 정도로 취급하고자 했던 편찬태도의 문제도 관련되었을 것이다.

부여사나 발해사와 마찬가지로 가야사는 본래의 의미에 비해 경시되었고, 가야사 연구가 정체될 수밖에 없었던 요인의 하나가 되었다. 그럼에도 불구하고 신채호의 지적과 같이, 『삼국사기』가 설정했던 우리 고대사의 범주와 비중은 현재까지도 강한 영향을 미치고 있다.

『삼국유사』는『삼국사기』의 편찬태도와 서술적 결여를 강하게 의식하고 있다. 고려 충렬왕 때(1274~1308) 보각국사(普覺國師) 일연(一然)은 권두의 「왕력(王歷)」에 가락국의 왕대기를 삼국과 나란히 등재하여 사국시대(四國時代)와 같은 역사인식을 보였다. 아울러 고려 문종 30년(1076)에 금관지주사(金官知州事)가 편찬한 「가락국기(駕洛國記)」를 축약·채록하여, 본기에 해당하는 기이(紀異)의 독립항목으로 설정하였고, 오가야(五伽耶)에 관한 기술을 남겨 『삼국사기』의 서술적 결여를 보완하였다. 그렇다고 해서 『삼국유사』에 기록된 서술 그대로를 가야사로 복원할 수는 없다. 「가락국기」에는 역사적 사실보다는 가락국 지배집단이 통치의 합목적적 의도에서 만든 설화나 전승과 같은 건국신화의 부분도 적지 않다. 아유타국(阿踰陁國) 공주 허황옥의 도래전승이나, 금관성파사석탑(金官城婆娑石塔)·어산불영(魚山佛影)에 관한 기술 등에 보이는 불교적 윤색도 가야사의 복원에서 반드시 염두에 두어야 할 요소이다.

『신증동국여지승람(新增東國輿地勝覽)』은 사서는 아니지만, 가야사가 전개되었던 경남 일원의 건치연혁(建置沿革)이나 고적(古蹟) 등의 항목에 가야 관련사료를 채록하였다. 이 가야 관련사료는 가야사 복원에 중요한 지명고증에서 고대와 현재를 잇는 연결고리가 되고 있다.

고령현 건치연혁조의 가야산(伽倻山)에 붙여 전하는 대가야의 건국신화는 「가락국기」의 건국신화와 대조적인 내용을 전하고 있다. 「가락국기」의 건국신화가 김해 중심의 전기가야를 보여준다면, 『신증동국여지승람』의 건국신화는 후기가야의 중심국인 대가야의 위상을 보여 주고 있다. 아울러 합천군 야로면의 월광사(月光寺)와 월광태자(月光太子)에 관련된 전승의 채록은 가야불교의 존재를 뒷받침할 수 있는 근거를 제공하고 있다.

가야인들 자신이 남긴 역사는 몇 자의 토기명문을 제외하면 전혀 없다. 더욱이 남아 있는 사료라 하더라도 타자적 입장에서 기록되었던 것이 대부분이고, 후대의 이데올로기나 역사관에 의해 윤색되었던 부분도 적지 않았다. 사서편찬에서도 가야사의 서술은 미미할 수밖에 없었고, 왜곡될 수밖에 없었다. 이러한 문자기록에 의거할 수밖에 없는 가야사 연구는 출발부터 많은 제약을 포함할 수밖에 없었으며, 본격적인 가야사의 연구는 좀더 시간을 기다려야 했다.

2) 조선 후기의 가야사 연구 –지명고증으로서의 가야사

개인적인 가야사 연구는 조선 후기 17~18세기의 실학자들에서 비롯되었다. 조선 후기의 실학자들은 조선의 강역과 문화 그리고 지명의 기원과 같은 인문지리적 관심에 연구의 초점을 맞추었다.

한백겸『동국지리지』 삼국의 기원에 대한 관심에서 삼한에 대한 고증을 시작하였다. 변한을 백제의 기원으로 보거나(崔致遠), 변한을 고구려의 전신으로 보는 것(權近)을 비판하고, 삼한은 한강 이남이며, 변한은 가야의 전신에 해당한다고 주장하였다. 변한을 전기가야 또는 가야의 전신으로 보는 현재의 통설은 여기에서 비롯되었다.

안정복『동사강목』 이익의 마한정통론(馬韓正統論)을 계승하면서도 정통에서 제외된 여러 나라(列國)의 독립성을 인정하였다. 부여나 발해와 마찬가지로, 가락(駕洛)과 대가야(大伽倻)에 대한 고증을 전개하였다. 가락국과 대가야의 왕계를 채록하고, 가야의 판도를 지도에 나타내었다. 『삼국유사』와 『삼국사기』의 관련기사를 채록하였으며, 『송서(宋書)』에 보이는 왜왕무(倭王武)의 상표문을 채록하였다. 지도에서 고령가야와 대가야를 구분하는 혼동을 보이기도 하였으나, 『삼국유사』와는 다르게 전라도의 동남지역까지 가야문화권에 포함시키고 있다. 근거의 제시는 없었지만, 근래 전북 남원·임실·장수·진안·금산 등에서 확인되고 있는 가야 문화의 고고학 자료와 일치하고 있음에 주목할 필요가 있다.

정약용『강역고』 가야에 관해서 가장 많은 서술을 담고 있다. 가야사 관련의 논고로 「삼한총고(三韓總考)」·「변진고(弁辰考)」·「변한별고(弁韓別考)」 등이 있다. 가야 관련의 어원 및 지명고증에는 지금도 참고할 만한 점이 적지 않다. 근년까지 부산의 동래로 비정되고 있던 독로국(瀆盧國)의 위치를 거제도로 비정하였다. 거제도의 옛 이름 상군(裳郡)이 두루기로 발음되는 것에서 독로가 두루와 음통인 점을 근거로 제시하였다. 동래의 지명이 신라 경덕왕 때[757년] 비롯되었던 점,『삼국사기』가 당시의 동래 지역을 거칠산국(居柒山國)으로 전하는 점, 근년 거제도에서 관련유적이 확인되기 시작한 점 등을 고려한다면 이러한 고증은 다시 빛을 찾고 있다.

변진(弁辰)과 가야의 어원에 대해, 변(弁)은 갓[冠]이므로 가야는 갓의 방언에서 비롯되었다고 고증하였다. 1994년 김해 구지로 고분군의 1세기대 토광목관묘에서 삼각형 고깔모양의 철제관(鐵製冠)을 앞이마에 두른 인골이 조사됨으로써 그 관련성이 새롭게 언급되었다.

그러나 실학자들에 의한 연구의 대부분은 조선시대의 김해·거제·함안·고성 등에 대한 지명의 어원이나 역사적 유래를 검토하는 과정으로 진행된 것이었다. 따라서 이러한 연구는 가야사가 전개되었던 강역에 대한 기원적 고증과 가야 관련지명의 어원을 밝히는 고증에 그치고 있다. 가야의 역사적 복원을 염두에 두었다기보다는 가야 관련의 지명고증이었다고 보아야 할 것이다. 더구나 조선 후기의 정통론적 역

사서술에서는 정통에서 제외될 수밖에 없었던 가야사에 대한 관심과
연구의 폭을 축소시킬 수밖에 없었던 한계를 노출하기도 했다.

3) 일제 식민사학의 가야사 연구 – 합병 정당화로서의 가야사

가야사를 고대 한일관계사의 주제로 인식하거나, 임나일본부의 문
제로 빚어진 한일간의 논쟁은 일제 식민사학의 연구방향과 연구의 현
실적 목적에서 비롯된 것이었다. 근대적 연구방법에 의한 가야사의 연
구가 다른 민족에 의해 시작되었던 것은 가야사의 불행이었다. 일제 식
민사학의 한국사 연구는 청일전쟁기·합병 전후·러일전쟁기 등으로 구
분할 수 있는데, 가야사 연구에 가장 많은 영향을 미쳤던 것은 조선합
병을 전후로 한 일선동조론(日鮮同祖論)·타율성론(他律性論)·남선경영론(南鮮
經營論)과 같은 시각과 논의였다.

일선동조론

1910년에 합병기념으로 간행된 『역사지리(歷史地理)』 임시증간호에는
시라토리 구라키치(白鳥庫吉)를 비롯해 동양사·조선사·인류학·고고학
등에서 내로라하는 연구자들 거의 모두가 집필에 참여하였다. 언어나
형질에서 같은 뿌리를 가졌으며, 고대의 한국과 일본은 형제와 같은 역
사를 영위하였기 때문에, 1910년의 합병은 동일한 자손이 다시 합쳐진
것에 불과하다는 논조로 일관하였다. 이러한 일선동조론의 틀에서 가
야의 역사와 문화는 가장 빈번하게 거론되었다.

타율성론

일제는 러일전쟁을 계기로 만주에 진출하면서 한국사를 중국과 일본에 의해 타율적으로 전개된 것으로 강조하였는데, 가장 현저하게 거론되었던 것의 하나가 임나일본부(任那日本府)였다. 고대일본이 가야를 직접지배하고 백제와 신라를 간접지배하면서 가야에 두었던 통치기관이 『일본서기』에 기술된 임나일본부라고 주장하였다. 백제·신라·가야의 역사는 중국과 일본 또는 고구려와 일본의 사이에서 타율적으로 결정된 것으로 설정하였다. 1945년 이전의 연구를 종합한 스에마쓰 야스카즈(末松保和)의 『임나흥망사(任那興亡史)』는 임나〔가야제국〕의 흥망을 주제로 삼으면서도, 실제의 서술은 고대일본에 의한 가야지배의 흥망사를 서술했던 대표적인 연구였다.

남선경영론

조선총독부 주관으로 이루어진 『조선사(朝鮮史)』의 편수와 조선고적조사는 '일선동조론'의 고착과 '타율성론'의 체계화와 물질자료적 증명을 목적으로 했던 노력이었다. 1936년에 조선총독부가 무려 30만 권이나 간행했던 『조선사의 길잡이(朝鮮史のしるべ)』에서는 가야지역을 거점으로 한(韓) 남부를 통치하였음을 강조하고, 「광개토왕릉비」에 보이는 왜(倭)를 근거로 백제와 신라 그리고 가야의 역사는 고구려와 일본의 대결에 의해 결정되었다고 가르치고 있었다. 근년까지 우리 학계가 가야의 역사를 자율적 발전론의 입장에서 보지 못하고, 고구려·백제·신라에 의해 타율적으로 결정되었던 것으로 파악해 왔던 오류 역시 이러한 일제 식민사학과 동일한 시각과 논리였다.

4) 민족시학의 가야사 연구-독립운동으로서의 가야사

광무 개혁기의 김택영과 장지연 등은 『연암집』·『목민심서』·『흠흠심
서』·『강역고』와 같은 실학자들의 업적을 간행하면서 고대사에 관련된
저술을 남겼다. 장지연은 정약용의 『강역고』에 「임나고(任那考)」를 증보
하여 『대한강역고』를 저술하였다. 그러나 「임나고」는 『일본서기』 신공
기(神功紀)를 역사적 사실로 수용하여 고대의 일본이 가야에 임나부(任那
府)를 설치하고 지배하였음을 인정하는 오류를 보임으로써, 신채호의 비
판을 받기도 하였다.

1910~20년대에는 박은식과 신채호의 고대사 연구가 있었다.

박은식(朴殷植)은 중국에서 간행된 『한국통사(韓國痛史)』의 「지리의대강
(地理之大綱)」과 「역사의대강(歷史之大綱)」에서 성주의 성산가야국(星山加耶國)
을 언급하고, 김해가 김수로(金首露)의 도읍이었음을 밝혔다. 고대 한일
관계사에 대해서는 백제의 연오랑(延烏郎)이 일본에 건너가 왕이 되었으
며, 신라 김춘추의 도일외교를 일본정벌로 파악했다. 일제의 현실적 지
배에 대한 저항과 피해에 대한 보상심리의 발로로 보인다.

신채호(申采浩)는 실학과 박은식의 연구를 계승하면서 『조선상고사(朝鮮
上古史)』·『조선사연구초(朝鮮史硏究草)』·『독사신론(讀史新論)』 등을 저술하였다.
『조선상고사』에서는 고구려·백제·신라의 삼국 외에도 동부여·한사
군과 가라6국의 역사가 우리 고대사에 포함되어야 하므로 삼국시대는
열국쟁웅시대(列國爭雄時代)로 인식되어야 한다고 주장했다. 『조선사연구초
』에서는 이두문 명사해석법(吏讀文名詞解釋法)의 단초를 제시하면서, 가라와
가야의 어미 나(羅)와 야(耶)는 지명어미 나(那)나 노(奴)와 같이 강[川]을

뜻한다고 고증하였다. 이러한 고증의 가치에 대해 "이와 같은 자그마한 고증이 무슨 역사상 큰일이 되겠는가. 이것이 조그마하고 번거로운 듯 하나 지리지의 잘못을 교정하는 일은 우리 민족의 강역과 역사를 바로 잡는 일이 될 것이다" 또는 "훈몽자회(訓蒙字會)・처용가(處容歌)・훈민정음(訓民正音)에서 고어(古語)를 연구하고 『삼국유사』에 쓰인 향가에서 이두문의 용법을 연구하면 역사상 허다한 발견이 있을 것"이라는 지적은 다시 새겨야 할 것으로 생각된다.

「삼국지동이열전교정(三國志東夷列傳校正)」에서는 조선유학자들의 『후한서』 신뢰의 전통에 반대하면서 『삼국지』의 기술을 신빙하여, 전기가야에 관련되는 사료비판의 기준을 제공하였다. 「전후삼한고(前後三韓考)」를 통하여 후삼한의 마한・변한・진한은 단군조선・기자조선・위만조선의 전 삼한을 계승하는 것으로 판단하였는데, 위만조선의 멸망을 계기로 진한의 사로국과 변한의 가락국 등의 소국들이 성립되었다고 보는 현재의 해석과 통하는 점이 적지 않다. 『독사신론』에서는 장지연의 『대한강역고』를 비난하고, 『일본서기』에 비판적 태도를 취하면서 임나부(任那府)와 신공황후(神功皇后)의 역사성을 부정하였다.

1930~40년대에는 정인보와 손진태에서 가야사연구의 단편을 살필 수 있다.

정인보(鄭寅普)는 한학에 조예가 깊어 현재 우리가 다루고 있는 거의 모든 사료를 망라하여 고대사를 저술하였다. 그는 『조선사연구(朝鮮史研究)』(1946~47)에서 건국신화는 역사의 반영이라는 견지에서 가야국(加耶國)을 별도의 장으로 서술하였다. 『삼국사기』 신라본기에 보이는 가야 관련 사료를 추출하여 가야와 신라의 전쟁과 외교의 역사를 처음으로 정리하였다. 가야는 갑우내를 줄인 것으로, 갑우내는 '가운데 내'의 뜻으로 가야제국이 한반도의 가운데를 남북으로 흐르는 낙동강에 접해 있기 때문에 생긴 이름이었다고 추정했다. 구미(龜尾: 선산)·구친(龜川: 현풍)·구지(龜旨: 창녕·김해)·구포(龜浦: 부산) 등과 같이 가븨 또는 가븨내로 읽혀지는 지명들은 갑우내의 이름이 남은 흔적이라고 하였다. 1955년에 간행된 「광개토경호태왕비문석략(廣開土境好太王碑文釋略)」에서 제시되었던 이른바 신묘년(辛卯年)조에 대한 해석은 너무나 유명하여 상론하지 않지만, 고대일본의 가야지배를 주장하던 일본학계에 대한 비판과 대안으로 충분하였다.

손진태(孫晉泰)는 신민족주의를 표방하여 배타적이고 독선적인 민족주의를 청산하고 세계사적 보편적 발전론으로서 한국고대사의 정립을 주장하였다. 『조선민족사개론(朝鮮民族史概論)』에서 3세기 말까지의 변한을 소부족국가로 정의하고, 6세기 중엽까지의 가야를 부족연맹을 거친 귀족국가 확립기로 구분하였다. 가야사를 보편적 사회발전단계론으로 구분해 보고자 했던 첫 시도는 인정되어야겠지만, 부족국가라든지 연맹과 같은 불완전한 개념을 사용함으로써 이후 오랫동안 잘못된 영향을 미치기도 하였다.

5) 광복 이후의 가야사 연구-고대사 복원을 위한 가야사

광복 이후의 가야사 연구는 1970년대 중반까지의 연구와 1980년대부터의 연구로 나누어 볼 수 있다. 전자를 가야사 연구의 1세대라고 한다면, 후자는 가야사 연구의 2세대가 될 것이다. 1세대의 연구자로는 이병도(李丙燾)·천관우(千寬宇)·김정학(金廷鶴)·정중환(丁仲煥) 등이 있다.

이병도는 『삼국사기』와 『삼국유사』의 국역을 통해 가야 관련의 사료와 지명 등에 대한 주석으로 가야사에 대한 이해를 제시하였는데, 그 영향은 의외로 컸다. 『국역 삼국사기(國譯 三國史記)』(1977)는 연구서이지만 사료집으로 이용되면서 부지불식간에 그의 가야사에 대한 인식이 계승되는 영향을 미쳤다. 가야사의 개별적 연구는 『한국고대사연구(韓國古代史研究)』에 「가라사상(加羅史上)의 제문제」로 묶인 6편의 논고가 있다. 「낙동강유역의 지리와 상·하가라」에서는 가라의 어원을 신라 변방의 '갓나라'로 해석하였고, 「상·하가라의 시조설화」에서는 가야의 건국신화가 김해와 고령 중심의 두 가지로 나뉘어 있음을 근거로 가야사의 전개를 전기와 후기로 나누었다. 「가라제국의 연맹체」와 「수로왕고(首露王考)」에서는 부족국가의 수로왕을 연맹형성의 시조로 이해하면서, 3세기경부터 가라연맹체가 형성되었을 것으로 추론하였다. 「소나갈질지고(蘇那曷叱知考)」는 『일본서기』의 관련기사를 일본열도에 진출한 가야인들의 모습을 전하는 기술로 이해할 수 있는 단서를 제시하였다. 이러한 가야사 연구는 광복 후 처음을 장식했던 것인데, 가야의 어원이나 부족국가나 연맹의 설정과 적용에 재검토의 여지를 남기면서도 여전히 많은 영향을 미치게 되었다.

천관우는 『일본서기』를 '위서(僞書)라기보다는 흥미있는 책'으로 인식하면서 『일본서기』의 비판적 활용을 통한 가야사의 복원을 시도하였다. 『일본서기』의 가야 관련기사에 대해 8세기 일본의 소중화주의적 편찬 태도 때문에 백제가 주체였던 역사적 사실을 일본이 주체였던 것처럼 쓰여졌다는 전제를 설정하였다. 따라서 「신공기(神功紀)」의 가라7국평정(加羅七國平定)의 주체는 왜가 아니라 백제였으며, 그 결과 성립하였다는 임나일본부는 임나백제부와 같은 것이라고 논단하였다. 그러나 결과적으로는 스에마쯔 야스카즈(末松保和)의 『임나흥망사』가 가야의 흥망을 논한다면서 고대일본의 가야지배사로 일관했던 것처럼, 「복원가야사」가 백제의 가야지배사로 점철되고 만 문제를 남겼다.〔천관우, 1977〕

정중환은 가야지역의 유일한 가야사 연구자로서 이미 1960년대 초에 거의 모든 문헌자료를 활용한 가야사 입문서를 내놓았다. 『삼국지』의 독로국(瀆盧國)을 부산 동래로 비정하는 전형을 제시하였고, 「가락국기」에 대한 폭넓은 사서적 검토를 진행하였다.〔정중환, 2000〕『일본서기』의 이해나 임나일본부에 대한 이해에서 1945년 이전 일본의 연구와 비슷한 논조도 발견되지만 가야지역에서 가야사 연구자가 성장하는 데 중요한 역할을 하였다.

김정학은 가야제국의 고고학 자료를 가야사의 복원에 활용하였다. 1970년대에 들어 영남지역이 집중적으로 개발됨에 따라 가야관련의 고고학 자료가 축적되기 시작하였다. 진해의 웅천 유적을 비롯해 남해안에서 확인되는 철기와 도작문화의 시작을 근거로 1~3세기를 가야시대 전기로, 함안·창녕·고령 등의 가야지역에 고총고분이 출현하기 시작했던 것을 근거로 4~6세기를 가야시대 후기로 구분하였다.

가야의 사회발전단계에 대해서는 읍락국가(1c 이전) → 읍락국가연맹(1~3c) → 가야연맹(4~6c)으로 전개되었으며, 고대왕국이 형성되기 전에 신라에 통합되었던 것으로 이해하였다. 읍락국가(邑落國家)는 『삼국지』의 '국(國)'과 '읍락(邑落)'을 결합시킨 용어로, 1세기 이전 청동기문화의 김해지역이 여기에 해당된다고 규정하였다. 가야사는 이러한 읍락국가가 연맹체를 형성하였던 읍락국가연맹에서 시작되었으며, 읍락국가연맹에서 발전된 가야연맹의 단계에서 마감되었다는 것이다.〔김정학, 1982〕

또한 『임나와 일본(任那と日本)』에서는 『일본서기』·「칠지도명문」·「광

개토왕릉비문」 등에 대한 이해도 제시하면서, 가야와 일본의 고고학 자료를 동시에 비교·활용하기도 하였다.〔김정학, 1977〕 고고학 자료를 가야사의 복원에 활용하였던 선구적 연구로서 평가되어야 할 것으로 생각한다. 그러나 이러한 연구들은 가야의 고고학 자료가 불충분하였던 시기에 제시되었기 때문에 선산·성주·양산 등의 지역을 가야의 영역내지는 문화권으로 간주하는 오류도 포함되었고, 근년에 섬진강 서쪽의 장수·진안·임실·남원 등의 지역에서 보고되고 있는 가야문화에 대해 언급하지 못하였던 점을 노출하기도 하였다.

광복 후 2세대 연구자로는 이영식·김태식·백승충·권주현·남재우·백승옥 등이 있다. 이들의 연구성과는 기존의 사료해석과 연구의 종합과 재검토, 『일본서기』의 비판적 활용, 다양한 고고학 자료의 활용, 인류학적 모델의 적용에 대한 검토 등을 들 수 있다.

이영식(李永植)은 가야제국의 사회발전단계론에 관심을 가지면서 근년의 신진화주의 인류학에서 제시되고 있는 군장사회(Chiefdom)의 모델을 전기가야에 적용시켜 보고자 하였다. 아울러 『삼국사기』 등에 보이는 가야와 신라의 전쟁기사를 분석하여 가야제국의 관계나 사회발전단계로서의 가야연맹설이 부적합하였음을 검토하였다. 또한 임나일본부의 실체규명을 통하여 종래에 왜〔일본학계〕·백제〔천관우〕·신라〔한국학계〕 등에 의해 타율적으로 움직여진 것으로 해석하던 가야제국의 역사를 가야의 자율적 발전론에 기초하여 복원할 수 있는 길을 제시하였다.〔이영식, 1993〕

김태식(金泰植)은 고고학적 발굴성과와 문헌사료의 접목을 바탕으로 관련사료의 공백을 메워가고 있다.〔김태식, 1993〕 전기가야연맹에 대한 증거는 절대 부족하나, 대가야식 토기의 확산에 근거했던 후기가야연맹의 설정은 비교적 설득력이 있다. 그러나 가락국〔김해〕과 아라국〔함안〕은 포함될 수 없으며, 가야연맹체의 존재여부가 문헌과 고고학 자료에서 검증되는 것도 아니다. 내가야를 맹주로 하는 후기가야연맹이 설정되더라도 6세기 신라와 백제의 진출에 적극적으로 대응했던 것은 아라국(阿羅國, 安羅國)이 었다. 1~6세기의 가야사의 전개를 가락9촌연맹 → 변한제소국연맹 → 전 기가야연맹 → 후기가야연맹으로 파악하였다. 연맹이 가야제국의 관계인 지, 사회발전단계인지가 애매하다. 후자라면 가야제국의 사회발전단계는 불변이었다는 해석이 된다. 임나일본부를 왜와 가야에 대한 백제의 교섭 기관으로 파악하고, 아라국의 주도로 변질되었다고 하였으나, 『일본서기』 조차도 기관이 아닌 사신들로 표기하고 있다. 그렇지만 가야연맹설을 수 정하고, 임나일본부에 대한 재검토를 전제로, 한국고대사 연구에서 가야 사가 시민권을 획득하게 만든 공로는 인정하기에 충분하다.

백승충(白承忠)은 가야제국의 전체를 대상으로 하는 가야연맹의 설정 에 반대하면서, 지역연맹의 개념을 제시하였다. 전기가야에서는 김해를 중심으로, 후기가야에서는 고령과 함안을 각각 중심으로 하는 보다 좁은 범위와 제한된 시기의 연맹을 설정하였다. 앞으로 검토가 진행될 것으로 생각한다.〔백승충, 1995〕

권주현(權珠賢)은 정치사 일변도의 가야사 연구에 가야문화사라는 새로 운 지평을 열었다.〔권주현, 1998〕 가야인의 의식주, 의례와 습속, 미술과 음악 에 관련된 문헌과 고고학 자료를 정리했다.〔권주현, 2004〕 새로운 연구주제이 기 때문이겠지만, 자료의 나열에 그친 것 같은 느낌을 지울 수 없다.

남재우(南在祐)는 아라국사의 재구성에 주력하였다.〔남재우, 2003〕 전기 가야의 아야국〔安邪國〕은 대국(大國)이었고, 후기가야의 아라국은 가야제 국 대외교섭의 리더였다. 아라국사의 복원을 통해 가야사와 한국고대 사 속의 이러한 위상을 다시 강조하였다.

백승옥(白承玉)은 가야연맹설과 같이 하나의 묶음으로서 가야사가 다루어지는 것을 지양하고, 가야 각국사에 대한 개별적 천착을 전개하고 있다. 고성의 고자국사(古自國史)와 창녕의 비사벌국사(比斯伐國史)에 대한 복원노력은 이러한 연구시각의 결과였다.〔백승옥, 2003〕

이들의 연구에서 눈에 띄는 점은 다음과 같이 정리할 수 있을 것이다. 첫째로 가야사의 연대기적 구성에 폭을 더하고 있다. 둘째로 가야제국의 자율적 발전론의 시각에서 가야사의 전개를 이해하고자 한다. 셋째로 가야제국을 운명공동체와 같이 파악하는 것을 지양하고 가야 각국사의 재구성에 노력을 기울이고 있다. 넷째로 임나일본부의 실체규명을 『일본서기』의 비판적 활용의 제일보로 생각하고 관련기술에 대한 사료비판을 통해 가야사복원에 주력하고 있다. 다섯째로 문헌연구자이면서도 가야고고학의 성과에도 천착하여 문헌자료와의 끊임없는 접목을 시도하고 있다. 여섯째로 동아시아사에 시야를 두면서 가야사를 고대 동아시아세계의 변동에 중요한 구성분자였음을 밝히려 노력하고 있다.

3. 가야사 연구의 쟁점과 전망

1) 전기론과 전사론

가야사의 하한을 6세기 중엽으로 보는 데는 이견이 없다. 그러나 가야사의 시작을 언제로 볼 것인가에 대해서는 전기론(前期論)과 전사론(前史論)으로 나뉘고 있다.〔주보돈, 1995〕 전기론은 삼한의 변한(弁韓)이 가야(加耶)로 연결되는 것으로 보지만, 전사론은 변한과 가야를 다른 역사로 구분하고 있다. 대체적으로 문헌사학자들은 변한을 전기가야로 보고 있지만, 고고학자들은 변한과 가야를 구분해보려는 측면이 강하다.

전사론에서는 가락국왕들의 묘역으로 추정되는 김해 대성동 고분군의 목곽묘를 2시기로 나누면서, 1기의 목곽묘를 낙랑계로 보고, 2기의 목곽묘를 부여계로 구분하였다. 아울러 2기의 목곽묘가 1기의 목곽묘를 파괴하거나 철도(鐵刀)를 구부려 매장하는 점, 2기의 목곽묘에서 부곽(副槨)과 순장(殉葬)이 출현하는 점, 2기의 목곽묘에 유목민 계통의 오르도스형 동복(銅鍑)이 매납되고 있는 점 등에 주목하여, 2기가 출현하는 3세기 말~4세기 초에 지배층의 교체와 같은 획기적인 변동이 진행되었다고 보았다.〔신경철, 1992·1993〕

그러나 김해지역의 고고학적 지표도 동일한 묘제인 목곽묘의 대형화나 부장품의 고급화에 주목하기보다는, 지석묘에서 토광목관묘·토광목곽묘로의 변화, 즉 청동기문화에서 철기문화로의 교체를 보다 중시해야 할 것으로 생각한다. 김해지역에서 철기문화가 출현하는 것은 늦어도 기원전 1세기이며, 『삼국지』가 전하는 바와 같이 3세기경에 대국(大國)으로 발전했던 구야국(狗邪國, 가락국)의 성립을 『삼국유사』에서 말하는 바와 같이 기원후 1세기로 믿지 못할 이유가 없다.〔이영식, 1994〕 구야국(狗邪國)은 다름 아닌 가야국(伽耶國)이었고, 구야국의 건국자인 수로왕은 국호를 대가락(大駕洛) 또는 가야국(伽耶國)으로 칭했다. 더구나 『일본서기』에 의하면 구야국을 비롯한 변한의 12개국 가야제국이 종말을 고하는 6세기 중엽까지 그대로 병립하고 있다. 변한의 12국이 곧 전기의 가야제국이었고, 문화의 담당자나 내용에서 계통을 전혀 달리하는 혁명적 교체는 인정되지 않는다. 변한의 역사는 가야사의 연장선에서 파악하는 것이 옳을 것이다.

2) 가야연맹설의 비판적 검토

건국신화의 해석으로 시작된 가야연맹설은 가야제국간의 관계에 대한 설명이나, 가야제국의 사회발전단계론으로서 가야사를 이해하는 통설적 위치를 점하여 왔다.〔이병도, 1972, 1976~김태식, 1993〕 그러나 근년에는 가야제국의 관계나 사회발전단계론 두 측면 모두에서 가야연맹설이 유용하지 못하다는 비판이 제시되었고〔이영식, 1985〕, 가야연맹설의 변형으로서 5~6세기의 대가야를 중심으로 하는 대가야연맹만을 인정할 수 있다든지〔田中俊明, 1992〕, 김해·함안·고령을 각각 중심으로 하는 지역연맹론도 제시되기에 이르렀다.〔백승충, 1995〕 이제 가야사의 시작에서 종말까지를 운명공동체와 같은 가야연맹으로 이해하려는 사람은 없지만, 고대국가에 이르지 못한 가야제국의 관계나 사회발전단계를 그리스 도시국가간의 연맹(league)이나 모건(Morgan, L.H.)의 부족연합(confederacy)으로 이해하는 경향은 여전히 강하다.

그러나 ① 그리스사와 달리 가야사의 문자기록에서 연맹과 관련된 용어는 전혀 찾아볼 수 없다. 더구나 3세기 '포상8국(浦上八國)'의 난과 같은 가야제국간의 전쟁은 확인되는 반면에, 가야제국이 힘을 합쳐 백제나 신라를 대상으로 합동작전의 전쟁을 수행한 적도 없으며, 결국 가야제국은 신라에 의해 각개 격파당하였다.

② 가야제국의 사회발전단계론 역시 모건이 설정한 부족연합(confederacy of tribes)이 신진화주의론자 서비스(Service, E.R.)의 군장사회로 설명되기 시작한 것같이 가야의 사회발전단계 역시 부족사회(Tribes) → 군장사회(Chiefdom) → 복합군장사회(Complexity Chiefdom) → 영역국가로 생각되기

시작하였다. 가야제국 사회발전단계론의 초점은 군장사회를 어느 시기에 비정할 것인가에 모아지고 있다. 분묘로서의 지석묘와 청동기의 출현, 즉 구간(九干)사회를 군장사회로 볼 것인가[이종욱, 1983, 1999], 목곽묘와 철기의 출현, 즉 가락국의 성립을 군장사회로 볼 것인가[이영식, 1996]에 대한 논의가 진행되고 있다. 더구나 최근에는 고령을 중심으로 하는 5세기 후반~6세기 중엽의 대가야가 서부경남과 전북지역에 군사적으로 진출하였던 기록과 이들 지역에 대한 대가야식 토기의 확산에 주목하면서 영역국가의 성립을 추정하였던 문헌적·고고학적 연구도 제시되고 있다.[이희준, 1995 ; 김세기, 1995 ; 이영식, 1997]

결국 지금까지 가야사의 전개를 이해하는 데 중심이 되어 왔던 가야연맹설은 가야제국의 관계나 사회발전단계를 설명하는 데 많은 문제점이 있음이 지적되고 있다. 가야연맹설의 비판이 가야사의 새로운 복원으로 연결될 수 있는 전망을 가지게 한다.

3) 전기가야의 여러 문제

소국성립의 모델─구간사회와 가락국의 성립

『삼국지』는 3세기경에 12개국의 가야제국들이 병립해 있음을 전하는데, 각국의 규모나 비중에 따라 대국(大國)과 소국(小國)으로 구분하고 있다. 그러나 이러한 기술들이 가야의 소국정치체가 바로 3세기에 시작되었다고 전하는 것은 아니어서, 가야제국의 출발은 시기적으로 보다 거슬러 올라갈 수 있다. 가야제국의 성립을 추정할 수 있는 자료는 많지 않지만, 다행히 가락국의 경우 건국신화라는 문자기록과 김해지역의 고고학 자료를 가지고 복원해 볼 수 있는 여지가 있다.

김해지역에서 가락국(駕洛國, 狗邪國)이라는 소국의 성립을 복원해 볼수 있다면, 전기가야의 다른 여러 나라의 출발을 짐작하는 모델로 활용될 수도 있을 것이다. 『삼국유사』는 42년에 수로왕이 김해의 구지봉에 등장하여 가락국을 세웠고, 수로왕 등장 이전의 김해지역은 구간이라는 아홉 촌장[酋長, leader]에 의해 영도되고 있었음을 전하고 있다. 김해의 지역사회가 42년을 전환점으로 구간사회에서 가락국의 단계로 이행하였다는 것이다.

한편 수로왕이 등장했던 구지봉에는 당시의 유적으로 1기의 지석묘가 남아 있다. 그러나 이러한 한반도 남부의 지석묘는 기원전 2~1세기이후에는 더 이상 만들어지지 않는다. 그렇기 때문에 구지봉의 지석묘는 수로왕 등장 이전의 구간사회인들이 만들었던 무덤임이 분명하다. 지석묘는 청동기문화인들의 무덤이다. 따라서 구간사회는 청동기문화단계의 주민들이었다. 이에 비해 수로왕은 서북한 지역에서 새롭게 도래한 철기문화인이었다.

결국 김해지역의 청동기문화와 철기문화의 교체라는 고고학 자료는

가락국의 성립과 사회발전단계의 모델

명칭	구간사회		가락국
분묘	지석묘		토광목관묘 · 목곽묘
분포	김해시 9개 면 지역에 분산		김해시내 1지역으로 집중
문화단계	청동기문화	⇒	철기문화
권력	지도자(leader)		통치자[chief, 초기적 ruler]
사회발전 단계	부족연합 (confederacy of tribes)		군장사회(Chiefdom)

구간사회에서 가락국으로의 이행이라는 문헌자료에 대비될 수 있다. 아홉 추장에 영도되었던 구간사회는 부족연합의 단계로, 가락국의 성립은 군장사회의 단계로 파악할 수 있는 것이다.〔이영식, 1996〕

해상왕국과 철의 왕국

가야사의 전개는 남부 해안의 가락국과 같은 소국의 형성에서 시작되어, 북부 내륙의 대가야와 같은 영역국가로 종말을 고하였다. 가야문화가 남부의 해안지역에서 시작되었던 배경을 설명하는 요인으로 근년에 주목되기 시작한 것이 해상교역과 철 생산이었다.

서북한 지역에 한군현이 설치되고 존속되었던 기원전 1세기에서 기원후 4세기 초까지 한국의 남해는 세계 최고의 선진문물이 이동하던 루트였다. 김해의 가락국을 비롯한 전기가야의 여러 나라들은 이러한 해상루트에 연결되는 관문사회(gateway society)적 조건을 갖추고 있었다.〔이현혜, 1984〕 부산 · 김해 · 창원 · 마산 · 함안 · 고성 · 사천 · 진주 등 남해안의 여러 지역들에서 출토되는 한(漢)계통의 화천 · 청동기 · 칠기 · 철기 등의 유물은 해상교역을 통하여 획득되었던 물적 증거다. 『삼국지』 위서 왜인전에는 서북한의 대방군에서 일본열도의 왜국에 이르는 해상교통로상의 경유지로서 김해의 구야한국(狗邪韓國 : 가락국)이 특별히 기록되고 있다. 남해안 전기가야의 여러 나라가 한계통 선진문물의 수입을 통해 성립하였고, 일본열도와의 중개무역을 통하여 성장하였음을 반영하는 것이다.

전기가야의 여러 나라는 이러한 해상루트를 통해 철을 수출하기도 하였다. 김해 봉황대유적 · 창원 성산패총 · 진해 웅천패총 등에서는 남해안의 가야제국에서 철이 생산되었고 가공되었음을 보여주는 유적들이다. 전기가야의 철 생산과 해상교역은 소국의 형성과 발전을 보장하는 토대가 되었다.[부산·경남역사연구소, 1996] 근년의 한국학계에서 전기가야를 해상왕국 또는 철의 왕국으로 부르고 있는 이유가 여기에 있다.

4) 후기가야의 여러 문제

313년에 고구려에 의한 한군현의 축출이라는 서북한 지역의 역사적 변동은 전기가야에 선진문물의 공급원이 차단되는 중대한 문제를 야기했다. 해상루트에 의존하던 전기가야의 교역체계는 더 이상 기능할 수 없게 되었다. 400년 고구려 광개토왕의 가야[任那加羅, 安羅]에 대한 남정은 가야사회의 변화를 재촉하였다. 이러한 4~5세기 초 한반도의 변동은 가야사 전개의 중심을 남부 해안지역에서 북부 내륙지역으로 이동시켰고, 후기가야의 시작을 예고하였다. 고령지역을 중심으로 전개된 후기가야사의 연구는 ① 가야금 12곡명에 대한 새로운 해석, ② 가라국왕 하지(荷知)의 남제(南齊)와의 외교에 대한 해석, ③ 대가야식 토기와 문물의 확산에 대한 고고학적 해석[이희준, 1995 ; 김세기, 1995 ; 박천수, 1996] 등을 주제로 대가야사의 복원에 집중되었다.

① 5세기 중·후엽 대가야의 가실왕은 우륵에게 가야금 12곡을 작곡시켰다. 『삼국사기』가 전하는 가야금 12곡명은 연주곡·무곡·가곡 등으로 구성된 음악명으로 해석되어 왔다. 그러나 근년에 가야금 12곡명은 서부경남의 가야제국명으로 해석될 수 있으며, 이들 가야에 대해 대가야가 정치적 영향력을 미쳤던 역사적 산물로 이해할 수 있다는 견해가 제시되었다.[田中俊明, 1993 ; 백승충, 1995] 즉 북부의 대가야 왕은 남부의 산반해국(散半奚國, 의령군 부림면 신반) 사람인 우륵을 강제로 고령으로 이주

시켜 작곡을 시킬 수가 있었고, 가야금 12곡에 서부경남의 가야제국 명을 포함시킴으로써 대가야 왕을 정점으로 히는 정치적 통합체의 추진이라는 성격을 추출할 수 있는 것이다. 결국 대가야 왕은 대가야의 축제마당에 가야제국의 왕들을 불러모으고, 가야금 12곡을 연주하게 함으로써 가야제국의 일체감을 높일 수 있는 기회로 이용하였다는 추정이 가능하다. 가야금12곡은 단순한 음악적 의미를 넘어 고도의 정치적 장치였다는 해석이 새롭게 제기되고 있다.〔이영식, 1997〕

② 479년 가라국왕 하지는 중국 남제에 사절단을 파견하여 보국장군(輔國將軍)·본국왕(本國王)의 칭호에 제수되었다. 가라국은 대가야로, 하지는 가야금 12곡을 작곡시켰던 가실왕(嘉實王)으로 추정되고 있다. 보다 중요한 것이 사절단의 파견에 이용되었을 교통로다. 북부 내륙 고령에 위치한 대가야의 사절단이 중국의 양자강에 이르려면 먼저 남해로 나와야 한다. 고령에서 남해로 나오는 길은 동쪽의 낙동강과 서쪽의 섬진강이 고려될 수 있다. 그러나 5세기 후반 낙동강 하류지역은 신라에 의해 통제되고 있었기 때문에 섬진강이 유력하다. 대가야가 섬진강 하구〔하동〕에 도달하려면 고령→합천→거창→함양→남원〔운봉〕의 육로와 남원→곡성→구례→하동의 수로(水路)를 경유하였을 것이다. 5세기 후반의 대가야 왕은 이들 지역에 정치적 영향력을 행사하였고, 때문에 대가야의 사절단은 안전하게 중국의 남제에 도착할 수 있었다는 해석이다.〔田中俊明, 1993 ; 이영식, 1997〕

③ ①·②의 문헌적 해석을 뒷받침하는 물적 증거가 대가야식 토기와 문물의 확산, 그리고 고령의 지산동 고분군, 특히 44·45호분의 발굴조사를 통해 확보된 고고학 자료와 그에 대한 해석이었다. 대가야식 토기와 금동제 위세품 등이 서부경남 일대로 확산되는 과정을 경제교역

권(5c 중엽) → 간접지배권(5c 후엽) → 직접지배권(6c 초)의 단계로 나누어, 6
세기 초의 대가야를 영역국가로 규정하기도 하고[이희준, 1995 ; 김세기, 1995],
고대국가로 규정하기도 하였다.[박천수, 1996]

　이상과 같은 논의는 지금까지 가야제국의 최종적 사회발전단계를 고
대국가 이전의 연맹왕국으로 보던 시각에 대한 재고를 촉구하고 있다.

5) 고대 동아시아의 가야와 왜

임나일본부의 실체

　가야와 왜의 관계사에서 한일학계간에 논쟁의 초점이 되어왔던 것이
임나일본부의 문제였다. 임나일본부의 실체가 무엇인가를 중심으로 지금
까지의 연구를 대별해 보면, ① 출선기관설(出先機關說), ② 분국설(分國說), ③
가야의 왜인설(倭人說), ④ 백제군사령부설, ⑤ 외교사절설로 나뉜다.

　① 출선기관설은 고대일본이 기원후 4~6세기 동안 한반도 남부를 근
대의 식민지와 같이 지배하였고, 그 중심적 통치기관이 임나일본부였다
는 설이다.[末松保和, 1949] 1945년 일본의 패전을 거쳐 1960년대 말에는 이미
일본학계에서도 부정되었으나, 일본이나 서양의 역사교과서에는 아직
도 그 영향이 남아 있다.

　② 분국설은 1960년대 중반에 북한의 김석형이 제시하였는데, 현재
도 북한학계의 통설적 위치를 차지하고 있다.[김석형, 1966] 야요이시대
이래 변한과 가야의 주민들이 일본열도에 이주하여, 현재의 오카야마
현(岡山縣) 일대에 가야계 분국의 임나국을 건설하였는데, 4세기 중엽 경
에 야마토가 이 임나국을 정복하고 세운 통치기관이 임나일본부였다고

보는 설이다. 즉 임나일본부의 문제는 한반도가 아니라 일본열도에서 일어났던 역사라고 주장하였다.

③ 가야의 왜인설은 분국설의 영향에서 파생된 일본학계의 자체적 수정론으로 이노우에히데오가 제시하였다.〔井上秀雄, 1972〕 한반도의 주민들이 집단적으로 일본열도에 이주한 것처럼 일본열도의 왜인들이 소수이기는 하지만 한반도 남부의 가야지역에 거주하였고, 야마토왕권(大和王權)과 관계없이 가야에 거주하는 왜인들의 자치적 행정기관이 임나일본부라고 주장하였다. 가야지역에서 왜인들의 집단적 거주를 증명할 만한 고고학 자료가 검출되지 않으며, 문자기록에 대한 잘못된 해석이 지적되면서 현재는 한·일 양국에서 부정되고 있다.

④ 백제군사령부설은 『일본서기』에 가야정벌의 주체로 기록된 왜가 원래는 백제였던 것을 8세기 『일본서기』 편찬자들이 바꿔 쓴 것에 불과하므로, 4세기 가야정벌의 주체는 백제였고, 임나일본부는 6세기에 백제가 가야제국-임나를 군사적으로 경영하기 위해 세운 군사령부와 같은 것이었다고 보는 설이다.〔천관우, 1977 ; 김현구, 1985〕

⑤ 외교사절설은 ①~④의 학설과는 달리 임나일본부가 관청이나 군사령부가 아니라 왜에서 가야에 파견한 외교사절로 파악한 연구로, 현재 한·일 양국의 학계에서 가장 많은 지지를 받고 있다.〔請田正幸, 1974 ; 鈴木靖民, 1974 ; 이영식, 1989〕 그 결론은 다음과 같다.

첫째로 『일본서기』에 보이는 임나일본부의 기록에서 왜의 정치적 압박이나 백제의 군사적 강제는 확인되지 않는다. 둘째로 임나일본부의 활동은 외교에 국한되고 있다. 셋째로 일본부의 외교활동은 전반의 친(親)백제·반(反)신라 노선에서 후반의 친신라·반백제 노선으로 전환되고 있다. 이는 신라〔전기〕와 백제〔후기〕의 침입을 막고자 했던 가야제국의 이해관계가 반영된 결과다. 넷째로 일본부는 가야왕들과 함께 행동하고 있으며, 직접적으로는 가야인(移那斯와 麻都)에게, 간접적으로는 아라국왕(함안)에 의해 조종되고 있었다. 다섯째로 일본부와 왜왕의 관계는 점차 멀어져 갔고, 뒤에는 왜왕의 명령이 백제와 신라를 통하여 전달되고 있다. 여섯째로 일본부인 가와치노 아타히(河內直)와 기비노오미(吉備臣)는 일본열도로 이주하였던 가야계 도래씨족의 일원이었다. 일곱째로 가야제국은 일본부를 신라와 백제의 침입을 견제하는 수단으로 활용하였다.(이영식, 1993)

가야인들의 일본열도 진출

가야는 일본열도의 왜인들이 최초로 인식한 외국이었고, 전쟁과 정치적 변동을 피하여 주기적으로 일본열도에 이주한 가야인들은 고대일본의 문화발전과 국가형성의 기초를 제공하였다. 일본열도에서 가야인들의 흔적을 찾는 작업은 소수 재일동포사학자들에서 시작되었으나(김달수, 1970~1976), 현재의 한국인들은 조상의 흔적찾기 일본투어에 열중하는 경향이 있다. 일본열도로 이주한 가야인들의 흔적은 형질자료·문헌자료·고고학자료·지명과 전승 등을 통하여 확인할 수 있다.

① 형질자료는 가야와 왜의 분묘에서 출토되는 인골의 비교분석을 중심으로 진행되고 있다.

② 문헌자료상의 흔적은 『일본서기』·『신찬성씨록(新撰姓氏錄)』·『국조본기(國造本記)』·『풍토기(風土記)』 등에서 확인되고 있다.

③ 고고학 자료는 후쿠오카현(福岡縣) 아마기시(甘木市)의 이케노카미 유적(池ノ上遺蹟)처럼 출토유물의 70퍼센트 이상이 가야계 유물로 밝혀지는 예도 있으며, 토기·철기·갑주·마구·부뚜막·산성 등과 같이 야요이시대에서 고분시대에 이르는 거의 모든 종류의 유물에서 가야계

주민의 이주가 상정될 수 있다. 특히 이러한 고고학자료는 가야제국 사이의 시역적 특징을 반영하고 있는 깃도 많아서, 대기야(고령)·다라국(합천)·아라국(함안)·가락국(김해) 등의 것으로 구분되기도 한다. 유물의 시기적 분포는 가야사의 전개와 일치하는데, 이른 시기에는 김해계통이, 늦은 시기에는 고령계통이 확인되고 있다.(박천수, 2002)

④ 지명과 전승자료로는 가야계 제철집단의 거주에서 유래된 다타라(多多良)·기비(吉備: 현 岡山)의 가야쿠니노미야쓰코(加夜國造)가 8세기까지 지배하던 가야군(賀陽郡), 아스카 가야노모리(栢森)의 가야나루미신사(賀夜奈流美神社), 가와치(河內: 현 大坂)의 가라쿠니노무라지(韓國連)가 주신으로 모셔지는 가라쿠니신사(韓國神社), 오우미(近江: 현 滋賀 草津)의 아라신사(安羅神社) 등이 저명한데, 일본열도로 이주한 가야인들이 조상신을 모시고 숭배하던 신사와 지명은 수없이 확인된다.

『속일본기』는 772년 당시 야마토국 다케이치군(大和國 高市郡, 현 나라현 아스카)에 거주하는 주민의 90퍼센트 이상이 한(韓)계통의 도래인들이었으며 이마키군(今來郡)으로 불렸다고 전한다. 이마키(今來)란 '지금 온 사람'을 의미하며 백제계가 그 주류였으나, 그 전에 왔던 후루키(古來)의 집단은 가야인들이었다. 근년 한국학계에서 고대일본의 핵심부에 이주하여 생활하면서 자신들의 뿌리를 내렸던 가야인들의 모습을 되살리는 연구가 시작되고 있다.

다만 이러한 연구가 과거 일본의 제국주의사학자들이 내세웠던 일선동조론이나 북한사학자들이 주장하는 분국론같이 민족적 자존심을 만족시키는 내셔널리즘이 되어서는 곤란하며, 현대적 국가의식의 과잉으로 투영된 고대 한일관계사의 복원은 경계되어야 할 것이다.(이영식, 1996)

이영식

‖참고문헌‖

權珠賢, 1998, 『加耶文化史 研究』, 啓明大學校博士學位論文.

_____, 2004, 『가야인의 삶과 문화』, 혜안.

金達壽, 1970～1976, 『日本の中の朝鮮文化』 1～6, 講談社.

金世基, 1995, 「大加耶 墓制의 變遷」, 『加耶史研究』.

金廷鶴, 1977, 『任那と日本』, 小學館.

_____, 1982, 「古代國家의 發達(伽倻)」, 『韓國考古學報』 12.

金泰植, 1993, 『加耶聯盟史』, 一潮閣.

金鉉球, 1985, 『大和政權の 對外關係研究』, 吉川弘文館.

김석형, 1966, 『초기조일관계사』, 사회과학출판사.

南在祐, 2003, 『安羅國史』, 혜안.

朴天秀, 1996, 「大伽耶의 古代國家 形成」, 『碩晤尹容鎭敎授停年退任紀念論叢』.

_____, 2002, 「日本속의 加耶文化」, 『한국고대사연구』 27.

白承玉, 2003, 『加耶各國史研究』, 혜안.

白承忠, 1995, 『加耶의 地域聯盟史 研究』, 釜山大學校博士學位論文.

부산·경남역사연구소, 1996, 「시민을 위한 가야사」, 집문당.

부산대한국민족문화연구소, 2000, 『가야각국사의 재구성』, 혜안.

_____, 2001, 『한국고대사 속의 가야』, 혜안.

_____, 2002, 『학교교육과 사회교육으로서의 가야사』, 혜안.

_____, 2003, 『가야고고학의 새로운 조명』, 혜안.

申敬澈, 1992, 「金官加耶의 成立과 對外關係」, 『伽耶와 東아시아』.

_____, 1993, 「최근 가야지역의 고고학적 성과」, 『加耶史論』, 고려대한국학연구소.

李丙燾, 1972, 『韓國史大觀』, 普門閣.

_____, 1976, 『韓國古代史研究』, 博英社.

李永植, 1985, 「加耶諸國의 國家形成問題」, 『白山學報』 32.

_____, 1989, 「所謂任那日本府의 語意에 대하여」, 『早稻田大學文硏紀要』 別冊16.

_____, 1993, 『加耶諸國과 任那日本府』, 吉川弘文館.

_____, 1994, 「九干社會와 駕洛國의 成立」, 『伽倻文化』 7.

_____, 1996,「일본열도에 진출한 가야인」, 부경역사연구소 『시민을 위한 가야사』, 집
    문당.

_____, 1997,「大加耶의 領域과 國際關係」,『伽倻文化』10.

李鍾旭, 1983,『新羅國家形成史研究』, 一潮閣.

_____, 1999,『한국의 초기국가』, 마르케.

李賢惠, 1984,『三韓社會形成過程研究』, 一潮閣.

李熙濬, 1995,「토기로 본 大加耶의 圈域과 그 변천」,『加耶史研究』.

인제대가야문화연구소, 1995,『加耶諸國의 鐵』, 신서원.

_____, 1997,『加耶諸國의 王權』, 신서원.

丁仲煥, 1962,『加羅史草』, 釜山大學校韓日文化研究所.

_____, 2000,『加羅史研究』, 혜안.

조희승, 1994,『가야사연구』, 사회과학출판사.

朱甫暾, 1995,「加耶史의 새로운 정립을 위하여」,『加耶史研究』.

千寬宇, 1977·8,「復元加耶史(上·中·下)」,『文學과 知性』.

한국고대사연구회, 1995,『가야사연구-대가야의 정치와 문화』, 신흥인쇄.

한국상고사학회, 2002,『대가야와 주변제국』, 학술문화사.

鈴木靖民, 1974,「いわゆる任那日本府および倭問題」,『歷史學研究』405.

末松保和, 1949,『任那興亡史, 吉川弘文館.

田中俊明, 1992,『大加耶連盟の興亡と任那』, 吉川弘文館.

井上秀雄, 1972,『任那日本府と倭』, 東出版.

請田正幸, 1974,「六世紀前期の日朝關係-任那日本府を中心として」,『朝鮮史研究會論文
    集』11.

한국 고대국가와 왜와의 관계

1. 머리말

이 글에서 한국 고대국가라고 표현한 개념은 한국 삼국시대의 여러 국가 즉 고구려·백제·신라·가야 등을 지칭한 것이다. 이들 한반도 내에 있었던 정치체들이 고대국가로서 성장한 시기를 포함하여 한국 삼국시대의 성격을 규정하는 것은 관점에 따라 많은 차이를 보일 수 있다. 특히 문헌사적 관점 혹은 고고학적 관점에서 출발할 경우 이러한 인식의 차는 커질 수도 있다.

이러한 문제점이 존재함에도 불구하고 주로 고고학적 관점에서 한국 삼국시대 여러 국가와 왜(倭)와의 관계를 고찰해 보고자 한다. 시기적으로는 2~6세기경을 중심으로 두 지역에서 출토되는 고고학적 자료를 이용하여 두 지역간 교류의 실체를 규명하고자 한다. 다만 이 시기 왜와의 관계를 고고학적 자료에 근거하여 분석할 수 있는 한반도 내 고대국가는 현 단계에서 가야와 백제로 한정할 수밖에 없는 상황이다.

물론 이러한 원인이 발굴조사의 편향성에 기인할 수도 있다. 따라서 금후 고구려와 왜, 신라와 왜의 관계를 더욱 구체적으로 설명할 수 있는 고고학적 자료가 다수 발굴된다면 가야와 왜, 백제와 왜 관계에 추가하여 재론하고자 한다.

2. 가야의 성립과정에 보이는 왜와의 관계

1) 금관가야 성립 이전의 한과 왜

1990년 전후의 김해(金海) 대성동(大成洞) 고분군의 발굴조사는 과거 베일에 가려져 있던 낙동강 하류역의 변한(弁韓)에서 금관국(金官國) 즉 금관가야(金官加耶)로 성장하는 과정이 묘제고고학적(墓制考古學的) 측면에서 선명히 드러나는 성과를 거두었다고 평가할 수 있다.〔신경철, 2000〕

그런데 이제까지 김해를 중심으로 한 낙동강 하류역의 발굴조사 성과에 의하면 금관가야와 왜와의 교류관계는 물론 금관가야 이전 단계 즉 변한과 왜 사이에도 밀접한 교류가 있었다는 고고학적 기록이 보고되고 있어, 먼저 변한과 왜의 관계에 대한 고고학적 분석을 시도하고자한다.

금관가야 성립 이전 변한지역의 대표적인 유적으로 주목되는 곳은 이 지역 최고의 수장급묘역(首長級墓域)으로 평가되는 김해 양동리(良洞里) 유적이다. 특히 양동리유적이 주목되는 이유는 2세기경의 대형목곽묘의 출현과 더불어 대형동모(大型銅矛) 등 왜계 유물의 출토라고 할 수 있다. 변한지역의 묘제변혁의 핵심으로 주목되는 대형목곽묘(大型木槨墓)의

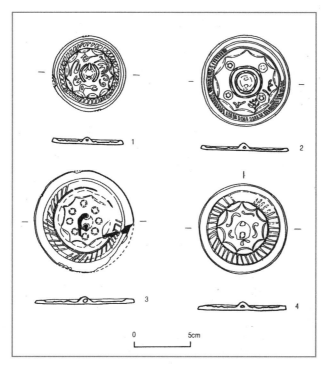

[그림 1] 김해 양동리유적의 내행화문계(內行化文系) 방제경(倣製鏡)
1·2 427호 목관묘(木棺墓), 3. 55호 목관묘, 4. 162호 목관묘

출현은 2세기 후반경의 양동리 162호묘의 예로 대표된다. 양동리 162호
묘에서는 길이 388센티미터, 폭 240센티미터 규모의 대형목곽(大型木槨)
이 확인되었다. 이 양동리162호묘의 목곽규모는 양동리162호묘 출현
이전단계 변진(弁辰)지역의 대표적 수장묘로 평가되는 기원전 1세기 후
반경 경남 의창(義昌) 다호리(茶戸里) 1호묘의 길이 240센티미터, 폭 85센
티미터 목관규모와 2세기 초경 경주 사라리(舍羅里) 130호 목관묘의 길이
205센티미터, 폭 80센티미터 목관규모와 비교하더라도 규모면에서 획
기적이라고 볼 수 있다.

양동리162호묘로 대표되는 대형목곽묘의 출현이라는 묘제상의 변혁과 더불어 2세기경 전후의 양동리유적에 나타난 또 다른 변화는 왜계 유물 혹은 왜와의 관련성이 엿보이는 유물의 출토이다.

동경(銅鏡)의 경우 양동리 55호 목관묘, 427호 목관묘, 162호 목곽묘에서 출토된 내행화문계방제경(內行花文系倣製鏡) 등이 대표적이다. 427호 목관묘에서는 기존의 방제경(倣製鏡) 연구에 의해 I형으로 분류된 2점의 내행화문계방제경[그림 1-1·2]이 출토되었다. 그러나 이들 I형 내행화문계방제경의 경우 대체로 왜보다는 한(韓)에서 제작된 동경(銅鏡)으로 보는 견해가 강하다고 할 수 있다. 왜와의 관련성이 강하게 제기되고 있는 내행화문계방제경은 55호 목관묘, 162호 목곽묘 출토 내행화문계방제경[內行花文系倣製鏡, [그림 1-3·4]]이다.

이들 동경의 경우 이제까지 일본열도(日本列島)의 북부규슈(九州)지역을 중심으로 출토한 분포양상과 수량을 근거로 북부규슈를 중심으로 제작된 왜제품(倭製品)이라는 견해와 I형 내행화문계방제경의 제작과 사용전통이 한(韓)지역에서도 II형 내행화문계방제경 단계까지 이어진 것으로 보아 II형 내행화문계방제경의 제작은 한과 왜 두 지역에서 이루어졌다고 보는 견해가 대립된다.[高久健二, 1997 ; 임효택, 2000] 양동리유적 출토 내행화문계방제경의 제작지를 둘러싼 논쟁은 금후 보다 유력한 발굴성과에 의해 결론이 도출될 것으로 보인다.

또한 내행화문계방제경을 출토한 427호 목관묘에서 이제까지 주로 일본열도에서 발굴되었던 변형세형동검(變形細形銅劍)이 출토된 점을 중시하면, 이들 유물의 제작지에 관한 결론은 유보하더라도 현 단계에서 지적할 수 있는 것은 이들 내행화문계방제경과 변형세형동검의 출토배경에 김해를 중심으로 한 변한지역과 북부규슈를 중심으로 한 왜지역사이에 밀접한 교류가 있었을 것이라는 점이다.

양동리 유적에서 왜와의 관련성이 보다 명백한 유물로는 대형동모(大型銅矛)를 들 수 있다. 양동리 90호·200호 목곽묘에서 출토한 대형동모는 이제까지 주로 일본열도 북부규슈를 중심으로 출토되었는데, 중광형동모(中廣形銅矛)와 광형동모(廣形銅矛)로 분류되고 있다.

이들 대형동모를 제작하는데 사용된 용범(鎔范)은 한반도에서는 아직 발굴되지 않은 상황인 반면에 일본열도에서는 북부규슈의 후쿠오카평야(福岡平野)를 중심으로 발굴되고 있는 현상을 고려하면〔岡內三眞, 1989〕, 양동리유적 출토 대형동모의 경우 한반도에서 건너간 동모(銅矛)가 일본열도에서 형식변화를 거쳐 야요이(彌生)시대 최종단계에 이르러 대형화(大形化)·의기화(儀器化)된 후 역으로 일본열도에서 한반도로 건너온 교역품일 가능성이 큰 것으로 보인다.

이렇게 일본열도 야요이시대 후기경 왜계 유물이 양동리유적으로 대표되는 낙동강 하류역의 변한지역에 집중되는 현상은 금관가야 성립 이전의 한과 왜의 교역실태를 파악하는 단서를 제공한다. 2세기경 한과 왜의 교역은 항해에 의해서만 가능하며 이러한 두 지역간의 항해를 통한 교역의 결과가 왜계 유물의 출토로 이어지는 것으로 보인다.

특히 한반도에서 출토한 왜계 유물 혹은 왜와의 관련성이 깊은 유물인 대형동모(大型銅矛)·내행화문계방제경 등이 한반도의 낙동강 하류역에 집중되는 현상은 이 시기 한반도 제국 중 일본열도 왜와의 교역을 직접적으로 주도한 것은 낙동강 하류역의 변한이었다는 것을 의미하는 것으로 해석된다.

바다를 건너 이루어진 2세기경 한반도와 일본열도 사이의 교역은 당시의 선박 제작능력과 이를 바탕으로 한 항해술의 한계와 남해안 주

변에 있었을 항구와 쓰시마를 경유하는 최단 루트를 목표로 하였을 것이다.〔우새벙, 2002〕

2) 금관가야 성립 이후의 가야와 왜

1990년을 전후한 김해 대성동(大成洞)고분군의 발굴은 김해지역을 중심으로 번성하였던 문헌상의 금관국(金官國), 즉 금관가야(金官加耶)의 실체가 고고학적으로 분명해지는 계기를 제공한 획기적인 발굴이었다. 이 발굴의 또 다른 성과는 한국과 일본의 역사학계에서 논쟁이 되고 있는 소위 임나일본부(任那日本府) 논쟁의 중심인 김해지역의 금관가야와 왜와의 관계를 엿볼 수 있는 고고학적 유물의 출토이다.

금관가야의 최고 지배층 묘역으로 보이는 김해 대성동 고분군에서 왕릉급의 대형 목곽묘의 출현은 대성동 29호분이라고 추정된다. 이 29호분은 비록 도굴에 의해 유구(遺構)와 유물이 상당 부분 교란되었지만 3세기 후반경으로 편년되고 묘광길이 960센티미터, 폭 560센티미터, 목곽길이 640센티미터, 폭 320센티미터 정도로 복원되었다. 주목되는 출토유물은 대량의 철정(鐵鋌)·토기(土器) 등과 더불어 도굴갱에서 출토한 금동관의 일부다.〔경성대, 2000〕

이 대성동 29호분의 목곽규모는 변한시기 최고 수장묘 중의 하나로 보이는 양동리 162호묘와 비교하여 목곽규모면에서 현격한 차이를 보인다. 철정의 경우 양동리 162호묘에서 40매에 이르는 대량의 판상철부형철정(板狀鐵斧形鐵鋌)이 출토되었지만, 대성동 29호분에서 출토한 복원수치 91매에 이르는 판상철부형철정과 비교하면 부장량(副葬量)에서

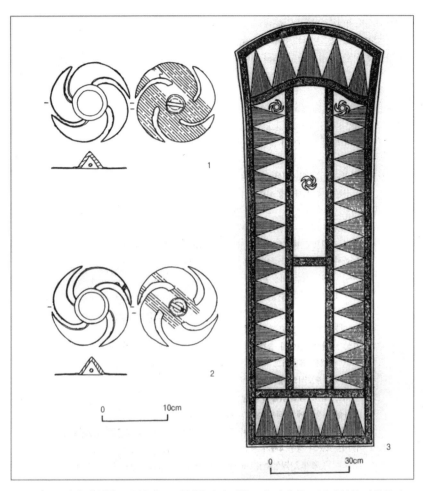

[그림 2] 김해 대성동 13호분 출토 파형동기와 일본 고훈시대 출토 방패부착 파형동기
[경성대, 2000] 1·2 김해 대성동 13호분, 3. 일본 오사카 고가네쓰카고분

도 역시 현격한 차이를 나타낸다. 이렇게 목곽의 규모뿐만 아니라 철정
(鐵鋌) 등 유물 부장량에 있어서도 획기적인 비약이 엿보이는 대성동 29
호분의 출현으로 대표되는 대성동 고분군의 성립은 변한에서 금관가야
로의 전환을 상징하는 고고학적 자료로 평가될 수 있다.〔경성대, 2000〕

대성동고분군에서 왜계 유물 혹은 왜와의 관련성이 엿보이는 유물이 확인된 대표적인 고분은 4세기 전반경으로 편년되는 대성동 13호·18호분과 5세기 전반경으로 편년되는 대성동 14호분 등이다.

대성동 13호분에서 출토한 주목되는 왜계 유물은 파형동기(巴形銅器, 〔그림 2〕참조)로 불리는 청동장식이다. 이 파형동기는 이제까지 주로 일본 고훈시대(古墳時代)의 고분에서 발굴되었고, 오사카(大阪) 이즈미(和泉) 고가네쓰카고분(黃金塚古墳)에서 방패 표면에 부착된 상태로 출토되어 방패 장식용으로도 사용되었다는 것이 밝혀진 유물이다. 이 파형동기는 6개의 파형(巴形)돌기가 달린 일본열도 남해산 고둥의 패각을 조형(祖形)으로 성립되었다는 설이 유력하며, 시기적으로 4세기 이전 일본 야요이 시대 유적에서도 발굴되는 정황으로 보아 대표적인 왜계 유물로 분류되고 있다. 일본열도에서 출토한 파형동기의 용도는 방패장식용 이외에도 출토상황에 따라 다른 용도로의 사용도 가능하지만 대성동 13호분 출토 파형동기의 경우 출토 상황으로 보아 오사카 이즈미 고가네쓰카고분·미에현(三重縣) 이시야마(石山古墳)의 예처럼 방패에 부착되었던 것이 방패는 거의 부식되고 파형동기만이 나란히 출토한 것으로 보여진다. 이외에 대성동13호분에서 출토한 화살촉형 석제품도 4~5세기경 일본열도 고분에서 주로 출토되었던 유물로 역시 대표적인 왜계 유물로 분류되고 있다.〔경성대, 2000 ; 京都大, 1993 ; 限昭志, 1989〕

이렇게 대성동 13호분 출토 파형동기의 경우 목곽 내에서 뒷면에 부착된 파형동기가 열을 지어 출토하는 양상을 보면 일본열도의 예처럼 방패에 부착되어 부장되었을 것으로 추정된다. 또한 파형동기가 방패장식으로 왜에서 수입된 경우 아마도 방패에 부착된 채로 즉 최상급 방패의 일부로서 수입된 것으로 보는 것이 합리적일 것이다.〔우재병, 2002〕

대성동 18호분에서 출토한 방추차형(紡錘車形) 석제품(石製品)도 이제까지 주로 일본열도 4~5세기경 고분에서 출토한 정황으로 보아 왜계 유물로 분류되는 유물이다. 일본 효고현(兵庫縣) 곤겐야마(權現山) 51호분에서 방추차형 패제품(貝製品)이 출토한 점을 고려하면, 일본열도 남해산의 고등으로 만든 원반형 장식품을 모델로 단순히 방추차만의 용도보다는 일본 나라현(奈良縣) 메스리야마고분의 예처럼 옥장(玉杖)의 부품으로 사용되기도 한 것으로 보인다. 즉 석재장식 혹은 수호부적(守護符的) 성격을 가진 위신재(威信財)의 하나였다고 볼 수 있다.[北條芳隆, 1991, 1996] 이러한 일본열도에서의 발굴과 연구성과를 중시한다면 대성동 18호분 출토 방추차형 석제품을 왜계 유물로 분류하는 것은 설득력을 갖는다고 할 수 있다.

5세기 전반경 대성동 14호분에서는 이제까지 삼국시대 고분에서 주로 출토되었던 호록(胡籙)과는 다른 구조의 화살통이 출토되었고, 이러한 형식의 화살통은 일본열도 고분시대 고분에서 주로 출토되었기 때문에 특히 주목되었다. 또한 이 대성동 14호분 출토 화살통은 능형(菱形) 문양과 횡대(橫帶)구조 등이 일본열도 출토품 중에서도 4세기 전엽경 일본 시가현(滋賀縣) 유키노야마 고분(雪野山古墳) 출토 화살통과 매우 흡사하다는 점이 지적되고 있다.[杉井健, 1996, [그림 3] 참조]

이러한 화살통의 원류는 아직 분명하게 밝혀지지는 않았지만 일본 고훈시대 고분에서는 하니와(埴輪)라 불리는 이 화살통을 본떠 흙으로 만든 토제품이나, 이 화살통을 등에 지고 있는 무인용(武人俑)이 출토되는 것으로 보아 한반도에서 일본열도로 호록이 전해지기 전까지 왜의 주요한 화살통이었던 것은 분명하다.[高橋克壽, 1996] 그런데 이러한 형식의 화살통이 출토한 대성동 14호분의 추정연대, 즉 5세기 전반경이라

[그림 3] 일본 미에현 마쓰사카(松阪) 보총1호분의 선형토기[松阪市, 2001]

1. 화살통 평면도 2. 화살통 복원도

는 시기의 가야지역 고분에서는 주로 선진적인 고구려계통의 호록이 출토된다는 점을 고려하면, 이 대성동 14호분 출토 화살통은 왜계 유물 혹은 왜와의 관련성이 매우 깊은 유물로 분류할 수 있다. 물론 그렇다고 해서 이 특이한 형식의 화살통의 원류를 금후 발굴조사 성과에 의해 한반도에서 찾을 수 있을 가능성을 부정하는 것은 아니다. 이 원류 문제는 금후 한반도와 일본열도에서의 발굴성과를 기다려 재론하여야 할 것이다.

한편 상기한 대성동 18호분 출토 방추차형 석제품 이외에도 왜와의 관련성이 엿보이는 유물로는 2점의 통형동기(筒形銅器)가 있다. 이들 통형 동기는 원래 목곽내(木槨內) 연장선상에서 발굴된 철창(鐵槍)날과는 목병 (木柄)으로 결합되었던 것으로 추정되고 있다.〔경성대, 2000〕이러한 통형동 기의 경우 근래 가야지역을 중심으로 다량 출토하기 이전에는 주로 일 본 고훈시대 왜의 중앙권력이 있던 긴키지방(近畿地方)의 고분에서 출토 되어〔柳本照男, 2001〕일본학계를 중심으로 왜계 유물로서 분류되어 왔다.

그러나 통형동기가 근래에 이르러 김해 대성동고분군을 비롯하여 부산 복천동고분군 등 낙동강 하류역의 4~5세기경 고분에서 계속하여 출토하고 있다는 점과 낙동강 하류역의 출현기 예에서 유형의 정형성 이 인정된다는 점을 고려하여 오히려 가야지역에서 생산되어 왜 중앙 권력으로 전해졌을 가능성이 제기되기도 하였다.〔정징원·홍보식, 2000〕

따라서 위에서 언급한 한·일 양 지역에서의 통형동기 출토양상을 중시하면 이들을 왜계 유물로 단정하기는 어렵다. 그러나 이들 통형동 기가 4세기 전반경 가야와 왜 사이의 더욱 밀접해진 교류관계를 반영 하는 고고자료라는 점은 분명하다고 할 수 있다.

3. 왜와의 교역창구로서의 가야의 지리적 위치

1) 4~5세기경 가야와 왜의 선박제작 능력과 항해술의 복원

한반도 고대국가들과 왜와의 교류관계를 고고학적으로 논함에 있어 반드시 규명해야 할 과제는 당시 두 지역의 선박제작 능력과 이를 바탕으로 한 항해술의 복원이다. 이들 지역에서 돛을 이용한 견당사선(遣唐使船)이 당을 왕래할 단계가 되면 한반도 고대국가들과 왜와의 교역은 우호적인 관계만 유지되면 어느 지역이든 돛을 단 구조선(構造船)에 의해 항해할 수 있었을 것이다.

그러나 4~5세기경 한·일 두 지역의 고고자료를 검토하여 보면 이 시기에는 돛을 단 구조선(構造船)의 출현과 이러한 선박을 이용한 자유로운 항해에 관한 적극적인 증거가 아직 발견되지 않고 있다. 한반도에서 4~5세기경 항해용 선박잔해 등이 발굴되지 않은 상황에서 한반도 고대국가의 항해술을 추정해 볼 수 있는 자료는 삼국시대 유물로 추정되는 선형토제품(船形土製品)이다.〔그림 4-1~3. 한국고대사연구회. 1998〕 물론 이들 장거리 항해가 가능할 것으로 보이는 준구조선(準構造船)을 묘사한 선형토제품(船形土製品)들이 대부분 개인 소장품인 자료적 한계를 갖고 있지만 이중에서 특히 필자가 주목하는 선형토제품은 이중구조의 준구조선(準構造船)으로 보이는 선형토기〔그림 4-1〕다. 이러한 형식의 선형토제품의 원형이 되는 선박의 복원과 항해 실험은 한국에서는 아직 시도되지 않고 있다. 그러나 일본열도의 경우 다행스럽게도 4~5세기경 유적에서 이러한 유형의 선박잔해뿐만 아니라 선형토제품도 발굴되어 비교적

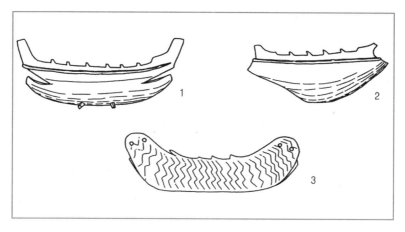

[그림 4] 삼국시대 선형토기 묘사도[대구시문화재협회, 1989]
1. 호림미술관 소장, 2·3 호암미술관 소장

많은 자료가 축적되어 있는 상황이다. 따라서 일본에서의 이러한 이중
구조 준구조선 연구성과에 대한 검토를 통하여 왜뿐만 아니라 4~5세
기경 한반도 고대국가들의 선박제작 능력과 이를 기초로 한 항해술의
복원을 시도할 수 있을 것이다.

　일본에서 본격적으로 4~5세기경 왜의 선박제작 능력과 항해술 복
원 실험을 하게된 계기는 4세기경 오사카(大阪) 규호지(久寶寺)유적에서
이중구조의 준구조선으로 추정되는 선재(船材) 일부, 그리고 오사카 나
카하라 다카마와리 2호분에서는 이중구조의 준구조선으로 보이는 거의
완벽한 형태의 선형토제품[그림 5-1]이 발굴되었기 때문이다. 특히 다카
마와리 2호분 출토 선형토제품을 실물 크기로 복원하여 오사카에서 부
산으로의 실험항해도 이루어졌다. 이 당시 복원된 조선술과 항해술은
주로 돛으로 운행하는 구조선이 아닌 주로 노를 저어가는 형식의 준구
조선이었다.[大阪市, 1989]

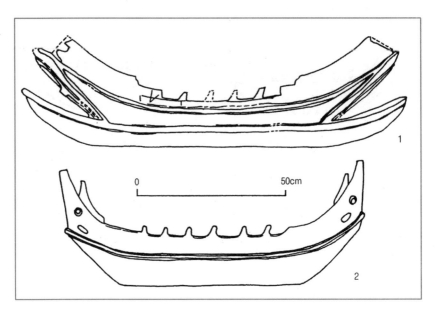

[그림 5] 일본 고훈시대 출토 2유형의 선형토기
[오사카시문화재협회, 1989 ; 佐原眞, 2001]
1. 오사카 나카하라 다카미와리 2호분, 2. 미야자키 사이토바루 169호분

　이밖에도 4~5세기경 왜의 선박제작 능력과 항해술을 알 수 있는 고
고자료로는 토기표면 등에 그려진 선형회화(船形繪畵)가 있다.
　이렇게 일본열도에서는 적은 양의 삼국시대 선형토기로만 추정되던
한반도 고대국가들의 조선술과 항해술을 복원하는 데 유효한 고고자료
가 비교적 많이 축적되어 있다. 따라서 4~5세기경 한반도와 일본열도
를 왕래하였을 선박과 이들 선박의 항해능력을 일본열도 출토 고고자
료의 분석을 통하여 어느 정도 추정해 볼 수 있을 것이다.
　먼저 실물자료인 4세기경 오사카 규호지 유적 출토 선재(船材)를 검
토할 필요성이 제기된다. 이 선재는 통나무를 파낸 선저부(船底部), 현측
판(舷側板)으로 보이는 판재(板材), 말발굽형의 정면 수직판(垂直板)으로 구

성되어 있다. 그러나 이 선박 잔해는 선수(船首) 혹은 선미(船尾)로 추정되는 선박의 일부분이라는 점에서 복원상의 한계를 갖는다고 할 수 있다.

이러한 실물자료에 의한 선체복원의 한계를 극복할 수 있는 고고자료는 5세기경 일본열도 유적에서 비교적 많이 발굴되고 있는 선형토제품이다. 일본 고고학에서는 선형하니와(船形埴輪)로 불리는 이들 유물이 출토한 5세기경 유적이 최근까지 파악한 곳만 26개소〔小西永子, 1989 ; 田中勝弘, 1997〕에 이르는 등, 이들 선형토제품의 복원연구는 선박의 실물자료가 절대적으로 부족한 4~5세기경 한반도와 일본열도의 선박 제조능력과 항해술 복원을 위해 유효한 단서를 제공한다고 할 수 있다.

오사카 규호지유적 출토 선재와 비교적 완전한 형태를 갖춘 선형토제품의 분석을 통하여 4~5세기경 일본열도에는 통나무를 파낸 선저부에 현측판을 부가한 형식의 준구조선 형태의 선박이 존재하였을 것으로 복원되었다. 또한 이들 준구조선형 토제품은 배의 측면에서 볼 때 선수와 선미에서 선저부와 현측판이 두 갈래로 갈라진 구조를 한 '이체성형선(二體成形船)'〔그림 5-1〕과 선저부 위에 현측판을 부가하였지만 측면에서 보면 선저부와 현측판이 두 갈래로 나누어지지 않고 선수와 선미에서 일체가 되는 '일체성형선(一體成形船)'〔그림 5-2〕으로 세분된다.〔置田雅昭, 1988 ; 今西織江·小笠原好彦, 2000〕

이체성형선으로 복원하고 분류될 수 있는 대표적인 예로는 4세기경 오사카 규호지 유적의 선박 잔해, 5세기경 오사카 나카하라 다카마와리 2호분 출토 선형토제품, 교토(京都) 니고레고분 출토 선형토제품, 4세기경 나라현 덴리시 히가시도노쓰카고분(東殿塚古墳) 출토 타원통형토기(楕圓筒形土器, 楕圓筒埴輪)에 선각(線刻)된 선형회화(船形繪畵, 그림 6-2) 등을 들 수 있다.〔松木哲, 1989〕 한편 앞에서 언급한 오사카에서 부산으로의 항해

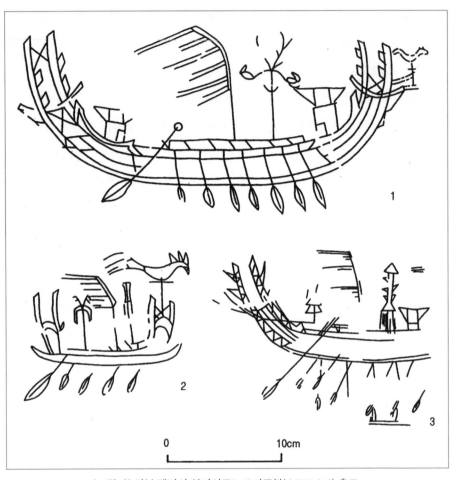

[그림 6] 일본 덴리시 히가시도노쓰카고분(東殿塚古墳) 출토
타원통형토기에 선각된 선형회화[천리시, 2000]

에 사용된 준구조선의 경우 오사카 나카하라 다카마와리 2호분 출토 선형토제품[그림 5-1]을 모델로 이체성형선으로 복원되었고, 이 과정에서 노를 저어가는 방식의 이체성형선으로도 장거리 항해가 가능하다는 것을 보여주었다.[大阪市, 1989]

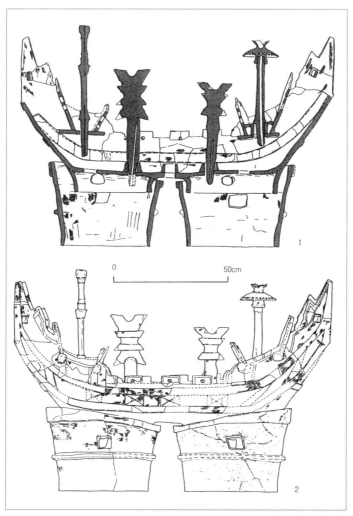

[그림 7] 일본 마쓰사카 다카라쓰카(寶塚)1호분의 선형토기[松阪市, 2001]

일체성형선으로 분류되는 대표적인 예로는 5세기 초경으로 편년되는 미에현 마쓰자카시 다카라쓰카(寶塚) 1호분에서 출토한 선형토제품〔그림 7〕, 4세기경 나라현 덴리시 히가시도노쓰카(東殿塚)고분 출토 타원통형토기(橢圓筒形土器)에 선각된 선형회화[그림 6-1·3]를 지적할 수 있다.

한편 이러한 일본열도 고분 출토 선형토제품의 실물이 실제 교역을 위한 장거리 항해용 선박으로도 사용되었는가에 관해서는 논란의 여지가 있다. 예를 들어 다카라쓰카 1호분 출토 선형토제품의 경우 선형토제품의 갑판 위에 대도(大刀), 일종의 양산인 개(蓋), 방패형태와 유사한 위장(威杖) 등이 매우 정교하게 묘사되어 있다는 점을 중시하여 수장의 영혼을 운반하는 배로서의 역할을 우선시하는 주장도 있다.[八賀晉, 2001]

물론 이 선형토제품의 모델이 되었던 선박이 장송의례를 위하여 특별히 제작되었을 가능성도 있다. 그러나 여기서는 장송의례용으로 제작한 선박도 그 형태와 제작기술 수준은 당시의 항해용 선박제작기술 수준을 반영할 수밖에 없을 것이라는 점을 강조하고 싶다. 즉 당시 최고 수준의 항해용 선박제작의 주된 건조목적과 임무는 교역 혹은 전쟁 등을 위한 장거리 항해용 선박이었을 것으로 추정된다.

이외에 다카라쓰카 1호분 출토 선형토제품에서 주목해야 할 점은 아직 확실한 돛의 흔적이 확인되지 않고 있다는 점이다. 다만 [그림 7]의 단면도에서 관찰할 수 있듯이 2개의 위장을 세운 구멍 사이 즉 배의 정중앙에 무엇인가를 세웠을 것으로 보이는 또 하나의 구멍이 존재한다. 이 구멍에서는 토제품(土製品)이 세워진 흔적이 발견되지 않은 점으로 보아 나무와 같은 종류의 유기물이 꽂혀 있었을 가능성도 있다.

필자는 이 문제에 관한 결론을 도출하기에 앞서 먼저 이체성형선(二體成形船)과 일체성형선(一體成形船)이 모두 묘사되어 있는 히가시도노쓰카 고분(東殿塚古墳) 출토 타원통형토기(橢圓筒形土器)에 선각된 선형회화(船形繪畵, [그림 6-1~3])에 주목하고자 한다. 이들 선형회화 중 일체성형선이라는 선박유형과 대도 등의 갑판 장식품은 다카라쓰카 1호분 출토 선형토제품[그림 7]과 매우 유사하다. 특히 히가시도노쓰카고분의 경우 4세기경 왜 중앙권력의 주요한 대형고분 중의 하나라는 점을 고려하면 이 고분에서 출토한 타원통형토기에 선각된 선형회화는 당시 최고 수준의 선박을 모델로 하였을 것으로 판단된다. 그런데 이들 3척의 선형회화를 주의깊게 살펴보면 여러 개의 노가 설치되어 있으며 선박 중앙부에 무인가 펄럭이고 있다. 이 선박 중앙부의 바람에 펄럭이는 물체를 자세히 관찰하면 돛대에 걸려 있는 돛의 모습이 아니고 깃대에 깃발이 나부끼는 모습을 묘사하고 있다는 것을 알 수 있다. 이러한 선형토제품과 선형회화의 상호비교를 통한 고고학적 정황을 종합하면 다카라쓰카 1호분 출토 선형토제품의 선박 중앙부에 있는 구멍은 돛을 다는 돛대를 세우기 위한 것이라기보다는 깃발을 다는 깃대를 세우기 위한 용도로 사용되었을 것으로 추정할 수 있다.〔松阪市, 2001〕 그리고 이것은 4~5세기경 왜의 최고 수준 장거리 항해용 선박은 주로 돛을 이용하는 구조선이 아닌 통나무를 가공하여 배의 저부(底部) 기본골격을 만들고 그 위에 현측판을 부가한 준구조선이었을 것이라는 추측을 가능하게 한다.〔松木哲, 2001〕

이와 같은 4~5세기경 일본열도 출토 선박관련 고고자료를 중시하면 삼국시대 한반도 출토 선형토기(船形土器)인 [그림 4-1]과 [그림 4-2]는 각각 이체성형선과 일체성형선 형식의 준구조선을 묘사한 것으로 볼 수 있다. 즉 한반도 출토 삼국시대 선박관련 자료가 적어 금후의 발굴 성과를 좀더 지켜볼 필요성이 있지만 현상에서는 4~5세기경 한반도와 일본열도의 선박제작기술은 매우 유사하였을 것으로 추정된다. 따라서 4~5세기경 한반도와 일본열도에서 장거리 항해용 선박으로는 통나무를 가공하여 배의 저부 기본골격을 만들고 그 위에 현측판을 부가하는 방식의 이체성형선과 일체성형선 형식의 준구조선이 주류를 이룬 것으로 보인다.

항해술의 경우도 상기한 삼국시대 한반도 출토 선형토기와 일본열도 출토 선박관련자료, 그리고 이러한 선박을 모델로 한 선박복원과 항해실험을 중시하면 4~5세기경 한반도에서도 일본열도처럼 주로 돛을 이용하는 방식이 아닌 인력으로 노를 저어 가는 방식의 항해술이 주류를 이루었을 것으로 추정된다. 그런데 이러한 주로 인력에 의해 노를 저어 가는 방식의 장거리 항해의 경우 노를 젓는 사람들의 휴식문제, 날씨문제 등을 고려하면 장기의 무기항항해(無寄港航海)는 어려웠을 것이다. 따라서 한반도와 일본열도를 왕래하는 장거리 항해의 경우 중간 기항지(寄港地)가 될 수 있는 정치체와의 우호관계 유지도 필연적이었다고 볼 수 있다.〔松木哲, 2001〕

2) 김해 양동리 유적과 대성동고분군의 지리적 위치와 한반도와 일본열도 사이의 교역루트

2세기경 김해 양동리 유적, 3~5세기경 김해 대성동고분군은 변한·가야지역 최고지배층의 묘역으로 평가되는 유적이다. 이들 유적에서는 앞에서 언급한 것처럼 대형동모·파형동기·화살촉형 석제품 등 왜계 유물 혹은 왜와의 관련성이 엿보이는 유물이 출토하는 양상이 두드러진다. 이러한 양상의 원인을 규명함에 있어 우선 주목되는 점은 이들 유적들이 입지한 김해지역의 지리적 위치라고 볼 수 있다.

낙동강 하류역에 위치한 김해지역의 경우 『삼국지』 위서 동이전 변진조에 보이는 철 생산과 수출에 관한 기록뿐만 아니라 양동리 유적,

대성동고분군 등에서 출토한 철정을 비롯한 다량의 철기를 고려하면 2~5세기경 동아시아의 주요한 철 생산·수출지역이었다는 것은 분명하다고 할 수 있다.

이 김해지역이 철 생산을 기반으로 번성할 수 있었던 원인은 크게 3가지로 분석할 수 있다.

첫째로 이 지역에는 제철산업이 도입되기 이전 단계에 이미 고도의 청동기 생산기술이 존재하였으므로 제철산업이 비교적 빠르게 정착할 수 있는 기술적 기반이 구축되어 있었을 것이라는 점이다.

둘째로 이 지역이 철 산지와 인접하고 낙동강과 남해안을 연결하는 수운상의 요충지에 위치하고 있다는 점이다. 즉 김해지역의 낙동강 수운과 남해안 연안항로는 제철산업의 근간이 되는 철광석·목탄의 획득과 운반, 그리고 생산된 철의 유통에 매우 유리한 조건이 되었던 것으로 보인다.

셋째로 지리적으로 해운을 통한 주변 외국과의 철 교역에 유리한 위치를 점유하고 있는 점이다. 즉 낙랑 등 한군현과 왜를 연결하는 해상교역로상에 반드시 거쳐야 하는 중계지점에 김해지역이 위치하고 있다는 점이다. 따라서 왜에서 한반도로의 항해시 쓰시마에서 최단거리에 위치한 낙동강 하류역의 김해·부산지역에 있었을 항구를 최우선 목표로 하였을 것이다.

이러한 김해지역의 지리적 이점으로 인하여 낙동강하류역의 가야지역은 왜의 일차적인 주된 교역창구가 되었을 것이며, 양동리유적과 대성동고분군은 이와 같은 당시의 정황을 반영하는 것으로 볼 수 있다.

2~4세기경 한반도 제국과 왜와의 교역에 있어 거점적인 역할을 통하여 김해지역은 막대한 경제력을 축적하였을 것이며 이러한 경제력은

가야국가 형성과정의 원동력이 되었을 것이다. 그런데 5세기경 이후가 되면 김해지역의 금관가야를 거점으로 하는 광역교역시스템에 급격한 변동이 일어난 정황이 포착된다. 김해지역에 집중되던 왜와의 관련성이 높은 유적이 백제지역으로 확산되어 가는 양상은 이러한 광역교역시스템의 변동을 인식할 수 있는 단서가 된다. 5세기경 이후 백제지역에 나타나는 왜와의 관련성이 높은 대표적인 유적은 5세기 후반~6세기 전반경에 영산강 유역을 중심으로 출현한 전방후원형 고분(前方後圓形古墳)이다.

전방후원형 고분은 일본열도에서는 전방후원분으로 불리고 있으며 논란의 여지는 있지만 대체로 3세기 중반경에 일본열도에 출현하는 고분이다.〔都出比呂志, 1998〕

한편 일본 고고학계에서는 고훈시대 개시의 지표가 되는 전방후원분의 원류를 적어도 평면 형태적인 면에서는 전시대 즉 야요이(彌生)시대 분구묘의 다양한 변천과정에서 찾고자 한다. 또한 전방후원분의 출현과정에는 제단으로 보이는 돌출부를 가진 야요이시대 분구묘의 발달과 더불어 중국대륙으로부터의 사상적 영향이 결합되었다는 주장도 제기되고 있다.〔都出比呂志, 1998〕

그런데 5세기 후반~6세기 전반경 영산강 유역을 중심으로 백제지역에서 발굴 혹은 발견되어 있는 전방후원형 고분의 경우 현단계에서는 일본열도처럼 한반도 내 3~6세기 묘제변천의 연속적인 형식변화 과정을 통해 출현과정이 명확히 규명되고 있지 않다.

예를 들어 원분(圓墳)에 방형 돌출부(方形 突出部)가 붙어 있는 전방후원형 분형의 원류만을 굳이 한반도 남부지방에서 찾는다면 전북 진안 여의곡유적의 2호 지석묘까지도 거슬러 올라갈 수는 있다. 그러나 비록 2

호 지석묘가 상석(上石) 아래 타원형 적석분구(積石墳丘) 북쪽으로 장축 210센티미터, 단축 120센티미터의 장방형 돌출부를 가진 전방후원형의 분구를 가지고 있지만, 2호 지석묘의 축조연대가 기원전 8세기~기원전 4세기경으로 추정되는 여의곡 유적의 형성시기 중 비교적 늦은 III단계로 편년된다는 점을 고려하면(전북대, 2001), 5세기 후반~6세기 전반경 영산강 유역 전방후원형 고분과는 시기적으로 직접적인 연결은 어렵다. 이밖에 일본열도에서 전방후원분 출현의 전단계 묘제로 주목받고 있는 방형과 원형 주구묘(周溝墓)의 경우도 한반도 남부지역 특히 마한지역에서 발굴되고 있지만(최완규, 1997), 역시 5세기 후반~6세기 전반경 영산강 유역의 전방후원형 고분으로의 변천과정이 형식학적으로 연결되기 어려운 상황이다. 즉 일본열도의 경우 3세기 중엽 이후 6세기경까지 지속적으로 전방후원분이 축조되고 크게 성행하는 양상이 명확히 나타나지만 한반도의 경우는 5세기 후반~6세기 전반경 영산강 유역을 중심으로 하는 백제지역에서 10여 기가 존재하는 것이 확인 혹은 추정되는 양상이다. 이러한 한반도와 일본열도의 정황을 종합하면 적어도 발굴조사로 확인된 월계동 1·2호분, 명화동고분 같은 5세기 후반~6세기 전반경 영산강 유역의 전방후원형 고분의 경우 한반도내에서의 연속적인 고분 분형 형식변화(墳形 型式變化)에 의한 출현보다는 일본열도 왜의 영향에 의한 출현으로 보는 것이 설득력이 있을 것으로 추정한다.(우재병, 2004) 또한 이들 월계동 1·2호분, 명화동고분에서 출토한 원통형토기(圓筒形土器)의 경우도 역시 완전한 자생적 출현이라기보다는 전방후원형(前方後圓形) 고분과 더불어 왜의 영향을 받은 것으로 추정된다.(우재병, 2000a)

5세기경 이후 백제지역에 나타나는 왜와의 관련성이 높은 또 다른 유적은 전북 부안 죽막동 제사유적이다. 한반도 서해안의 연안항로상에 위치하는 이 유적에서 발굴된 왜계 석제모조품은 5세기경 이후 왜가 가야지역에서 백제지역으로 교역루트 다원화를 시도하였음을 시사하는 고고자료로 평가할 수 있다. 4세기경까지 낙동강 하류역 김해의 금관가야를 주된 교역창구로 이용하였던 왜가 6세기경부터는 낙동강 이서지역의 소가야지역과 백제지역으로 교역루트를 다원화하였을 것이라는 점은 5세기경 일본열도에서 소가야양식토기의 출토가 현저해지는 양상[朴天秀, 2001], 5세기 중·후반 무렵 일본열도 북부규슈에서의 백제계 토기 출토양상[武末純一, 2000]을 통해서도 추정해 볼 수 있다.

5세기경 이후 왜가 가야지역에서 백제지역으로 교역루트 다원화를 시도하였을 경우 추정 내륙교역로[박순발, 2000]도 이용되었을 가능성이 있다. 그러나 앞에서 언급한 것처럼 5세기경 이후 영산강 유역 전방후원형 고분과 이것에 공반되는 원통형 토기, 그리고 전북해안의 죽막동제사유적의 예처럼 유력한 왜와의 교류흔적이 서남해안을 중심으로 나타나는 점을 고려하면 해로를 통한 교역루트 다원화가 보다 성행하였을 것으로 보인다. 그러나 5세기경 백제와 왜의 해로를 통한 교류의 경우 앞에서 언급한 선박복원 결과를 기초한 당시의 항해술을 고려하면, 예를 들어 왜에서 백제로의 항해의 경우 왜에서 직접적으로 백제로 향하기는 어려웠을 것이다. 아마도 1차적으로 쓰시마에서 최단거리인 낙동강하류역 주변 가야지역 항구에 기항하였을 것이다. 그 뒤에 백제로의 항해에는 왜의 선박이 그대로 이용되었을 수도 있으나, 가야 혹은 백제 선박이 이용되었을 수도 있다. 단 이 가운데 어느 선박을 이용하든지, 왜에서 백제로의 안전한 항해를 보장받기 위해서는 낙동강 서부지역 가야세력 등 항로상의 정치체들과의 우호관계 유지가 필요하였을 것이다.[우재병, 2002, 2005]

4. 5세기경 일본열도에서 보급·확산되는
   한반도계 문화와 그 의미

1) 무기·무장체계·토기·묘제의 변혁과 그 의미

이제까지 중점적으로 논의한 것은 2~5세기경 가야·백제지역에 보이는 왜와의 교류에 관한 고고학적 정황이었다. 여기서는 5세기경 일본열도에서 보급·확산되기 시작하는 한반도계 문화와 관련된 유적과 유물의 일본열도 내 발굴양상에 대한 분석을 바탕으로 당시 한반도 고대국가와 왜와의 교류 실체에 접근해 보기로 한다.

5세기경 일본열도에서 보급 확산되기 시작한 대표적인 한반도계 문화로는 철제갑옷과 무기 등 선진적인 무기·무장체계의 보급과 확산, 한반도 삼국시대 대표적인 토기인 도질토기의 일본열도 내 생산과 보급, 횡혈식석실의 보급과 확산이라는 묘제의 변혁, 그리고 부뚜막과 시루를 이용한 새로운 취사·난방문화의 보급과 확산을 들 수 있다.

철제 무기·무장체계의 경우 5세기경이 되면 커다란 변화가 일어난다. 철제무기의 경우 한반도에서 성행하기 시작하였으며 특히 기마전에서 유효하였을 것으로 보이는 가는 슴베를 가진 중·소형 환두대도가 일본열도에서도 성행하기 시작한다.

철제갑옷의 경우 특히 가야 등 한반도의 영향을 받아 제작되기 시작하였던 단갑(短甲)의 형식상 다양화와 제작상 규격화·정형화 양상이 일본열도에서 두드러진다. 더욱이 마주(馬冑)·마갑(馬甲)·괘갑(挂甲) 등 이미 가야에서 성행하기 시작하였으며 고구려 고분벽화에도 보이는 고구려계 기병무장체계가 일본열도에도 도입된다.

이리한 일본열도에서의 철제 무기·무장체계 변혁은 4세기경부터 한반도 특히 가야에서의 제작기술 제공이 계기가 되었던 것으로 추정된다. 4세기 전엽 낙랑과 가야·왜 등을 연결한 광역교역시스템이 낙랑의 붕괴와 더불어 해체되었고, 이 과정에서 급격하게 대두된 고구려의 위협으로 인하여 가야와 왜 등은 경제력·군사력의 근간이 되는 안정된 철 수출과 수입을 포함한 새로운 광역교역시스템의 성립이 절실하였을 것이다. 가야에서 낙랑으로의 철 수출이 어려워진 상황에서 성립된 새로운 광역교역시스템은 가야에서 왜로의 철 수출·수입을 강화하지 않을 수 없었을 것이다.

이 과정에서 가야는 환두대도와 철제 갑주 등 무기·무장 제작 기술을 왜에게 제공하였을 가능성이 높은 것으로 추정된다.〔禹在柄, 2000b〕 또한 5세기경부터 왜와 낙동강 이서의 가야 서부지역·백제지역과의 교역루트 다양화가 활발해지는 양상도 5세기경 일본열도에서의 무기·무장체계 변혁에 박차를 가하는 계기가 되었을 것이다.

5세기경 일본열도에 도입되어 본격적으로 생산되기 시작한 한반도계 스에키(須惠器)는 연질토기(軟質土器) 문화에서 경질토기(硬質土器) 문화로의 전환이라는 획기적인 토기문화의 변혁이었다. 이러한 경질토기는 오사카의 스에무라(陶邑)가마유적의 발굴을 통하여 분명해진 것처럼 터널식 가마를 구축한 후 가마에서 고열로 구워지는 방식으로 한반도에서 건너간 공인들에 의해 일본열도에서 생산하기 시작하였던 대표적인 한반도계 문화다.〔吉田惠二, 1989〕

5세기경 보급되기 시작한 횡혈식석실은 대표적인 한반도계 묘제문화의 도입과 확산이라고 할 수 있다. 북부규슈의 로시고분(老司古墳)·스키사

키고분(鋤崎古墳) 등 4세기 말경에 일본열도 일부 지역에서 일시적으로 도입된 것으로 보이지만, 왜의 중앙권력이 소재한 기나이(畿內)지역에서는 오사카 다카이다야마고분(大阪 高井田山古墳)의 예처럼 5세기 말경부터 본격적으로 일본열도 고분의 매장시설로 정착되고 확산되기 시작한다. 횡혈식석실의 도입과 더불어 사후세계에 관한 새로운 사상도 도입된 것으로 보이며 이를 반영하는 매장의례의 변혁이 관찰된다.〔都出比呂志, 1998〕

2) 취사·난방문화의 변혁과 그 의미

한반도에서 성행하던 부뚜막과 시루를 이용한 취사·난방문화가 5세기경 일본열도에서 본격적으로 보급·확산되기 시작한다. 3세기 후반경 북부규슈의 후쿠오카현 니시진마치(西新町)의 경우와 같이 일시적으로 부뚜막과 시루를 이용한 한반도계 취사·난방문화가 도입된 예도 보이지만 일본열도에서의 본격적인 보급과 확산은 5세기경 이후로 나타나고 있다. 이러한 새로운 한반도계 취사·난방문화가 일본열도 주요부에서 보급·확산되는 양상은 5세기경 왜의 한반도 내 교역루트 다원화와 이에 동반하여 한반도와 일본열도 사람들의 왕래가 이전보다 증가되고 활발해지는 고고학적 정황과 연동하는 경향이 두드러진다. 특히 5세기경 이후 한반도에서 일본열도로 건너간 사람들이 정착했던 것으로 보이는 유적이 급격히 증가하는 양상을 보인다.

이렇게 한반도계 취사·난방문화가 일본열도에 빠르게 정착할 수 있었던 주요한 배경 중의 하나로 한반도계 이주민들의 왜 중앙정권 및 지방세력내 선진문화 도입 창구역할을 들 수 있다. 또 다른 배경으로

5세기경 이후 왜인들의 활발한 대한반도 교류활동을 통한 취사·난방 문화 등 선진적인 한반도계 생활양식 문화체험과 귀국 후 수용을 지적할 수 있다.[우재병, 2005]

5. 맺음말

고고자료를 기초하여 고구려·백제·신라·가야 등 삼국시대 여러 나라와 왜와의 교류관계를 모두 구명하는 것은 현 단계에서는 자료적인 한계를 보인다. 따라서 이 글에서는 현재까지의 고고자료로 어느 정도 논리 전개가 가능한 가야와 왜, 백제와 왜의 관계에 초점을 맞추어 한국 고대국가와 왜와의 교류관계에 대하여 고찰해 보았다.

그 결과 2세기경 김해 양동리유적에 보이는 왜계 유물의 양상으로 보아 낙동강 하류역의 변한과 왜의 교류가 이 시기를 전후하여 활성화된 것으로 보인다. 이러한 김해지역 중심의 한반도와 일본열도 사이의 교류는 금관가야의 왕릉급 묘역으로 평가되는 김해 대성동고분군의 발굴성과를 고려하면 3~5세기경에도 계속된 것으로 보인다.

한편 이러한 김해지역 금관가야 중심의 한반도 제국과 왜 사이의 교류가 낙동강 이서의 가야 서부지역·백제지역 등과 왜와의 교류관계 강화라는 교역루트 다원화 경향을 보이는 것은 5세기경부터다. 이러한 교역루트 다원화는 일본열도에서 5세기경 이후 낙동강과 섬진강 사이의 소가야양식토기, 그리고 백제계 토기의 출토가 현저해지는 경향에 반영된 것으로 볼 수 있다.

특히 5세기경 이후 일본열도에는 한반도 삼국시대 도질토기문화가 도입되어 터널식 가마와 이 가마에서 구워지는 스에키(須惠器)라는 한반도계 도질토기가 광역적으로 확산되어 간다. 부뚜막과 시루를 이용하는 새로운 한반도계 취사·난방문화도 본격적으로 도입·확산되기 시작한다. 횡혈식석실이라는 새로운 한반도계 묘제문화도 본격적으로 도입되고 6세기경부터는 급속하게 확산되어 간다. 백제에서 성행하였던 횡혈식석실의 도입은 사후세계에 관한 사상의 변화와 이에 동반하는 매장의례의 변화를 가져온 것으로 보인다. 무기·무장 체계도 한반도 여러 나라의 무기·무장체계와 연동하여 환두대도와 철제갑옷의 규격화·정형화 등 새로운 변혁이 일어난다.

이상과 같이 한반도 고대국가 특히 가야와 백제는 왜와 활발한 교류를 가졌던 것으로 파악된다. 특히 이러한 가야와 왜, 백제와 왜의 교류에 있어서는 가야와 백제 등 한반도 고대국가에서 전해진 것으로 보이는 한반도계 문화의 일본열도 내 보급·확산이 큰 비중을 차지한다. 그 원인은 왜가 고대국가로 성장해 가는 과정 속에서 한반도 여러 나라로부터 철 등 필수 전략물자 수입과 선진문화 도입이 필연적으로 대두되었기 때문인 것으로 추정할 수 있다. 또한 가야와 백제 등 한반도 고대국가들도 왜와의 교류를 통해 얻을 수 있는 정치·경제적 이익의 획득을 위해 왜와의 교류에 적극적이었던 것으로 보인다.

우재병

‖참고문헌‖

慶星大學校博物館 編, 2000,『金海大成洞古墳群Ⅱ』, 慶星大學校博物館 研究叢書 第7
    輯, 慶星大學校博物館.

朴淳發, 2000,「加耶와 漢城百濟」,『加耶와 百濟』, 第6回 加耶史學術會議, 金海市學術委
    員會.

朴天秀, 2001,「三國・古墳時代における韓・日交渉」,『渡來文化の波 −5〜6世紀の紀
    伊國を探る』和歌山市教育委員會.

申敬澈, 2000,「29號墳의 意義」,『金海大成洞古墳群Ⅱ』, 慶星大學校博物館 研究叢書
    第7輯, 慶星大學校博物館.

禹在柄, 2000a,「榮山江流域 前方後圓墳 出土 圓筒形土器에 관한 試論」,『百濟研究』
    第31輯, 忠南大學校 百濟研究所.

_____, 2000b,「4〜5世紀 武器・武裝體系에 보이는 加耶와 倭의 交易體系 變動」,『韓
    國古代史와 考古學』, 學研文化社.

_____, 2002,「4〜5世紀 倭에서 加耶・百濟로의 交易루트와 古代航路」,『湖西考古學』,
    第6・7合輯, 湖西考古學會.

_____, 2004,「榮山江流域 前方後圓墳의 出現과 그 背景」,『湖西考古學』, 第10輯, 湖
    西考古學會.

_____, 2005,「5世紀頃 日本列島 住居樣式에 보이는 韓半島系 炊事・煖房시스템의
    普及과 그 背景」,『百濟研究』第41輯, 忠南大學校 百濟研究所.

林孝澤, 2000,「金海良洞里 第427號 土壙木棺墓 考察」,『金海良洞里古墳文化』, 東義
    大學校博物館學術叢書7, 東義大學校博物館.

全北大學校博物館 編, 2001,『如意谷遺蹟』本文, 鎭安龍潭댐 水沒地區內 文化遺蹟 發
    掘報告書Ⅷ, 全北大學校博物館.

鄭澄元・洪潽植, 2000,「筒形銅器研究」,『福岡大學綜合研究所報』第240號, 綜合科學
    編, 第3號, 福岡大學綜合研究所.

崔完奎, 1997,「全北地方 古墳의 墳丘」,『湖南考古學報』5輯, 湖南考古學會.

韓國古代史研究會 編, 1998,『加耶文化圖錄』慶尙北道.

京都大學文學部博物館 編, 1993,『紫金山古墳と石山古墳』, 京都大學文學部博物館.

岡內三眞, 1989,「彌生靑銅器の盛衰」,『古代史復元』5, 講談社.

高橋克壽, 1996,「埴輪から古代をよむ」,『埴輪の世紀』歷史發掘⑨, 講談社.

高久健二, 1997,「良洞里と大成洞」,『考古學による日本歷史』10, 雄山閣.

今西織江・小笠原好彦, 2000,「古墳時代の船形埴輪と繪畵の船」,『滋賀史學會誌』第12
　　　號, 滋賀大學.

吉田惠二, 1989,「窯業の興隆」,『古墳時代の工藝』, 古代史復元7, 講談社.

大阪市教育委員會・大阪市文化財協會 編, 1989,『よみがえる古代船と5世紀の大阪』
　　　大阪市教育委員會・大阪市文化財協會.

大阪市文化財協會 編, 1989,『古代船の時代』大阪市制100周年・大阪市文化財協會設
　　　立10周年 國際シンポジウム, 大阪市文化財協會.

都出比呂志, 1998,「倭國の亂」,『古代國家の胎動』NHK人間大學, 日本放送出版協會.

末永雅雄・嶋田曉・森浩一, 1980,『和泉黃金塚古墳』, 東京堂出版.

武末純一, 2000,「北部九州の百濟系土器－4・5世紀を中心に」,『福岡大學綜合硏究所
　　　報』第240號, 綜合科學編, 第3號, 福岡大學綜合硏究所.

北條芳隆, 1991,「紡錘車形貝製品」,『權現山51號墳』, 權現山51號墳刊行會.

＿＿＿＿, 1996,「雪野山古墳の石製品」,『雪野山古墳の硏究』考察篇, 雪野山古墳發掘調
　　　査團.

杉井健, 1996,「靫の構造とその成立背景」,『雪野山古墳の硏究』考察篇, 雪野山古墳
　　　發掘調査團.

小西永子, 1989,「岡古墳出土の船形埴輪の意義について」,『岡古墳－古市古墳群の調
　　　査硏究報告Ⅰ』, 藤井寺市文化財調査報告 第5集, 藤井寺市教育委員會.

松木哲, 1989,「丸木船から構造船へ」,『よみがえる古代船と5世紀の大阪』, 大阪市教
　　　育委員會・大阪市文化財協會.

＿＿＿, 2001,「コメント 袴狹と東殿塚の船の繪」,『考古學硏究』第48卷 第1號, 考古學硏
　　　究會.

松阪市教育委員會 編, 2001,『松阪寶塚1號墳調査槪報』, 學生社.

柳本照男, 2001,「金海大成洞古墳群出土の倭系遺物について」,『久保和士君追悼考古
　　　論文集』.

田中勝弘, 1997,「船形埴輪」,『物と人』, 安土城考古博物館.

佐原眞, 2001,「彌生・古墳時代の船の繪」,『考古學硏究』第48卷 第1號, 考古學硏究會.

天理市教育委員會 編, 2000,『西殿塚古墳・東殿塚古墳』, 天理市埋藏文化財報告 第7
　　　集, 天理市教育委員會.

置田雅昭, 1988,「船形埴輪」,『ニゴレ古墳』, 京都府彌榮町文化財調查報告 第5集, 彌
　　　榮町教育委員會.

八賀晉, 2001,「寶塚1號墳の調查と意義」,『松阪寶塚1號墳調查槪報』, 學生社.

隈昭志, 1989,「巴形銅器」,『季刊考古學』第27號, 雄山閣出版.

7세기 동아시아의 국제전쟁

1. 고구려의 대 수·당전쟁에서 동아시아 국제전쟁으로

고구려는 국가형성기 이래 환경적 여건의 취약성을 군사적 팽창정책으로 상쇄하면서 전형적인 '전제적 군사국가(despotic military state)'로 성장하게 되었다. 따라서 고구려는 4세기 말 이래 하나의 '왕국'의 단계를 넘어 동북아시아에서의 패권을 장악한 제국적 지배구조에 입각한 다종족국가로 우뚝 서게 되었던 것이다.

특히 이와 관련하여 눈여겨 볼 사실은 고구려가 우리 민족사에서 언제나 강요항(强要項)으로써 기능하던 대륙관계사 전개의 향방을 능동적으로 주도·대응해 왔다는 점이다. 이 점은 한족(漢族)세력이 위진남북조 시대(3~6c 말) 동안 북아시아 스텝지대에서 흥기한 여러 유목세력에게 위축·압도·정복되고 있었던 점에 비추어 매우 주목을 요하는 문제이다.

그러나 6세기 말 이래 중국은 진·한제국에 이은 한세력 제2의 팽창기를 맞게 된다. 수·당제국은 중국을 재통일하고 자국을 중심으로 한 동아시아 세계체제 질서를 주변 모든 국가와 세력에 강요하게 된다. 따라서 이에 입각한 수·당의 적극적인 대동북아시아 정책은 이 방변에서의 패권을 둘러싸고 고구려와의 길고도 지루한 전쟁을 야기할 수밖에 없었다.

598년 고구려의 선제공격으로 시작된 이 전쟁은 백제(660)와 고구려(668)의 국망에 그치지 않고, 677년 나당전쟁의 종결시기까지 근 80년 가까이 장기간 계속된 미증유의 동아시아 국제전쟁이었다.

이 전쟁의 결과로 10세기 말까지 동아시아 세계에는 조공·책봉을 매개기제로 하는 당을 중심으로 동아시아 세계체제 질서, 곧 중국을 중심으로 한 억압적 평화체제(Pax-Chinica system)가 정착하게 된다. 또 이 전쟁은 이후 우리 한국사 전개의 패러다임(paradigm)이 바뀌는 계기가 되었던 것이다.

여기서는 이 동아시아 국제전쟁에 관한 이제까지의 논의를 거칠게나마 되짚어봄으로써, 이 전쟁이 갖는 유의미성을 재음미함과 동시에 앞으로 이 문제구명에서 보다 진전된 성과를 기약하기 위한 노력에 일조하고자 한다.

2. 본 전쟁 인식의 흐름

『삼국사기』이래 우리 전통사학은 고구려와 수·당 사이의 전쟁[이하 논지전개 편의상 이 '고구려의 대 수·당전쟁'을 '본 전쟁'으로 표현함]과 관련된 중국측 자료에 바탕한 사료를 유교적 합리주의와 자아준거적(自我準據的) 관점에서 다시 읽고, 그것을 역사의 기억 속에서 우리 국가·민족의 자기 정체성을 재확인하는 근거로 삼아왔다.

그러나 일본강점기 일본인 학자들의 본 전쟁에 대한 인식은 '근대 역사학적 시각에서의 접근'을 표방하면서도 학문외적·정치적인 고려 아래 적잖이 이지러진 그것으로 표출될 수밖에 없었다. 곧 일본은 그들의 한국강점과 대륙침략의 역사적 합리화라는 학문외적 목적에서 '만선사관(滿鮮史觀)'을 구상하고, 고구려사에 대한 일련의 연구를 진행한 바 있다.[末松保和, 1931 ; 稻葉岩吉, 1933 ; 池內宏, 1951 등이 그 좋은 예임] 따라서 본 전쟁에 관한 저들의 연구 또한 그 연장선 위에서 평가되어야 할 것이다.

물론 우리 역사를 굴절·훼손시키려는 이러한 악의적 기도에 대한 저항이 신채호(申采浩) 등 민족주의 사학자들을 중심으로 적극적으로 시도되었음[申采浩, 1948a, 1948b, 1955]은 널리 알려진 사실이다.

우리 학계의 본 전쟁과 관련된 연구노력은 만선사관의 비판적 극복이라는 과제를 넘어서서 냉전구조와 분단상황에서 비롯된 현장성의 상실이라는 시대적 여건의 어려움을 딛고 이미 적지 않은 학문적 성과를 축적하게 되었다.

우리 선학들의 이 방면의 계도적(啓導的) 연구성과는 진단학회의『한국사[고대편]』에 잘 집약되어 있다.[이병도, 1959, 1976]. 그리고 국사편찬위원회는 1977년 그 동안의 연구성과를 참작하여『한국사 2 : 민족의 성장』에서 본 전쟁을 재조명한 바 있다.[이만열, 1977] 한편 1991년 국방부 전사편찬위원회가 간행한『고구려 대수·당전쟁사』는 본 전쟁에 관한 군사사적(軍事史的)인 시점에서의 종합적 접근을 시도한 최초의 단행본 저서인 점에서 주목에 값한다.

또한 최초의 민찬사서로 평가받는『한국사 4 : 고대사회에서 중세사회로 2』〔한길사, 1994〕는 기왕의 연구성과에 더하여 본 전쟁과 관련된 새로운 학계의 견해를 수렴·정리함으로써 이후 연구의 향방에 많은 시사점을 던져준 바 있다.〔임기환, 1994〕 국사편찬위원회 역시 1996년『한국사 5 : 삼국의 정치와 사회 Ⅰ : 고구려』에서 본 전쟁에 관련된 일련의 고찰을 행하고 있다.〔이호영, 1995〕

오늘날 우리 학계의 본 전쟁에 대한 관심은 2002년 시작된 중국 학계의 '동북공정(東北工程)'의 연구성과가 국내에 소개됨〔余昊奎, 2003〕을 계기로 다시 불붙게 되었다. 이에 대한 우리 학계의 대응은 본 전쟁의 본질적 성격이 국제전이 아닌 '내전(內戰)'이라는 중국측의 그릇된 인식을 비판함〔박경철, 2004〕을 출발점으로 삼고 있다는 점에서, 향후 이 문제에 관한 논쟁의 향방을 짐작케 해주고 있다.

이제 이러한 우리 학계 기왕의 본 전쟁 인식과 관련된 몇 가지 쟁점을 '배경·원인론 → 전쟁경과론 → 나당전쟁론 → 성격론'의 범주로 나누어 이에 대한 여러 논의를 검토해 보고자 한다.

3. 본 전쟁의 배경·원인론

먼저 이제까지의 국내 학계에서 논의된 본 전쟁이 발발하게 된 배경과 원인에 대한 여러 논의를 검토해 보고자 한다. 아울러 이 문제는 후술할 본 전쟁의 성격을 규정짓는 기본적 근거가 됨에도 유념해야 할 것이다.

진단학회의『한국사〔고대편〕』는 본 전쟁의 근본적 원인을 고구려와

상접한 중국에서의 통일정권의 출현에서 구하고 있다.〔이병도, 1959, 1976〕
또 국사편찬위원회의 『한국사 2』에서는 본 전쟁의 그것을 중국에서의
통일왕조의 출현과 그들의 동방진출정책에서 찾고 있다.〔이만열, 1977〕

한편 전사편찬위원회의 『고구려 대수·당전쟁사』(1991)는 여·수전쟁
의 원인을 당초의 북수남공정책(北守南攻政策)에 갈음한 수측의 대려 압
박정책과 고구려측의 요하를 중심으로 한 군사배치에서 비롯된 수측의
의구심 및 말갈·돌궐 등 북방민족 관계에서의 우위를 확보하고자 하
는 고구려측의 요서 선공(先攻)작전을 꼽고 있다. 그리고 이 연구는 여·
당전쟁의 그것을 당의 대외팽창정책과 수의 멸망에 대한 보복의지 그
리고 신라의 대당 원조요청에서 찾고 있다.

한길사의 『한국사 4』는 5~6세기 이래의 동아시아 국제정세의 변동
과 맞물리는 고구려 및 수·당의 국내정치 상황을 거시적 관점에서 고
찰하고 있다. 이에 따르면, 수·당에 의한 돌궐 등의 북방세력 제압으
로 동아시아 세력균형이 와해되는 가운데 삼국상쟁으로 인하여 중국세
력 침투의 틈새가 생겼고, 고구려 내부에서는 세력권의 안정적 유지를
위한 대외 강경정책을 주도하는 세력이 집권한 상황에서 본 전쟁이 일
어났다고 보고 있다. 또 이 견해는 본 전쟁의 배경으로 중국 통일제국
황제권력의 권위고양 욕구 및 동북아 패권장악을 통하여 경제적 욕구
를 충족시키고자 하는 지배집단의 의도와 관료집단 간의 갈등 등을 구
체적으로 거론하고 있다.〔임기환, 1994〕

국사편찬위원회의 『한국사 5』는 본 전쟁의 배경으로 중국에서의 통
일제국의 출현과 그에 따른 팽창주의적 정책 그리고 고구려 국내정정
의 불안과 대외정책을 둘러싼 갈등을 꼽고 있다.〔이호영, 1996〕

이상에서 살펴본 바처럼, 본 전쟁의 배경에 관한 우리 학계의 견해

는 우선적으로 수·당제국의 출현이라는 동아시아 정세의 구조적 변화와 이에 힘을 받은 중국측의 동북아시아로의 세력팽창정책에 주목하고 있다. 또 최근의 논의에서는 그러한 국제적 요인이 고구려와 수·당 내부의 상황진전과 어떻게 상관관계를 가지면서 전쟁으로 치달아 갔는가를 밝히는 방향으로 점차 그 시점이 옮겨가고 있는 셈이다. 이 점과 관련하여 국내 학계 일각에서는 본 전쟁의 배경을 수·당 황제들이 '쟁취한 황위(皇位)'의 취약한 정통성을 대외전쟁을 통해 강화하고자 하는 의지에서 비롯된 것으로 파악하기도 한다.〔박한제, 1993〕

한편 국내외 학계에서는 일찍부터 고구려의 대륙관계사 진전 속에서 말갈·거란 등에 대한 지배권과 돌궐 등과의 관계설정의 향방을 놓고 여·수/당의 갈등이 증폭되어 온 것이 본 전쟁의 배경으로 작용함을 밝힌 바 있다.〔日野開三郎, 1949 ; 이용범, 1959 ; 노태돈, 1976, 1984 ; 김선욱, 1985 ; 박경철, 1989 ; 菊池英夫, 1992 ; 이재성, 1996 ; 이성제, 2000 ; 박경철, 2003, 2004, 2005〕

이 점과 관련하여 최근 논자에 따라서는 수·당제국 성립을 주도한 세력은 '무천진군벌(武川鎭軍閥)＝관롱집단(關隴集團)'임을 환기시키면서, 동몽골 지역에서의 거란족 지배권의 향방을 둘러싼 고구려·수/당·돌궐 사이의 각축전을 본 전쟁 발발 원인 가운데 유력한 하나로 꼽기도 한다. 또 이 견해는 훨씬 뒷날 후금/청의 중원지배가 만주의 여진족과 몽골족과의 연합전선 구축으로 창출된 파괴력에서 비롯되었다는 사실에 비추어, 수·당 지배집단의 대 고구려 강경정책이 결코 기우에서 비롯된 것만은 아니었을 것으로 판단하고 있다.〔박경철, 2004, 2005〕

종래 일본학계는 '책봉체제론'이라는 관점에서 이 문제를 구명해 보고자 한 바 있다. 이 논의들은 당대까지의 동아시아 국제관계에 조공과 책봉을 연결고리로 한 일원적인 '동아시아세계'의 실재를 상정, 고구려의 존재를 도외시한 수·당 중심의 책봉질서 관철이라는 시점에서 본 전쟁을 이해해 왔던 것이다. 즉 이 견해에 따르면, 본 전쟁은 중국 봉강(封疆)의 질서 및 중국사회의 예(禮)적 질서를 바로잡는다는 관념을 배경으로 일어났다는 것이다.〔西嶋定生, 1962〕

그러나 상술한 바처럼, 본 전쟁 이후 비로소 당을 중심축으로 한 억압적 평화체제가 동아시아에서 본격적으로 가동됨을 상기할 때, 책봉체제론을 전제로, 또 아무런 국가적 실익도 보상받을 수 없는 관념론에서 본 전쟁의 배경을 구하고자 함은 설득력이 떨어진다고 판단된다.

한편 일본 학계의 일각에서는 당시 중국의 황제독재권 아래의 붕당(朋黨)의 발호(跋扈)와 소수 근신(近臣)에 의한 정권독점과 정보독점이 본 전쟁을 야기시킨 것으로 보기도 한다.〔堀敏一, 1979 ; 金子修一, 2002〕 또 논자에 따라서는 무천진 군벌의 전쟁상황 지속 희망을 본 전쟁의 배경으로 추정하기도 한다.〔宮崎市定, 1987〕

1990년대 이후 중국 학계는 통일적 다민족국가론을 고구려와 수·당의 관계를 고찰하는 데 경직적으로 적용함으로써 대부분 수·당의 입장만 지나치게 강조하면서 고구려 원정의 당위성을 주장하고 있다. 이 논의는 대체로 고구려에 대한 수·당의 정벌은 국가 사이의 전쟁이 아니라 중원 통일정권이 변강 소수민족 할거세력을 통제하던 과정으로서 결코 침략이 아니라는 점〔孫玉良·李殿福, 1990〕을 그 주요 입론으로 삼고 있다.

혹자는 이러한 관점에서 고구려 정벌을 중국의 고유영토를 회복하여 전 중국을 통일하기 위한 것으로 파악하기도 한다.〔楊秀祖, 1996〕 논자에 따라서는 고구려는 중국영역이지만, 신라와 백제는 '종번(宗藩)'관계에 있었다고 함으로써, 고구려·백제/신라 사이에 존재하는 역사인식

영역의 차별성을 강조하는 견해[劉子敏, 1999]도 제시하고 있다.

4. 본 전쟁 경과론

본 전쟁의 경과와 관련된 국내 학계의 여러 논의는 대체로 그 큰 흐름과 내용에 있어 크게 다르지 않다.[이병도, 1959, 1976 ; 이만열, 1977 ; 전사편 찬위원회, 1991 ; 임기환, 1994 ; 이호영, 1996] 이를 약술하면 다음과 같다.

먼저 여·수전쟁의 경과를 살펴보자. 612년 수 양제(煬帝)는 113만 명 의 대병력으로 우선 무려라(武厲邏)로 대표되는 고구려측 요서 제 전초기 지를 유린하고, 요하 도하작전을 감행하였다. 이에 고구려는 요동성을 비롯한 천산산맥(千山山脈)에 잇닿아 구축한 여러 성으로 하여금 집요한 '영성고수(嬰城固守)'작전을 벌이도록 하여 수군 전력의 분산과 소모를 지 속적으로 강요하고자 하였다. 또 고구려는 평양방면으로 도해내공(渡海來 攻)하는 내호아(來護兒)가 이끄는 수군(水軍)의 성급한 공세를 유인·매복 전술로써 무력화시켜 버렸다. 그리고 고구려는 요동 방면에서의 교착된 전국을 타개하기 위하여 새로이 평양 방면으로 남하해 오는 우문술(宇文 述) 등 30만 군을 맞이하여 압록강 방어선을 의도적으로 포기하면서, 수 군을 자기 영내 깊숙이 끌어들였다. 고구려는 평양성을 눈앞에 두고 전 력이 고갈되어 철수하는 수군을 살수(薩水)에서 습격하여 이들을 일거에 괴멸시킴으로써 수 양제의 야욕을 무산시켜 버렸던 것이다.

수 양제는 실추된 위신을 되찾기 위해 이후에도 613년과 614년 두 차례에 걸쳐 고구려 정벌을 기도했으나, 고구려의 선방과 수 측의 자중

지란으로 좌절되고 말았다. 수 문제(文帝) 이래 네 차례의 여·수전쟁으로 인하여 수 제국은 경제가 파탄되고 민심이 이반되어 각지에서 반란이 일어나 618년 자멸하고 말았다. 고구려는 국위를 천하에 떨칠 수 있었으나, 전쟁으로 인한 인적·물적 손실 또한 대단하였다. 아울러 고구려는 이 전쟁의 결과 요서지방에 전개시킨 무려라 등 여러 전초거점을 상실함으로써 이 방면에서의 공제(控制)역량을 상실하게 되었던 것이다.

다음으로 여·당전쟁의 경우, 645년 당 태종(太宗)은 고구려의 대당 강경정책을 구실로 제1차 침공을 단행한다. 당군은 개모성(蓋车城)·비사성(卑沙城)·요동성·백암성(白巖城) 등의 공함(攻陷)작전에 성공하였지만, 안시성(安市城) 공방전에서 고전을 면치 못하였다. 안시성이 당군의 끈질긴 공성전을 끝내 이겨낼 수 있었던 것은 인접한 개평(蓋平)지방의 철생산에 의해 조성된 경제력에 힘입은 바 컸으며, 또 이 곳의 사수를 위한 고구려측의 의지 역시 남다른 바 있었기 때문이다.

당군은 추7월에서 9월에 걸쳐 행해진 이 싸움에서 요동지역에서의 가용(可用) 작전기간을 거의 소진해 버린데다가, 진작부터 우려의 대상이던 병참지원조차 6~7월 우기(雨期) 이후 여의치 못하게 되었던 것이다. 더구나 이 참에 고구려의 사주를 받은 것으로 짐작되는 철륵(鐵勒)부족 설연타(薛延陀)의 하북(河北)침입으로 인하여 당군은 철수를 서두를 수밖에 없었다.

당 태종의 대 고구려 정토(征討)전략은 647년 이후 상당히 변화되었다. 즉 당은 강공과 돌파라는 종래의 정공법에 갈음하여 3천~3만의 소규모 병력을 다수 편제하여 수륙 양면으로 교체 투입하면서, 파상적인 출병·타격·철군의 군사행동을 반복 실시하였다. 당은 이런 전략을 통해 고구려에게 장기소모전을 강요함으로써 군사력 나아가 국력의 마멸을 강요하고자 하였던 것이다. 이런 전략구상은 고종(高宗)대에도 지속적으로 실시되었다.

이런 상황에서 고구려는 백제가 나·당에게 공멸된 660년 이후 북상하는 나·당군에 의한 '제2전선'의 형성이라는 군사적 부담을 새로이 안아야 하는 전략적으로 불리한 입장에 처하게 되었다.

그러나 고구려의 대당 전선상의 치명적인 균열은 정쟁으로 실각한 남생(男生)이 당으로 투항해 버린 전쟁지도부의 분열이었다. 당군은 이 틈을 타 667년 추9월부터 적어도 50만 이상의 대병력을 동원하여 신성(新城)·남소성(南蘇城)·목저성(木底城) 등 요하 및 압록강 연선(沿線)의 여러 성을 차례차례 함락시켰다.

그리고 당군은 668년 2월에는 당시 고구려 최대 후방 전략거점으로 기능하던 송화강(松花江) 유역을 장악함으로써, 반년간에 걸쳐 수행한 평양성 진공작전을 위한 일련의 예비 군사행동을 마무리지을 수 있었다. 마침내 당군은 668년 9월부터 평양성 공위전(攻圍戰)을 전개하여 외부로부터 일체의 물적·인적 지원가능성이 차단된 채 필사적으로 항전하는 평양성을 함락시킬 수 있었던 것이다.

한편 최근 국내 학계에서는 이런 기왕의 여러 논의를 보강하거나 이에 대한 새로운 문제제기적 차원의 견해가 개진되고 있어 주목에 값한다.

먼저 논자에 따라서는 당의 고구려 정벌전략이 '요동공략→평양직공→내분유도공작'이라는 3단계로 진전되었던 것으로 파악하면서, 당의 백제공멸 사실을 평양직공을 위한 우회전략으로 파악하고 있다. 이 견해는 그러나 평양직공전략의 실패 후 당에 의한 고구려 분열 유도공작의 소산이 연개소문(淵蓋蘇文) 사후 벌어진 고구려 내분이라고 본다. 즉 이 견해에 따르면, 666년 태산봉선(泰山封禪)에 보장왕(寶藏王)의 아들이 참석한 것은 남생-보장왕 연합전선이 구축되어 대당 화해노선을 추구하고자 했음을 뜻하는바, 이에 대해 남산(南山)은 대당 강경노선을 견지하고자 함으로써 국망과 직결되는 내분이 발생하였다고 보고 있는 것이다.[김영하, 2000]

또 천리장성(千里長城)에 관한 새로운 견해도 제시되고 있다. 논자에 따라서는 천리장성이 처음으로 축성된 것이 아니라, 기왕에 조성된 산성들을 보완 개축함으로써 하나의 방어선으로서 연결된 것이라 보고 있다. 즉 이 견해에 따르면, 천리장성은 만리장성처럼 연속적으로 이어진 것이 아니라, 요하를 따라 구축된 주요 요충을 연결시킨 산성 네트워크로서, 초기의 시발점은 부여성(夫餘城)이며 그 남쪽 종착지점은 건안성(建安城)이었지만, 후기 장성의 실질적 출발점은 신성이고 그 종착점은 비사성이라고 파악하고 있다.[신형식, 2000]

반면 혹자는 천리장성은 처음부터 평지성(平地城)으로 새로이 축조된 장성(長城)이라고 본다. 이 견해는 특히 요하 중·상류 지역에서 송화강 유역까지 구축된 그것은 말갈의 이탈을 방지하고, 친당적인 거란·돌궐의 침투기도를 제어하기 위해 쌓은 것이라 보고 있다.[여호규, 2000]

우리 학계에서는 본 전쟁에 임하는 고구려의 말갈·거란 등 이종족 동원체제 및 그 실상에 꾸준한 관심을 기울여 오고 있다. 혹자는 고구려가 국망 당시까지 말갈·거란을 자기 군사역량의 주요 구성원으로 구사하고 있었다고 보고 있다. 이 견해는 특히 말갈은 비정규전적 성격이 짙은 작전에 투입되기도 하였지만, 무엇보다도 이들이 고구려 군사역량 운용에 있어 전략예비대로서의 구실도 수행하였다고 파악하고 있다.[박경철, 1988, 2003]

또 논자에 따라서는 수·당대 말갈7부 가운데 백산부(白山部)·속말부(粟末部)는 5세기 이후 거의 완전한 고구려민으로서 존재할 수 있었으나, 그밖에 부의 고구려 내에서의 위상은 속민집단 혹은 부용(附庸)집단적 수준에 머물러 있었다고 보면서, 이들은 국왕직속의 특수부대로 편성되어 정복활동에 구사한 것으로 새기고 있다.〔金賢淑, 1992〕

한편 학계 일각에서는 본 전쟁에서 한 고비가 되었던 안시성 공방전 당시 고구려가 철륵의 설연타에 대하여 벌였던 공작과 반당적인 사다미가한(沙多彌可汗)의 돌연한 집권 및 오르도스(Ordos) 침공을 검토하면서, 당시 고구려가 국가생존을 위하여 전개했던 폭넓은 국제외교 활동에 주목하고 있다.〔徐榮敎, 2003〕

그런데 북한학계는 근래 들어 612년 여·수전쟁 당시 수군이 공격한 평양성은 오늘의 평양이 아닌 압록강 북안의 봉황성(鳳凰城)이며, 따라서 당시 패수는 압록강이나 애하이며, 살수는 청천강(淸川江)이 아닌 소자하(蘇子河)이고, 압록수는 태자하(太子河)로 비정하고 있어 주목된다.〔사회과학원 력사연구소, 1979 ; 손영종, 1990〕 이러한 돌출적 역사인식은 모든 민족사를 오늘의 평양을 중심으로 재구성하되, 주체의 수도인 평양의 불멸성을 강조함으로써 역사 속에서 사회주의적 애국주의를 고양하고자 하는 의도에서 비롯된 것으로 판단된다.

5. 나·당전쟁론

우리 학계는 나·당전쟁의 본질을 당의 한반도 기미(羈縻)지배 기도에 대한 신라의 반발과 저항에서 찾고 있다.[존 C. 제미슨, 1969 ; 임병태, 1977 ; 신형식, 1990 ; 이호영, 1998, 1999 ; 서인한, 1999 ; 서영교, 2000 ; 양병룡, 1997]

즉 논자에 따라서는 당군의 한반도에서의 철수가 신라와 고구려 유민의 저항에서 비롯된 것으로 본다.[존 C. 제미슨, 1969] 혹자는 신라의 삼국통일은 외세를 능동적으로 이용한 것이라고 본다. 나아가 이 견해는 신라의 고구려 부흥군에 대한 원조에서 시작된 나·당전쟁은 자율적으로 외세를 축출하는 과정이었으며, 당시 당은 토번(吐蕃) 등의 변환에 시달려 신라와의 대결을 회피했었다고 파악한다.[신형식, 1990]

또 다른 견해들은 나·당전쟁의 전개과정을 검토하면서, 이 전쟁에서 당세력을 한반도에서 패퇴시킨 것은 신라가 당과 대결할 수 있는 용기와 임전(臨戰)에서 승리할 수 있었던 힘의 축적이 있었기에 가능하였음을 강조하고 있다.[이호영, 1998, 1999 ; 서인한, 1999]

한편 우리 학계 일각에서는 최근 "서역의 강국 토번의 등장이 바로 당의 신라 정벌을 중단시킨 가장 큰 변수였다"는 진인각(陳寅恪)의 관점에 주목하면서, 토번의 팽창으로 당은 신라의 한반도 지배를 방치할 수밖에 없었다는 견해가 새로이 제시된 바 있다.[陳寅恪, 1944 ; 서영교, 2000] 이 견해는 나·당전쟁 역시 국제정치적 역동성이 투영되는 현장에서 예외가 될 수 없었다고 봄으로써 지나치게 신라 자주성의 관점에서 나·당전쟁을 해명하고자 했던 종래의 시각과는 일정한 차별성을 보이고 있다.

한편 연구자에 따라서는 나·당전쟁 전개과정과 고구려 유민들의 대당항쟁과의 상관성에 천착하고 있다. 이 견해는 당이 구사한 '번병(蕃兵)'과 신라의 지원을 받는 고구려 '유민'들의 역할과 의미를 대비하여 재조명하고, 신라는 현실적 국익추구를 위해 유민들을 지원하였지만, 고구려의 복국(復國)을 바라지는 않았음을 분명히 밝히고 있다.[양병룡, 1997]

6. 본 전쟁의 성격론

우리 학계는 본 전쟁의 성격 혹은 본질이 수·당의 중화중심적 천하질서 실현을 위한 팽창주의에 대항한 고구려의 독자적 세력권을 지키기 위한 전쟁이었고, 그것이 고구려와 백제가 연결된 남북진영과 신라와 당이 연결된 동서진영을 양축으로 하는 동아시아를 가르는 국제전쟁의 형태를 띠고 전개되었던 것으로 보고 있다.〔임기환, 1994〕

『태평어람(太平御覽)』에서 당 태종 때 정요판관(征遼判官)으로 종군한 바 있던 서경(徐慶)은 당시 전장에서 꾸었던 흉몽(凶夢)이 측천무후(則天武后) 때에 현실이 되어 피륙되었다는 이야기가 저록되어 있다.〔『太平御覽』 권400, 人事部 41, 凶夢〕 이 사실은 당시 중국인들의 삶과 기억에 고구려와 치렀던 '요동지역에서의 전쟁〔遼東之役〕'이 대돌궐·토번전과 더불어 동아시아에서 그들이 겪었던 가장 혹독하고도 기나긴 전쟁으로 각인되고 있었음을 시사하고 있다.

그럼에도 불구하고 최근 중국학계 연구성과는 대부분 수·당이 고구려에 보낸 조서(詔書)를 근거로 양자관계를 파악함으로써 본 전쟁의 성격을 국제전이 아닌 내전으로 규정하고 있다. 조서라는 자료가 갖는 상투성(常套性)과 수사성(修辭性)을 감안할 때, 그 행간(行間)의 의미파악 노력조차 내친 채 행해진 이러한 연구성과는 즉흥적인 정책적 역사인식의 가장 좋은 본보기가 될 것이다.

그러나 이 조서 및 당시 관련 여러 사료에 드러난 수·당의 화이론적(華夷論的) 세계인식은 고구려·백제·신라를 모두 '이(夷)'로 파악하고 있는바, 고구려만 유독 자기 대내정책의 관철대상으로, 또 그것과의 전쟁을 내전으로 단정지음은 지나친 연역적(演繹的) 논리비약이 아닐 수 없다.

한편 모든 자료들은 본 전쟁이 진행되는 와중에서조차 이 화이론적 세계관의 실천 메커니즘인 조공·책봉체제가 고구려와 수·당 사이에 가동되고 있었음을 적시하고 있다. 이 점은 화이론과 조공·책봉체제가 갖는 허구성의 일단을 적나라하게 보여 주고 있는 셈이다.〔박경철, 2004〕

본래 조공·책봉제도란 중국의 문화적·이념적 우월성에 기초하는 바, 그러한 우월성 역시 중국이 사이(四夷)를 군사적으로 지배하던 특정 시기에 한해서만 실효적으로 관철되었던 것이다. 중국측의 군사적 우월성이 담보해 주지 못하는 유교이념에 기초한 이러한 계서적 대외관계는 중국 내부에서 황제 통치권을 정당화하려는 노력이 빚어낸 허구에 지나지 않았다.〔피터 윤, 2002〕 따라서 우리가 화이론적 관념론의 허위의식에서 비롯된 중국측 사료가 갖는 한계를 충분히 인식한 위에서만 본 전쟁의 실상을 좀더 분명히 이해할 수 있는 것이다.

이 점에 비추어, 당시 고구려와 수·당 사이의 전쟁과 평화의 갈림길은 '화이론/조공'이라는 도식적 용어의 틀에서 나뉜 것이 아니었다. 당시 동아시아 제국의 대외관계사를 지정학적·역사적 맥락에서 짚어 갈 때, 본 전쟁은 관련 여러 국가 혹은 왕조의 생존·보존·발전을 위한 전략의 관철이라는 실리주의 원칙 곧 국익추구에서 비롯된 동아시아 국제전쟁이었음을 확인할 수 있다. 그렇다면 당시 전쟁당사국들이 지키고 실현하고자 했던 국익은 무엇이었을까?

고구려는 국초 이래 지속적으로 추진해 온 군사적 국세 팽창정책의 연장선 위에서 동북아시아에서의 독자적 생존권과 패권의 보존 및 그 확산을 담보하기 위하여 동몽골 문제로 대표되는 나름대로의 '대륙정책'을 관철해 나가고자 했다.

그러나 수·당은 동아시아를 중국을 중심으로 하는 일원적 지배질서에 입각하여 재편함으로써 자국의 안보를 궁극적으로 보장하려는 세계정책(world policy)을 강행하고자 했던 것이다. 곧 본 전쟁은 각자의 국익을 추구하려는 고구려의 대륙정책과 수·당의 세계정책이 정면충돌하면서 빚어낸 동아시아 국제전쟁이었지, 결코 수·당과 국내 할거세력 사이에 벌어진 내전이 아니었던 것이다.〔박경철, 2004〕

또 이 점은 "영원한 적도 동지도 없고, 영원한 국익만이 있을 뿐"·"적의 동지는 나의 적, 적의 적은 나의 동지"·"국익을 위해서라면 악마와도 거래할 수 있다"는 국제정치적 명제가 고구려의 대 수·당전쟁과 나·당전쟁의 진행과정에서 그대로 구현되고 있었다는 사실〔양병룡, 1997 ; 서영교, 2000 ; 서영교, 2003〕을 통해서 새삼 확인할 수 있다.

7. 맺음말

이상에서 필자는 고구려의 대 수·당전쟁 및 그 연장인 나·당전쟁을 '배경·원인론 → 전쟁경과론 → 나당전쟁론 → 성격론' 얼개에 따라 매개 사안별 논점과 쟁점을 검토해 보았다.

먼저 본 전쟁 이해의 출발점은 배경·원인론이 되며, 이는 성격론과도 수미상관의 맥락으로 접속되고 있다. 이 문제들에 대한 정확한 파악은 본 전쟁의 경과를 올바르게 이해하기 위한 전제가 됨은 물론이다.

그러나 이와 관련된 여러 논의는 중국학계의 그것은 논외로 하더라도 지나치게 분산적이며 단편적이다. 한 전쟁의 배경이나 원인은 인간사 만큼이나 매우 복합적인 것이다. 또 그것이 국제전쟁일 경우 더 말할 나위없는 것이다.

오늘날 국제정치학계의 주요 흐름인 신현실주의(neorealism)에 따르면, '전쟁에 관한 연구는 ① 인간 본성에 관한 연구(political leadership, personality), ② 개별 국가구조에 관한 연구〔정치·경제·사회·문화 구조〕, ③ 국제체제라는 세 가지 수준의 분석 및 접근방법에 기초하고 있다.〔Waltz, K.N. 1988〕

이 점은 본 전쟁에 대한 거시적·포괄적 접근노력에 많은 시사점을 제공하고 있다. 곧 연구자들은 당시 동아시아 세계라는 국제정치 구조 틀 속에서의 고구려·수/당 등 관련 당사국들이 처한 위상 및 상황과 각국의 정치적 지도력(political leadership)과 그와 유관한 각국의 정치·경제·사회·문화구조 등에 대한 포괄적 고찰을 통해, 이 문제 해명의 새로운 전기를 마련할 수 있을 것이라 판단된다. 그리고 이러한 접근방식은 어느 한 개별 연구자의 역량을 가지고 수행하기에는 버거운 과제인 바 상호 의사소통 네트워크 아래에서의 집체적인 연구 또한 바람직한 것으로 판단된다.

그러나 무엇보다도 국제전쟁이란 국제정치의 연장이며, 국제정치의 본질은 각 당사국의 국익추구에 있다는 명제 또한 본 전쟁의 본질과 성격을 이해하는 데 아무리 강조해도 지나침이 없는 시점(視點)이 될 것이다.

다음으로 여·수/당전쟁 경과나 나·당전쟁에 대한 기왕의 여러 논의는 그 표현이나 구체적 내용에 연구시기별 인식수준의 진전상황은 눈에 띄지만, 그 본질적 내용면에서는 별 차별성을 느낄 수 없음도 사실이다.

이 문제에 관한 한 필자 자신도 예외가 될 수 없겠시만, 연구영역과 자료의 방대함에 대조되는 연구자 각자의 문제의식 부재에 더하여 미시적·독존적 접근자세와 지나치게 당위론적인 규범적 인식 또한 이 문제의 거시적·포괄적·객관적 해명을 가로막는 걸림돌이 되어 왔었다고 생각된다.

더 나아가 이 문제에 대한 접근은 문헌사학만이 감당하기에는 그 연구범위가 지나치게 광범위하다. 따라서 이 문제 해명에는 역사고고학·동양사학·알타이학·인류학·기타 인문학 등 인접학문과의 학제간 연구의 필요성이 새삼 절감됨을 지적할 수 있다. 아울러 본 과제의 특수성에 비추어 국제정치학·군사학 등의 사회과학 분야와의 제휴까지 필요함을 다시 한번 강조하고자 한다.

다음으로 한국고대사 전개의 매 장면 가운데 본 전쟁관련 자료만큼 그 질·양 면에서 압도적인 역사적 사상(事象)은 없다고 판단된다. 필자가 평소 아쉬웠던 점은 우리 연구자들이 본 전쟁의 실상구명 그 자체에만 매몰되어, 관련자료의 이면에 숨겨진 정치·경제·사회·문화 등 당시의 역사상(歷史象)의 숨은 그림 찾기를 위한 노력을 등한시해 왔다는 사실이다. 앞으로 우리 학계는 이 점에 유의하여 본 전쟁 관련 자료를 당시의 역사를 복원하는 밑그림으로 활용하는 노력이 필요하다고 본다.

또 고조선과 한제국과의 전쟁은 본 전쟁과 대비되는 한국사(韓國史)상의 전환점이 되었던 그것으로 꼽을 수 있다. 전자가 한(漢)민족 제1팽창기인 진·한제국 시기에 우리 민족이 감당해야 했던 동북아시아 국제정치에서의 기회비용이었다면, 제2팽창기인 수·당제국 시기의 후자 역시 같은 의미를 지니고 있다. 따라서 연구자들은 이 두 차례에 걸친 중국과의 전쟁이 오늘을 살아가는 우리들에게 갖는 의미망(意味網)을 찾기 위한 비교사적인 거시적·구조적 접근노력이 필요하다고 본다.

필자는 특히 후자의 결과인 고구려 국망 이후 한국사 대외관계 전개 패러다임이 바뀐 것은, 본 전쟁 이전과 이후에 걸쳐 우리의 역사와 삶에 있어 정치체제·이념·경제적 재생산구조의 질적 차별성이 현저해진 것을 뜻한다고 파악하고 있다. 이 점에 유념하는 연구 또한 소홀히 할 수 없는 과제라 생각된다.

마지막으로 역사학이 사회과학과 다른 점은 자료를 바탕으로 한 치밀한 고증작업에 입각한 과거사실에 대한 실증적·합리적 의미부여의 노력이 필요하다는 점이다.

그런데 우리 학계는 주로 이제까지 중국의 '25사(二十五史)'나 『자치통감(資治通鑑)』·『삼국사기』 같은 기왕에 밝혀진 사료 위에서 자족적인 연구를 진행해 온 것도 부인할 수 없는 사실이다. 본 전쟁에 대한 기초적 문헌자료는 양적 풍성함에도 불구하고 제대로 정리조차 되지 않았고, 따라서 사장된 자료도 적지 않은 실정이다.

예컨대 『태평광기(太平廣記)』 같은 설화집은 원형대로 완전하게 전해질 것이 없는 송 이전 소설 가운데, 그 일부를 보존하는 역할을 하는 가치있는 자료가 되는만큼 텍스트 외연(外延)의 확장이라는 차원에서 진지하게 검토해 볼 필요가 없지 않다고 본다. 그리고 무엇보다도 이런 자료에 대한 체계적인 정리작업과 데이터베이스화를 위한 노력이 절박한 현실임을 다시 한번 강조해 두고자 한다.

박경철

‖참고문헌‖

國防部 戰史編纂委員會,1991, 『高句麗 對隋·唐戰爭史』.

金善昱, 1985, 「高句麗의 隋唐關係研究—靺鞨을 中心으로」, 『百濟研究』 26.

金瑛河, 2000, 「高句麗 內紛의 國際的 背景」, 『韓國史研究』 110

金賢淑, 1992, 「高句麗의 靺鞨支配에 관한 試論的 考察」, 『韓國古代史研究』 6.

盧泰敦, 1976, 「高句麗의 漢江流域 喪失의 原因에 대하여」, 『韓國史研究』 13.

_____, 1984, 「5~6세기 東아시아의 國際情勢와 高句麗의 對外關係」, 『東方學志』 44.

朴京哲, 1988, 「高句麗軍事力量의 再檢討」, 『白山學報』 35.

_____, 1989, 「高句麗 軍事戰略 考察을 위한 一試論: 平壤 遷都 以後 高句麗 軍事戰略의 志向點을 中心으로」, 『史學研究』 40.

_____, 2003, 「高句麗 異種族支配의 實相」, 『韓國史學報』 15.

_____, 2004, 「中國學界의 高句麗 對隋·唐70年戰爭 認識의 批判的 檢討」, 『韓國古代史研究』 33.

_____, 2005, 「高句麗의 東蒙古經略」, 『白山學報』 71.

朴漢濟, 1993, 「七世紀 隋唐 兩朝의 韓半島進出經緯에 대한 一考: 隋唐初 皇帝의 正統性確保問題와 關聯하여」, 『東洋史學研究』 43.

사회과학원 력사연구소, 1979, 『조선전사』 3, 과학백과사전출판사.

徐榮教, 2000, 「羅唐戰爭史 研究: 國際情勢의 變化와 羅唐戰爭의 推移」, 東國大學校 大學院 博士學位論文.

_____, 2003, 「고구려의 대당전쟁과 내륙아시아 제민족: 안시성전투와 설연타」, 『軍史』 49.

徐仁漢, 1999, 『羅唐戰爭史』, 국방군사연구소.

손영종, 1990, 『고구려사』 2, 과학백과사전종합출판사.

申采浩, 1948a, 『朝鮮史研究草』, 연학사.

_____, 1948b, 『朝鮮上古史』, 종로서원.

_____, 1955, 정필선 譯, 『乙支文德』, 丹齋 遺稿出版會.

申瀅植, 1990, 「三國統一의 歷史的 性格」, 『統一新羅史研究』, 삼지원.

_____, 2000, 「만주의 고구려 산성: Ⅱ 천리장성」, 신형식·최근영·윤명철·오순

제·서일범,『고구려산성과 해양방어체계연구』, 백산자료원.

梁炳龍, 1997,「羅唐戰爭 進行過程에 보이는 高句麗遺民의 對唐戰爭」,『史叢』46.

楊秀祖, 1996,「隋煬帝征高句麗的幾個問題」,『通化師院學報』1996-1.

余昊奎, 2000,「高句麗 千里長城의 經路와 築城背景」,『國史館論叢』91.

_____, 2003,「中國學界의 高句麗 對外關係史 研究 現況」,『韓國古代史研究』31.

劉子敏, 1999,「關于高句麗政權及其領域的歷史歸屬問題之我見」,『全國首屆高句麗學術研討會 論文集』, 吉林社會科學院高句麗研究中心·通化師範學院高句麗研究所.

李萬烈, 1977,「高句麗와 隋·唐과의 戰爭」,『한국사2 : 민족의 성장』, 국사편찬위원회.

李丙燾, 1959,『韓國史(古代篇)』, 新丘文化社.

_____, 1976,「高句麗의 對隋·唐抗戰」,『韓國古代史研究』, 博英社.

李成制, 2000,「嬰陽王 9년 高句麗의 遼西 攻擊」,『震檀學報』90.

李龍範, 1959,「高句麗의 遼西進出 企圖와 突厥」,『史學研究』4.

李在成, 1996,『古代 東蒙古史研究』, 法仁文化社.

李昊榮, 1996,「수·당과의 전쟁」, 국사편찬위원회,『한국사6 : 삼국의 정치와 사회Ⅰ~고구려』.

_____, 1998,「삼국통일」,『한국사9 : 통일신라』, 국사편찬위원회.

_____, 1999,『新羅三國統合과 麗·濟敗亡原因研究』, 서경.

林起煥, 1994,「고구려와 수·당의 전쟁」,『한국사4 : 고대사회에서 중세사회로2』, 한길사.

林炳泰, 1977,「新羅의 三國統一」,『한국사2 : 민족의 성장』, 국사편찬위원회.

존 C 제미슨, 1969,「羅唐同盟의 瓦解」,『歷史學報』.

Kenneth Neal Waltz, 김광린 옮김, 1988,『인간·국가·전쟁』, 소나무.

피터 윤, 2002,「서구학계 조공제도 이론의 중국 중심적 문화론 비판」,『아세아연구』109.

孫玉良·李殿福, 1990,「高句麗與中原王朝的關係」,『博物館研究』1990-3.

陳寅恪, 1944,『唐代政治史述論稿』, 上海古籍出版社.

菊池英夫, 1992,「隋朝の對高句麗戰爭の發端について」,『中央大學アジア史研究』16.

堀敏一, 1979,「隋代東アジアの國際關係」,『隋唐帝國と東アジア世界』, 汲古書院.

宮崎市定, 1987,『隋の煬帝』, 中公文庫.

金子修一, 2002/10/11~10/12,「高句麗와 隋의 關係」, 高句麗研究會,『高句麗의 國際關係 : 第8回 高句麗 國際學術大會(發表文)』.

稲葉岩吉, 1933,「滿鮮史體系の再認識」,『靑丘學叢』11~14.

末松保和, 1931,「高句麗攻守の形勢」,『靑丘學叢』5

西嶋定生, 1962,「6~8世紀の東アジア」,『岩波講座日本歷史(古代2)』.

日野開三郎, 1949,「粟末靺鞨の對外關係：高句麗滅亡以前」,『史淵』41~43.

池內宏, 1951,『滿鮮史硏究(上世)』第1册, 祖國社.

삼국의 정치체제와 사회신분구조

1. 한국 고대사회 인식의 개요

한국고대사회의 성격과 내용은 국가를 운영하는 정치기구 및 체제의 변화양상에 대한 이해방식과 이를 운용하는 원리로서의 신분구조 및 경제적 통제방식에 의해 포괄적으로 파악되어야 할 문제다. 종래 한국고대사회, 특히 삼국시대의 경우 이 같은 이해를 위한 사회성격 논의가 초기 사회경제사학자들에 의해 시작되어 일본식민사학의 정체성론적 시각을 극복하고 삼국시대 고대국가성립론이 제기되었다.

그리고 이들 삼국의 사회성격에 대해 북한학계에서는 노예제론과 봉건제론으로 나뉘어 진행되었다. 한편 한국학계에서는 국가의 기원과 형성이란 관점에서 삼국시대의 경우 고대국가의 성립이 어느 시기에 이루어졌는가가 초기 논의의 중심을 이루었는데, 종래 4세기경으로 늦추어 본 일본학계의 인식을 극복해 국가기원 및 형성문제는 고조선 사회에서 논의하고, 국가성립 이후의 국가성격 및 정치원리와 신분체계 등에 대한 연구가 논의의 중심으로 심화되었다.

고대국가의 성격논의가 활발하게 개진되면서, 특히 사회경제사학 이래 유지된 '부족국가론'을 극복하는 새로운 인식틀로서 성읍국가론 및 군장사회론이 제기되었고, 이 연장선에서 국가성립과 고대사회 유지체 제로서의 정치·사회 구조에 대한 성격규정과 관련된 연맹왕국론이나 집권체제론·부체제론이 활발하게 개진되었다.

그런데 이 같은 고대국가의 형성은 고대국가의 선행체인 '소국'의 집적과정 속에 형성된 것으로서 연맹왕국의 연맹이나 부체제는 지배체 제의 일환으로서 국가발전의 단계를 설명하는 틀인 중앙집권국가 개념 과는 다른 차원의 인식이란 지적이 있다. 그리고 『삼국사기』 초기기록 에 대한 인식태도에 따라 삼국의 국가성립 및 사회성격 인식에 현격한 차이를 두면서 논의가 진행되기도 하였다.

사회구조와 관련하여 신분체계는 신라의 골품제를 중심으로 삼국 의 상층신분집단 및 하층신분집단의 성격과 관련하여 논의가 진행되었 다. 그러나 신라사회 그 중에서도 왕경인에 한정된 신분체계라는 점에 서 골품제연구는 고대사회 전체의 신분구조와 성격논의에 대한 해답이 되기에는 미흡한 점이 많았다. 이 같은 문제는 금석문연구 등을 통하여 신라의 성장과정에서 나타난 복속지역에 대한 통치체계와 지방민에 대 한 편제방식·통제내용에 대한 최근의 집중적 연구에 힘입어 상당히 극 복되었고 훌륭한 성과를 보여주고 있다.

삼국시대의 신분문제와 관련된 일정한 성과가 누적되어 이들 사회 에서 나타나는 사회신분체계에 대한 이해가 심화되었다. 특히 최근의 연 구내용은 지방사, 즉 각국의 성장과정에서 포섭된 세력집단에 대한 편 제와 통제방식 및 이들 지역의 파악방식 등에 대한 연구가 진행되어 전체 사회성격에 대한 이해가 심화되고 있다. 또한 신분문제와 연결되어 있는 피지배층의 조세부담 내용에 대한 연구도 심화되어 당시 일반민의 사회경제적 상황에 대한 다채로운 이해가 진행되었다.

이 같은 연구경향은 결국 한국 고대사회에서 정치체의 발전과정에서 나타나는 국가성격의 내용을 왕으로 상징되는 통치체계, 즉 '왕권'의 성격과 이의 집행대상인 피지배 일반의 성격이 무엇인가에 대한 논의와 연결되어 연구가 진행되었다. 그리고 이 같은 국가권력의 집행자로 존재한 상층지배집단의 성격과 왕권과의 관계 등도 집중적으로 연구되었다.

이는 국가지배력의 상징인 왕의 권한이 미흡한 초기 사회적 성격에서 강대한 국가권력의 집행자로서 부각되는 과정에 이르기까지 나타나는 다양한 권력의 양상과 이에 대한 종합적 검토가 진행되어야 함을 보여주고 있다.

2. 한국 고대사회 사회체제 논의의 흐름

한국 고대사회의 사회체제에 대한 논의는 시대구분과 연결된 연구와 이에 연관된 노예제의 존부 및 그 대상시기 등과 관련된 문제로부터 시작되었다. 이 같은 논의는 일제하 사회경제사학 관련 연구자들의 연구와 이를 계승한 북한학계의 삼국시대 사회성격 논의로 나타났다. 삼국시대 사회경제사 관련부문의 연구는 초기 사회경제사학자들에 의해 사회구성체 문제와 관련된 분야에서 시작되었다.

초기의 논의는 백남운과 김광진의 연구성과로 대표된다. 백남운(1933)

은 신석기시대까지를 원시씨족사회로, 삼한·부여·고구려·동옥저·예·읍루 등은 원시부족국가로 파악하였고, 삼국시대는 노예국가시대(奴隷國家時代)로 규정하였다. 이에 대해 김광진(1937)은 고구려사회에 존재한 노비는 가내(家內) 사치 노예적 존재로서 그 사회의 기본적 생산양식은 공납제(貢納制)가 중심이었던 까닭에 경제제도로서의 노예제만을 인정하였다. 한편 전석담은 노예제는 한국고대에 존재했으나 지배적 형태를 갖지 못하여 원시공산사회로부터 바로 봉건사회로 이행하였음을 강조하였다.

이러한 고구려사회를 중심으로 한 삼국시대 성격논의는 북한학계의 논쟁으로 연결되어 삼국시대를 노예제사회로 이해하는 노예제론과 봉건제사회로 이해하는 봉건제론으로 나뉘었다. 1960년대 삼국시대 사회경제 성격에 대한 대토론회 등을 거쳐, 1962년『조선통사』제2판이 출간되었을 때에는 고조선에서 부여·진국(辰國)까지를 노예제사회로 시대구분하고 이후 고구려 등 삼국시대부터 봉건사회로 보았다. 이는 앞서의 봉건제론의 견해와 노예제론의 견해가 기계적으로 채택되었음을 알게 한다.

이후 북학학계는 고구려사에서 조기봉건제 혹은 영주제의 극복과 중앙집권적 통치체제 성립과정에 연구를 집중하여, 고구려의 영주제는 대귀족인 가(加)들이 영주로서 예속농민인 하호를 지배하면서 현물지대를 수탈하는 영주적 토지소유형태를 기초로 발전하였다고 보았고,〔리지린, 1967〕2세기경에는 지주와 농노적 하호(下戶)로 구성된 지주적 토지소유관계가 성숙되었다고 부연하였다.〔리지린·강인숙, 1976〕

이 견해는 이후 봉건통치자가 후국을 대변하는 제가평의회(諸加評議會)의 기능을 약화시켜 국초부터 중앙집권적 통치체제의 편성을 강화하였음을 강조하여 영주제(領主制) 입론을 약화시켰다.〔림종상, 1979〕 결국 1970년대 중반 이후 북한사학계는 고구려가 국초부터 영주제로 대표되는 조기봉건제적 요소를 극복하고, 4세기경 전제군주의 중앙집권적 정치구조와 현물지대를 매개로 한 지주적 토지소유제에 기초한 아시아형 봉건사회로 진입하였다고 파악하였다.〔박경철, 1996〕

북한학계와는 달리 한국학계에서 진행된 연구는 관등제 등 상층신분 문제와 연결되어 논의가 진행된 측면이 강하다. 즉 초기 연구에서는 신분제 전반에 대한 논의보다는 귀족집단의 성격에 대한 연구〔김철준, 1956〕, 왕비족의 존재에 대한 연구 및 온달전 기록에 나타난 결혼 통혼권의 변화〔이기백, 1959 : 1967〕 등에 대한 연구에서 상층신분집단의 성격에 대한 검토가 진행되었다. 그러나 대부분 왕 및 귀족의 상층신분구조가 국가 정치체제를 파악하는 내용 속에 포함되어 개별적 검토는 상대적으로 미약한 편이다.

한편 고구려 초기의 취수혼(娶嫂婚) 전통은 친족원의 집단성을 보여주는 것인데, 3세기 전반 왕실에서 취수혼제가 소멸하고 직계중심의 가부장제 윤리가 자리잡았으며 왕위의 부자계승이 행해졌음을 밝혀 사회변화 양상을 부각시켰다. 그리고 고구려 귀족가문의 분화와 균질화는 6세기 중엽 이후로 파악하고 있다.〔노태돈, 1983:1984〕

이와 함께 고구려사회의 가(加)에 대한 검토, 성씨사여를 통한 수장층 편제에 대한 연구〔김광수, 1982:1983〕, 고구려 초기 나부의 분화와 성씨 관계 및 귀족가문의 족조전승에 대한 연구〔서영대, 1995〕에서 이들 가문의 구체화와 시조인식의 연결이 검토되었다.〔김현숙, 1993〕

삼국시대 피지배 일반과 관련한 연구성과는 국사편찬위원회『한국사』의 「삼국의 사회구성」에서 전반적인 문제에 대한 정리와 소개가 진행되었다. 여기서 가장 많은 논의의 대상이 된 것은 '하호(下戶)'이다. 문제는 하호라는 존재가 『삼국지』 동이전에 고구려 및 부여·한(韓)·예(濊)·왜 등에 나타나고 있으며, 각기 호민(豪民)·대가(大加)·거수(渠帥) 등에 예속된 존재로 나타나고 있으나, 그 성격이 조금씩 다르게 묘사되고 있다는 점에서 한 사회만의 독립적인 하호의 성격을 추론하기 곤란하다는 사실이다. 하호에 대한 다케다(武田幸男)의 본격적인 연구는 이 같은 복속세력 및 민신분층에 대한 연구에 중요한 영향을 미쳤다.[武田幸男, 1967] 이와 함께 민의 존재형태에 대한 검토가 체계적으로 진행되었는데[홍승기, 1974], 이 논의의 핵심적 부분은 각 사회의 기층을 구성한 민(民)·백성(百姓)의 분화양상과 국가의 통제양상으로서 이에 대한 논의도 활발히 진행되었다.[강봉룡, 1992 ; 조법종, 1996]

또한 노비문제는 고대사회 노비의 발생 및 존재양태에 대한 개괄적인 논의를 바탕으로[조법종, 1986] 노비의 사회적 성격이 검토되었다.[지승종, 1991 ; 고경석, 1992] 한편 이 같은 사회운영의 기축과 연결된 조세체계에 대해서도 심도있는 논의가 진행되었다.[김기흥, 1991]

한편 한국학계에서는 신라의 독특한 신분제도인 골품제연구가 진행되었다. 이는 성골·진골의 골신분과 6두품에서 1두품까지의 두품신분으로 이루어진 8계층의 신분제도인데, 점차 성골이 소멸되고 3~1두품은 평민신분이 되면서 5계층으로 구성되어 유지된 것으로 파악된다.[이기동, 1983] 골품제는 기본적으로 신라 왕경인의 신분제로서 지방민의 신분제는 별도의 내용이 존재하는데, 일반적으로 신라인 전체를 포괄하는 개념으로 골품제가 언급된다.

이 같은 골품제에 대한 연구는 1980년대 이전과 이후로 나뉘는데, 1980년대 이전의 경우 4단계로 볼 수 있다.[이종욱, 1985] 그 첫 단계는 일본학자가 중심이 된 1940년대까지의 식민지시대 연구다. 이 때의 연구는 신라골품제의 기원이나 구조·운용원리 등에 대한 논의와는 거리가 있는 초기적 연구의 내용이었다. 두번째 단계는 1940년대 후반에서 1960년대까지의 연구로서 골품제를 이해할 수 있는 정치사회적 측면의 연구와 친족 및 지배세력에 대한 연구가 주로 진행되었다. 세번째 단계는 1960년대 전반에서 1970년대 중반경까지의 일본인 학자들의 연구로서 본격적으로 골품제의 기원과 구조 등에 대해 다루기 시작하였다. 네번째 단계는 1970년대 전반경부터 1980년대 중반까지로 한국학자들이 중심이 되어 골품계층에 대한 연구와 지방조직·친족제도 등에 대한 해명과 인류학 및 사회학이론의 도입과 활용이 활발히 개진되었다.〔이기동 1977 ; 이종욱 1985 ; 최재석, 1986〕

이 연구과정에서 유의되는 점은 『삼국사기』 초기기록을 신뢰하지 않는 상황이 일본학자를 중심으로 유지된 점이다. 또한 골품제가 인도의 카스트제와 유사하다는 점도 지적되었다.

1980년대 이후 진행된 골품제 연구에서 주목되는 것은 골품의 개별 신분에 대한 연구가 심화되었다는 점이다. 즉, 진골 및 두품〔이종욱, 1985, 1986〕에 대한 연구와 성골 및 득난에 대한 새로운 접근〔서의식, 1994〕 및 5두품에 대한 이해〔전미희, 1988〕 등이 진행되었다. 또한 민과 농민에 대한 논의〔강봉룡, 1992〕와 노비에 대한 관심〔조법종, 1992 ; 고경석, 1992〕도 나타났다.

이 같은 이해는 삼국시대 신분제 및 사회구조 전반에 대한 체계적인 견해로 나타났다.〔이기백, 1988 ; 주보돈, 1992 ; 조법종, 1995〕 특히 봉평비·냉수리비 등 신라금석문의 발견을 통해 신라사회의 6부제·관위·관직체계·지방통치·지방인의 신분 등을 폭 넓게 이해할 수 있는 기반이 마련되었다.〔이우태, 1991 ; 전덕재, 1994 ; 주보돈1995〕

최근의 경향은 골품제 내에서의 신분이동에 대한 적극적 해석이 진행되고 있다. 즉 족강과 같은 신분하강뿐만 아니라 두품 사이의 이동이 간지적 질서에서 관품적 질서로 변모하였다는 점은 획득가능한 사실일 가능성이 높음을 제기하였다.〔윤선태, 1993〕또한 득난을 하나의 신분층으로 보고 진골신분에서 벗어난 사람들과 6두품에서 어렵게 상승한 사람들이 득난신분층을 형성하였을 것으로 보고 두품에서 골신분으로의 이동도 가능하다는 견해가 제시되었다.〔서의식, 1994〕한편 골품제에 포함되는 대상의 범위에 대해 다양한 시각에서의 논의가 진행되어, 왕경인과 소경인이 포함된 왕경인 중심의 골품제와 지방민에 대한 별도 신분체계를 포함한 골품체계를 파악하려는 인식이 제기되었다.

골품제를 고려시대의 관품제와 연결지어 파악하려는 시도와 함께 일본의 성씨제와 비교하는 등 시공간적 확대를 통해 비교사적 접근을 통한 객관적 이해를 추진하기도 하였다. 그러나 중국과의 관련성 연구가 미진한 부분과 더욱 확대된 인류학·사회학적 해석의 미비는 골품제 이해를 위해 추진되어야 할 내용으로 지적된다.〔전미희, 1998〕

이와 함께 신분구조에 대한 연구가 삼국시대 사회 전반에 걸쳐 진행되었다.

3. 주요쟁점에 대한 연구검토

1) 고대국가형성론 : 집권체제설과 부체제론

삼국시대의 정치체에 대한 논의는 고대국가 형성과정 및 초기국가체제의 운영방식에 대한 논의가 중심이 되어 진행되었다. 고대국가의 연원적 존재와 과도체에 대한 이 논의에서 고구려·백제·신라 삼국에 존재한 부(部)가 주목되었다. 이 부의 성격과 정치사회적 기능을 국가발전단계론으로 파악하는 입장과 각 정치체를 규합한 국가구조이자 운영원리로 보는 입장으로 나뉘어 논의가 진행되었는데, 이는 『삼국사기』 초기기록에 대한 이해방식과 중국의 『삼국지』 사료의 내용을 어떻게 취하고 해석하느냐에 따라 연맹체국가론·중앙집권체제론·전제왕권형성론·부체제설로 나뉘어 논의가 진행되었다. 〔노태돈, 2000〕

'연맹체국가론'〔김철준, 1975〕은 각 지역의 토착적 세력기반을 지닌 족장세력이 연맹하여 이룩된 것이 고대국가라고 보았다. 즉 족장회의에 의한 왕의 선임과 왕권의 미약성, 독자적 지배기구를 보유한 족장층의 존재는 국가가 이들 족장세력의 '연맹(聯盟)'에 의해 운영되는 국가라는 입장이다. 따라서 고대국가의 서열체계인 관계(官階)는 지방의 족장층을 상하의 위계로 편제시켜 성립된 것이며, 중앙귀족으로 포섭된 족장층이 보유하였던 지역의 기반은 왕권과 중앙집권력이 강화된 뒤에도 완전히 해체되지 않았다고 보았다.

한편 정치운영에서 연맹체 단계의 전통을 유지한 귀족회의가 주요 기능을 담당한 것으로 보면서 신라의 6부는 족장층 등 지배층을 경주지역에 이주시켜 편제한 조직으로 파악하였다. 그런데 이 견해는 고대 정치체제의 운영원리를 혈연적 공동체 측면에서 파악함으로써 이를 초월한 국가의 성격을 부각시키지 못한 한계를 보여주었다.

'성읍국가론'〔이기백, 1982〕에 근거하여 고대국가의 발전양상이 성읍국가-연맹왕국-왕족중심 귀족국가〔귀족연합정권체제〕-전제왕권체제의 순으로 진행되었다고 보는 견해〔이기백, 1993〕가 제기되었다. 그리고 이를 수용 발전시켜 소국-소국연맹-소국병합-중앙집권적 왕국으로 보고 피병합국에 대한 통치방식을 제후제와 군현제적인 양상으로 니누이 설명하기도 한다.〔이종욱, 1999〕 이 견해에서는 전제왕권이 형성되는 부분에 집중하여 고구려의 5부의 원형을 성읍국가적인 것으로 보고, 이것들이 뒤에 수도의 행정구역적인 방위명(方位名) 부(部)로 재편되었다고 본다.〔이종욱, 1982〕 이 단계론은『삼국사기』초기기록을 그대로 신뢰하는 입장에서 초기국가의 발전모델을 신라로 상정하고 진행하였다. 그런데 이 견해에서 소국연맹과 소국병합의 차이가 명확하지 않다는 점과 논리틀의 포섭범위가 제한적이라는 문제를 보여주고 있다.

'중앙집권체제론'은 삼국이 국가성립 초기부터 왕을 정점으로 하는 중앙집권체제가 성립되었다고 보는 시각이다.〔김광수, 1983〕 삼국이 초기부터 중앙에서 지방관을 파견하였고, 중앙에 존재한 고구려의 5부, 신라의 6부 등 '부(部)'는 전사집단이나 행정구역단위로 이해하였다. 이 같은 중앙집권적 국가체제론 내에서, 다시 이 '중앙집권적인 국가'를 고대국가로 보는 입장과 중세국가로 보는 북한학계의 입장〔리지린·강인숙, 1977 ; 림종상, 1979〕으로 견해가 나누어진다. 이 견해도『삼국사기』초기기록을 그대로 수용하는 입장이라는 지적이 제기된다.

한편 귀족연합단계-대왕제집권국가로의 발전틀이 제시되고 있다.〔김영하, 1995〕 이는 고대국가의 형성이 소국공동체의 누층적 집적과정이며, 고대정치체계에서 가장 특징적인 귀족회의가 족장회의에서 유래하였으며, 관등화된 서열체계와 행정적 관료집단의 병존성을 특징으로 제시하였다. 그리고 고대국가의 완성은 귀족세력에 초월한 대왕의 출현과 중앙의 지방에 대한 전일적 지배가 관철되지 못한 한계가 복합된 상황으로 이 시기의 성격을 규정하였다. 이 입장에는 귀족과 관료의 대비적 개념의 미흡함과 귀족층의 실체에 대한 의문이 제기되고 있다.

부체제론은 고대국가의 정치체제가 연맹체적인 부체제에서 영역국가적인 중앙집권체제로 진전되었다고 보는 견해이다.〔노태돈, 1975〕 이 입장은 삼국 초기 각 국에 부(部)가 단위정치체, 즉 독자적 정치체로서 존재하고, 각부에 부장이 있으며, 왕도 한 부의 부장이며, 국가는 이 부의 연합에 기반을 두고 성립된 입장이다. 이 견해는 고구려에서는 나집단－나국연맹－나부체제로 발전했고〔여호규, 1997〕, 백제에서는 읍락－소국－소국연맹－부체제－중앙집권적 고대국가〔노중국, 1988〕로 진행되었다고 파악되었다.

신라에서는 6부를 단위정치체로 파악하고, 이 부의 성격변화 시점을 금석문에 나타난 내용변화와 연결하여 파악하였다.〔이문기1981 ; 전덕재, 1997〕 이 설에서 제기한 부체제는 '초기 고대국가'의 체제로서 후기 고조선과 삼국 초기의 정치체제에 해당하며, 삼국 중기(4-6c) 이후 지향해 나가게 되었던 영역국가적인 중앙집권체제는 성숙한 고대국가의 체제로서 일종의 군현제국가(郡縣制國家)의 모습으로 보았다.

이상에서 소개한 여러 견해의 차이는 『삼국사기』 초기기록에 대한 이해차이에 기인하고 있다. 『삼국사기』 초기기사에 대한 이해의 시각은 '불신론'·'긍정론'·'수정론'으로 구분된다. 이 가운데 불신론의 경우, 삼국시대 초기의 국가의 구조에 대한 논의는 사실상 불가능하다. 고대국가를 중앙집권적 국가〔이른바 율령제국가〕로 설정하고 삼국시대는 그것으로 가는 과도기적인 단계로 이해하는 경향을 보인다. 긍정론의 시각은 중앙집권체제론을 구성하는 가장 주요한 전제이다. 위에서 말한 네 가지 설(說) 가운데 중앙집권체제론을 제외한 다른 세 설은 수정론에 입각하고 있다.

부체제론과 집권체제론은 초기 정치체제를 이해하는 방식이 서로 대립되어 있다. 즉 부체제론에서는 고구려의 경우, 왕권의 집권력과 나부(那部)의 자치권이라는 지배권력의 상호관계에서 관등조직을 제가세력에 대한 편제원리로서, 그리고 제가의 자립성에 기초한 제가회의를 국가운영의 중심적인 정치기구로 상정한다. 이와는 달리 집권체제론은 왕권을 중심으로 하는 행정적·관료적 정치기구가 일찍부터 정비되었다고 이해하고, 제가회의보다는 왕권 아래의 군신회의를 중심적 정치기구로 이해한다.

부체제설은 『삼국사기』나 『삼국지』에 언급된 부를 하나의 정치집단이라고 파악한다. 그리고 그 부가 삼국의 초기 정치에서 중요한 역할을 했으며, 각자 독자성을 갖고 운영되었다고 한다. 고구려의 예를 들면 대가(大加)들로 구성된 제가회의(諸加會議)가 왕권을 견제했으며, 상가(相加)가 제가회의 의장역할을 했을 것으로 본다. 부체제설은 고구려의 정치구조가 왕을 정점으로 하는 단계로 나아가지 못하고 왕실도 5부 가운데 하나의 단위정치체 역할을 했을 뿐이라는 주장을 담고 있다. 이들은 『삼국사기』 고구려본기의 내용을 비판적으로 수용하고 있다.

반면에 집권체제설은 귀족보다는 왕의 역할에 더 주목한다. 이들의 기본적인 입장은 『삼국사기』 초기기사를 적극 채택해 활용한다는 것이다. 즉 집권체제설은 부가 왕 중심의 국가체제 안에 편성된 것이며 각각 지방통치단위 역할을 한 것으로 파악된다. 또 이들은 왕 아래에 관직체제가 갖추어져 있었고 왕이 이들을 지배했다고 본다.

부체제론자들 가운데 많은 사람들이 부체제를 고대국가의 성장과정에서 나타나는 하나의 단계인 것처럼 이해하는 경향이 있다. 즉 고구려의 경우 나집단단계-나국연맹단계를 거쳐 태조왕대에 나부체제단계로 이

행한 것으로 보거나, 백제의 경우 '읍락-소국-소국연맹-부체제-중앙
집권적 고대국가'를 거쳤다고 보거나, 신라의 경우 이사금시기의 말 또는
마립간시기에 부체제가 비로소 성립되었다고 보는 것이 그것이다. 그런
데 부(部)는 고대국가 발전의 한 단계로 파악되기보다는 지배체제, 즉 각
정치체를 표용한 국가구조이며 운영원리라는 측면에서 접근해야 된다고
파악된다. 이는 『삼국사기』와 각종 금석문에 이미 고구려·백제·신라라
는 국가체를 구성하는 요소로서 인식되고 있음에서 확인된다.

한편 부체제론에서는 삼국사기 초기기록을 수정론의 관점에서 보
는 것을 알 수 있다. 이 수정론은 삼국사기 초기기록을 사료로 이용하
는 것 같으나 실제는 논리전개상 필요한 부분만을 이용하여 문제가 된
다는 점에서 개념설정의 사료적 편향성이 문제로 지적될 수 있다.

2) 신분집단 문제

하 호

신분집단과 관련되어 가장 많은 쟁점이 제기된 것은 하호(下戶)이다.
하호에 대한 사료는 『삼국지』 위지 동이전의 부여·고구려·한·왜 등
에 나타나고 있는 데 『삼국지』의 부여와 고구려조에 나타나고 있는 하
호라는 존재는 복속민집단, 즉 예속민들에 대한 지칭이며 삼한·동예
와 관련된 하호란 표현은 일반 피지배층을 포괄적으로 표현한 내용으
로 나타나고 있다. 따라서 이들 사료를 어떤 내용을 중심으로 분석하는
가에 따라 입장이 달라질 수 있다. 먼저, 하호의 성격과 관련하여 노
예·노예군으로 이해하여 원시부족국가 혹은 노예제 국가를 형성하는

기본적 피지배계급의 하나로 이해하는 견해는 백남운의 입장으로 귀족군=상호, 노예=하호로 대별된 관점에 입각하여 노예제실을 강조했다.

김광진은 하호는 노예가 아니며 씨족사회 해체기 피정복공동체의 구성원으로서 비록 종족노예적 성격을 띠지만 씨족적 관계의 유지에 의해 노예로 파악되기 힘들다고 보았다. 김석형은 삼국시기 노비와 천민을 검토하면서 노비라는 존재에 대한 용어가 존재하는 시기에 고구려의 하호는 노비 아닌 하층인민으로서 주로 부곡·장 등의 인민으로 보았다.〔김석형, 1957〕김병하는 시대구분 문제와 관련하여 한대(漢代)의 하호가 소작농이었다는 점을 근거로 하호를 농노로 파악하였다.〔김병하, 1970〕

이 같은 이해와 달리 부여의 하호는 경제적 착취관계에서 볼 때 노예적 존재-노예계급이지만, 고구려에서 하호는 부세를 바치는 농노적 존재 내지는 봉건적 예속민이라는 견해를 제기하였다. 즉 고구려의 하호는 노동하지 않고 좌식하는 대가들에게 식량이나 어·염 등을 먼 곳에서 운반함으로써 봉건적 대토지 소유자들의 토지에 속박되고 예속되어 지대를 수탈당하는 자라고 보았다.〔리지린, 1974〕

또 다케다(武田幸男)는 하호는 누층적으로 구성된 읍락공동체의 일반 구성원으로 제가(諸加)에 의해 집단적으로 지배된 존재라고 보았다. 이 같은 하호와 함께 고구려사회 구성의 기본내용을 귀족층·호민층·자영소농층·용작농민층·노비층 등으로 구분하여 다양한 계층화를 지적한 홍승기의 연구는 고구려사회 기층집단의 양상을 구체화하는 계기가 되었다.〔홍승기, 1974〕

노 인

신라사회에 존재한 복속민에 대한 표현인 노인(奴人)의 경우 이를 중앙과 지방을 망라하는 신라의 전영역에 편제된 신민(臣民) 일반으로 이해한 견해가 있다.[이기백, 1988] 그러나 비문의 내용과 전후 상관관계를 감안할 때 이들의 성격은 지방민이란 점에서 파악되어야 한다고 생각된다. 한편 이를 지방민 일반으로 파악하는 견해가 제시되었다.[김재홍, 1991]

이에 대해 '노인(奴人)'이란 원래 비신라계였다가 신라에 점령당해 포로로서 집단적으로 노예적 존재가 된 집단적 예속민으로 이해하는 견해[주보돈]와 집단예민과 같은 피복속민[노태돈] 등으로 이해하고 있다. 또한 노인을 신라국가가 집단예민으로 차별 편제한 특수지역민에 한정되는 개념으로 이해하는 견해도 있다.[안병우, 1990] 즉 기본적으로 예속민이란 점에 동의하고 있는 것이다.

한편 이들을 고구려 영토에서 신라에 편입된 영토의 민이 노인이었다고 이해하였다.[문경현, 1992] 봉평비의 '노인(奴人)' 표현은 지방민들 사이에 노인과 비노인의 차별이 존재함을 보여주는 동시에 6세기에 들어와 이 같은 차별에 일정한 변화가 생기는 과정, 즉 정복·복속지에 대한 지배라는 방식을 벗어나 집권적인 지배체제의 수립으로 나아가고 있었다고 이해하였다.[하일식, 1991]

또한 「봉평비」나 「냉수리비」에서 '신라6부' 혹은 '사라'로 명기한 것은 당시 6부인들의 의식세계 속에서 울진지역이나 영일지역이 '신라'의 범주에 포함되지 않았고 '신라'란 의연히 자신들이 거주하던 경주일원을 의미하는 것을 반영한 것으로 보았다. 특히, 노인이란 표현은 예속민일 뿐 아니라 도교적인 열등한 존재를 나타내고 있으며 신라사회에 대한 공납물 헌상이 가장 중요한 사항이었음이 파악되었다.[조법종, 1996]

한편 고구려사회에 존재한 유인(遊人)은 고구려의 조세문제와 관련하여 『수서』 동이 고려전에 언급된 존재로 그 성격과 내용에 대한 기왕

의 해석을 정리하면 다음과 같이 네 가지로 대별된다.〔김락기, 2000〕

① '빈민' 또는 '생산활동에 참여하지 않는 사람'이라는 주장〔백남운 이래 통설〕, ② '놀이하는 사람' 또는 '악인(樂人)'이라는 견해〔권오영, 2000 ; 권주영, 2000〕, ③ '매음녀'설〔유영박, 1987〕, ④ '부용민집단' 혹은 '중국인 포로'라는 입장〔김기흥, 1987 ; 김락기, 2000〕으로 나눌 수 있다.

첫번째로 빈민설은 백남운이 '유인(遊人)'을 '가난뱅이 실업자'라고 규정한 이후 대부분의 연구자들이 '극빈자' 혹은 '빈궁민', '생산에 참가하지 않는 매우 가난한 사람'이라는 주장에 동의하였다. 또한 『조선전사』의 '품팔이'라는 견해와 전덕재의 "농업에 종사하지 않는 피지배층 일반을 통칭한다"는 견해도 큰 범위에서 같은 성격이다. 이는 결국 유인을 토지로부터 유리된 비정착 빈궁민으로 보는 견해로서 이에 대한 비판이 제시되어 있다.〔김기흥, 1991〕 또한 이들 피지배층으로 인식되는 '인'과 '유인' 사이의 지나친 세액차이 등이 지적되어 '유인'을 자의에 따라 단순하게 '빈민'으로 규정한 입장에 대해 이들이 6~7세기 대수당전쟁에서 발생한 전쟁부랑민으로서 10명 단위로 편제되어 3년에 한번씩 유인에 대한 평가가 진행되어 과세되었다는 비판이 제기되고 있다.〔조상현, 2003〕

두번째로 '유인(遊人)'을 '노는 사람' 또는 '놀이하는 사람'으로 해석할 수 있다는 견해는 노중국에 의해 제기되었고〔노중국〕, 권오영은 한국 고대의 상장의례(喪葬儀禮)와 연결지어 '유인'과 '유녀(遊女)'를 일본의 '유부(遊部)'와 연결시켜 논의를 심화시켰다. 일본의 '유부'는 빈전(殯殿)에서 노래·춤·곡 등을 담당하는 사람들로 상장(喪葬)을 전업으로 하는 부민이다. 이들은 종신토록 일하지 않아서 '유부'라고 불렸는데, 과역이 면제된다는 점에서 고구려의 '유인' 혹은 '유녀'와 비슷한 것이라고 보았다. 그러나 '유부'의 존재가 고구려의 '인(人)'과 대비될 정도로 별도의 계층을 이루고 있었는지 확실하지 않기 때문에 단순하게 비교하는 것은 무리이다. 또한 유인은 과역이 면제된 것이 아니라는 점에서 성격이 다름을 알 수 있다.

한편 권주현은 '유인'을 '악공(樂工)'이라는 구체적인 계층으로 설명하였다. 그는 10인이 함께 세금을 낸다는 사실에 착안하여, 이에 '유인'은 개인의 기술을 통해 이윤을 획득하는 악공으로 이해된다고 보았던 것이다. 이에 대해 악공이 세포(細布) 생산집단이 아니라는 김락기의 지적과 고구려의 사회에서 어느 정도의 인구비율을 차지했는지 명확하지 않은 상황에서, 인세대상을 '인'과 '악공'으로만 대별했다고 보는 것은 무리라고 여겨진다. 아울러 '유인'이 악공이었기 때문에 노동의 대가로 세포를 받아서, 이를 다시 납세했다는 주장 또한 문제로 지적되고 있다.

세번째로 매음녀설은 유영박이 '유인'을 주서 등에 나타난 '유녀(遊女)'와 연결지어 제기한 것으로 '유인'은 '유녀'의 오기라는 견해다. 즉 '유녀'를 "국가로부터 매음행위를 공인받는 대신 세금을 내는 여자들"로 파악한 것이다. 이 같은 견해는 유녀의 등장시점이 6세기 무렵 대중국전쟁의 급증에 따른 '과부'의 증대에 대한 현상기록이란 관점에서 볼 때, 이들을 위한 납세의 특수조항을 설정하기는 곤란하다고 생각된다.

네번째로 '유인'을 '부용민(附庸民)집단' 혹은 '중국인(中國人) 포로(捕虜)'로 보는 설은 '유인'의 실체를 고구려 구성원 가운데 이방인으로 보는 견해이다. 이 같은 입장을 제기한 김기흥은 '유인'이 고구려의 일반적인 편호민과 구별되며 고구려와의 관계가 매우 유동적이었던 말갈·거란·동예 등의 종족이나 백제나 신라·선비·중국(隋) 등에서 투항하거나 귀부한 자를 고구려가 '유인(遊人)'이라는 별도계층으로 파악하여 특혜를 주었다고 주장했다.

한편 김기흥은 10인이 3년에 한 번 세를 납부한 것을 부용민집단설의 주요 근거로 내세우고 있다. 이에 대해 고구려가 말갈이나 거란 등 부용민집단에 대해 강한 지배를 하지 않을 바에는 오히려 수장들을 통해 피정복민의 공납을 관장하게 했던 기존의 방식이 더욱 설득력이 있을 것이라는 지적과, 고구려가 대국경영이라는 점에 지나치게 중점을 둔 나머지 고구려 조세제도의 대상을 외부인으로까지 확장시키는 결과를 가져왔다는 지적〔권주현〕이 유의된다.

김현숙은 부용민설 입장에서 유인을 군역이란 특수직역을 가진 집단민, 즉 말갈족과 거란족으로 보았다.〔김현숙, 1992〕 한편 김락기는 '유인'이 고구려에 항상 존재하던 사람들이 아니라는 점과, 이들은 수나라와 관련되어 일시적으로 발생한 존재이며, 10인이 함께 세포 1필을 냈다는 데서 고구려가 집단적인 편제를 해야 할 필요가 있는 사람들이었고 자의상 '유녀(遊女)'와 혼인한 중국인 포로집단으로 보았다. 그런데 이 또한 유인이 인에 대비되는 조세대상인 고구려인이라는 점에서 이들이 고구려인으로 파악되었는가에 대한 문제가 지적된다.

2) 수묘인·수묘제 문제

「광개토왕릉비문」에 나타난 '수묘제'와 '수묘인' 문제에 대한 논의는 광개토왕비에 대한 연구에서 부분적인 언급이 진행되었다. 수묘인 등에 대한 본격적인 논의와 관련하여 다케다(武田幸男)는 광개토왕대의 영역확장에 대한 논의 속에서 수묘인의 차출 및 수묘제 수행방식, 수묘인의 성격에 대해 논의하였다. 이후 수묘제에 대한 최초의 전론은 손영종의 연구로서 수묘인의 신분 및 수묘역 수행방식을 논의하였다. 또한 이를 더욱 구체화한 것은 김현숙의 연구이며, 이후 여러 논의가 진행되어 그 내용과 폭을 넓혔다.

이 가운데 논의가 분분한 것은 국연(國烟)과 간연(看烟)의 성격과 담당 직무문제, 수묘인의 신분, 수묘인의 거주지역과 수묘역의 수행방식, 수묘제 정비시기 및 매매의 대상, 수묘인의 소속왕릉 문제 및 광개토왕비의 성격논의, 조선왕 문제 등이다. 이들 쟁점적 사항을 중심으로 논의를 정리하고자 한다.

첫번째로 수묘인의 성격문제에 대해서는 크게 노예로 보는 설, 양인농민으로 보는 설, 집단천민으로 보는 설로 나뉜다. 먼저 노예설 주장자는 백남운·왕건군(王健群)으로 수묘인이 전쟁포로이고 매매의 대상이 되었다는 점을 부각하고 있다.

양인설은 김석형·손영종·경철화(耿鐵華)로 수묘인이 독자적인 가(家)를 운영하고 자기 경리의 영위를 인정할 수 있어 농노적 양인(良人)농민으로 파악한다. 한편 손영종은 국연은 양인·간연은 신량역천(身良役賤)의 신분으로 이해하고 있다. 임기환은 국역을 부담한 존재라는 점에서 양인설 입장이며 조법종은 구민(舊民)과 신래한예(新來韓穢)를 동일하게 국역(國役)에 종사시킨다는 점에서 신분적으로 양인이며 고구려가 복속민에 대한 차별을 없애가는 과정의 일환으로 파악하고 있다.

천민집단설은 다케다가 수묘인은 본래 천민이 아니었으나 수묘역을 부담하면서 천민화된 것으로 파악하였다. 한편 김현숙은 사민된 복속민으로 고구려민보다 사회적 지위가 낮았다고 보았고, 조인성은 발해의 부곡민과 같은 존재로 파악하고 있다.

이같이 수묘인의 사회적 지위에 대해서는 초기 노예적 존재인식에서 양인 또는 집단천민으로 파악하고 있는데, 기본적으로 국가의 수묘역을 수행하고 있으며 구민과 신래한예와 국연과 간연에 차별없이 배정되고 있다는 점에서 신분적 성격은 양인적 존재로 파악될 가능성이 높다고 이해된다.

두번째로 수묘인 성격과 함께 국연·간연의 기능 및 성격에 대한 논의가 주요한 쟁점으로 진행되었다. 중심 논의내용은 크게 국연과 간연을 신분과 경제적 차이가 존재하는 것으로 이해하는 입장과 이보다는 역할의 차이라는 입장으로 나뉘고 있다.

먼저 나카(那珂通世)가 국연은 주가 되고 간연은 보조하는 자라고 피력한 뒤, 국연과 간연의 신분 및 역할차이를 전제로 한 논의가 일었다. 손영종도 국연은 부유하여 수묘역 한몫을 감당할 수 있는 자들이고 간연은 열이 하나로 합쳐서 한몫을 할 수 있는 자로 보아 경제적 능력차로 이들을 구분하였다.

다케다는 국연은 수도나 왕묘가 있는 국강상에서 수묘역이란 국가적 노역에 종사하도록 지정된 자들이고, 간연은 왕릉의 간수(看守)·간시(看視)·간호(看護)를 담당한 자로 파악하였다. 경철화(耿鐵華)는 국연은 도시와 도읍에 거주하는 성민(城民) 출신으로 수공업생산과 가공에 종사하는 자이고, 간연은 심산유곡에 거주하던 곡민(谷民)으로 농업과 어렵생산을 영위하던 자로 보아 출신지역 차로 이들을 구분하였다.

임기환은 국연·간연이 수묘인 연호의 편제방식에 한정된 것이 아니라 고구려 국가의 공적인 국역을 부담하는 연호 일반을 파악하는 보편적인 용어로 파악하고 또한 국연층은 호민층에서 유래하는 재지지배세력이 편제되었고, 간연층은 하호층에서 성장한 자영소농민층이 중심을 이룬 것으로 이해하였다.

김현숙은 매매기사를 수묘인이 매매의 주체이자 대상이기도 하다는 것으로 해석해 수묘인의 층위성을 상정하고 국연에 의해 간연이 매매되는 것으로 보아 이는 국연은 지배계층이고 간연은 피지배 계층이었다고 보았다.

이와는 달리 역할의 차이를 강조한 입장에서 박시형은 후세 고려나 조선의 병역과 선상노비제 및 각종 국역의 호수, 봉족과 같은 관계로 규정하여 국연이 주된 복무를 수행하고 간연은 국연의 복무를 보좌하는 존재로 보았다. 조법종은 국연은 국강상에서 수묘역을 수행한 존재이고 간연은 『삼국사기』 직관지에 일반적 역을 수행하는 존재로 나타나고 있는 '간옹(看翁)'의 예를 볼 때 별도의 지역에서 수묘역에 필요한 제반경비 및 물자를 담당하여 국연을 보좌하는 존재로 파악하였다.

이도학은 국연은 '국도(國都)의 연(烟)'이고 간연은 국연(國烟)과 대응관계에 있는 '지방의 연(烟)'을 가리키는 개념으로 보았다. 이는 간연이 자의상(字意上) '현재 거주하는 그곳의 호구(戶口)'를 가리켜 '견호(見戶)'와 동일한 뜻을 지녔다고 보고 국연은 고구려가 정복한 지역민 가운데 국도(國都)로 이주시킨 호(戶)이고, 간연은 원래 지역에 그대로 거주하고 있는 호(戶)를 가리킨다고 보았다.

세번째로 수묘인 330가의 문제와 관련하여 대부분 연구자는 330가 모두 광개토왕릉 수묘역에 투입된 것으로 파악하였다. 그런데 하마다 (濱田耕策)는 수묘인 330가는 광개토왕릉뿐만 아니라 고국원왕릉·고국양왕릉 등 국강에 위치한 3왕릉을 모두 수묘하였다고 보았다. 이도학도 이 견해를 수용하고 있다. 한편 김현숙은 이들이 광개토왕릉만이 아니라 역대 선왕릉 모두를 수묘했다고 보고 있다. 그런데 조법종은 원래 신래한예만으로 구성된 국연 20가는 왕릉에서, 그리고 간연 2백 가는 별도지역에서 경작을 통해 광개토왕릉의 수묘와 관련된 역할을 수행할 예정이었는데, 나중에 장수왕이 이들이 '부지법칙(不知法則)'할 것에 대한 우려로 구민 국연 10가, 간연 1백 가를 추가하였다고 보았고, 따라서 330가 전체가 광개토왕릉 수묘역과 관련된 존재라고 보았다.

네번째로 매매문제는 이 문제에 대한 일반적 견해는 매자(賣者)＝수묘인, 매(賣)의 대상＝수묘인 인신과 노동력이란 관점에서 다케다·김현숙은 국연이 매매의 주체이고 간연이 대상이라고 파악하였다. 그러나 이들의 구성이 제일성이 없으며 국가권력에 의해 강제적으로 결합된 존재라는 점을 감안할 때, 자매(自賣)현상으로 임기환은 보았다. 한편 조법종은 연(烟)이란 표현이 국가적 토지지급과 관련된 표현으로 이해하고 수묘인 연호란 '수묘역을 수행시키기 위해 국가가 토지를 지급한 호'로 파악하고 이들 토지가 결국 매매의 대상이 되었을 것으로 파악하였다.

이상의 쟁점 외에 구민 및 신래한예의 출신지 문제, 성격문제 등 많은 논란점이 남아 있다. 따라서 본 수묘인 및 수묘제에 대한 검토는 이 같은 논의점을 포괄하는 종합적 논의의 장이 별도로 필요함을 부각시키고 있다. 특히 중국 국내성지역의 현장대응을 통한 수묘제 관련연구의 심화가 요청된다.

4. 맺음말

삼국시대 정치체제와 사회구조와 관련된 논의는 상대적으로 역사의 해석과 관련된 부분이 중심이 된 주제이기 때문에 새로운 자료와 함께 인식틀의 변화에 따라 역사이해의 방식이 달라지는 특성을 보인다. 즉 국가형성과 관련된 부체제 및 집권체제 인식의 경우『삼국사기』와『삼국지』 사료에 대한 입장차이와 연결되어 이 같은 인식틀을 총체적으로 바꿀 수 있는 문헌과 고고학적 자료의 뒷받침에 의해 논의의 성격이 바뀔 수 있다는 점에서 이 논의는 장기적인 과제로 지속될 문제로 파악된다.

　신분문제의 경우 대표적인 논의대상인 하호·수묘인·유인·노인 등은 삼국의 각 사회에 존재한 복속민적 존재들로서 체계화된 일원적 사회구조를 지향하는 고대집권국가를 이룩하는 과정에서 발생한 존재들이다. 이들은 기존사회의 구성원인 일반민적 존재와는 대별되는 존재로서 국가가 이들을 어떻게 파악하고 사회구성원으로 포섭해 나갔는가의 문제가 국가성격을 규정하는 요소와 연결되어 나타난다.

　따라서 이들 존재에 대한 사료적 재검토와 실체에 대한 비교사적 인식을 통한 방법론 개발이 새롭게 요청되고 있다. 특히 용어와 관련된 개념정의는 중국의 동시대적인 존재와의 유기적 연결파악이 보다 심도 있게 진행되어야 한다고 생각된다. 더불어 일반 민신분층의 다양한 분화과정 속에 결국 이들이 위치한다는 점에서 민신분층에 대한 검토도 체계적으로 진행될 필요가 있다고 생각된다.

　한편 최근 각 지역의 고고학적 발굴증대에 따른 생활사 관련유물의 증가는 제도와 체계에 대한 이해에서 생활에 대한 이해로 연구의 중심축을 옮길 필요가 있음을 보여주고 있다. 특히 고구려유적에 대한 중국측 자료의 증대와 그것의 재검토는 이 같은 이해를 더욱 촉진시키는 계기로서 작용하고 있다. 따라서 향후 사회사 전반으로 확대할 수 있는 방법론 개발과 관련사료와 현장에 대한 체계적인 검토작업 등이 필요하다.

조법종

‖참고문헌‖

강봉룡, 1992, 「삼국시기의 율령과 민의 존재형태」, 『한국사연구』 78.

고경석, 1992, 「삼국 및 통일신라기의 노비에 관한 고찰」, 『한국사론』 28.

권주현, 2000, 「고구려 '유인' 고」, 『경북사학』 23.

金洸鎭, 1937, 「高句麗社會の生産樣式—國家の形成過程を中心に」, 『普專學會論集』 3.

김광수, 1983, 『고구려 고대 집권국가의 성립에 관한연구』, 연세대 박사학위논문.

김기홍, 1991, 『삼국 및 통일신라 세제의 연구—사회변동과 관련하여』.

김락기, 2000, 「고구려의 '유인'에 대하여」, 『백산학회』 56.

김석형, 1957, 『조선봉건시대 농민의 계급구성』, 과학원출판사 : 1993, 신서원.

김영하, 1995, 「한국고대사회의 정치구조」, 『한국고대사연구』 8.

김철준, 1975, 『한국고대사회연구』, 지식산업사.

김현숙, 1999, 「광개토왕비문의 수묘제와 수묘인」, 『광개토왕비문의 신연구』.

노중국, 1988, 『백제정치사연구』, 일조각.

노태돈, 1975, 「삼국시대의 부에 관한 연구」, 『한국사론』 2.

_____, 1983, 「고구려 초기의 취수혼에 관한 일고찰」, 『김철준박사 화갑기념 사학논총』.

_____, 1984, 「삼국의 정치구조와 사회·경제」, 『한국사』 2, 국사편찬위원회.

_____, 2000, 「초기 고대국가의 국가구조와 정치운영—부체제론을 중심으로」, 『한국 고대사연구』 17.

리인철, 1997, 「4~5세기 고구려의 수묘제—광개토대왕비의 수묘인연호조를 중심으 로」, 『청계사학』 13.

리지린, 1967, 「고구려의 영주제」, 『력사과학』 1967-5.

리지린·강인숙, 1976, 『고구려사연구』, 사회과학출판사.

박경철, 1996, 「최근 북한학계의 고구려사연구동향에 관한 소고」, 『백산학보』 46.

박시형, 1966, 『광개토왕릉비』.

白南雲, 1933, 『朝鮮社會經濟史』 改造社[윤한택 옮김, 이성과 현실, 1989].

사회과학원 역사연구소, 1979, 『조선전사—중세편』 3, 과학·백과사전출판사.

서영대, 1995, 「고구려 귀족가문의 족조전승」, 『한국고대사연구』 8.

서의식, 1994, 「신라 상대의 왕위계승과 성골」, 『한국사연구』 86.

손영종, 1986, 「광개토왕비에 보이는 수묘인 연호의 계급적 성격과 립역방식에 대하여」, 『력사과학』 86-3.

여호규, 1997, 『1-4세기 고구려 정치체제연구』, 서울대 박사학위논문.

유영박, 1987, 「고구려의 세제와 유녀문제-중국측문헌에 나타난 우리나라 최강의 매유설에 대한 시론」, 『두계이병도박사구순기념 한국사학론총』, 지식산업사.

윤선태, 1993, 「신라 골품제의 구조와 기반」, 한국사론』 30.

이기백, 1967, 「온달전의 검토-고구려 귀족사회의 신분질서에 대한 별견」, 『백산학보』 3.

이기백·이기동, 1982, 『한국사강좌』 I, 고대편, 일조각.

이도학, 2002, 「「광개토왕릉비문」의 국연과 간연의 성격에 대한 재검토-피정복민 시책과 관련하여」, 『한국고대사연구』 28.

이문기, 1981, 「금석문자료를 통해 본 신라의 육부」, 『역사교육논집』 2.

이병도, 1959, 『한국사』 고대편, 진단학회.

이인재, 1990, 「신라통일 전후기 조세제도의 변동」, 『역사와 현실』 4.

이종욱, 1998, 「신라 부체제설에 대한 비판-하나의 새로운 신라사체계를 위하여」, 『한국사연구』 101.

_____, 2000, 「한국고대의 부와 그 성격-소위 부체제설 비판을 중심으로」, 『한국고대사연구』 17.

임기환, 1994, 「광개토왕비의 국연과 간연」, 『역사와 현실』 13.

_____, 1995, 『고구려 집권체제 성립과정의 연구』, 경희대 박사학위논문.

전덕재, 1996, 『신라육부체제연구』, 일조각.

전미희, 1998, 『신라 골품제의 성립과 운영』, 서강대 박사학위논문.

조법종, 1995, 「광개토왕릉비문에 나타난 수묘제연구」, 『한국고대사연구』 8.

_____, 1996, 「삼국시대 민·백성의 개념과 성격에 대한 검토」, 『백제문화』 25.

조상현, 2003, 「고구려 '遊人'의 성격 검토」, 『한국고대사연구』 32.

조인성, 1988, 「광개토왕비를 통해 본 고구려의 수묘제」, 『한국사시민강좌』 3.

주보돈, 1998, 『신라 지방통치체제의 정비과정과 촌락』, 신서원.

홍승기, 1974, 「1-3세기의 '민'의 존재형태에 대한 일고찰-소위 '하호'의 실체와 관련하여」, 『력사학보』 63.

王健群, 1984, 『好太王碑研究』 ; 이동석 역, 1985, 『광개토왕비연구』.

武田幸男, 「魏志東夷傳にみえる下戸問題」, 『朝鮮史研究會論文集』 3, 1967.

고대의 토착신앙과 불교

    고대·중세·근세 등의 시기구분은 르네상스기에 나타난 인문주의 시대를 근세로, 크리스트교가 지배하던 시대를 중세로, 그 이전의 그리스·로마시대를 고대로 부른 데서 비롯된 것이다. 그 후 사회경제사가들에 의해 사회구성체의 계기적 발전이란 면에서 고대 노예제사회, 중세 봉건제 사회, 근대 자본제 사회로 불리게 되었다. 따라서 고대와 중세를 구분하는 기준에는 크게 문화사적 기준과 사회경제사적 기준이 있다고 하겠다.

    물론 사회경제사적 변화와 문화·사상사적 변화는 서로 조응하는 측면을 지니고 있다. 즉 사상은 그것이 생겨난 시대나 사회와 밀접한 관계를 가진다. 다른 한편 그러한 상대성을 관통하는 현저한 유사성과 공통성도 발견할 수 있다. 특히 개인의 사상이 아니라 정치나 제도와 밀접한 사상이나 이데올로기인 경우는 말할 나위도 없다.

    지배이념이란 그 시대 그 사회를 이끌어가는 지배적인 통치이념이다. 따라서 고대국가의 지배이념이란 고대국가의 지배층이 피지배층을 효율적으로 지배하기 위하여 사회통합을 하고자 하는 사상적 기제(機制)다.

한편 사회통합이 이루어지기 위해서는 그 사회의 대부분의 사람들이 그 사상이나 이념을 보편적으로 믿고 있어야 한다. 따라서 지배이데올로기는 지배적인 사상이나 이념이라고도 할 수 있다.

위에서 언급하였듯이 사상은 그 자체로 이해할 것이 아니라 그것이 성립된 사회적 기반과의 관련하에서 이해하여야 한다. 그러나 사상이 이루어진 사회적 기반을 중시하면서도 사상 자체의 자기운동성을 인정하여야 한다. 전통사상 가운데 사상이나 이념들의 가치와 그것이 행한 사회적 기능을 충분히 살펴볼 필요가 있다. 그런 면에서 한국 고대사회와 국가의 지배이념이 무엇인가에 대한 연구가 부단히 진행되어 왔다.

그런데 불교를 고대국가의 지배이념으로 인식하고 이에 대한 연구에 집중함으로써 불교전래 이전의 토착신앙은 원시신앙의 입장에서 이해되었다. 그러나 1970년대 고대국가에 대한 기준과 시기가 달라짐에 따라 고대국가의 지배이념으로 불교전래 이전의 토착신앙에 관심을 갖게 되었다. 따라서 1980년대에 들어서면서 고대국가의 지배이념으로서 토착신앙에 대한 연구가 활발하게 진행되었다.

1. 고대사회의 지배이념

토착신앙은 대체로 고대사회의 신앙이라는 측면보다는 원시종교적인 면에서 다루어져 왔다. 그것은 종래 고대국가에 대한 기준이 집권화된 관료체제에 두어졌기 때문이었다. 즉 율령반포와 불교공인을 고대국가의 중요한 기준으로 설정하였기 때문에 고대국가와 사회의 지배적인 사상으로 불교를 인식하게 되었다. 그러나 인류학적 지식이 한국 고대국가 연구에 원용되면서 고대국가 형성에 대한 개념이 바뀌고, 그에 따라 고대국가 형성시기가 상향조정되었다. 따라서 종래 고대국가의 이데올로기라고 하였던 견해가 다시 중앙집권적 귀족국가의 지배이데올로기라고 수정되기도 하였다. 이와 같이 고대국가에 대한 개념과 그 시기가 바뀌게 됨에 따라 불교가 고대국가에서 차지한 영향력에 대한 재검토가 필요하게 되었다.

그리고 종래 고대국가 형성시기를 불교의 공인시기와 비슷한 시기로 보았으므로 불교를 고대국가의 지배적인 이데올로기라고 하였으나, 국가형성 시기가 훨씬 앞선 것으로 밝혀짐에 따라 고대의 국가와 사회에서 중심적인 사상이 무엇인가를 밝혀내는 작업은 매우 중요한 과제라 하겠다. 이에 불교가 수용되기 이전의 토착신앙에 대한 올바른 이해가 요청되는 것이다.

종래 불교수용 이전의 토착신앙에 대한 연구는 대개 원시신앙 내지는 원시종교의 입장에서 연구되었다. 이러한 입장은 특히 일인학자들에 의해 이루어졌는데 한국학자들도 역사학자나 민속학자들 거의 모두가 토착신앙을 원시신앙이라는 입장에서 고찰하였다. 특히 실증사가들은 정치사나 제도사를 중요한 연구과제로 하였는데, 그 중 고대국가의 경우 율령반포를 중요시하고 그 율령반포와 거의 같은 시기에 수용된 불교를 고대국가의 지배이데올로기로 파악하였기 때문이다. 이것은 일본의 고대국가에서 그 기준을 율령반포와 불교공인으로 파악한 데 영향을 받은 것이다.

그러나 고대국가 형성에 대한 논의가 활발해지면서 고대국가에 대한 개념과 기준으로 새로운 견해들이 발표되었다. 특히 인류학이론을 한국사에 적용하는 각도에서 고대국가 형성에 대한 관심이 기울어지면서 고대국가에 대한 다양한 이론이 소개되었다. 특히 서비스(Service, E.)와 프라이드(Fried, M.)의 인류학 이론이 소개되면서 통합이론과 갈등이론에 대한 이해를 할 수 있었다. 또한 최근에는 종합적인 견해가 인류학계에서 제기되고, 국가형성에서 왕권의 신성성을 중요시하는 견해가 제시되었다. 즉 구미 인류학계에서도 국가형성에 신앙적인 측면이 다시 주목을 받고 있다.

우리나라의 토착신앙에 대한 자료는 그리 많이 남아 있지 않다. 다만 신화와 제의에 관한 자료만이 단편적으로 남아 있을 뿐이다. 그런데 신화가 신앙의 이론적 구조라고 한다면, 제의는 신앙의 실천적 형태라 할 수 있으며, 양자는 깊이 얽혀 유기적인 전체의 부분을 이루고 있는 것이다. 따라서 우리는 남아 있는 신화와 제의를 통해서 토착신앙에 대한 이해를 살펴볼 수 있는 것이다.

그러나 남아 있는 신화와 제의에 관한 기록마저 『삼국지』 등 중국인에 의해 기록된 것과, 『삼국사기』·『삼국유사』 등 중세사서에 나타나 있는 것뿐이다. 우리가 중국인이 남긴 동이전이나 조선전을 통하여 신화와 제의를 연구할 때는 당시 사서편찬 자세에 대해 면밀한 검토가 요청된다고 하겠다. 『삼국지』의 경우 진수가 3세기 후반에 기록을 남겼지만 그 내용은 기원후 3세기 당시 상태를 보여주는 것만이 아니고 그 이전의 상태를 중층적으로 함께 보여 주고 있다는 것을 인식해야 한다. 즉 진수는 당시 『삼국지』를 편찬할 때 그 이전의 사서를 참고하였음이 틀림없으며, 특히 동이전의 서술에서는 말할 나위도 없다.

한편 『삼국사기』의 경우 찬자인 김부식은 유학자이므로 합리적 사관에 의해 사료를 남겼다는 점을 염두에 두어야 할 것이다. 따라서 많은 토착신앙 자료가 인멸되고, 남아 있는 자료도 유교적 인식과 용어로 분식되었다는 점을 잊어서는 안 되겠다.

한편 『삼국유사』는 『삼국사기』에 비하여 토착신앙에 대한 자료를 풍부하게 남기고 있다. 그러나 『삼국유사』는 불승 일연에 의해 씌어졌기 때문에 불교적 윤색이 가미되었다. 따라서 토착신앙에 대한 올바른 이해를 위해서는 불교식으로 윤색된 부분을 가려내어 토착신앙에 대한 자료로 이용해야 할 것이다.

그리고 토착신앙 연구에 거의 도외시되어 온 것은 금석문이다. 금석문은 당대 자료이므로 무엇보다 사료적 가치가 매우 큰 것이다. 종래 금석문은 판독이나 또 그 내용에 대한 연구에서 제도사 내지 정치사적인 입장에서만 연구되었다. 그러나 금석문은 사상사적 입장에서도 매우 중요한 자료로 활용할 수 있다. 금석문의 내용이 주로 정치적인 내용을 다루고 있을지라도 그 사회의 사상을 엿볼 수 있는 직접적이며 간접적인 자료로 이용할 수 있기 때문이다. 특히 1988년에 발견된 「울진봉평신라비」와 1989년에 발견된 「영일냉수리신라비」에는 제의에 대한 기록이 언급되어 있으며, 비문내용에서도 중요한 부분을 담고 있기 때문에 비문의 성격을 특징지어 주고 있을 정도이다. 당대 자료인 금석문을 통하여 당시 사회에서 제의가 차지하고 있는 비중을 실감할 수 있는 것이다.

한편 고유신앙과 제의에 대한 당대의 중요한 자료로서는 고고학 유적과 유물을 들 수 있다. 우리의 고고학 연구는 아직 편년이나 유물의 유형분류에서 크게 벗어나지 못하고 있다. 따라서 고고학 자료를 사상사 연구에 적극적으로 활용하지 못하였다. 지금까지 출토된 유물은 생활유적이라기보다는 대부분 무덤에서 나온 유물들이다. 이러한 유물은 무엇보다도 당대 사상을 잘 보여주고 있는 것이다. 그러므로 우리는 고고학 자료를 토착신앙과 관련시켜 당대의 사상성을 엿볼 수 있는 것이나. 그것을 잘 보여주고 있는 것이 고구려 벽화고분에 그려져 있는 그림들이라 할 수 있다. 벽화에는 인물풍속도와 사신도 및 장식무늬가 있는데 이것은 당시의 사상을 잘 대변해 주고 있다. 고구려의 무덤벽화에는 불교적인 내용과 형식을 가진 그림들이 비교적 적은데 인물풍속도·사신도·일월성신도 등에 대해 부수적 지위밖에 차지하지 못하였다.

그리고 토착신앙과 불교와의 관계에 대한 시각에서 우리는 종래 불교를 지배층의 지배이데올로기로서만 이해해 온 것을 반성해야 한다. 종래 토착신앙과 불교와의 관계는 무불교대(巫佛交代)라는 입장에서 이해하였다. 그러나 불교가 전래된 후 이것이 대중화되는 것은 삼국전쟁의 와중에서 중생의 정신적 귀의처로서 불교가 수용되면서부터라고 할 수 있다. 그리고 수용과정에서 토착신앙과 갈등을 보이면서도 결국은 융화되어 한국불교의 특성을 보여주는 것이다. 따라서 토착신앙과 불교와의 관계는 지배이데올로기로서 무불교대라는 입장과 함께 사회사상으로서 무불융화(巫佛融化)라는 입장도 함께 이해되어야 한다.

2. 토착신앙

제천의례는 단순한 농경의례로만 파악하여 원시적 제의로 파악되기도 하였지만 통일국가의 징표로 파악하기도 하였다. 부여·고구려·예·삼한은 똑같이 제천의례를 거행하였지만 제천의례상의 제일·제장·제관·제신 등에 차별성을 보이고 있다. 즉 부여의 제천의례는 제일이 은정월로 농경의례라기보다는 수렵의례적 성격을 갖고 있다. 부여는 다른 사회에 비해 중국의 영향을 일찍부터 받은 것으로 보인다. 납향제사는 중국에서부터 유래된 것으로 은정월의 제삿날도 중국의 영향이라고 볼 수 있다.

고구려에서는 10월 제천대회의 이름을 동맹이라 하여 제천과 함께 국조신인 동명에 대한 제사가 함께 이루어진 것을 유추할 수 있다. 더구나 국동상의 수혈에서 신을 맞아온다고 하므로 지신에 대한 제사도 함께 이루어지는 것을 알 수 있다. 이것은 고구려가 다른 사회에 비해 국가발달 단계가 훨씬 앞섰기 때문이라 할 수 있다. 즉 제천의례와 함께 국조신인 동명을 제사하고 토착신인 지신에 대해서도 함께 제사의례를 지내고 있기 때문이다. 우리는 건국신화를 이해할 때 천신을 유이민집단인 정복적인 집단으로, 지신을 토착민집단으로 이해하고 있다. 따라서 천신과 지신에 대한 제사가 함께 이루어진다는 것은 정복국가 단계에 돌입한 것으로 볼 수 있다.

반면에 동예는 제천의례를 행하면서도 호신을 숭배하여 토테미즘적 요소를 여전히 극복하지 못하고 있다. 즉 제천의례를 행함으로써 어느 정도 집권화의 성격을 보이면서도 종래의 부족신적인 호신을 숭배하고 있는 것은 국가발전 단계상에 한계점을 보여주는 것이라 하겠다.

그런 면에서 시대변천과 제의와의 관계를 잘 보여주는 것이 삼한사회의 천신과 귀신문제라고 할 수 있다. 종래 삼한사회는 부족국가로 이해하거나 성읍국가로 이해하였다. 그러나 삼한의 경우 마한과 진한의 발전정도가 같은 것인가 하는 점과 대국과 소국의 발전정도를 동질적으로 파악할 수 있는가 하는 의문점이 생긴다. 마한의 경우 대국이 만여 가이고, 소국이 수천 가이며, 변진에서는 대국이 4~5천 가이고, 소국은 6~7백 가로 되어 있다. 마한의 대국과 변진의 소국과는 인구 면에서 20배 정도의 차이가 나고 있다.

따라서 소국과 대국은 발전단계를 달리 보아야 한다. 예컨대 소국이 수장사회라면 대국은 초기국가 단계로 볼 수 있을 것 같다. 백제국이나 사로국의 경우가 이러한 대국이며 초기국가 단계로 볼 수 있을 것 같다. 제의에 있어서도 소국과 대국은 차이가 난다고 할 수 있다. 소국은 각각 국읍에 천군(天君)을 세워 제천을 행하였지만 별읍에는 여전히 소도(蘇塗)가 남아 있어 그들 나름대로의 귀신에게 제사를 지내는 것은 소국사회의 한계성을 보여주는 것이라 할 수 있다.

종래 제천의례는 천군이 소도에서 행한 것으로 파악하였다. 그러나 사료를 보면 천군은 국읍에서 제천하였으며, 소도에서는 귀신에게 제사를 지냈는데, 이는 무(巫)가 주제(主祭)하였다고 생각된다. 무는 부족사회의 문화에서 나타나며, 제사장은 국가형성과 밀접한 것으로 알려지고 있다. 무가 영험과의 접촉으로 그의 힘을 얻는 데 반해서 제사장은 특별한 훈련을 통해서 그의 신임을 얻고 있다고 보기도 한다. 한편 무는 시간제로 독립적인 일을 하는 데 비해서 제사장은 조직사회의 일원으로 전적으로 전문가의 일만을 수행하며, 무가 상대하는 것은 개인이지만 제사장은 의식을 거행할 때 집단활동을 인도하는 사람이기 때문에 무와 제사장은 활동대상에도 차이가 난다. 이와 같이 무와 제사장과의 차이를 비교해 보면 삼한의 천군은 무(巫)라기보다는 제사장에 가깝다고 보아야 할 것이다.

정치발전단계를 부족사회에서 수장사회로 그리고 국가의 단계로 발전하였다는 사실에 유의하면 위의 각 단계에 해당하는 무와 제사장인 천군, 그리고 왕호의 출현 등은 매우 흥미있는 대비가 된다. 이것은 서비스가 무와 부족사회·제사장과 수장사회를 비교한 것과 같은 현상이다.

따라서 별읍인 소도에서 귀신에게 제사를 지내고 있는 부족사회의 모습이 잔재로서 남아있는 동시에 국읍에서 천군이 천신에게 제사하는 것을 수장사회의 단계라고 할 수 있다. 다만 대국인 백제국이나 사로국에서는 제천의례뿐만 아니라 시조묘에도 제사하고 있으므로 수장사회 단계를 넘어서 초기국가 단계에 들어섰다고 볼 수 있겠다. 제천의례는 계급사회로의 이행을 의미하며 그러한 계급사회에서 지배자의 독점적 권위를 나타내는 것이 제천의례인 것이다. 지배자의 정당성을 하늘〔天〕에서 얻고 그러한 과정을 통해 권위를 확보해 나가는 것이다.

　그러나 아직 부족사회의 유제인 귀신에 대한 제장인 소도를 청산하지 못하고 있는 한계점을 보이고 있으므로 국가단계라기보다는 과도단계인 수장사회 단계로 볼 수 있는 것이다. 한편 대국인 백제국이나 사로국의 경우는 하늘〔天〕의 대리자인 시조에 대한 제사를 지냄으로써 일원적이며 배타적인 제사권을 확립했다고 할 수 있다. 즉 하늘〔天〕에 대한 막연한 의례에서 천손강림의 천손에 대한 제사권을 독점적으로 장악하면서 사회통합의 이념화를 통해 국가체제의 모습을 보여주는 것이라 할 수 있다.

　고구려는 이미 제천의례 단계에서 시조인 동명에 대한 제의가 동시에 이루어지고 지신인 수혈에 대한 제사가 함께 이루어졌다. 백제의 경우는 시조묘 제사와 함께 지신에 대한 제사가 함께 이루어지고 있다. 즉 시조묘 제사와 천지신 제사가 함께 이루어지고 있는 것이다. 따라서 고구려와 백제는 국가형성 초기부터 천신과 시조신 그리고 지신에 대한 제사가 함께 이루어졌다. 이것은 고구려・백제의 국가적 성격이 정복국가적 성격을 갖고 있기 때문이다.

　반면 사로국은 제천의례와 시조묘에 대한 제사는 일찍부터 이루어졌지만 지신에 대한 제사권을 완전 장악하는 데 많은 시간이 필요하였다. 따라서 사로국은 초기국가 단계를 오랫동안 거쳤는데 이것은 사로 사회가 토착성이 강한 부분을 보여주고 있다. 이러한 초기국가 단계에서 정복국가 단계로 발전하게 되는데 그것을 잘 보여주는 것이 「영일 냉수리신라비」라 할 수 있다.

이러한 단계를 거쳐 결국 정복국가 단계로 발전하여 천지신을 제사하는 신궁을 설치하게 된 것이다. 즉 종래 천신과 시조에 대한 제사에서 토착신인 지신에 대한 제사권을 국왕이 완전히 장악하게 된 것이라 하겠다. 따라서 이 때부터 국호를 신라라 하였으며 왕호를 사용하게 된 것이라 하겠다. 그렇다고 하여 신라가 소지왕대나 지증왕대에 국가가 형성되었다는 것은 아니다. 신라는 일찍부터 초기국가 단계를 거쳤는데 그 기간이 길었으며, 정복국가 단계로서의 면모를 과시하게 된 것이 소지왕~지증왕대라고 보는 것이다.

결국 하늘〔天〕에 대한 제사는 수장사회 단계에서의 제천의례와 초기국가 단계의 시조묘 제사에 덧붙여 지신에 대한 제사를 장악하게 됨으로써 정복국가 단계로 볼 수 있는 것이다. 시조묘 제사에서 천지신 제사로의 변화하는 과정의 일단면을 보여주고 있는 것이 '영일냉수리신라비'이다. 지역신에 대한 제사권의 장악이 현실감있게 나타나고 있는 것이다. 이것은 고고학적으로 청동기시대에 수장사회, 초기철기시대에 초기국가·철기시대에 정복국가라는 발전단계와 밀접한 연관을 가지고 있다고 하겠다. 여기에 천신·시조묘·지신에 대한 제사의례가 지니는 이데올로기 측면이 나타나는 것이라 하겠다.

고대제의는 기본적으로 천신·시조신·지신에 대한 제의였는데 이것은 천·지·인 삼신에 대한 신앙을 그 기본으로 하고 있다. 이러한 삼신에 대한 신앙은 토착신앙의 모습을 기본적으로 갖고 있지만 중국문화의 도입과 수용에 의해 변용되어 왔다. 특히 천지신에 대한 제사는 기본적으로 중국 교제(郊祭)의 영향이라고 할 수 있다. 따라서 고구려와 백제는 일찍기 중국문화의 영향으로 교제를 지낸 것으로 볼 수 있으며 신라가 가장 늦게 교제를 지낸 것으로 볼 수 있다.

그러나 그렇다고 해서 천지신 제사가 바로 중국사상에 의한 외래적인 것으로만 볼 수 있는 것은 아니다. 외형적으로 중국문화의 영향을 받았지만 신앙과 의례의 기본은 고유한 것을 기반으로 하면서 중국적인 외피를 입었다고 볼 수 있다. 오히려 중국문화를 받아들여 천지에 대한 제사, 즉 교사(郊祀)를 지냈지만 중국의 그것과는 다른 면을 보이고 있다. 중국문화를 그대로 받아들였다면 천지신에 대한 교사를 고구려·백제·신라가 지낼 수 없는 것이다. 왜냐하면 천지신에 대한 제사는 천자만이 지낼 수 있는 것이지 제후국에서는 지낼 수 없는 것이기 때문이다.

천자만이 지낼 수 있는 교사를 고구려·백제·신라가 지낼 수 있었던 것은 중국과 대등한 입장에서 독자적인 운동력을 과시했다고 볼 수 있기 때문이다. 또한 시조묘에 대한 제사도 고구려나 백제는 5묘제에 의한 제사를 지내지 않고 독자적인 종묘를 갖고 있었던 것으로 보인다.

고구려와 백제의 경우에는 천(하늘)에 대한 제사를 지냈다는 기록이 확실하게 나타나 있으나 신라의 경우에는 그렇지가 않다. 그러나 『삼국사기』 제사지의 기록을 잘 살펴보면 신궁의 주신이 천지신이라는 것을 알 수 있다. 신궁의 주신문제에 대해 종래 많은 연구가 진행되어 왔으나 이들 연구의 대부분이 왕위계승이나 친족집단 연구의 부수적인 작업으로 진행되어 주신을 조상신으로 간주하였던 것이다. 즉 박혁거세라는 견해, 김알지라는 견해, 미추왕이라는 견해 등이 그것이다. 결국 신궁의 주신이 박성의 시조신이냐 김성의 시조신이냐 하는 문제에 집중되었다. 즉 시조묘에서 신궁으로의 변화를 단지 혈연적 변화로서만 파악하였던 것이다. 그러나 이 시기는 정치적·군사적·외교적·경제적 변화와 함께 국가체제가 정비되고 왕권이 강화되었던 때였으므로 그러한 사회적 변화를 반영하는 의미를 갖고 있었던 것이다.

신궁의 주신이 조상신이 아니라는 점은 신궁에 치제한 때의 용어 사용에서도 엿볼 수 있다. 즉 시조묘 제사를 지낼 때 박씨 왕인 경우에는 예외없이 '친사시조묘(親祀始祖廟)'로 표현되어 있는데, 석씨 왕인 경우에는 '친사시조묘'란 표현 이외에 '알시조묘(謁始祖廟)'라는 표현이 4회나 기록되어 있다. 김씨 왕인 경우에도 '친사시조묘'라는 표현 이외에 '친알시조묘(親謁始祖廟)'·'알시조묘'라는 표현이 6회나 나타나고 있다. 반면 신궁에 치제한 기록은 총 21회 중 단 한번의 예외없이 '왕친사신궁(王親祀神宮)' 또는 '친사신궁(親祀神宮)'으로 나타나고 있는 것이다. 이러한 표현은 김씨 왕인 경우에만 국한된 것이 아니라 박씨 왕인 55대 경애왕의 경우에도 '친사신궁'으로 기록되어 있다. 이와 같이 치제에 대한 용어 사용을 통해서도 신궁의 주신이 시조묘의 주신과 같은 조상신이 아니라는 점을 명백히 알 수 있다. 따라서 신궁 설치는 조상신인 박혁거세 숭배에서 국가신인 천지신 숭배로 변화하였다는 것을 의미하는 것이다.

그러나 신궁이 설치되었다고 하여 시조묘가 없어진 것이 아니라 국가제사의 중요성이 시조묘제사에서 신궁제사로 바뀌게 되었다는 것이다. 신궁이 설치된 이후에도 시조묘에 대한 제사가 이루어졌다는 기록이 남아 있는 것이다. 또한 5묘가 설치되어 제사가 이루어졌지만 그렇다고 하여 신궁이 없어진 것이 아니라 국가제사의 중요성이 신궁제사에서

5묘제사로 바뀌게 된 것이다. 5묘가 설치된 이후에도 신궁에 대한 제사가 이루어졌다는 기록이 남아 있는 것을 간과해서는 안되는 것이다.

3. 불교의 전래와 수용

이와 같이 신라는 신궁을 설치하여 사상적 통일을 이룬 뒤 불교를 공인하였다. 종래는 불교공인을 사상적 통일의 기준으로 보았으나 불교공인 이전에 이미 중국문화의 영향으로 천지신에 대한 제사를 지내는 신궁을 설치하여 이를 중심으로 각종 제사체계를 일원화함으로써 중앙집권적 사전체제를 확립하였던 것이다. 즉 사상적 통일을 꾀한 위에서 불교를 공인한 것이다. 한편 신라에 불교가 공인되기 이전에 불교가 이미 민간이나 왕실에 전래되어 수용되고 있었다.

신라사를 연구하는 데 불교의 전래·수용·공인 및 국교화에 대한 해명은 일찍부터 중요한 논제로 취급되어 왔다. 이 문제는 단지 신라의 불교사와 사상사를 밝히는 데 국한되지 않고 고대사회와 고대국가의 실체를 밝히는 문제와 맞물려 연구가 진행되었다. 그러나 고대국가 형성문제와 맞물려 연구되다 보니 일본학자들이 일본고대사 연구에서 불교가 갖고 있는 위치를 그대로 한국고대사에 적용하는 오류를 범하였다. 즉 일본고대사에 불교가 차지하는 위치와 그것을 밝히고자 한 틀을 한국고대사에 무비판적으로 대입한 것이다. 그러나 고대국가 형성에 대한 이론적 검토가 다양해지고 한국 고대국가 형성의 시기가 상향조정됨에 따라 이에 대한 재검토가 이루어지게 되었다. 그렇지만 아직도 불교의 전래·수용·공인 및 국교화에 대한 개념의 혼란으로 연구가 그다지 신선되지 못하고 있는 실정이다. 또한 민간에 전래 수용된 불교와 왕실에 전래 수용된 불교를 구분하지 않은 데에도 난맥상을 가져온 이유가 있는 것이다.

고구려에 불교가 처음으로 전래된 것은 소수림왕 2년(372)이다. 소수림왕 2년에 전진의 왕 부견이 사신과 함께 승려 순도를 보내 불상과 불경을 보냄으로써 비로소 고구려에 불교가 전래되었다. 그리고 2년 뒤 동왕 4년(374)에는 승려 아도가 왔다고 하는 기록이 있다. 이것은 어디까지나 왕실에 불교가 전래된 것을 보여주는 기사이다. 왜냐하면 이전에 이미 고구려에 불교가 전해진 것을 부정할 수 없기 때문이다. 즉 순도가 고구려에 오기 6년 전인 366년에 죽은 진나라의 승려 지둔이 이름을 알 수 없는 고구려 승려에게 편지를 보낸 사실이 있다. 따라서 적어도 4세기 전반기에 불교가 고구려에 전래되었다고 볼 수 있는 것이다. 다만 이 때는 민간에 전래된 것을 의미하며, 순도나 아도가 온 것은 왕실에 전래된 것을 의미한다. 그러나 순도나 아도가 왔다고 하여 금방 불교가 수용되는 것은 아니다. 그것을 고구려가 적극적으로 받아들여야 수용되는 것이다.

그런 면에서 볼 때 소수림왕 5년의 창사 기록을 주목할 만하다. 소수림왕 5년(375)에 처음으로 초문사를 창건하여 아도를 있게 하였는데 이를 해동의 불법의 시작이라 하였다. 이와 같이 받아들이는 주체가 사찰을 창건함으로써 불교가 수용되었다고 할 수 있다. 외부로부터 전래된 불교가 받아들이는 쪽의 주체적 노력에 의해 사찰을 창건한 것이다. 그리고 승려를 그 사찰에 머무르게 하였다는 것은 전래된 불교를 받아들였다는 것을 의미하며, 전래된 불교의 포교를 인정한다는 것을 뜻한다. 그러나 사찰을 창건하고 승려를 머무르게 한 것이 곧 불교가 공인 된 것을 의미하지는 않는다. 왜냐하면 공인이란 법제적 조치가 따라야 하는 것이기 때문이다. 크리스트교의 경우 수백 년 동안의 박해로 순교 자가 많이 나왔지만 밀라노 칙령을 통하여 비로소 공인되었던 것이다.

따라서 법제적 조치를 기록하고 있는 고국양왕 9년조의 기사를 유의할 필요가 있다. 고국양왕 9년(391)에 왕이 불법을 숭신하여 구복할 것을 하교(下敎)하였다. '교(敎)'란 임금의 명령을 의미하며 이는 법제적 조치라고 할 수 있다. 그러므로 우리는 이 때 고구려에 불교가 공인된 것으로 보아야 한다. 소수림왕 2년(372) 순도가 불경과 불상을 갖고 온 것은 불교의 전래를 의미한다. 그리고 소수림왕 5년(375) 초문사와 이불란사를 지어 순도와 아도를 있게 한 것은 불교의 수용을 의미하는 것이다. 한편 고국양왕 9년(391)에 왕이 불법을 숭신하여 구복할 것을 하교하였다는 것은 불교의 공인을 의미하는 것이다. 그 후 광개토왕 2년(392) 평양에 9개의 사찰을 창건하였다. 그러나 불교를 국교화하였다는 것을 단정해 볼 수 있는 자료는 없는 실정이다.

백제의 경우도 고구려의 경우와 같은 양상을 보이고 있다. 백제에 불교가 처음으로 전래된 것은 침류왕 때다. 침류왕 원년(384)에 호승 마라난타가 백제에 와서 불교를 전해 주었다. 이 기사는 고구려에 순도가 불교를 전해주었듯이 백제에 불교가 전래된 것을 의미하는 것이다. 백제는 마라난타가 온 그 다음해에 불사를 창건하고 승려가 되는 것을 허락하였다. 즉 침류왕 2년(385) 2월에 한산에 절을 창건하고, 10인이 승려가 되는 것을 허락하였다. 이와 같이 백제에서 사찰을 창건하고 승려가되는 것을 허락하였다는 것은 불교를 수용하였다는 것을 의미한다. 그러나 이것이 곧 공인을 뜻하는 것은 아니다.

공인이란 고구려에서와 같이 법제적 조치가 뒤따라야 하는 것이다. 그린 면에서 『심국유사(三國遺事)』의 '난타벽제(難陀闢濟)'조를 주목할 만하다. 아신왕 즉위년(392)에 왕이 불법을 숭신하여 구복할 것을 하교(下敎)하였다. 이 기사는 고구려와 마찬가지로 법제적 조치이며 백제의 불교 공인을 의미하는 것이다. 침류왕 원년(384)에 호승 마라난타가 백제에 왔다는 것은 백제에 불교가 전래된 것을 의미한다. 그리고 침류왕 2년(385) 한산에 절을 짓고, 승려가 되는 것을 허락하였다는 것은 백제가 전래된 불교를 주체적으로 수용하였다는 것을 의미한다. 한편 아신왕 즉위년(392) 왕이 불법을 숭신하여 구복할 것을 하교하였다는 것은 백제에 불교가 공인되었다는 것을 의미한다.

이것은 고구려에 불교가 전래되고, 수용되고, 공인되는 과정과 일치한다. 특히 고구려 고국양왕 9년 왕이 불교를 믿어 복을 구할 것을 '하교'한 『삼국사기』 기사와 백제 아신왕 원년 왕이 불교를 믿어 복을 구할 것을 '하교'한 『삼국유사』 기사는 국가의 법제적 조치를 강조하고 있는 것이다. 이는 크리스트교가 공인될 때 콘스탄티누스 대제의 밀라노 칙령에 의하여 이루어지는 것과 마찬가지이다. 따라서 우리는 불교의 전래와 수용 그리고 불교의 공인이라는 개념을 분명히 구별하여야 하는 것이다. 그러나 테오도시우스대제 때(392) 크리스트교가 로마의 국교임을 선언하고 모든 이교의식을 금지하는 칙령과 같은 조치를 고구려나 백제에서는 찾기 어렵다.

신라는 고구려와 백제보다 불교의 전래·수용·공인 및 국교화에 대한 자료가 비교적 많이 남아 있다. 그러나 그 계기를 포착해내는 것이 쉽지 않다. 신라에 불교가 전래된 것과 수용된 것을 잘 보여주는 것은 법흥왕대 이차돈 순교설화이다. 눌지왕대(417~457) 사문 묵호자가 고구려로부터 신라의 일선군에 이르러 모례의 집을 근거로 포교활동을 하였다. 이 때 신라에 불교가 전래된 것이며 이와 같이 민간에 먼저 전래된 이후에 왕실에 전래되었다. 이 때 양나라에서 사신을 보내 옷과 향물을 보냈으나 군신들이 향명과 그 쓰임새를 몰라 묵호자에게 물어보게 되었다. 또한 이 때 왕녀의 병이 심하여 왕이 묵호자로 하여금 향을 피워 빌게 하였더니 왕녀의 병이 나았으므로 왕이 매우 기뻐하여 답례를 극진히 하였다. 그러나 묵호자는 모례를 만나 얻은 물건을 주고는 사라져 버렸다. 결국 이 때 신라왕실에 불교가 처음 전래되었으나 수용되지는 못했다. 신라왕실에 불교가 수용된 것은 소지왕대(479~499)에 이르러서다.

묵호자는 먼저 일선군에 이르러 포교활동을 하다가 왕실과 인연을 맺게 되었다. 이 일선군은 고구려와 가까워 고구려의 문화가 전래되는 통로가 되었다. 또한 이 지역을 근거로 불교를 포교할 수 있었던 것은 이 지역이 신라의 변방지대였기 때문이라고 생각한다. 신라의 변방지대에서 부역에 시달리는 이 지역 백성들에게 불교는 심리적 위안을 줄 수 있었다.

이 시기 이 지역은 고구려의 침입이 계속되어 축성작업이 계속되었고, 천재지변으로 현실적 어려움을 겪고 있었다. 끊임없이 지속되는 전쟁으로 민중은 생활의 기반을 잃게 되어 생활이 피폐하게 되었다. 군역의 의무는 민중들에게 과중한 부담을 주었다. 더욱이 정신적으로 항상 죽음에 대한 공포로 불안해하였다. 백성들로부터 왕에 이르기까지 종래 그들이 가졌던 신앙과 종교로는 이러한 어려움을 해결할 수 없었다. 여기에 외부로부터 전래된 신앙과 종교에 대한 객관적 요구가 나타나게 되는 것이다.

따라서 이 지역은 소지왕대 아도화상이 와서 포교활동을 하는 근거지가 되는 것이다. 그리고 아도화상이 없어진 뒤에도 이 지역에서 포교활동은 지속되었다. 신라의 불교가 처음부터 왕실에 전래 수용되어 왕권을 지지해 주는 지배이념이 되었다고 하는 견해는 역사적 사실과 거리가 멀다.

　　신라 왕실에 불교가 수용된 모습을 보여주는 것은 사금갑 설화다. 이 사료를 통하여 소지왕 10년(488) 이전에 이미 왕실에서 불교를 수용한 것을 알 수 있다. 내전 분수승이 있다는 것은 궁궐 안에 내불당이 존재한다는 것을 알 수 있으며, 내불당이 존재한다는 것은 이미 왕실에 불교가 수용되었다고 볼 수 있는 것이다. 이러한 기반 위에서 법흥왕이 불교를 공식적으로 수용하려고 애썼던 것이다. 그러나 법흥왕의 의도는 쉽사리 이루어지지 않았다. 이차돈의 순교설화가 저간의 사정을 잘 보여주고 있다. 이 기록은 법흥왕과 이차돈이 불교를 일으키려고 하나 귀족들의 반대에 부딪쳐 마침내 이차돈이 순교했다는 이야기이다.

　　종래는 이 사료를 가지고 불교의 공인을 논하였다. 그러나 이 사료는 사실 그대로 불교를 홍법하려다가 실패로 돌아갔다는 것을 보여주고 있을 뿐이다. 법흥왕과 이차돈이 불교를 국가적으로 인정하려고 하였으나 이루어지지 않았다. 고구려나 백제의 경우는 왕실에서 사찰을 지어 불교를 수용하였다. 그러나 신라에서는 법흥왕이 사찰을 지으려 하였으나 실패하였다. 더구나 불교를 공인하는 법제적 조치를 취했다고 하는 대목은 찾아볼 수 없다. 결국 법흥왕대에는 불교공인이 이루어지지 않은 것이다. 조선후기 천주교가 전래되어 민간에 수용되었지만 정부에서 이를 허용하지 않아 마침내 박해를 받고 많은 순교자를 내게 되었다. 이렇게 많은 순교자가 나왔다는 것은 천주교가 공인되지 못하였기 때문인

데 순교를 공인의 기준으로 삼는다는 것은 난센스라고 하겠다.

신라의 불교공인은 법흥왕의 다음 왕인 진흥왕 때 가서 이루어지게 되었다. 진흥왕 5년(544)에 그 동안 미루어졌던 흥륜사의 창건이 이루어졌고, 출가하여 승려가 될 수 있도록 허용하였다. 신라의 경우는 고구려나 백제의 경우와 같이 '하교(下教)'에 대한 기사는 보이지 않으나 여기서 출가하여 부처를 받들게 '許'하는 것이 그 법제적 조치라고 볼 수 있겠다.

결국 신라는 비처왕 때 불교가 처음 전래되었으며, 소지왕 때 이미 불교에 대한 이해가 상당히 이루어졌으며, 법흥왕 때 이를 공인하려 했으나 실패하였다. 신라의 공인은 진흥왕 5년(544)에 흥륜사가 완성되고, 승려의 출가를 허용하는 데서 이루어진 것이다. 따라서 이후에야 비로소 왕실이 적극적으로 불교를 수용하게 된다. 진흥왕 10년에 양나라에서 사신을 보내 불사리를 보내주었다. 이후에 황룡사를 짓고, 팔관회를 설하고, 중국에 유학하는 승려들에 대한 기사가 나타난다.

그러면 신라가 불교를 국교화한 것은 언제인가? 국교란 국가에 의하여 특히 지정받아 보호받는 특정한 종교이며, 교의(教義)를 국가의 정신적 원리로서 존중하며, 교무(教務)를 국무(國務)의 일부로서 취급하는 국가종교라는 사전적 해석을 음미해볼 필요가 있다. 특히 종교의 업무를 국가의 업무의 일부로서 취급하는 국가종교라는 데 유의할 필요가 있다. 이러한 측면에서 선덕왕 12년(643)에 자장이 대국통에 임명된 것을 유의할 필요가 있다. 즉 국가가 불교를 통제하는 기관으로서 승관제도가 확립된 것으로 볼 수 있는 것이다.

더구나 중대에 국가의 재정에 의하여 건립되어 관리 운영하는 국가사원으로서 성전사원의 등장도 국가종교로서 중요한 의미를 지니는 것이다. 또한 연등회와 팔관회·백좌강회 등 호국법회가 국가의 중요한 의례가 된 것은 중요한 의미를 갖는다 하겠다. 더구나 삼국전쟁 후 신라 후기에는 국사(國師)가 책봉되어 고대사회의 사무(師巫)의 존재와 큰 대조를 이룬다. 이것은 신라 전기 무적(巫的) 존재인 노고(老姑)가 신라 후기 불교와 관련이 있는 노옹(老翁)으로 변화한 것과 같은 양상이라 하겠다.

그리고 통일전쟁을 거치면서 민중들은 생활의 피폐와 죽음의 공포에 두려움을 가져 내세에 대한 관심을 많이 갖게 되었다. 따라서 정토신앙이 유행하게 되는데 교리적 어려움이 없기 때문에 민중들에게 그 파급속도가 빨랐다. 원효는 이러한 민중들의 정서에 와닿게 정토신앙을 통하여 불교의 대중화를 이룰 수 있었다. 또 국가는 이렇게 대중화된 불교를 통하여 전쟁을 수행하는 데 민중들의 동원을 용이하게 할 수 있었다. 불법을 정신적 구심점으로 하여 백성들을 이끌어 내는 사회통합적 기능으로 삼고, 정토신앙을 통하여 죽음의 공포를 덜어 전쟁에 동참하도록 하였던 것이다.

그런데 이제까지 불교가 전래되면 곧 수용되는 것으로 오해하고, 수용되면 곧 공인되는 것으로 잘못 이해하였다. 또한 민간 전래와 수용의 경우가 왕실 전래와 수용을 구분하지 않고 이해하였으며, 불교를 왕권을 강화하는 지배이념이라는 입장에서만 이해하려고 하였다. 그리고 불교가 공인되면 많은 사람들이 불교를 믿게 되었으며, 불교가 국교가 되었다고 이해하였다. 불교가 공인되었다 하더라도 많은 사람들이 불교를 믿게 되는 데는 많은 시간이 필요하였다. 왕실과 귀족들이 불교를 호국신앙화하면서 대중화되기 시작하였으며, 전쟁을 겪으면서 대중화되기 시작한 것이다.

또한 불교가 공인되었다고 하여 종래의 토착신앙이 갖고 있었던 지배이념으로서의 위치가 하루아침에 없어진 것은 아니었다. 많은 사람들은 여전히 천신과 지신 및 산천신(山川神)에 대한 신앙을 갖고 있었으며, 국가제사의 경우에도 신궁제사가 그대로 이루어졌으며, 산천신에 대한 제사도 대사(大祀)·중사(中祀)·소사(小祀)로 나뉘어 이루어졌던 것이다.

4. 토착신앙과 불교와의 관계

재래의 토착신앙이 지배적인 이념으로 자리잡고 천지신을 그 정점으로 하여 대중화되어 있는 가운데 외래신앙인 불교가 전래되었다. 따라서 재래신앙인 토착신앙과 외래신앙인 불교는 갈등을 벌이게 된다. 종래 토착신앙과 불교와의 관계에 대한 연구는 무불교대(巫佛交代)라는 입장에서 단순화시켜 보아왔다. 그것은 지배층의 입장에서 불교의 전래와 수용을 이해하였기 때문이었다. 외국으로부터 불교가 전래된 것과 이것을 그 사회가 수용하는 것, 국가가 이를 공인하는 것과는 개념상 커다란 차이가 있는데 종래 연구는 이를 간과했기 때문이라 하겠다.

신라가 고구려와 백제에 비하여 불교가 전래된 것이 그렇게 많이 늦은 것은 아니며, 다만 국가적 공인조치가 늦었을 뿐이다. 그것은 고구려나 백제에 비하여 토착신앙과 불교와의 갈등과 대립이 심하였기 때문이라 하겠다. 고구려와 백제는 이미 중국문화에 익숙해 있었기 때문에 중국을 통해 들어온 불교에 대해 거부감이 적었던 것이라 할 수 있다. 반면에 신라는 중국문화에 대한 지식과 이해가 적어 불교를 수용하는 데 많은 사상적 갈등을 겪게 되었던 것이다.

그러나 보다 중요한 문제는 신라가 토착신앙에 의해 사상적 통일을 이루있기 때문이라 할 수 있다. 신라는 전지신을 모신 신궁을 설치하여 사상적 통일을 하였으므로 외래신앙인 불교에 대하여 대립과 갈등이 심하였던 것이다. 더구나 이차돈이 토착신앙의 제장인 천경림에 사찰을 지으려다가 강력한 저지에 직면하였으며, 그러한 경험이 신라인으로 하여금 불교를 받아들이는 것을 주저하게 만들었다. 그러한 내부 진통을 겪게 됨으로써 독특한 신라의 불교를 발전시켜 나갈 수 있었다.

이러한 과정에서 토착신앙과 불교와의 타협이 이루어지는데 가장 대표적인 것이 산신각과 장승이라 하겠다. 즉 불교가 처음 전래되어 수용되는 단계에는 토착신앙과 불교가 대립과 갈등을 겪었으나 일단 그 과정을 거치면서 융화되어 가는 문화 접변현상을 일으키게 된 것이다. 따라서 우리는 불교공인 이후를 무불교대로 보아서는 안되며, 무불융화의 입장에서 신라사상의 흐름을 파악하여야 한다.

불교가 공인된 이후에 토착신앙이 다소 약화되었지만 그 전통은 지속되어 오히려 불교에서 배워온 것도 있고, 반대로 불교가 토착신앙의 여러 요소와 융화하여 독특한 한국불교로 토착화되어 갔다. 불교는 지배층에서 많은 호응을 받았지만 피지배층 일반에서는 토착신앙이 일반적 추세였다고 할 수 있다. 따라서 지배이념의 관점에서 지배층 위주로 볼 때는 무불교대라는 평가를 할 수 있겠지만 사회사상의 관점에서 본다면 그렇지가 않다. 불교가 공인된 이후에도 피지배층 일반에서는 대부분 기존의 토착신앙을 중요시하였으며, 또한 불교 자체도 토착신앙과 융화하여 토착화되어 나갔기 때문이다.

고대사회에서 토착신앙이 불교화한 것으로 환인천제가 불교의 제석천 곧 제석환인의 신앙으로 변화한 것과 국조단군이 독성님이나 불교적 산신으로 변화한 것을 들 수 있다. 불교신앙이 토착신앙화한 것으로는 불교의 미륵신앙이 화랑국선으로 변화한 것을 들 수 있다. 그러나 토착신앙과 불교가 관련된 가장 중요한 자료는 토착신앙의 성역과 불교사찰과의 관계에서 찾을 수 있다. 천경림·삼천기·용궁남·영궁북·사천미·신유림 및 서청전 등은 토착신앙의 성역들인데 여기에 불교사찰이 들어섰던 것이다. 보살(菩薩)에 대한 숭배와 의례와 함께 토착신에 대한 숭배와 의례가 끊이지 않고 계속되었던 것이다. 『삼국유사』의 '선도성모수희불사조(仙桃聖母隨喜佛事條)'를 보면 성모가 불상과 더불어 벽에 53불(五十三佛)과 6류성중(六類聖衆) 제천신(諸天神)과 5악신군(五岳神君)을 그려 받들며 점찰법회를 베풀어 이를 항규로 삼으라 하였다는 기록이 나타나 있다.

의상(義湘)이 부석사를 지을 때 이미 이교도들이 있었다고 하는데 여기의 이교도는 바로 토착신앙을 믿는 무리라고 볼 수 있다. 결국 삼국시대 경주평야를 중심으로 한 지역의 5악신과 남북시대의 『삼국사기』 제사지에 보이는 5악 모두 토착신앙과 불교가 깊은 관련을 맺고 있는 것을 알 수 있다. 따라서 앞으로의 연구는 이러한 토착신앙과 불교와의 관계에 대한 연구가 무불교대의 관점이 아니라 무불융화의 관점에서 구체적으로 진행되어야 할 것이다.

특히 전쟁으로 인하여 민중생활이 피폐해지고 죽음에 대한 공포가 가중되면서 내세에 대한 관심이 강하게 나타남으로써 불교의 대중화가 이루어지게 되었다. 원효는 민중을 구제하겠다는 입장에서 일반 백성도 '나무아미타불'을 되뇌면 서방정토 극락세계에 갈 수 있다고 설파함으로써 불교를 대중화하였다. 한편 국가는 자장을 대국통으로 임명하는 등 승관제도를 실제화하고, 각종 법회를 통하여 불교를 이데올로기화하였다. 더구나 통일전쟁에서 승리한 후 성전사원을 비롯한 많은 사원을 건립하고 어기에다 막대한 토지와 노비를 주어 불교사원의 물질적 기반을 강화하였다.

이와 같이 국가 지배이데올로기가 통일전쟁을 기점으로 천신신앙에서 불교로 변화하였는데 이것은 한국사상사에서 획기적인 변화라 하겠다. 통일전쟁 이후에도 천신·시조신·지신에 대한 숭배와 신앙은 계속되었으나 지배적인 것은 불교가 차지하고 토착신앙은 부수적 위치에 놓이게 되었다. 불교는 이미 4~6세기에 전래·수용·공인이 되었지만 국교가 된 것은 아니었다. 국교화, 즉 국가의 지배이데올로기가 된 것은 승관제도가 확립되고, 호국법회가 이루어지고, 성전사원이 건립된 데서 찾아야 한다. 그런데 지배이데올로기의 변화가 이루어지는 이 시기가 사회경제사적 변화가 이루어지는 시기인 7세기와 맞물려 있어 흥미로운 점이라 하겠다. 이와 같이 사회경제사적 변화와 지배이데올로기 변화와의 관계를 보다 구체적으로 밝히는 작업이 앞으로의 과제라 하겠다.

마지막으로 신라 전제왕권론과 관련하여, 화엄사상을 전제왕권을 뒷받침하는 사상적 기반으로 이해하던 종래의 연구경향에 대해 반론이 이어지면서 재검토가 이루어지고 있는 것은 한국의 고대 사상사를 연구하는 데 매우 고무적인 작업이라고 할 수 있다.

최광식

‖참고문헌‖

강영경, 1991, 『신라 전통신앙의 정치·사회적 기능 연구』, 숙명여대 박사학위논문.

금장태, 1978, 「한국 고대의 신앙과 제의」, 『동대논총』 8집, 동덕여자대학교.

김광억, 1985, 「국가형성에 관한 인류학적 이론과 한국고대사」, 『한국문화인류학』 17집, 한국문화인류학회.

김두진, 1988, 「불교의 수용과 고대사회의 변화」, 『한국고대사론』, 한길사.

_____, 1999, 『한국 고대의 건국신화와 제의』, 일조각.

김병곤, 2000, 『신라 왕권의 성장과 지배 이념의 연구』, 동국대 박사학위논문.

김영태, 1969, 「신라 불교대중화의 역사와 그 사상 연구」, 『불교학보』 6집, 동국대.

김영하, 1979, 「신라시대 순수의 성격」, 『민족문화연구』 14집, 고려대 민족문화연구소.

김재경, 1999, 『신라신불융합사연구』, 경북대 박사학위논문.

김정배, 1973, 「한국 고대의 국가기원론」, 『백산학보』 14집, 백산학회.

_____, 1975, 「불교 전입전의 사회상」, 『숭산 박길진박사화갑기념 한국불교사상사』, 원광대출판부.

_____, 1978, 「소도의 정치사적 의미」, 『역사학보』 79집, 역사학회.

_____, 1982, 「국가 기원의 제이론과 그 적용문제」, 『역사학보』 94·95합집, 역사학회.

김철준, 1964, 「한국고대국가발달사」, 『한국문화사대계』 I (민족·국가사), 고려대 민족문화연구소.

김태영, 1976, 「조선초기 사전의 성립에 대하여 - 국가의식의 변천을 중심으로」, 『한국사논문선집』, 조선전기편.

나희라, 2003, 『신라의 국가제사』, 지식산업사.

남동신, 1996, 「의상 화엄사상의 역사적 이해」, 『역사와 현실』 20집, 한국역사연구회.

노명호, 1981, 「백제의 동명신화와 동명묘」, 『역사학연구』 10집, 전남대 사학과.

박승범, 2002, 『삼국의 국가제의 연구』, 단국대 박사학위논문.

서영대, 1985, 「삼국사기와 원시종교」, 『역사학보』 105집, 역사학회.

신동하, 1988, 「고구려의 사원조성과 그 의미」, 『한국사론』 19집, 서울대출판부.

신종원, 1990, 「6세기초의 희생례 - 영일냉수리신라비와 울진봉평신라비의 비문을 중심으로」, 『진단학보』 70집, 진단학회.

_____, 1992, 「신라 불교전래의 제양상」, 『신라초기불교사연구』, 민족사.

안계현, 1983, 「자장의 불교사상」, 『한국불교사상사연구』, 동국대출판부.

이기백, 1954, 「삼국시대 불교의 전래와 사회적 성격」, 『역사학보』 6집, 역사학회.

_____, 1969, 「신라 오악의 성립과 그 의의」, 『진단학보』 33집, 진단학회.

_____, 1975, 「신라초기불교와 귀족세력」, 『진단학보』 40집, 진단학회.

_____, 1978, 「삼국유사의 사학사적 의의」, 『한국사학의 방향』, 일조각.

_____, 1986, 『신라사상사연구』, 일조각.

_____, 1991, 「백제불교 수용연대의 검토」, 『진단학보』 71·72합집, 진단학회.

이기백·이기동, 1982, 『한국사강좌〈고대편〉』, 일조각.

이영호, 1983, 「신라 중대 왕실사원의 관사적 기능」, 『한국사연구』 43집, 한국사연구회.

이종태, 1992, 「삼국시대의 시조인식과 그 변천」, 국민대 박사학위논문.

임동권, 1970, 「한국원시종교사(1)」, 『한국문화사대계』 VI 종교·철학사, 고려대 민족문화연구소.

차용걸, 1978, 「백제의 제천사지와 정치체제의 변화」, 『한국학보』 11집, 일지사.

채미하, 2001, 『신라 종묘제와 왕권의 추이』, 경희대 박사학위논문.

채상식, 1984, 「신라 통일기의 성전사원의 구조와 기능」, 『부산사학』 8집, 부산사학회.

천관우 편, 1975, 『한국 상고사의 쟁점』, 일조각.

최광식, 1981, 「무속신앙이 한국불교에 끼친 영향」, 『백산학보』 26집, 백산학회.

_____, 1981, 「삼국사기 소재 노구의 성격」, 『사총』 25집, 고대 사학회.

_____, 1983, 「신라 신궁 설치에 대한 신고찰」, 『한국사연구』 43집, 한국사연구회.

_____, 1985, 「이차돈설화에 대한 신고찰」, 『한국전통문화연구』 창간호, 효성여대 전통문화연구소.

_____, 1989, 「삼국의 시조묘와 그 제사」, 『대구사학』 38집, 대구사학회.

_____, 1989, 『한국 고대의 제의연구─정치·사상사적 고찰을 중심으로』, 고려대학교 박사학위논문.

_____, 1990, 「고대국가 형성에 대한 연구사 검토」, 『역사비평』 8호, 역사비평사.

_____, 1990, 「영일냉수리신라비의 석문과 내용분석」, 『신라문화제 학술논문집』 11집, 신라문화선양회.

_____, 1990, 「한국 고대의 제천의례」, 『국사관논총』 13집.

_____, 1991, 「신라의 불교 전래, 수용 및 공인」, 『신라사상의 재조명』, 신라문화선양회.

_____, 1994, 『고대 한국의 국가와 제사』, 한길사.

최재석, 1986, 「신라의 시조묘와 신궁의 제사」, 『동방학지』 50집, 연세대 국학연구원·공주대 백제문화연구소.

하일식, 2005, 「고대사 연구의 주요 쟁점과 과제」, 『한국사연구 50년』, 혜안.

삼국시대의 도성제

1. 도성의 시기구분

일반적으로 도성은 성곽이 갖추어져 있는 도읍(都邑)이라는 의미로 쓰인다. 그러나 엄밀히 말하면 도(都)란 일국(一國)의 수도, 즉 중심을 말하며 선진(先秦)시대에는 제후(諸侯)·경(卿)·대부(大夫)의 읍(邑)을 지칭하는 말이었으나, 우리나라에서는 왕의 거주성(居住城)을 말한다. 도성은 도를 둘러싸고 있는 성곽을 지칭한다. 그러나 도와 도성은 함께 통용되고 있다.

삼국시대의 도성은 다양한 지역적 기반을 가진 지방세력을 중앙정부에 편입, 중앙관료화함에 따라 지배세력의 거주지를 도성에 조성하고, 거주지에 대한 규정을 엄격하게 지키면서, 거주 지배세력을 통제하기 위해 부리제(部里制)·부항제(部巷制)·구역분할제(區域分割制)를 실시하는 등의 특징을 가지고 있었다. 이러한 점은 오늘날의 서울과는 크게 다른 점으로 신분제적·강제적 성격도 내포되어 있었으며, 지방에 비해 우월적이고 인구집중화 현상을 나타내고 있었다. 어떻든 당시의 도성은 행정·경제·문화의 중심지로서 번영을 누렸다.

고구려도성의 시기구분에 대해서는 학자들에 따라 여러 견해가 제기된 바 있다. 그 중 전기(37B.C.~3c 초; 卒本時代)·중기(3c 초~427; 國內時代)·후기(427~668; 平壤時代)로 보는 견해가 있다.〔田中俊明, 2004b〕 이러한 구분법에는 졸본에서 국내로의 천도를 3세기 초로 보았기 때문에 자연 졸본시대의 역사적 성격이 높아졌다고 볼 수 있다. 이는 주지하다시피 다케다(武田幸男)를 비롯한 일본학자들이 『삼국지』 고구려전의 "伊夷模更作新國今日所在是也"를 근거로 삼는 견해다.

그러나 최근에 발간된 중국의 『집안고구려왕릉—1990~2003년집안고구려왕릉조사보고』에 따르면 왕릉급으로 분류되는 마선(麻線) 626호묘의 축조시기를 1~2세기, 칠성산(七星山) 871호묘의 축조시기를 2세기말 이전으로 추정하고 있기 때문에 이와는 맞지 않는다. 또 전기 평양성과 후기 평양성 도읍시기를 합쳐 하나로 시기구분하는 것도 도성형태의 발전상 문제가 있으므로 여기서는 『삼국사기』의 연대를 기준하여 조기도성(37 B.C.〔고고학적으로는 2c B.C.〕~A.D. 3; 卒本都邑期)·전기도성(3~427; 國內都邑期)·중기도성(427~586; 前期平壤城 都邑期)·후기도성(586~668; 後期平壤城 都邑期)으로 구분한다.

백제의 경우도 고구려처럼 도읍지를 기준하여 전기도성(18 B.C.〔고고학적으로는 3c 중·후반〕~475; 漢城都邑期)·중기도성(475~538; 熊津都邑期)·후기도성(538~660; 泗沘都邑期)로 구분할 수가 있다.

신라는 고구려나 백제와는 달리 도읍을 옮기지 않고 서라벌에서만 도읍을 하였기 때문에 고구려나 백제처럼 도읍을 기준하여 구분할 수가 없다. 그러나 신라는 왕경(王京 : 金京)의 발전적 측면을 기준하여 어느 정도 구분을 할 수 있기 때문에, 왕경이 획기적으로 재정비되는 문무왕대의 679년을 기준하여 전기(57 B.C.; 고고학적으로는 300 전후~679)와 후기(679~935)로 구분하여 볼 수가 있다.

2. 도성의 발굴조사

고구려 조기도성의 경우 하고성자토성(下古城子土城)은 요령성문물고고연구소(遼寧省文物考古硏究所)·본계시박물관(本溪市博物館)·환인현 문관소(桓仁縣文管所)가 오녀산성(五女山城)에 대한 발굴조사 도중 1998년 11월 2일부터 13일까지 조사·측량 및 서벽 북단의 서북각(西北角) 1지점을 절개하였다. 또 성내에 수도관 공사를 하는 지점으로부터 유물출토 상황을 확인하고, 지하에서 출토된 유물을 채집하였다고 한다. 오녀산성 역시 요령성문물고고연구소가 본계시박물관, 환인현 문관소와 함께 1996년 5월부터 1998년 10월까지 발굴조사를 실시하였고, 2003년에도 세계문화유산 등록을 위해 발굴조사를 실시하였다.

전기도성의 경우 국내성(國內城)은 집안현문물보관소가 1975년 5월부터 1977년 5월까지 발굴조사를 실시하였다. 모두 10개의 트렌치를 팠는데, 남벽 5개[T1~T5], 동벽 1개[T6], 북벽 2개[T7·T8], 서벽 남단에 2개[T9·T10]로 발굴면적은 모두 960제곱미터였다. 1980년에는 집안현문물보관소에서 국내성의 성벽을 실측하였고, 1985~1988년에도 성내의 구옥(舊屋)들을 개조하는 과정에서 성안의 몇 지점을 발굴조사했다.

1990년 5월에는 길림성문물고고연구소(吉林省文物考古硏究所)·집안시

문물보관소(集安市文物保管所)가 북벽 중문 동측의 치(雉)를 조사하였고, 2000년 5~11월에는 성내 도시개조 시공을 위해 성안 8개 지점을 발굴조사하였으며, 동시에 북벽 일부를 발굴조사하였는데 발굴면적은 총 1천439제곱미터였다. 2001년 4~10월에도 성내 도시 개조공사를 위해 길림성문물고고연구소와 집안시문물보관소가 성안의 9개 지점 총 1천235제곱미터를 조사하였다. 2003년 4~8월까지 길림성문물고고연구소가 북벽·서벽의 일부를 발굴조사함과 동시에 성안의 2곳을 발굴조사하였는데 발굴면적은 총 2천545.5제곱미터였다.

또 2000~2003년 사이에는 길림성문물고고연구소와 집안시문물보관소에 의해서 국내성 성내의 발굴이 대대적으로 이루어졌다. 즉, 2000년에는 소채시장유적(蔬菜市場遺蹟; 400㎡)·개발공사옥사유적(開發公司屋舍遺蹟; 200㎡)·국세국직원숙사유적(國稅局職員宿舍遺蹟; 200㎡)·심계국직원숙사유적(審計局職員宿舍遺蹟; 134㎡) 등 8개 지역을 발굴 조사하였고, 2001년에는 동시장구옥개조유적(東市場舊屋改造遺蹟; 300㎡)·시제이소학교유적(市第二小學校遺蹟; 250㎡)·시제일유아원신루사유적(市第一幼兒園新樓舍遺蹟; 150㎡)·시실험소학교유적(市實驗小學校遺蹟; 260㎡) 등 9개 지역을 발굴조사 하고, 2003년에는 집안고구려유지공원건설(集安高句麗遺址公園建設)을 위해 체육장유적(體育場遺蹟; 2,100㎡)과 문구장유적(門球場遺蹟; 445.5㎡)을 발굴 조사하였다. 이 중에서 체육장유적은 국내성의 중심구역으로 궁전구역(宮殿區域)의 서남부에 해당하고, 시제일유아원신루사유적과 시실험소학교유적은 대형 궁전의 부속시설로 도시의 주요 위치를 차지하는 것으로 밝혀졌다.

한편 환도산성(丸都山城)은 2002년 5월과 2004년 2월에 정밀 지표조사를 실시하였고, 2001년에서 2003년 사이에 길림성문물고고연구소에서 궁전유지(宮殿遺址) 9천1백 제곱미터를 발굴조사하였다.

중기도성의 경우 대성산성(大城山城) · 안학궁지(安鶴宮址) · 고분군(古墳群)의 일부가 유원지 조성을 목적으로 1958년 5월부터 1961년 5월까지 5회에 걸쳐 발굴조사가 이루어졌고, 후기도성의 경우는 1970년대 후반에 평양성(平壤城)의 성벽에 대해 부분적인 시굴(試掘)이 실시되었다. 또 1993년에서부터 4년 동안에 걸쳐 사회과학원 고고학연구소에서 중성 서벽의 4개 지점을 발굴조사하였다.

백제의 전기도성의 경우 풍납동토성(風納洞土城)은 1964년과 1966년에 서울대학교 고고인류학과에서 성안의 포함층에 대한 시굴조사(試掘調査)를 실시하였다. 1996년에는 한양대학교 박물관에서 성의 서남쪽 현대중앙병원 기숙사 신축부지에 대한 발굴조사를 실시하여 백제시대 토기편과 기와편들이 출토되었다. 또 1997년에는 국립문화재연구소에 의해 풍납동 231-3번지 외 39필지에 대한 현대연립주택 부지〔가지구〕에 대한 발굴조사를 실시하여 초기 백제시대 집자리와 토기가마 · 수혈유구 · 3중 환호유구 · 토기폐기유구 등을 조사하였다. 또 국립문화재연구소 · 서울대학교 · 한신대학교 · 숭실대학교 등을 주축으로 한 풍납지구긴급발굴조사단에 의해 풍납동 246-3번지 외 122필지의 풍납동 제1지구 재건축 부지〔나지구〕를 발굴 조사하여 백제시대 집자리 · 수혈유구 · 3중환호유구를 재차 확인하였다. 또 서울대학교 박물관에서는 붕괴된 성벽이 있었을 것으로 추정되는 남양연립주택 부지를 발굴조사하였으나, 홍수로 쓸려간 깊은 퇴적층만이 확인되었고, 한신대학교 박물관에서는 삼화연립 재건축 부지를 발굴 조사하여 구상유구(溝狀遺構) 등 경질무문토기 완형 30여 점을 비롯하여 다량의 유물이 출토되었다. 한편 국립문화재연구소에서는 풍납동토성의 복원사업계획에 의거 학술 및 복원 · 정비의 기초자료를 획득 활용하고자 동벽(東壁: 풍납 2동 235-241번지)에 대한 발굴조사를 실시하였다. 2000년에는 국립문화재연구소에 의해 외환은행 주택조합 테니스징과 미래마을연립주택 부지에 대한 발굴조사를 실시하였다. 또 1999~2000년 사이에는 한신대학교 박물관이 경당연립주택 부지를 발굴 조사하여 건물지·수혈유구·토기폐기장 등을 발굴 조사하였다.

몽촌토성(夢村土城)은 몽촌토성발굴조사단과 서울대학교 박물관 등이 올림픽공원의 조성사업을 위해 1983년부터 1989년까지 6차에 걸쳐 성벽과 성내부의 발굴조사를 실시하여, 장대지·방형유구·적석유구·연못지·해자·수혈주거지·적심건물지·온돌건물지·저장공 등을 발굴 조사하였다.

중기도성의 경우 공산성(公山城)은 공주사범대학 백제문화연구소가 백제문화권개발사업의 일환으로 1980년 10월에 공산성 동문지로부터 동남쪽 20미터 지점에 있는 조선후기의 건물지를 발굴 조사하였다. 또 10월에서 11월 사이에는 광복루(光復樓) 서쪽 약 150미터 지점의 산(山) 중복(中腹)의 서향(西向) 사면(斜面)에서 남측면 5칸[10.4미터], 동측면 6칸[10.4미터] 규모의 임류각지(臨流閣址)가 발굴 조사되었다. 11월에서 12월 사이에는 폭 2.46미터의 동문지(東門址)를 발굴 조사하였고, 12월에는 정면 2칸, 측면 2칸의 장대지(將臺址)를 발굴 조사하였다.

1982년 7월부터 10월 사이에는 영은사(靈隱寺) 앞의 지당(池塘)을 발굴 조사하였다. 특히 공주사범대학 박물관은 왕궁지(王宮址)로 비정되는 쌍수정(雙樹亭) 앞 광장에 대해 1985년 6월부터 8월 사이의 시굴조사에 이어 10월부터 12월 사이에 1차 발굴조사, 1986년 9월부터 12월 사이에 2차 발굴조사를 실시하여 반지하식 건물지(半地下式 建物址), 굴건식 주공 건물지(掘建式 柱孔 建物址), 적심석 사용 건물지(積心石 使用 建物址), 연못, 저장시설인 목곽고(木槨庫)와 원형·방형의 구덩이 등을 발굴 조사하였다.

또 공주대학 박물관이 1987년 7월에 내성벽(內城壁)에 대한 발굴조사를 실시하였고, 1987년에 9월부터 11월 사이에 성내(城內)마을 조사가 이루어져 조선시대 중군영지(中軍營址: 鎭南館)를 발굴 조사하였다. 1988년 7월에서 9월에 걸쳐 공산성 내 마을의 건물지 조사와 병행하여 외성벽(外城壁)을 발굴 조사하였다. 또 1989년 8월부터 11월 사이에 광복루(光復樓) 광장 부근의 건물지 조사가 진행되어 28칸의 통일신라시대 대형건물지가 조사되었다.

1990년 7월부터 9월 사이에도 건물지 조사가 행해져서 쌍수정(雙樹亭)의 북으로 형성된 급한 경사면에서 백제시대의 굴건식(掘建式) 건물지(建物址)가 확인되었고, 또 통일신라시대의 12각 건물지 2동과 12칸 건물지가 조사되었다. 1991년 5월부터 8월 사이에도 서문지(西門址) 후면의 공지(空地), 중군영지(中軍營址) 남측 공지, 영은사(靈隱寺) 서측 구릉상의 공지, 토성지(土城址) 내측의 공지에 대한 조사가 행해졌다.

후기도성의 경우 부소산성은 1980년에 부소산(扶蘇山) 서록(西麓)의 백제사지(百濟寺址)를 발굴한 이래 지금까지 20여 년 동안 지속적인 조사가 추진되고 있다. 즉, 1980년 부소산 서록 백제사지, 1981년 군창터 테뫼형산성 성벽, 1981~1982년 군창터, 1983~1984년 테뫼형산성 내 수혈주거지(竪穴住居址) 및 그 주변, 1985년 추정(推定) 서문지 주변, 1986~1987년 테뫼형산성 백제 남문지, 1988~1991년 백제 동문지 및 그 주변, 1992년 군창터 남측대지(南側臺地), 1993년 군창터 동편대지(東便臺地) 및 영일루(迎日樓) 주변, 1994년 군창터 주변 테뫼형산성, 1995년 군창터 서편(西便) 통일신라 테뫼형산성 북문지, 1996~1997년 사비루(泗沘樓) 동편(東便) 테뫼형산성, 1998년 추정(推定) 북문지 서편(西便), 1999년 남문지 서편 백제 치성(雉城), 2000~2002년 북문지 내측 동편부 일대 등이 주로 국립부여문화재연구소에 의해 발굴 조사되었다.

　나성(羅城)은 1991년부터 1993년 사이에 부여나성발굴조사단에 의해 본격적인 발굴조사가 이루어졌고, 1999~2000년 사이에는 충남대학교 백제연구소에서 동라성(東羅城)의 능산리(陵山里) 지점과 서라성으로 인식되어온 군수리(軍守里) 지점에 대한 발굴 조사를 실시하였다.

　신라왕경에서는 국립경주문화재연구소 · 국립경주박물관 · 동국대학교 경주캠퍼스 박물관 · 경주대학교 박물관 · 한국문화재보호재단 · 영남매장문화재연구원 · 중앙문화재연구원에 의해 1986년부터 월정교지(月精橋址) · 왕경유적(王京遺蹟) · 월성해자(月城垓字) · 전랑지(殿廊址) · 남고루(南古壘) · 재매정지(財買井址) · 동천동(東川洞)유적 · 서부동(西部洞) 19번지 유적 및 인왕동(仁旺洞) 556 · 566번지 유적, 국립경주박물관 전시과 수장고 건립 예정부지, 황성동(隍城洞) 564-3번지 유적, 용강동 원지유적(苑池遺蹟), 구황동 황용사지 전시관 건립부지 내 유적, 일정교지(日精橋址), 황남동 376번지 유적, 성동동 228-4번지 유적, 성동동 179-7번지 유적, 성동동 북문로 유적 등이 발굴 조사되었다.

3. 도성의 제 문제

1) 하고성자 토성의 축조시기 문제

　위존성(魏存成) · 손진기(孫進己) · 소장청(蘇長靑) · 양지룡(梁志龍) 등 대부분의 중국학자들은 하고성자토성(下古城子土城)의 축조시기를 고구려 조기(早期)로 보았다. 그러나 윤용구(尹龍九)는 본래 한(漢)의 현성(縣城)이었던 것을 고구려가 재사용하였을 가능성이 높은 것으로 보았고[윤용구, 1996], 다나카(田中俊明)는 나아가 제일현도군(第一玄菟郡)의 일현성(一縣城)으로 보았다.[田中俊明 外, 1995]

한편 1998년 요령성문물고고연구소·본계시박물관·환인현문관소의 발굴조사에 따르면 성벽 기저부의 3층에서 평면이 반원형인 과저상(鍋底狀)의 토광(土壙) 1기[길이 1.7미터, 폭 1.5미터, 깊이 50센티미터]가 조사되었는데, 갱내[H1]는 회갈색토로 채워져 있었고, 이 곳에서 복상부(腹上部)에 종(從)으로 대칭된 교상이(橋狀耳)가 달린 도관(陶罐) 등이 출토되었다.

이런 형식의 토기는 오녀산성 제3기문화 토기의 전형적인 기형으로 고구려 건국 초기의 유물이라고 하였다. 또 이 성의 축조연대가 H1과 같거나 혹은 늦을 수 있어, 고구려 건국 초기와 같거나 이보다 약간 늦은 것으로 보면서, 국내성 토루(土壘)의 축조연대와 크게 다르지 않을 것으로 보았다.[遼寧省文物考古研究所, 1998]

성내에서는 고구려 중기에 유행하던 횡교상이(橫橋狀耳, 300년경부터 從耳把手가 소멸되고, 橫耳橋狀把手 성행)의 토기도 출토되어 고구려 중기에도 이 성이 사용되었음을 알 수가 있었다. 이밖에도 청동기시대의 석기[石刀·環狀石斧·石鏃]와 방추차 등이 출토되었고, 요·금 시대의 암키와·귀면와·도기편 등도 채집되었다. 이처럼 중국학자들의 주장대로 이 성의 축조시기가 고구려시대임을 발굴조사로써 확인할 수가 있었다.

2) 국내성 토루의 축조시기 문제

1975년 5월부터 1977년 5월까지의 국내성 발굴조사 중 북벽 T8, 남벽 T4·5에서는 석축 성벽 하부에서 한 줄의 토루가 조사되었다. 토루 (土壘)의 폭은 7~8미터, 높이 1.7~2미터였다. 단면은 궁형(弓形)이었고 토질은 진흙에 모래가 섞인 황갈토였는데 소량의 자갈이 섞여 있었고, 견고한 정도로 보아 인공에 의해 흙다짐된 것으로 보였으나, 흙다짐 과정에서 생기는 막대의 자국들은 보이지 않았다.

토루 내에서는 불에 탄 흙과 회갱(灰坑)·토기편이 출토되었다. 출토 유물은 석부(石斧)을 포함한 4점의 석기류와 태토에 모래가 섞인 회색 무문으로 복원이 불가능한 14점의 토기편이 출토되었다. 보고자는 토루의 축조시기를 전국시대에서 고구려 건국 이전 사이로 보았다.〔集安縣文物保管所, 1984〕

이에 대해 손진기는 국내성의 토루가 국내성에서 서쪽으로 15킬로미터 떨어진 대평향(大平鄕) 오도령적석묘(五道嶺積石墓)에서 출토된 전국시기의 유물인 청동단검·구리거울·구리도끼·구리창 등과 밀접한 관련이 있는 것으로 보고, 전국시기〔燕秦時代〕에 이 곳에 성읍을 건설하였던 것은 압록강 상류의 고대민족이었다고 보았다.〔孫進己 外, 1988〕 위존성 (魏存成)은 서한(西漢)의 성터라고 보고 고구려가 3년에 여기에 천도하여 이 성을 차용(借用)한 것으로 보았다.〔魏存成, 1985〕

또 이전복(李殿福)·손옥량(孫玉良)은 국내성의 석축성벽은 서한대 토성의 기초 위에 개축한 것이며, 토성은 현도군에 속했던 성이라고 보았다.〔李殿福·孫玉良, 1990〕 이러한 이전복과 손옥량의 주장은 그 뒤 중국학자들의 기본 논리가 되었다. 또 다나카(田中俊明) 등은 이 성이 한(漢)의 토성지(土城址)라는 데에는 문제가 없다고 보고, 고구려의 발상지역에서 규모가 가장 큰 토성인 점은 고구려현의 이름과 어울린다고 보아 고구려현성설(高句麗縣城說)을 주장하였다.〔田中俊明 外, 1995〕

한편 국내에서도 여호규(余昊奎)는 국내성 토성은 국내 천도 이전부터 존재하였을 가능성이 높고, 고구려는 국내성을 평상시의 왕성으로 삼고, 비상시의 군사방어 거점인 위나암성(尉那巖城)을 쌓았으며, 4세기 전반에 석성으로 개축하였을 가능성이 높다고 보았다.〔여호규, 1998〕

2000년 10월에 들어 국내성 성벽의 축조방식·구조·연대를 규명하기 위해 북벽의 한 곳을 절개하였다. 성벽은 석축부와 토축부가 결합되어 있었는데, 규모는 하폭 10.1미터, 상폭 5.75미터, 잔고(殘高) 3.5미터였다. 치(雉)가 확인된 외벽면은 방어적인 면을 고려하여 석재를 사용하여 협축(夾築)으로 견고하게 구축했다. 바깥쪽 면석은 밑으로부터 기초부는 5단을 긴 장방형돌을 사용하여 수직으로 쌓고, 위로는 사각추형돌을 사용하여 현재 8단을 물림쌓기를 하였다. 안쪽은 바깥쪽 면석으로부터 4.56미터 안으로 비교적 큰 돌로 수직으로 쌓았으며, 현재 10단이 남아 있다. 적심(積心)은 판석으로 엇갈려 물리도록 견고하게 쌓았다.

외벽면 밖의 기초부는 성벽 바닥층으로부터 3단까지는 흙·할석·자갈돌 등으로 다짐을 하여 성벽의 기초부를 보강하였다. 내벽면에는 물림쌓기를 한 4단의 기단석축이 남아 있었고, 기단석축 바닥의 안팎은 불규칙한 돌을 한 겹 깔아 내벽면의 기초부를 보강하였다. 내벽면의 적심은 외벽면과는 달리 흙다짐을 하였다. 적심의 아래층은 두께가 1~1.3미터로 황갈색 흙에 많은 깨진 자갈이 섞여 있었으며, 위층은 두께가 0.35~1.25미터인데 황갈색 흙에 많은 자갈과 거친 모래가 섞여 있었다. 보고자는 A·B·C·D층이 모두 토질이 비슷하고, 각 층에서 출토된 토기편도 질적인 차이가 없으며, 제조법이나 형태도 모두 고구려의 특징을 지닌다고 하였다.〔吉林省文物考古研究所·集安市博物館, 2004〕

이에 대해 서길수(徐吉洙)는 북벽의 발굴을 통해 석벽 아래에 토성이 없었다고 단정하고, 중국학계는 전부터 고구려사를 중국사의 일부분으로 하기 위한 작업을 시작하였고, 고구려 이전의 토성을 바탕으로 고구려가 한나라 땅에 세워졌다는 주장을 내세우기 위한 고고학적 성과로 활용하려는 목적이 엿보인다고 지적하였다.〔서길수, 2004〕

그러나 E·D·C층의 외벽면 쪽은 외벽면의 적심부(積心部)를 구축하면서 본래의 토루를 절단한 것이 아닌지 모르겠으며, 내벽면 쪽으로도 내벽면을 구축할 목적으로 토루를 잘라낸 것은 아닌지 모르겠다. 즉, 1차 석축 성벽 이전에 토루가 있었다는 기존의 학설을 부정하기는 어렵다. 그러나 토루에서 고구려토기편만 출토된 것으로 보아 토루의 축조시기는 고구려시기이며, 1975년 5월부터 1977년 5월 사이의 발굴에서 확인된 토루에서 출토된 청동기시대유물은 토루를 만들 때 흙을 옮겨온 곳의 토양을 그대로 성토(盛土)로 사용하였기 때문에 그 속에 끼어든 것으로 볼 수가 있다. 이는 성안의 발굴에서 한나라 문화층이 확인되지 않는 것도 이를 말해 준다. 즉 국내성의 토루는 고구려인들이 축조한 고구려의 토성이라고 볼 수가 있다.

3) 안학궁성의 축조시기 문제

안학궁과 안학궁성의 축조시기에 대하여는 고구려 장수왕대설, 고구려말기설, 고려시대설이 있다. 우선 장수왕대설은 현재 북한학자들의 일반적인 주장으로 안학궁성의 축조가 4세기 말~5세기 초에는 이루어졌을 것으로 보고, 안학궁을 궁궐(宮闕)로 본 것이다.〔김일성종합대학출판사, 1973〕일찍이 이병도 역시 장수왕대의 평양성은 대성산성(大城山城), 궁궐

은 안학궁으로 보았다.〔이병도, 1931〕

고구려말기설을 주장했던 세키노(關野貞)는 평양성을 대성산성으로 보면서, 안학궁은 고구려의 늦은 시기의 와당(瓦塘)이 출토되지만, 청암동토성(淸岩洞土城)에서는 고식(古式)의 와당이 출토되는 점을 근거로 왕궁은 안학궁이 아니고, 청암동토성에 있었다고 주장하였다.〔關野貞, 1941〕다무라(田村晃一) 역시 대성산성 출토의 수막새 문양이 전체적으로 보아서 청암동토성의 것과 공통성이 많다고 하면서, 세키노의 지적대로 청암동토성과 관련시키는 것이 좋을 것이라고 하였다.〔田村晃一, 1988〕

하여튼 이들의 주장은 청암동토성을 대성산성과 한 세트를 이루던 장수왕대의 왕성으로 보면서 안학궁을 고구려 말기 별궁(別宮)이라고 보았던 것이다. 이와 같은 주장은 세키노 이래 일본학자들의 일반적인 견해다. 그러나 최근 일본학자들 중에서도 다나카(田中俊明)는 왕성을 청암동토성으로 보면서, 안학궁은 고려시대의 좌궁(左宮)에 해당한다고 하는 견해를 내놓아 주목을 끌고 있다.〔田中俊明, 2004a〕

우선 안학궁의 축조연대 추정에 기준이 되고 있는 와당에 대해 좀 더 살펴볼 필요가 있다. 일찍이 세키노는 청암동토성 내에서는 고식(古式)의 와당들이 출토되는데 반해 안학궁성에서는 늦은 시기의 와당들이 출토된다는 점을 지적하고, 특히 국내성이나 평양에서는 발견되지 않고 고구려 말기에 사용되기 시작한 당초와(唐草瓦)가 출토된다는 점을 제기하였다.

다무라(田村晃一) 역시 이 곳에서 출토된 와당들이 대성산성에서 출토된 와당의 문양과는 크게 다르다는 점을 지적하고, 특히 대성산성에서 발견된 와당의 문양에는 집안(集安)의 태왕릉(太王陵)과 장군총에서 발견된 와당에서 보이는 폭선(輻線)과 연판(蓮辦)에 가까운 것이 인정되지만, 안학궁에서 발견된 와당의 문양으로는 인정되지 않는다는 점을 지적하였다.

지타(千田剛道)도 암막새는 안학궁을 제외하고는 집안이나 평양지방에서도 출토된 바 없으며, 한국에서 암막새가 성행한 것은 통일신라 및 발해이기 때문에 암막새의 연대는 7세기 말 내지 8세기로 떨어진다는 점을 지적하였다. 또 수막새에서도 안학궁에서 출토된 것 중에는 주연(周緣)에 연주문(連珠紋)을 가진 것이 많고, 중방(中房)이 원형을 이루지 않고 4엽(葉)의 화판상(花瓣狀)을 이루고 있는 것은 고구려와 당의 일반적인 예가 아니고, 차라리 통일신라의 와당과 공통된 특징이 있다고 했다.

또 안학궁 출토 수막새와 암막새는 창건 당시에 사용된 것으로 7세기 말 내지 8세기 이후의 것들과 공통성이 많으므로 고구려와(高句麗瓦)로서는 가장 늦은 시기의 것이고, 안학궁의 궁전배치도 8세기의 발해 상경성의 것과 기본적으로 근사하기 때문에, 이러한 점을 종합할 때 안학궁의 창건은 후기 평양성시대의 것으로 7세기 후반에서 크게 앞설 것으로 보기는 어렵다고 주장하였다.〔千田剛道, 1983〕

물론 와당의 문양구도가 일반적으로 시대적 차이를 나타내는 것은 사실이나, 안학궁은 후기 평양성으로 천도한 후에도 별궁으로 계속 사용된 것으로 보이기 때문에, 초창 때부터 고구려가 멸망할 때까지 건물의 기와에 대한 개와(改瓦)가 한 번도 이루어지지 않았다고 단정하기는 어렵다.

조선시대에는 해마다 기와[女防草·夫防草]가 조금씩 밑으로 밀려나기 때문에, 대체로 50년에 한 번씩은 기와를 걷어내고 걷어낸 기와로 다시 잇는 번와(飜瓦)를 하였으며, 또 기와가 비바람에 파손되어 빗물이 새기 때문에 대체로 2백 년 정도에 한 번씩은 새로운 기와로 개와(改瓦)를 했다고 한다. 고려시대의 강원도 양양 진전사지(陳田寺址)도 150년과 160년 사이에 중창(重創)된 것이 문자와(文字瓦)를 통해 확인되었다.

삼국시대의 기와는 이보다 소성도(燒成度)가 낮았기 때문에, 개와기간(改瓦期間)도 더 짧았을 것으로 짐작된다. 안학궁의 건물들이 장기간 사용되었고, 특히 궁전(宮殿)이라는 특수성은 그럴 가능성을 높여준다. 이런 점으로 보면, 이 곳에서 출토되는 와당의 문양에만 초점을 두는 편년은 매우 위험하다는 것을 알 수가 있다. 만일 이들 기와의 편년이 고구려 말이라고 한다면, 고구려 말경에 대대적인 보수(補修)와 개와(改瓦)가 이루어졌을 가능성을 말해 주는 것으로도 볼 수가 있기 때문이다.

문헌에는 전기 평양성의 궁전은 문자명왕 27년(518) 3월에 폭풍으로 왕궁의 남문이 무너졌다고 하였는데, 건물이 이미 어느 정도 노후되었다는 것을 알 수가 있고, 또 평원왕 13년(571) 8월에 궁실을 중수하던 중 황재(蝗災)와 한재(旱災) 때문에 공사가 중지되었다고 했는데, 이 때는 평양천도 후 145년이 되는 해로서 건물이 크게 노후(老朽)되었음을 알 수가 있다.

한편 안학궁지 출토 연화문 수막새에서 화륜형연판(花輪形蓮瓣), 연판 끝 양측 주문(珠紋), 연판 내의 능선 등에서 고구려 기와의 특징이 나타나고 있으며, 꽃술로의 분할, 주연부의 연주문(連珠紋), 암막새의 존재 등은 이들의 기와들이 고구려 최말기의 것이 아닌가 하는 느낌을 준다. 특히 평기와의 도면상에서 나타나고 있는 횡단면의 그림에서 삼국시대 제작 기법에만 보이는 통쪽 와통의 흔적이 보이는 점〔최맹식, 2005〕, 일휘문(日暉紋)이 전혀 보이지 않는 점에서 고려 초축설은 인정하기 어렵다. 만약 고려 문종대에 지었다는 좌궁(左宮)에 비정된다면〔田中俊明, 2004〕 우궁에 비정되는 주궁(珠宮)도 이와 비견되는 유구가 남아 있어야 한다. 사실 안학궁지의 건축물의 구조는 발해 상경성(上京城) 궁전의 구조와 유사하며,

이궁(離宮)의 건축물과는 성격 자체를 달리하는 것이다. 또 안학궁 3호분에서 출토된 병형토기(瓶形土器)도 한강 이남에서 5세기 중반경의 것이 출토되기 때문에 안학궁 1~3호분을 5세기 말에서 6세기 초로 보는 편년도 문제가 있으며, 좀더 자료의 증가를 기다릴 필요가 있다.

출토된 와당의 문양으로 보아 중단되었던 보수공사는 7세기에 들어서 대대적으로 이루어진 것으로 보이는데, 이는 기와의 개와기간과도 일치한다. 실제로 고구려는 대내적으로는 598년부터는 수나라와 당나라를 상대로 힘겨운 대규모 전쟁을 벌이는 상황 속에서 이러한 대규모의 별궁을 조성할 여유도 없었을 뿐더러 그럴 이유도 분명하지가 않다.

하여튼 장수왕의 평양천도에는 남진책(南進策)과 함께 새롭게 축조된 북위(北魏)의 평성성(平城城)에 비견되는 새로운 도성을 만들려는 포부가 담겨 있을 수 있다는 점, 전기 평양성의 도시설계가 안학궁성을 중심으로 이루어졌다고 보는 견해가 있는 점, 안학궁 내 출토유물의 성격, 북극성을 기준한 진북(眞北)의 방향이 후기 평양성과 거의 비슷한 점, 전기 평양성의 구역분할제가 신라왕경의 초기 도시설계에 영향을 준 점, 2000년에 발굴 조사된 국내성 북벽 토축부의 축조공법이 안학궁성의 축조공법과 동일한 점 등을 고려하면, 안학궁성과 대성산성이 하나의 세트를 이루면서 전기 평양성(前期平壤城)의 핵심을 이루었다고 보는 견해를 부정하기는 어렵다고 하겠다.

그렇다고 하더라도 안학궁성이 평양천도에 맞추어 조성된 것인지, 아니면 청암동토성을 왕성으로 사용하다가 일정기간이 지난 후에야 새롭게 조성한 것인가 하는 문제도 남아 있기 때문에 앞으로 고고학·건축공학·토목공학·조경학 등을 동원한 종합적인 연구가 요망된다고 하겠다. 한편 안학궁의 상한연대 추정에 단서가 될 수 있는 안학궁 1·2·3

호분에 대한 편년설정과 안학궁 2호분에서 출토된 인골에 대한 연대측정도 이루어져야 하겠다.

4) 평양성 중성의 축조시기 문제

평양성 중성(中城) 남벽(南壁)의 축조시기에 대하여는 고구려 축조설과 고려 축조설로 대립되고 있다. 즉, 전자는 고구려시대에 북성(北城)·내성(內城)·중성(中城)·외성(外城)이 모두 존재하였다는 주장이고, 후자는 고구려시대에는 중성은 없었다는 주장이다. 전자는 이병도·최희림(崔羲林)이 주장하였고, 후자는 세키노·채희국(蔡熙國)·정찬영(鄭燦永)·다나카(田中俊明) 등이 주장하였다.

전자의 최희림은 중성 남벽을 쌓은 형식과 방법이 평양성 내성벽과 외성벽을 쌓은 형식과 성돌의 형태, 다듬은 수법, 성돌재료, 성벽의 기초 등에 이르기까지 모두 동일하다는 점, 중성의 남문인 정양문(正陽門)과 동남문인 함구문(含毬門)은 고구려 때의 대로(大路, 9묘로)가 통하였다는 점, 고구려 때 외성의 서문인 다경문(多景門)을 통하여 중성의 정양문까지 운하가 연결된 점, 정양문터에서 고구려시기의 주춧돌이 출토된 점 등을 들어 중성 남벽이 고구려시대에 축조되었음을 주장하였다.〔최희림, 1978〕

후자의 세키노는 중성 남벽의 정양문 부근 성벽 밑에서 매우 훌륭한 고구려시대 초석 2기가 출토되었기 때문에 이 성벽은 고구려시대보다 후에 쌓았음에 틀림이 없고, 고려 태조 때에 평양성이 너무 넓기 때문에 중성 남벽을 쌓아서 평양성을 축소하고, 중성의 남쪽인 외성은 성밖으로 되었다고 하였다.〔關野貞, 1941〕

다나카는 중성 남벽으로부터 고구려시대의 기와가 출토된다고 하여도 이것은 성벽 축조의 상한을 나타내는 것에 시나지 않고 시기 결정의 결정적 수단으로 삼을 수는 없다는 점, 현존하는 성벽간의 비교도 그것이 객관적인 이유가 있다고 하여도 각 성벽의 절대연대를 생각하는 데 얼마나 유효할 것이며, 이는 연대결정에 있어서 절대적인 의의를 갖지 못한다는 점, 명문성석(銘文城石 : 刻字城石)은 직접적인 유일한 자료라는 점, 고구려시대의 조방제(條坊制 : 區域分割制)의 흔적이 외성과 중성에서 모두 나타나고 있다는 점등을 들어 고구려시대에는 중성 남벽은 없었다고 주장하였다.〔田中俊明, 2004b〕

이상의 주장들에 대하여 직접 중성의 남벽을 조사하지 못한 필자로서는 무어라고 언급할 형편은 되지 못하나, 간단하게 필자의 견해를 밝히고자 한다.

첫째로 성벽의 활용면에서 중성의 남벽[2.7km]은 대동강을 거슬러 침입하여 오는 수군으로부터 왕궁이 있던 내성을 방어하는 데 군사적으로 매우 중요한 성벽이라는 점이다.

둘째로 구역분할제의 흔적이 외성뿐만 아니라 중성의 안에서도 일부 확인된다는 점은 이상할 것이 없다는 점이다. 즉, 조위(曹魏) 업도북성(鄴都北城)과 북위(北魏)의 낙양성(洛陽城)에서도 왕족들이 거주하던 특수한 구역이 있었기 때문에, 평양성의 중성도 고구려의 왕족들이 거주하던 특수한 구역일 수도 있기 때문이다.

셋째로 운하가 정양문 앞으로 연결되었다는 점은 우연한 것이라고 가볍게 생각할 수는 없다는 점이다. 왜냐하면 북한학자들의 증언에 따르면 운하유구(運河遺構)를 일부 시굴하여 본 결과 운하의 호안석축(護岸石築)의 축조공법과 돌의 치석공법(治石工法)이 고구려시대에 쌓은 평양성 성벽의 것과 같았다고 하기 때문이다.

넷째로 평양성 외성에서 발견되었다고 하는 각자성석 내의 수작거리(受作距離)는 외성과 중성〔북벽 제외〕의 둘레를 합한 길이와 대체로 비슷하다는 점이다. 이는 589년부터 내성의 남벽과 공유한 중성의 북벽을 제외한 중성의 성벽과 외성의 성벽이 동시에 축조되기 시작하였다는 것을 의미한다.

실제로 각자성석(刻字城石)에 기록된 거리를 현재의 척도로 바꾸기가 어렵다는 문제점은 있으나, 참고로 안학궁성과 신라의 예에 따라 1리를 1천8백 척〔고구려척〕이라고 본다면, 1리는 약 640미터가 되고 각자성석 1·2·3의 축성거리는 25리로 약 16킬로미터가 되어, 평양성 전체 둘레인 약 23킬로미터의 약 70퍼센트에 해당된다. 이는 외성벽과 중성벽〔북벽 제외〕을 합한 거리와 대체로 비슷한 수치이다.

아무튼 각자성석은 589년 수의 중국통일과 때를 맞추어 추진된 중성·외성·북성의 축성사업은 한마디로 비상체제하에서 수에 대한 일전의 표시이며, 거국적인 대역사였다는 사실을 말해 주고 있다.

다섯째로 정양문 부근에서 출토되었다는 2기의 초석은 문초석(門礎石)일 가능성을 배제할 수 없다는 점이다. 1만 분의 1로 그려진 조선총독부 발간『고구려시대지유적(高句麗時代之遺蹟)』(1929)의 「평양성지급유존석표도(平壤城址及有存石標圖)」에는 정양문 부근에서 출토되었다는 초석 2기의 위치를 정양문의 동쪽 약 50미터 지점에 표시하였다. 즉, 정양문에서 동쪽으로 뻗은 성벽 밑에서 일정한 간격을 두고 나란하게 출토되었다는 것이다.

고구려시대의 대형 초석〔지름 102cm〕 2기가 성벽 밑에서 출토된 점은 주목된다. 이처럼 2기의 초석이 공교롭게도 성벽 밑에서 성문의 초석처럼 성벽의 진행방향으로 일정한 간격을 두면서 출토된 점으로 보아 문초석(門礎石)과의 관련성을 완전히 배제하기는 어렵다. 만약 이 초석들이 문초석이라고 한다면, 고구려시대에는 정양문보다 약간 동쪽에 또 하나의 성문이 있었을 가능성이 있을 수 있다. 그러나 이 성문은 고려 초 중성 남벽을 개축할 때 폐쇄된 채 성벽 밑으로 묻힌 것은 아닌지도 모르겠다.

여섯째로 중성 남벽과 중성 서벽이 만나는 지점의 성벽에 대한 발굴조사에서 고구려시대 성벽 아래의 최하층에서 고조선시대의 성벽이 확인되었으나, 중성 남벽과 외성 서벽이 만나는 지점에서는 최하층에서 고구려시대의 성벽만 발견되는 등 외성 서벽과 중성 서벽은 차이점을 보인다는 점이다.

위와 같은 여러 상황으로 보아 중성 남벽은 고구려시대에도 존재하여 내성의 방어에 중요한 역할을 했던 것이 아닌가 싶다. 하여튼 성벽의 축조공법은 성벽의 축조연대를 추정하는 데 중요한 단서가 되기 때문에 이러한 의문을 풀기 위해서는 중성 남벽에 대한 본격적인 발굴조사가 시급히 이루어져야 하겠다.

5) 풍납동토성의 축조시기 문제

현재 풍납동토성의 축조시기에 대하여는 기원전 1세기대~기원후 2세기대를 전후한 시기로 보는 설과 3세기 중엽~후반설이 크게 대립하고 있다.

전자의 신희권(申熙權) 등은 연대추정에 성벽의 구조, 목재와 목탄,

토기편의 과학적 절대연대, 토성 내부 유구(遺構)와의 관계에 중점을 두었다. 즉 출토된 토기편을 중심으로 중심토루에서부터 내벽 Ⅲ토루까지는 일차적으로 축조한 것으로 기원전 1세기대~기원후 2세기대를 전후한 시기로 보고, 2단계로 내벽 Ⅳ·Ⅴ토루와 외벽 Ⅱ´·Ⅲ´토루를 쌓고, 각각 성벽의 제일 안쪽과 바깥쪽 상면에 석렬을 깔아 보강한 내벽 Ⅵ´토루와 외벽 Ⅳ토루를 쌓아 마감한 것으로 보면서, 2단계 토루는 기원후 3세기 중반에 축조된 것으로 보았다.

또 토성벽으로 대체될 때까지 존속된 것으로 보이는 성내의 3중 환호의 축조시기도 늦어도 2세기대를 넘지 않을 것으로 보았다. 결국 성벽 내부에서 출토된 목재 2점과 목탄 1점에 대한 방사성탄소연대측정치와 판축토 내부에서 출토된 토기 2점에 대한 열발광연대측정(TL Dating)치를 참고하여 풍납동토성은 기원전 1세기대~기원후 2세기대에 축조되었을 가능성이 높으며, 3세기를 전후한 2백 년경에는 현재와 같은 모습으로 완성되었을 것으로 보았다.〔국립문화재연구소, 2002〕 또 윤근일(尹根一)도 성벽 하단부에서 출토된 고식의 심발형토기를 비롯하여 판축토루 내부에서 출토된 경질무문토기·타날문토기·회〔흑〕색무문토기 및 토루 상단부와 퇴적토와의 경계에서 출토된 장난형토기, 동이편과 집자리와 동벽에서 수집된 목탄과 목재에서 얻은 9점의 방사성탄소연대측정치로 보아 기원을 전후한 시기에 성벽을 축조하기 시작하여, 늦어도 3세기 중반 이전에는 모든 성벽의 축조가 완료되었을 것으로 보았다.〔윤근일, 2000〕

이에 대해 후자의 박순발(朴淳發)은 성벽 내에서 출토된 타날문 심발형토기의 출현시기를 3세기 전반~중엽으로 보았다. 또 성내의 환호취락이 폐기된 후에 토성이 만들어진 것이 분명하다고 보면서 환호 내부에서 출토된 토기들 가운데는 3세기 전반경에 출현하는 타날문토기·

심발형토기·장난형토기 등이 포함되어 있기 때문에, 환호가 폐기된 시점은 대략 3세기 전반~중엽경이라고 하였다. 따라서 환호가 폐기된 이후에 축조된 토성의 상한연대는 3세기 중엽경으로 추정할 수 있으며, 몽촌토성과 거의 같은 시기인 3세기 중엽~후반경에 환호가 토성으로 대체되었다고 보았다.[박순발, 2001]

다나카도 환호가 3세기 전반~중엽에 폐기된 후에 성벽이 축조된 것으로 보면서, 규모와 정치(精緻)한 판축상태로 보아 3세기경에 위례성으로 비정되는 풍납동토성이 축조되었다고 보았다.[田中俊明, 1999]

하여튼 성벽에서 출토된 유물·목탄 등은 축조과정에서 앞 시기의 것이 혼입될 가능성도 있기 때문에 축조연대 추정의 자료로 삼는 데는 조심할 필요가 있다. 또 체성(體城)의 흙다짐층이 수평을 이루지 못하고 궁호형(弓弧形)을 이루는 공법은 고구려 초기의 하고성자토성(下古城子土城)을 비롯하여, 흑룡강 칠성하유역(七星河流域)의 한·진고성(漢晉古城)과 쌍압산시(雙鴨山市) 보안촌토성(保安村土城) 등에서 확인되고 있다.

이러한 공법은 한·진시대 중국 동북지역에서 보편적으로 유행하였던 것으로 알려져 있다. 한반도 내에 소재하는 한군현(漢郡縣)의 토성으로 알려진 어을동토성(於乙洞土城) 아래성벽, 지탑리토성(智塔里土城) 아래성벽에서도 나타난다. 그러나 어을동토성과 지탑리토성 위성벽에서는 수평 흙다짐공법이 나타난다.

이러한 점을 참고하면 풍납동토성의 정치한 수평 흙다짐공법은 대방군(帶方郡)의 군치(郡治)로 알려진 지탑리토성[唐土城]의 아래 성벽보다 축조시기가 늦을 가능성이 높다. 풍납동토성의 축조시기는 국가형성과 관련된 고고학적 지표인 특정 토기양식의 형성, 대형봉토분의 출현, 성곽의 출현과 불가분의 관계에 있으며, 전체적으로 보아 3세기 중·후반

설이 좀더 설득력이 있는 것으로 여겨진다.

6) 웅진기 왕궁의 위치 문제

웅진기의 왕궁은 웅진성〔公山城〕 안에 있었을 것이라는 설과 웅진성 밖에 있었다는 설로 크게 대립하고 있다. 전자는 가루베(輕部慈恩) · 안승 주(安承周) · 이남석(李南奭) · 유원재(兪元載) · 다나카(田中俊明) · 서정석(徐程 錫) 등의 주장이고, 후자는 김영배(金永培) · 성주탁(成周鐸) · 박순발(朴淳發) 등의 주장이다. 또 전자에서도 왕궁지가 공산성 동쪽의 외성 내에 있었 다는 가루베의 주장〔輕部慈恩, 1971〕과, 안승주(安承周) · 이남석(李南奭)의 주 장처럼 쌍수정(雙樹亭) 앞 광장〔해발 85m의 山頂部, 약 7천㎡〕으로 보는 견해가 있었다.〔공주사범대학 박물관, 1887〕

현재 가루베의 주장은 학계에서 인정을 받지 못하고 있으며, 쌍수 정 앞 광장 쪽이 유력하게 받아들여지고 있다. 이처럼 웅진기 왕궁의 후보지로는 공산성 내 쌍수정 앞 광장으로 보는 설과 진남루(鎭南樓) 앞 으로 보는 설로 크게 대립하고 있음을 알 수가 있다.

우선 쌍수정 앞 광장을 보면, 광장의 중앙 동북단에서는 반지하식 건물지, 굴건식 주공 건물지(掘建式 柱孔 建物址), 적심석 사용 건물지(積心石 使用 建物址)가 중층(重層)을 이루고 있었으며, 기와가 사용되지 않은 반지 하식 건물지와 굴건식 주공 건물지는 백제가 웅진으로 남천하기 이전 에 이루어진 것이고, 건물지 가운데 왕궁의 건물로 볼 수 있는 것은 가 장 중심적인 위치에 있는 정면〔동서〕6칸〔24m〕, 측면〔남북〕4칸〔14m〕의 적심 석 사용 제1건물지였다.

제1건물지의 좌측에 정면을 서향(西向)한 채 동측으로 치우쳐 있는 정면(남북) 5칸(24m), 측면(동서) 2칸(9.6m) 규모의 적심석 사용 제2건물지가 있었다.

또 제1건물지 남쪽 12미터 거리에는 제1건물지보다 늦게 조성된 측면 2칸(정면 미상)의 건물지와 제2건물지의 서남우에서 서남쪽으로 8미터 거리에도 건물지의 일부가 확인되었다.

제1·2건물지의 정면 마당 전면부에 해당하는 광장의 중앙 이남에는 조경용(造景用) 원형의 석축연못이 있었고, 서측부에는 궁 내의 부속시설로 보이는 저장시설인 목곽고(木槨庫)가 위치하였다. 즉, 남향의 제1건물지를 중심으로 동으로 13미터 거리에 서향의 제2건물지가 남북으로 위치하고, 남쪽으로 약 20미터 지점에는 연못이 있고, 서측으로는 목곽고가 위치하였다.

그러나 2기의 적심석 건물지는 방향이 틀려 동시에 공존했던 것으로 보기가 어렵고, 규모나 형태 면에서 왕궁으로서는 손색이 있으며, 기단석의 시설이 없고, 왕궁과 성문(鎭南樓)이 일직선으로 통하지 않는다는 점 등이 문제점으로 지적되고 있다. 아무튼 쌍수정 앞 광장은 백제 이후에도 계속 사용되어 많은 파괴를 입었고, 더구나 1935년에 운동장으로 조성할 때 표면을 정리하는 과정에서 유구가 많이 훼손된 점도 감안하여야 할 것이다.

하여튼 475년의 천도가 전시국면에서 외적의 방어에 유리한 산성내로 이어(移御)했을 가능성이 크다는 점, 『삼국사기』 동성왕 22년조에 나타나는 임류각(臨流閣) 건립기사에서 왕궁이 임류각의 서쪽에 있음을 암시하고, 임류각을 1980년도의 건물지 조사에서 찾은 것을 감안하면 왕궁의 위치는 쌍수정 앞 광장과 방향이 같은 점, 「무령왕매지권(武寧王買

地券)」에서 무령왕릉이 신지(申地)가 되려면 기준점은 공산성(公山城)이 되고, 「무령왕비지석」에서 유지(酉地)는 정지산유적(艇止山遺蹟)에 해당된다는 점 등은 쌍수정(雙樹亭) 광장 내의 건물지를 웅진기 왕궁의 후보지로 볼 수 있는 가능성을 높게 하고 있다.

이에 반해 후자의 박순발(朴淳發)은 공산성은 왕성으로서의 기능보다는 농성용(籠城用) 산성의 기능을 갖는다는 점과 동성왕 20년(498)에 설치된 웅진교는 공주시가지를 동서로 양분하는 제민천(濟民川)에 가설된 교량으로 왕궁 같은 핵심시설은 제민천의 동쪽에 있을 수밖에 없다는 점등을 들어 평상시의 왕의 소거(所居)로서의 왕궁은 공산성의 남문인 현재의 진남루(鎭南樓) 아래라고 하였다.〔朴淳發, 1996〕 그러나 이와 관련된 유적이나 유구가 발견되지 않고 있는 것이 문제다. 또한 사비도성과의 구조문제도 서로 비교할 필요가 있다. 사비도성은 웅진기의 도성을 참고하였을 가능성이 있기 때문이다.

538년 이전에 축조된 것으로 보이는 부소산성〔扶蘇山城; 백제 성벽은 둘레 2,495.6m의 包谷形山城〕에서는 성외 남측의 관북리(官北里)·쌍북리(雙北里) 일대가 왕궁지라고 알려지고 있는데, 후면에 있는 부소산성은 농성용 성이라고 볼 수가 있다. 또 「아니성(阿尼城)」〔일제 때 扶餘女高 부근 출토로 後代의 것임. 고구려의 安鶴宮城처럼 內城의 의미인 듯〕이라는 문자와(文字瓦·印刻瓦)로 보아 왕궁은 담장으로 둘러싸여 일반 거주지역과는 엄격하게 격리되어 있었을 것으로 보인다. 즉 왕궁을 성벽과 담장으로 두른 것에 차이가 있을 뿐 고구려 도성이 평지거성과 산성으로 결합된 것과 유사한 구조였다고 하겠다.

이러한 왕궁과 부소산성의 구조는 앞 시기의 웅진성〔熊津城, 둘레 2,660m의 包谷形山城〕과 왕궁과의 관계를 유추하는 데 참고가 될 수 있다. 이처럼 사비도성의 예로 보아 웅진시대의 왕궁도 웅진성 밖의 가까운 곳에 있었을 가능성을 높여 주고 있다. 하여튼 웅진기 왕궁의 위치문제는 앞으로의 발굴조사를 좀더 기다려 볼 필요가 있다.

7) 사비도성 나성의 축조시기 문제

사비도성의 나성[外城]이라는 명칭은 일제 때 부여나성이라는 명칭으로 고적으로 지적되면서부터 사용했던 것으로 조선시대까지의 자료에는 사비도성에 나성이라는 이름은 보이지 않는다. 한편 사비도성의 나성은 현재 북나성[北羅城; 扶蘇山城~靑山城, 0.9km]과 동나성[石木里~鹽倉里; 5.4km]만 확인되고, 서·남은 자연해자인 금강을 그대로 활용했던 것으로 알려지고 있다.

이 때문에 북나성과 동나성의 성벽을 나성으로 보아도 좋은지 아니면 장성이라고 보아야 할지가 문제이다. 이에는『구당서』소정방전에 곽(郭, 羅郭·羅城)이라는 표현이 있고, 지금까지 나성으로 불려왔다는 점을 참고할 필요가 있다. 이에 대해 다나카는 금강(錦江) 및 자연제방적인 것도 포함하여 나성이 존재했다고 인정해도 문제는 없다고 보았다.〔田中俊明, 2000〕

나성의 축조시기는 605년 설과 538년 이전 설이 대립되고 있다. 전자의 성주탁(成周鐸)은 무왕 6년(605)에 청산성(靑山城, 풀뫼성·불뫼성)으로 비정되는 각산성(角山城)이 축조되었고 나성이 청산성에 연결되었기 때문에, 나성의 축조시기는 605년경으로 추정된다고 하였다.〔성주탁, 1982〕

후자의 다나카는 사비도성의 나성이 천도를 전후한 시기에 고구려에 대한 방어를 의식하여 계획적으로 축조된 것이라고 보았다. 또 그는 동나성의 바로 바깥에 만들어진 왕릉군인 능산리고분군의 위치는 북위(北魏)에서 수·당에 이르는 북조계의 왕조에서 장지(葬地)는 도성으로부터 7리 떨어져 있지 않으면 안된다는 율령과 관계가 있다고 하였다.

이러한 율령은 남조(南朝)에서도 시행되었고, 또 백제에도 영향을 주었을 것으로 보면서 능산리고분군의 형성이 천도 직후라고 여겨지므로, 능산리고분군이 경외(京外)라는 의식이 천도 직후부터 있었기 때문에 동나성의 축조시기는 천도(遷都)시로 거슬러 올라간다고 하였다.

또 그는 서나성은 천도 후에 방어를 겸한 제방으로 쌓은 것이며, 남나성은 634년 이후 금강을 거슬러 올라오는 당군을 대비하기 위하여 급히 축조한 것이라고 하였다.〔田中俊明, 1990〕

윤무병(尹武炳)도 사비 천도사업은 충분히 여유있는 기간을 두고 추진된 것으로 생각되기 때문에 나성은 천도 전에 이미 완성되어 군사적인 목적과 함께 도성으로서의 기능을 발휘하였으며, 왕릉묘역의 위치선정도 이와 같은 도성제도를 전제로 한 것이라고 하였다.〔윤무병, 1994〕

박순발(朴淳發)도 당시의 정세로 보아 도성의 핵심적 방어시설인 나성이 없이는 천도를 단행하기는 어렵다고 보고, 567년에 창건된 능사의 조성배경이 된 성왕릉(聖王陵)이 553년경에는 능산리의 묘역에 축조된 것으로 보이기 때문에 늦어도 능역의 형성시기에는 이미 나성이 완성되었다고 하였다.

또 2002년도의 동나성의 절개조사(切開調査)시 토축부 성토층(盛土層)에서 출토된 삼족기편(三足器片)은 6세기 전반경에 해당되고, 석축성벽 외면 하단에서 검출된 주혈(柱穴)내 출토의 목탄의 방사성탄소연대치가 370~540년대라는 점 등을 들어 동나성의 완성시기를 늦어도 538년 이전이라고 보았다.〔박순발, 1996, 2004〕

심정보(沈正輔)는 동성왕 23년(501) 10월과 11월에 각각 사비동원과 서원(西原)으로의 진렵기사(出獵記事)는 486년에 부소산성을 축조하고 바로 나성의 축조에 착수하여 501년 10~11월에는 나성의 축조도 마무리 단계에 있었음을 나타내는 것으로 보았다. 또 501년 11월에 동성왕이 사비서원에의 전렵중에 시해된 것은 나성의 축조와 함께 사비도성의 방어시설이 거의 마무리되면서, 동성왕의 사비천도를 반대하는 세력에 의해 단행된 것으로 보고, 나성은 동나성과 서나성을 포함하여 모두 501년 11월경에는 축조가 거의 완비되어 사비로의 천도 준비가 거의 완료된 상태였다고 하였다.

또 그는 나성이 부자연스럽게 굴곡되게 들어간 동문지 부근은 본래의 나성 축조시기보다 늦은 시기에 통과선(通過線)이 변형된 것이라고 하면서 변형된 이유로서 나성과 능산리 왕릉 사이의 능산리사지의 조성에 있었다고 하였다. 즉, 능산리사지의 공간구성을 위해 나성의 통과선을 변형시켰던 것으로 위덕왕이 성왕의 능을 조성하고 그 곁에 사찰을 조성하여 부자(父子)를 추모하기 위한 것이라고 하였다.〔심정보, 2000〕

또 김영심(金英心)도 능산리사지와 능산리고분군의 위치로 볼 때 이미 사비천도 전후 나성과 같은 도성의 외곽이 정하여져 있었다고 보았다.〔김영심, 2000〕 서정석(徐程錫)도 성왕이 능산리 2호분〔中下塚〕에 묻힌 556년경보다는 앞설 것으로 보면서, 나성이 왕의 권위를 나타내는 상징물이라는 점을 감안하여 천도 이전에 축성이 완료되었다고 보는 것이 자연스러운 것이라고 하였다.〔서정석, 2002〕

이처럼 사비도성의 나성은 538년의 사비천도 때에는 이미 축조되었고, 이는 우리나라의 도성사(都城史)에서 최초인 것으로 보는 견해가 지배적이다. 그러나 이를 뒷받침할 만한 결정적인 자료는 없다.

즉, 웅진성에서는 나성이 확인되지 않는다는 점, 부소산성과 나성은 축조공법상 많은 차이점을 보인다는 점, 능산리고분군과 동나성과의 선후를 밝힐 수 있는 결정적인 자료가 없으며 동나성의 동문지〔論山~扶餘〕 부근의 성벽이 안으로 굴곡된 것은 능산리고분군의 왕릉에 의해 변형된 것이라기보다는 방어를 고려한 우리나라 성곽의 일반적인 형태라는 점, 청산성(靑山城)과 나성이 연결된 모습이 기존의 진성(鎭城)에 장성을 연결한 고려 천리장성의 형태와 유사한 점이 있어 청산성이 나성에 앞서서 축조되었을 가능성도 있다는 점, 성벽의 성토(盛土) 속이나 축조 과정과 관련된 유구 속에서 출토된 유물이나 목탄은 앞 시기의 것이 축조과정에서 끼어든 것일 수도 있기 때문에 축조연대 추정에는 조심하여야 한다는 점, 후기 평양성의 예로 보아 나성 내에 어느 정도 시가지가 형성된 후에 나성이 축조되었을 가능성이 높다는 점, 후기 평양성의 외성이 축조된 동기가 수의 중국통일이라는 위협 속에서 축조된 점을 고려하면 사비도성의 나성도 평화시에 축조된 것이라기보다는 안보상 상당한 위협 속에 축조되었을 가능성이 있다는 점, 북나성과 동나성만 이 축조된 것은 지리적 조건을 고려하면 신라 혹은 당의 위협에 대처하기 위한 가능성도 있다는 점, 사비도성 내의 5부제 실시에 반드시 나성이 전제되는 것은 아니라는 점 등이 여전히 문제로 남아 있다.

8) 구역분할제의 성립시기 문제

고구려 전기 평양성에서의 구역분할제의 성립시기는 427년의 평양 천도와 관련이 있는 것으로 추측된다. 또 고구려 후기 평양성에서 구역분할된 시가지가 조성된 시기는 586년에 이 곳으로 천도하여 외성 내에 시가지가 조성되기 시작하고, 589년부터는 외성의 축성이 시작되어 늦어도 593년까지는 축성이 완료되었다는 사실과 관련이 있다. 즉, 586년부터 593년 사이라고 볼 수가 있다.

또 백제의 사비도성 내에서 구역분할제가 실시된 시기는 538년에 단행된 웅진에서 사비로의 천도와 관련이 있다고 여겨진다.

한편 신라왕경은 구역분할로 이루어진 시가지가 어느 시기부터 조성된 것인지 그 시기가 아직 분명하게 밝혀지지 않고 있다. 이에 대하여는 현재까지 크게 세 가지 설이 제기된 바 있다.

첫번째 설은 방리로 행정구역이 나누어진 5세기 후반경에는 어느 정도나마 도시의 면모를 갖춘 왕경구조를 갖추기 시작하였으며, 7세기 후반 이후에는 본격적인 도시계획이 이루어지고, 8~9세기 이후에는 1차로 구역분할이 될 당시에는 제외되었던 북천(北川) 하류 이북에 인접한 지역도 점차 인구가 늘어나면서 주거지로 바뀌고, 도시계획이 부분적으로 실시되었다는 주장이다.(박방용, 2004) 이러한 주장에는 469년에 경도에 방리명을 정하였다는 기록과 1998년 국립경주박물관 전시 및 수장고 건립 예정부지를 발굴조사하는 과정에서 확인된 동서도로가 5세기 중반 무렵에 축조된 것으로 보인다는 점 등이 중시되고 있다.

두번째 설은 신라왕경의 구역분할에 의한 도시건설은 6세기 전반에 시작하여, 본격적으로 이루어진 시기는 황룡사가 건립되던 6세기 중반 전후로 볼 수 있으며, 그 후 점차 주변으로 확대되었다고 하는 주장이다.(이은석, 2003) 이러한 주장에는 인왕동 유적과 황룡사지 동남편 왕경유적의 예를 들고 있다.

세번째 설은 7세기 말에 와서야 구역분할을 바탕으로 한 시가지가 조성되었다는 주장이다.〔山田隆文, 2002〕 이와 같은 주장에는 문무왕이 681년 6월에 경성(京城)을 일신(一新)하려고 성곽(城郭 : 都城의 의미인 듯)을 쌓으려고 하였으나, 의상의 만류로 역사(役事)를 중지하였다고 하는 기록이 중시되고 있다.

하여튼 지금까지의 발굴조사자료로 보면 신라왕경의 중심지역에서는 늦어도 6세기부터는 구역분할을 바탕으로 한 도시건설이 이루어지기 시작하였을 가능성이 높기 때문에, 신라왕경의 도시건설에는 고구려 평양성의 영향이 있었을 가능성을 염두에 두지 않을 수 없다. 한편 왕릉이나 고분의 분포 및 길흉요례(吉凶要禮, 貞觀禮)에 의한 제장(祭場)의 설정, 용강동 원지(苑池)의 조성 등으로 보아 길이 3,075보, 폭 3,018보의 신라왕경이 이루어진 시기는 7세기 말보다 내려오기는 어려울 것 같다.

또 지적도와 지형도에서 경주분지의 동쪽지역과 서남부지역인 동쪽 구역분할의 남북축이 자북(磁北)에서 1.25° 서쪽으로 기울어져 있고, 현 경주시가지인 서쪽 구역분할은 남북축이 북에서 2.5° 동쪽으로 기울어지고, 북천(北川) 이북의 북쪽 구역분할은 남북축이 동쪽으로 10°기울어진 점은 주목해 볼 필요가 있다. 아마도 동쪽 구역분할 내에서는 7세기 후반부터 인왕동 지역을 중심으로 한 왕경의 중심지역으로부터 경주분지의 동남부와 서남부로 구역분할제를 바탕으로 한 택지조성사업이 대대적으로 진행되었고, 인구의 증가와 함께 점차 왕경내의 변두리 지역으로 시가지가 확산된 것으로 짐작된다.

또 같은 7세기 후반부터는 다시 서쪽 구역분할 내와 북쪽 구역분할 내로 시가지 조성사업이 점차적으로 확대되어 나아간 것으로 짐작되며, 8세기경에는 서천(西川)의 서쪽지역을 제외하고는 왕경의 체제가 어느 정도 완비되었던 것으로 추측된다. 그러나 신문왕이 달구벌(達句伐)

로 서울을 옮기려고 한 것을 보면 이러한 시가지 확장사업은 순탄한 것만은 아니었던 것으로 짐작된다. 이처럼 시가지 확장사업이 대대적으로 이루어지기 시작한 시기는 대체로 7세기 후반부터라고 추측되기 때문에, 전술한 규모의 신라왕경이 이루어진 시기와 문무왕의 왕경 일신사업과도 대체로 일치하고 있다.

4. 맺음말

삼국시대의 도성제는 지정학적인 요인에 의해 중국 도성제의 영향이 부분적으로 내재되어 있다고 볼 수가 있다.

고구려는 평지 거주성(居住城)과 산성(山城)의 결합이 특징으로 지적되고 있다. 즉, 하고성자토성(下古城子土城)과 오녀산성(五女山城), 국내성(國內城)과 환도산성(丸都山城), 안학궁성(安鶴宮城)과 대성산성(大城山城)의 결합이 그 예이다. 이는 외민족과 접하면서 이들과의 투쟁 속에서 성장한 고구려로서는 가장 이상적인 형태라고 볼 수가 있다. 특히 평지 거주성인 하고성자토성·국내성〔土壘〕·안학궁성의 평면이 방형의 토성이라는 점은 중국 토성의 영향을 받았음을 말해 주는 것이다. 그러나 배후의 농성용 산성은 우리 고유의 성제이다. 이러한 이중적인 도성제의 불편을 해소하고 거주성과 산성을 하나로 결합한 후기 평양성의 축조는 우리나라 도성사에서 매우 중요한 의미를 갖는다고 볼 수가 있다.

백제의 도성에서는 처음 전기도성에서는 방어력이 비교적 약한 왕성격인 평지의 북성〔風納洞土城〕과 이를 보강하기 위한 군사적 기능이 있는 구릉성인 남성(夢村土城)으로 결합된 것이 특징이고, 후기 도성인 사비도성에서는 후기 평양성처럼 나성이 출현한 점도 고구려의 후기 평양성처럼 우리나라 도성사에서 획기적인 일이라고 볼 수가 있다.

한편 신라도 평지성인 월성과 산성인 명활성(明活城)이나 남산신성으로 결합된 이중적인 고구려식 도성제를 이루고 있었으며, 주변에 명활성·서형산성(西兄山城)·남산신성(南山新城)·북형산성(北兄山城)·부산성(富山城) 등 훌륭한 대형 산성들이 포진하고 있기 때문에 구태여 나성을 축조하지 않았다. 한편 신라 왕경의 특징은 전기에는 구역분할제의 형태로 보아 고구려의 영향이 있었음을 알 수가 있고, 후기에는 수·당의 장안성의 영향이 보인다는 점이다.

아무튼 앞서 언급한 문제점 중에서 일부는 그 동안의 발굴조사를 통하여 어느 정도 윤곽이 밝혀졌으나, 나머지는 여전히 문제로 남아 있다. 나머지 문제점들도 앞으로 발굴조사가 좀더 진행된다면 많은 것이 밝혀지리라고 기대된다.

민덕식

‖ 참고문헌 ‖

公州師範大學 博物館, 1887, 『公山城 百濟推定王宮址發掘調査報告書』.

國立文化財研究所, 2002, 『風納土城Ⅱ—동벽 발굴조사 보고서』.

金英心, 2000, 「泗沘都城의 행정구역 편제—王都 5部制의 시행」, 『사비도성과 백제의 성곽』.

김일성종합대학출판사, 1973, 『대성산의 고구려유적』.

리화선, 1989, 「고구려 평양성 외성안의 리방의 형태와 규모, 그 전개에 대하여」, 『력사과학』1.

朴方龍, 2004, 「新羅王京의 都市計劃 成立과 發展」, 『東アジアの都市形態と文明史』.

朴淳發, 1996, 「百濟都城의 變遷과 特徵」, 『韓國史의 理解』, 重山鄭德基博士華甲紀念
     韓國史學論叢.

_____, 2001, 『漢城百濟의 誕生』, 서경문화사.

_____, 2004, 「泗沘都城」, 『東アジアの都市形態と文明史』, 國際日本文化研究センター.

徐程錫, 2002, 『百濟의 都郭－熊津·泗沘時代를 中心으로』, 學研文化社.

成周鐸, 1982, 「百濟 泗沘都城 研究」, 『百濟研究』13.

沈正輔, 2000, 「百濟 泗沘都城의 築造時期에 대하여」, 『사비도성과 백제의 성곽』.

여호규, 1998, 『고구려성 I』, 국방군사연구소.

윤근일, 2000, 「풍납토성 발굴과 그 의의」, 『風納土城[百濟王城]研究論文集』, 東洋考古
     學研究所.

尹武炳, 1994, 「百濟王都 泗沘城 研究」, 『學術院論文集』33.

尹龍九, 1996, 「한국 고대의 中國式 土城에 대하여」, 『韓國古代史論叢』8.

최맹식, 2005, 「고구려 기와의 특징」, 『한국 고대의 Global Pride, 고구려』, 고려대학교
     박물관.

최희림, 1978, 『고구려 평양성』, 과학·백과사전출판사.

한인호, 1998, 「안학궁부근의 고구려 수도 도시 면모에 대한 복원」, 『조선고고연구』2.

한인호·리호, 1993, 「평양성외성안의 고구려도시리방과 관련한 몇가지 문제」, 『조선
     고고연구』1.

吉林省文物考古研究所·集安市博物館, 2004, 『國內城—2000～2003年集安國內城與
     民主遺址試掘報告』, 文物出版社.

_____, 2004, 『丸都山城—2001～2003年集安丸都山城
     調査試掘報告』, 文物出版社.

孫進己 外, 1988, 『東北歷史地理 I』, 黑龍江人民出版社.

遼寧省文物考古研究所, 2004, 『五女山城—1996～1999, 2003年桓仁五女山城調査發掘
     報告』, 文物出版社.

魏存成, 1985, 「高句麗初中期的都城」, 『北方文物』2.

李殿福·孫玉良, 1990, 『高句麗簡史』, 三星出版社.

集安縣文物保管所, 1984, 「集安高句麗國內城址的調査與試掘」, 『文物』1.

輕部慈恩, 1971, 『百濟遺跡의 研究』, 吉川弘文館.

關野貞, 1941, 「高句麗の平壤城及び長安城に就いて」, 『朝鮮の建築と藝術』, 岩波書店.

龜田 博, 2000, 『日韓古代宮都の硏究』, 學生社.

山田隆文, 2002, 「新羅王京復原試論」, 『古代學硏究』 159.

李丙燾, 1931, 「平壤の在城及び羅城」, 『靑丘學叢』 3, 靑丘學會.

李恩碩, 2003, 「新羅王京の都市計劃」, 『東アジアの古代都城』, 奈良文化財硏究所, 吉川弘文館.

田中俊明, 1990, 「王都로서의 泗沘城에 대한 豫備的 考察」, 『百濟硏究』 21.

_____, 1999, 「百濟漢城時代における王都の變遷」, 『朝鮮古代硏究』 1, 朝鮮古代硏究刊行會.

_____, 2000, 「百濟後期王都泗沘의 防禦體系」, 『사비도성과 백제의 성곽』, 서경문화사.

_____, 2004a, 「高句麗の平壤遷都」, 『朝鮮學報』 190.

_____, 2004b, 「高句麗長安城の平面構造」, 『한국사 속의 고구려의 위상』, 高句麗硏究財團.

田中俊明 外, 1995, 『高句麗の歷史と遺蹟』, 中央公論社.

田村晃一, 1988, 「高句麗の城郭について」, 『百濟硏究』 19.

千田剛道, 1983, 「淸岩里廢寺と安鶴宮」, 『文化財論叢』, 奈良國立文化財硏究所創立30周年記念論文集刊行會, 同朋舍.

삼국시대의 문자자료

1. 문자자료 연구의 의의

　문헌사료는 역사학의 기본자료이다. 삼국시대를 연구하기 위한 문헌으로는 고려전기에 관(官)에서 조직적으로 편찬한 역사서『삼국사기』와 고려후기에 승려 개인이 편찬한 이야기 형식의『삼국유사』가 있다. 이들이 국내의 전승자료를 바탕으로 집성된 것임에 대하여, 국외의 자료를 바탕으로 한 것으로『삼국지』위지 동이전을 비롯한 중국 관찬사서들이 있다. 이들은 역사책이라는 매뉴얼에 의해 편찬된 종합적인 자료로서, 당대 자료를 다음 세대에 다시 한 번 소화하여 정리한 것이다. 이에 대해 문자자료(文字資料)는 이를 작성한 당대(當代)의 자료로서 단편적이지만 현장성을 지닌다.

　이 같은 문자자료는 당대 자료라는 점에서 1차사료로 취급되는데, 전통적으로 주목받아 온 석문(石文)과 금문(金文) 그리고 근래에 주목받기 시작한 그 외의 자료로 나눌 수 있다. 근년까지 '금석문'으로 대변되었던 1차사료는, 과학기술의 발달과 인식 지평의 확대로 인해, '금석문'의 외연을 비약적으로 확장하거나 새로운 용어로 대체해야 할 전환기를 맞이하였다. 사실 좁은 의미의 문자자료란 금문이나 석문에 국한되는 면이 있으나, 넓은 의미에서는 금문이나 석문 이외의 자료들도 포함될 수 있다. 본고에서의 '문자자료'란 종래 좁은 의미의 금석문에 더하여, 다른 재질의 자료에 새겨지거나 쓰인 글까지 모두 포함하는 넓은 의미의 그것으로 정의한다.

이들 출토 문자자료가 삼국시대 연구에 차지하는 비중은 새삼 강조할 필요가 없다. 영일냉수비〔경북 포항 소재〕는 6세기 초에 신라의 정책결정은 6부의 장(長)사이에 이루어지고 있었으며, 국왕도 그 일원에 불과하였음을 밝혀주었다. 성산산성〔경남 함안 소재〕 출토 목간은 6세기 중엽 신라가 율령제도에 입각하여 지방을 지배하였으며, 낙동강을 조운과 교통의 근간수로로 활용하고 있었음을 말해주었다. 무령왕릉〔충남 공주 소재〕의 왕과 왕비의 지석은 무령왕의 재위기간과 백제 빈례에 대한 결정적인 자료였다. 이처럼 새로운 문자자료의 출토가 중요시되는 이유는 기존자료로는 알 수 없었던 새로운 역사상을 그려줄 수 있기 때문이다.

2. 자료의 수집과 간행 – 기초연구와 공구서

문자자료의 연구에서 자료의 발견과 수집은 그 가치를 따질 수 없을 정도로 중요하다. 발굴 혹은 발견된 자료를 통해 기존의 문헌사료만으로는 알 수 없었던 역사의 모습을 그려낼 수 있기 때문이다. 그리고

자료의 수집과 발굴에는 많은 시간과 노력이 필요한데, 자료에 대한 분석 등 연구에 못지않게 자료수집이나 발굴 및 정리에 대해서도 높이 평가해 주어야 마땅하다.

먼저 삼국시대 문자자료에 대한 자료의 수집과 정리에 대해 그 간의 역정을 전망하기로 하자. 삼국시대 문자자료 연구의 시작은 조선 후기에서 찾음에 크게 잘못이 없을 것이다. 문자자료라는 개념이 도입되기 이전인 이 시기에는 '금석문' 혹은 '금석학'으로서 자료의 수집과 연구가 이루어졌다. 이러한 관심은 16세기에서 19세기에 걸쳐 역동적으로 이루어졌다. 그 가운데 대표적인 것을 들자면, 수집면에서는 이우(李俁)의 『대동금석서(大東金石帖)』 등을, 연구면에서는 김정희의 『금석과안록(金石過眼錄)』 등을 꼽을 수 있다. 특히 김정희의 신라 진흥왕순수비에 관한 연구는 과학적 실증 등 측면에서 오늘날의 논문과 비교해도 전혀 손색이 없는 정밀한 고증을 가한 걸작이며, 우리나라 금석학의 효시라고 할 수 있다. 이 같은 자료 수집과 연구는 청나라 고증학의 수용 및 교류와 관계가 깊다. 김정희를 비롯한 조선 금석학자와 청나라 학자와의 교류를 통해, 조선의 금석탁본 등 금석학의 정보가 청나라로 유출되기도 했으며, 이는 유희해의 『해동금석원(海東金石苑)』으로 집성되었다.

일제강점기에 접어들면서 조선총독부는 조선의 역사를 편찬하기 위해, 국가적 차원에서 한반도지역 문화재를 대대적으로 조사하고 정리하게 되었다. 이를 통해 지역별 또는 유적별로 방대한 양의 『조선고적조사보고(朝鮮古蹟調査報告)』 등의 연구보고서를 간행하게 되었다. 그 과정에서 진흥왕순수비를 비롯해 방대한 금석문의 사진 및 탁본 자료가 수합되었으며, 동시에 기초적인 연구도 이루어지게 되었다.

한편 간도(間島)지역〔중국 동북지방; 구 만주지역〕의 「광개토왕비문」과 「모두루묘지』와 같은 고구려 금석문은 1938년에서 40년에 걸쳐 일만문화협회(日滿文化協會)가 발간한 『통구(通溝)』에 망라되어있다. 또 금석문의 판독문은 별도로 『조선금석총람(朝鮮金石總覽)』(상·하)에 정리 수록되었다. 두 책 가운데, 삼국시대의 금석문 자료는 상권에 실려 있다.

이 같은 조사과정에서 수합된 탁본, 촬영사진과 필름, 지역 인터뷰 등 관련 자료 들은 총독부 및 이 사업에 관여한 일본인 학자들에게 우선적으로 제공되었고, 이후 연구는 사업에 관여했던 일본인 담당자들이나 조선에서 일하고 있던 일본인 학자에게 독점되는 경향이 있었다. 그 대표적인 예가 가쓰라기(葛城末治)의 업적 『조선금석고(朝鮮金石考)』이다. (1935) 이는 고대와 고려의 금석문을 개별적으로 연구하고, 전체 금석학 총설을 마무리한 역작으로, 이 분야 연구의 초석(礎石)이라 평가할 수 있다.

해방 이후 삼국시대 금석문의 자료 수집과 정리는 그 중심이 점차 일본인·일본학계에서 한국인·한국학계로 옮겨오게 되었다. 특히 자료와 정보의 수집을 축으로 몇몇 연구의 축이 성립되었다. 해방 이전부터의 기존 유물과 그 이후 새로 발견된 유물을 소장하여 자료를 독점하고 있던 국립박물관이 자연스레 자료 집성의 축을 이루었다.

이난영의 『한국금석문추보(韓國金石文追補)』(1968)와 황수영의 『한국금석유문(韓國金石遺文)』(1976)은 제목에서 쉽사리 알 수 있는 바와 같이, 이들은 일제강점기에 나온 『조선금석총람』에서 빠뜨린 금석문이나 그 이후에 새로 추가된 금석문을 망라한 것이었다. 이들은 금석문의 원문, 즉 저자의 판독문을 제시한 모음집이었다. 특히 황수영의 『한국금석유문』은 자료집으로서 그 가치를 높이 평가할 만하다. 비록 등사본이지만, 글자를 하나 하나 펜으로 썼는데, 새겨진 글자의 독특한 필체를 그대로 옮겨적으려 노력하였다는 점과, 관찰하기 용이한 고해상도의 흑백사진을 부착했다는 점에서 사진과 석문을 함께 갖춘 본격적인 자료집이었다.

탁본의 사진자료가 중시되면서, 조동원은 금석문을 비문 중심으로 지역별로 탁본사진을 집대성하였다(1973??//~1993). 아울러 허흥식은『조선금석총람』이래『금석유문』에 이르기까지 금석문의 석문(釋文)을 총망라하였다(1984). 이후 시대사별 연구가 진전되면서 삼국 및 통일신라시대의 금석문만을 따로 모으고 번역과 주석을 단『역주 한국고대금석문』이 한국고대사회연구소에서 간행되었다(1992). 이것은 기존의 개인 중심의 작업과 달리, 학회를 중심으로 단체가 분담하여 공동집필을 시도한 것이라는 점에서 뜻 깊다.

한편 국사편찬위원회가 주관하여『한국고대금석문자료집』을 엮어내었다(1996). 이것은 기존에 제시된 각종 판독문을 일목요연하게 망라한 것이어서 대교에 도움을 주는 자료집이다. 금석문의 역주 작업이나 판독문의 비교 등은 개개인의 힘으로는 시간적으로나 재정적으로 쉽지않은 것인데, 문중과 학회가 함께 하거나 국가기관이 주관하는 공동작업을 통해 이루어낸 개가였다. 또 권덕영의『한국고대금석문종합색인』은 최초의 금석문 색인집이다.

1990년대 후반부터 국공립박물관과 문화재연구소 등 주로 국립기관을 중심으로 문자자료의 전시와 양질의 도록 발간이 이루어졌다. 부산시립박물관 복천분관『유물에 새겨진 고대문자』(1997), 국립청주박물관『한국 고대의 문자와 기호유물』(2000), 국립경주박물관『문자로 본 신라』(2002), 국립부여박물관『백제의 문자』(2003) 등이 그것이다. 아울러 문화재청 국립문화재연구소에서는 2003년부터 "한국 금석문 영상정보 시스템"을 개설하고, 고대부터 시대별로 연차순으로 자료를 공개하고 있다(http://gsm.nricp.go.kr/_third/user/main.jsp). 금석문과 그 탁본의 사진, 기본해

설, 원문과 해석문 및 참고문헌을 제시하는 서비스를 웹상에 제공하기 시작하였다.

또한 금석문 혹은 문자자료 가운데 특화된 자료집이 간행되기 시작하였다. 이기백은 고대에서 조선에 이르기까지의 문서를 망라하였는데, 삼국 및 통일신라시대의 목간이 '문서'라는 개념 속에서 집성되기도 하였다(1983). 국립창원문화재연구소의『한국의 고대목간』은 목간만을 모은 자료집이다(2004). 종래 금석문 자료집 일반과 달리 판독문을 실은 것이 아니라, 판독의 근거가 되는 사진과 적외선 사진을 실은 것, 더구나 실물크기로 전재하였다는 점에서 새로운 차원의 자료집이며, 금후 자료집이 나아갈 방향을 제시하였다고 평가할 수 있다.

3. 분야별 연구현황

1) 석 비

삼국시대의 문자자료를, 제작한 소재를 중심으로 하여, 그 유형에 따라 연구의 자취를 소개하기로 한다. 삼국시대 석문의 대부분은 석비(石碑)가 차지한다. 비(碑)에는 돌로 만든 것 외에 쇠로 만든 것, 구운 흙으로 만든 것들이 있는데, 삼국시대에는 오로지 돌로 만든 석비만이 보일 뿐이다. 그 가운데 신라의 석문이 고구려나 백제의 그것에 비해 양에서 압도적이다. 고구려의 석문으로는 광개토왕비와 중원비의 2개의 석비 그리고 평양성 석각 등이 있다. 백제의 석문으로는 사택지적비와 무령왕릉에서 나온 2장의 묘지석이 있다. 고구려와 백제의 석문이 손에 꼽힐 정도인 데 반해, 신라의 석문은 비교적 그 양이 많다.

　이러한 가운데 연구는 고구려의 두 석비와 신라의 진흥왕순수비에 집중되어 있다. 고구려 광개토왕비는 청(淸) 말에 재발견된 이래로 지금까지 방대한 양의 연구가 집적되었다. 직접 조사하기에 비가 너무 크고, 또 현실적으로 그 접근에 제약이 있기 때문에, 비의 재발견 당초부터 주로 탁본에 의한 연구가 이루어졌다. 중국 청나라에 파견되어 있었던 일본 참모본부 요원 사카와(酒勾景信)가 1883년 여름에 군의 첩보수집 활동의 일환으로서 집안(集安)에서 「광개토왕비문」 탁본을 입수하였다. 그 해 가을에 그 탁본을 일본에 가져가게 되는데, 그것을 토대로 일본 해군성 소속 연구자들이 정열적으로 연구하여, 이것이 1889년에 관계 잡지에 특집호로서 소개되었다.〔아세아협회, 1889〕

　거의 같은 시기에 중국에서도 「광개토왕비문」에 대한 연구가 시작되었다. 1884년 엽창치(葉昌熾)는 이홍예(李鴻裔)에게서 반조음(潘祖蔭)을 통해 전달된 탁본을 연구하여, 이 비문이 고구려 제13대 서천왕(西川王)의 사적을 전하는 것이라고 해석하였다. 이후 1891년에서 1893년에 걸쳐 발표된 간(菅政友)・나카(那阿通世)・미야케(三宅米吉)의 세 논문에 의해, 광개토왕비 연구의 기본적인 틀이 구성되었다.〔武田, 1988〕

　한국에서의 연구는 이들보다 매우 늦게 시작되어, 1955년 발표된 정인보(鄭寅普)의 연구가 처음이었다. 정인보는 종래 일본에서의 연구는 그 석독・해석이 근본적인 잘못을 범하고 있다고 지적하였다. 특히 신묘년조 기사에 대해서는 일본에서의 정설, 즉 왜가 백제·신라 등을 격파하여 신민으로 삼았다는 해석을 인정하지 않고, 대신 고구려가 왜를 격파한 것이라는 새로운 해석을 제시하였다.〔정인보, 1955〕 이 같은 해석은 북한학계에서 광범위한 지지를 받았으며〔박시형, 1966 ; 김석형, 1966〕, 근년까지 북한에서는 절대적인 지지를 얻고 있으며, 남한에서도 폭넓은 영향력을 미치고 있다.

미즈타니(水谷悌二郎)는 그 전까지 소홀히 취급했던 「광개토왕비문」 탁본을 깊이 연구하여 종래 연구의 토대가 되었던 탁본들이 원석(原石) 그대로의 글자를 전하고 있지 않음을 밝혔다. 즉 사카와(酒勾)가 가져온 탁본은 원석에서 취한 탁본이 아니라 묵수곽전본(墨水廓塡本)이며, 그 후 유포된 탁본은 비면에 석회(石灰)를 바르고 탁공(拓工)이 만든 글자를 포함한 석회탁본임을 지적하고, 연구의 근본적인 재검토를 촉구하였다.〔水谷, 1959〕 이어 이진희는 광개토왕비 탁본을 일본에 가져온 사카와, 처음 연구에 착수한 아오에(靑江)·요코이(橫井) 등의 경력과 저술 등을 정밀하게 조사하여, 초기 연구와 일본 군부와의 관련을 집중조명하였다.

이진희는 한 걸음 더 나아가, 일본 참모본부에서 조직적으로 신묘년조 기사 부분을 긁어내고 글자를 고치는 변조를 감행하였다고 주장하였다.〔이진희, 1972〕 이 같은 주장은 한국과 일본·중국 등 동아시아 학계에 큰 반향을 불러일으켰다. 한국에서는 높이 평가를 받아〔이기백, 1972〕, 널리 번역 소개되었고〔이기동, 1973〕, 이후 이진희 자신이 지속적으로 한국에서 강연하거나 지면을 통해 자설을 알리게 되었다. 이와 함께 이진희설이 계승된 또 다른 형태로서 신묘년조와 경자년조의 조작설이 제기되기도 하였으며〔이형구·박노희, 1986〕, 비문의 정복 대상이 세부적으로 검토되기도 하고〔천관우, 1976 ; 서영수, 1982〕, 주어 교체설이 다시 제기되는 등〔정두희, 1979〕 본격적 연구가 시작되었다.

일본에서는 이진희설의 검증을 둘러싸고, 비문 연구가 가속되었다. 마에사와(前澤和之)과 하마다(浜田)는 비문의 내용과 문장 형식을 깊이 분석하여, 신묘년조가 삽입된 문장이자 전치문의 성격을 갖는 것임을 추출하였다. 이로 인해 주어 교체설의 입지가 흔들리게 되었다. 또 1974년에는 한 차례 이 때까지의 연구성과와 논점이 상세히 정리되기도 하였다.[佐伯, 1974] 왕건군(王建群)은 비석을 직접 조사하고 이를 바탕으로 석문을 제시하였다. 다케다(武田)는 여러 원석(原石) 탁본을 수집하여 비교연구하고 이를 모아 자료집을 발간하여 공개함과 동시에[武田, 1988] 이를 바탕으로 하여 동아시아적인 관점에서 비문을 심층적으로 분석하였다.[武田, 1989] 이로써 비문 연구가 상당부분 집대성되기에 이르렀다.

한편 서영수는 비문의 정복기사를 연구하였다. 서건신(徐建新)과 임기중은 북경에 남아 있는 광개토왕비 탁본을 찾아내었다.[徐建新, 1994 ; 임기중, 1995]. 1996년에는 고구려연구회 주최로 한·중·일 학자들이 모여 광개토왕비에 대한 이제까지의 연구를 정리하고 논의하는 포괄적인 장이 마련되었으며, 이 가운데 탁본 연구의 현황이 소개되기도 하였다.[고구려연구회, 1996] 이어 한국학계에서도 소장 탁본에 대한 본격적인 연구와 함께 공개가 이루어지게 되었다.[임세권, 1997, 2002]. 이성시는 비문을 철저하게 건립당시의 시점에 서서 조명해야 함을 새삼 환기시켰다.[이성시, 1994] 비문의 성격에 대해서는 훈적비(勳績碑)로 보는 것이 일반적인데, 근년 신도비설이 제기되기도 하였다.[백승옥, 2005]

충북 중원의 고구려비는 1979년 단국대 학술조사단에 의해 발견되고, 그 해 이병도·이기백·김정배 등 역사학자들에 의해 종합 검토됨으로써 이것이 네 면으로 이루어진 4세기대 고구려의 비임이 밝혀지게 되었다.[단국대사학회, 1979] 대체적으로 판독과 해석의 논점에 따라 4세기 전반으로 보아야 하는가, 아니면 4세기 후반으로 보아야 하는가, 그리고 어느 면을 제1면으로 보아야 하는가 등 세부적 문제에서는 의견이 갈리고 있다.[한국사회연구소, 1992] 한편, 논의의 심화과정에서 고구려의 역

(曆)이 연구되기도 하였다. 또 1999년에는 고구려연구회 주최로 양질의 적외선 사진과 직접 조사를 통해 각계의 관련 연구자가 장시간 논의 속에 석독하고, 이를 바탕으로 연구를 심화시켰다.〔고구려연구회, 1996〕

현재 알려진 백제의 비로는 사택지적비가 유일하다. 사택지적의 행적과 사륙병려체가 주목되었으며, 건립연대는 654년로 추정되고 있다.〔홍사준, 1954〕

비교적 비가 많이 남아 있는 신라의 경우, 석비의 진화과정을 알 수 있다. 현존하는 것 가운데, 초기의 비는 영일냉수비와 울진봉평비다. 두 비는 1988년과 1989년에 잇따라 발견되어 학계를 뜨겁게 달구었다. 두 비 모두 중앙에서 왕을 중심으로 한 신라 6부가 지방정치에 적극 관여하는 모습을 그리고 있다. 냉수비는 6부가 지방수장의 재산상속 문제를 판결한 내용을 기록하였으며, 봉평비는 6부가 잘못을 범한 지방수장에게 벌을 주는 내용을 담고 있다. 이 두 비에 관해서는 한국고대사연구회 주관 아래 종합적인 검토가 이루어졌다.〔한국고대사연구회, 1988, 1989〕 이들 비의 출현으로 6세기 전반 신라 6부의 실태와 화백이라 일컬어지는 의사결정의 일면 및 이 시기 중앙과 지방의 관계를 알 수 있게 되었다.

신라 진흥왕 시기는 가히 석비 전성기라고 일컬을 만하다. 기왕에 알려진 진흥왕의 순수비와 척경비 그리고 단양적성비가 그것들이다. 이 가운데 제일 먼저 연구되기 시작한 것은 초방원비라고도 불리던 황초령비와 북한산비였다. 황초령비는 이전부터 이미 알려져 왔으며, 북한산비는 1816년 무렵에 김정희가 발견하였다. 두 비는 김정희에 의해 고증되고 그 성격은 '순수비'로 규정되었다. 이어 1914년에 도리이(鳥居龍藏)가 창녕비를, 1930년에 최남선이 이원비라고도 불리우는 마운령비를 발견하였다.

이들 네 비를, 혹은 창녕비를 제외한 세 비를 통상 진흥왕 순수비라고 부른다.[노용필, 1996] 모두 왕이 관할하고 있는 영토를 순수(巡狩)하는 내용을 담고 있기 때문이다. 다만 창녕비는 그 내용형식이 다른 비들과 달라 척경비(拓境碑)라고 불린다. 이들 네 개의 비는 단양적성비와 함께, 진흥왕대 주요 인물들의 동향, 중고기 신라의 신료(臣僚)조직, 인명표기와 관등제를 비롯하여 6부의 운영실태를 밝히는 주요 자료로 활용되었다.[노용필, 1996 ; 이문기, 1982 ; 김창호, 1996 ; 하일식, 1991 ; 武田, 1997]

1978년에 단국대 학술조사단에 의해 발견된 단양적성비에 대해서도 단국대 사학과 주최로 종합적인 연구가 이루어졌다.[단대사학회, 1979] 이들 진흥왕대 비들의 건립연대는 창녕비가 561년, 마운령비와 황초령비가 568년임에 이론이 없는 반면에, 북한산비는 568년 이후설과 555년설 등으로, 적성비는 545년 이전, 550년, 551년 이후설로 나뉘어 있다.[한국고대사회연구소, 1992]

정치행위와 관련된 것말고 국가적 공사와 관련된 석비들도 있다. 영천 청제비·대구 무술오작비·남산 신성비·명활산성비가 그것이다. 청제비는 536년에 영천에 제방을 쌓고 세운 비이며, 비의 뒷면은 798년 수리시에 재이용되기도 하였다.[이기백, 1974] 신성비는 경주 남산신성을 쌓으며 공사에 동원된 지방백성들에게 공사담당 구역별로 3년 동안 하자보수를 맹세하게 만든 비다. 공사는 구역별로 분담되었기 때문에 공사구간마다 비가 세워졌는데, 지금까지 9개의 비가 발견되었다. 대구에서 발견된 무술오작비는 아마도 578년에 저수지를 축조하고 세운 비로 여겨진다. 이것에는 제방의 규모, 동원된 인력, 공사기간 등이 기재되어 있다. 명활산성비는 561년에 산성을 완성하고 세운 비로, 공사분담 구분과 공사기간 등을 새겨넣었다.[임창순, 1958] 안압지에서 나온 비에 대해서는 남산 신성비설과 명활산성비설이 병존하는데, 명활산성비설은 석재의 원산지 추적을 그 근거로 히고 있다.〔주보돈, 2002〕이들 비를 통해 중고기의 신분제, 역역동원 관계, 산성 축조체제 등의 연구가 진전되었다.

다음에는 통일기를 전후한 왕이나 왕족 혹은 사원 등과 관련된 비들이다. 무열왕릉비·문무왕릉비·김인문묘비와 청주 운천동사적비 등의 조각이 있다. 이들 비는 각각 660년 이후, 681년, 695년이나 그 이후, 686년 전후에 세워진 것으로 추정되고 있다.〔한국고대사회연구소, 1992〕문무왕릉비에 대해서는 묘지로 보는 견해도 있다.〔이영호, 1986〕운천동사적비는 사찰과 관련된 비로 추정된다.〔충북대 호서문화연구소, 1983〕이 무렵이 되면, 외형적 규모도 대형화되고, 문장의 서술형식도 중국의 전형적인 그것을 모방하여 화려해지고 있다.

2) 그밖에 석문

이상에서 열거한 석비 외에 석각(石刻)과 묘지(墓誌)를 비롯한 석문(石文)들이 있다. 고구려 성을 중심으로 석각들이 남아 있다. 평양성에는 5종의 석각이 있고, 평북 태천군 농오리 산성에도 석각이 남아 있는데, 여기에는 기년이 남아 있어서, 산성의 축조시기를 고찰하는 자료로 활용되고 있다.〔최희림, 1967 ; 손량구, 1966〕

신라의 석각은 울주 천전리 서석이 대표적이다. 이 서석(書石)에는 10여 개의 독립적인 새김글이 있는데, 각기 간지(干支)가 있으므로 연대를 대체로 비정할 수 있는데, 6세기 초반의 것에서부터 9세기 초엽의 것까지 있다. 이 가운데 8개가 모두 5세기 전반의 것이다.〔김용선, 1979〕임신서기석은 신라의 두 젊은이가 3년간 유교사상을 공부할 것을 맹서하고 이를 새긴 돌이다. 간지 임오(壬午)를 놓고 552년설과 612년설이 병립하고 있다.〔末松, 1954〕

백제의 석문으로는 무령왕릉의 묘지석과 능산리 사지〔일명 陵寺〕에서 나온 사리감이 있다. 1972년 발굴된 무령왕릉에서 나온 지석(誌石)에 대해서는 삼국사기의 무령왕의 생존 연대 및 무령왕의 생시의 이름, 역법(曆法)·상장례(喪葬禮) 등이 논의되었으며, 매지권의 양식, 도교에서 관용적으로 활용되는 '율령(律令)'이 주목되었다.〔공주대, 1991〕 부여 능산리 사지(寺址)의 중앙부 목탑지의 심초석에서 출토된 사리감에는 백제 창왕(昌王) 13년 정해년(丁亥年)에 손위 공주가 사리를 공양하였다는 내용이 새겨져 있다. 이를 통해 백제시대 가장 빠른 사찰의 조성연대가 576년임이 밝혀지게 되었으며〔국립부여박물관, 2001〕, '매형공주(妹兄公主)'에 관한 시론이 제기되고 있다.〔김창호, 1998〕

신라의 것으로 고구려와 맞닿는 북부 지역인 영주의 어숙지 술간(述干)의 묘 안 돌문에 '을묘년(乙卯年)'과 주인공의 이름을 새긴 것이 발견되었다.〔이화여대박물관, 1984〕 이는 을묘년 595년 당시 변경지역인 이 지역의 동향을 파악하는 결정적 자료가 된다.〔동양대 지역발전연구원, 2003〕

3) 금 문

쇠붙이에 새겨진 글, 즉 금문(金文)으로는 불상이 있다. 고구려의 불상으로 알려진 것은 연가칠년(延嘉七年)명·건흥오년(建興五年)명·영강칠년(永康七年)명의 세 금동광배와, 경사년(景四年)명의 금동불 입상이 있다.

〔田中俊明, 1981〕 이들은 연호에 대해서는 고구려의 독자적인 연호라고 보고 있다.〔손영종, 1966〕 단 연대를 비정하는 데 이론이 많아 정설이 없다. 예를 들면 연가 7년의 경우는 여러 설이 있는 가운데 539년이나 599년이 비교적 유력하다고 하는 정도이다.

이들은 주로 불상양식에 입론의 기반을 둔 것이다. 신라 호우총에서 출토된 고구려 제작의 호우는 대표적인 금문이다.〔국립박물관, 1946〕 이로써 5세기 고구려와 신라의 관계의 단면을 알 수 있다. 근년에 추가된 고구려 금문 중 하나는 '신묘년(辛卯年)'과 '호태왕(好太王)'이 새겨진 청동방울이다. 이는 종래 광개토왕릉의 위치가 어디인가 하는 논쟁과 맞물려 새롭게 주목되고 있다.〔백승옥, 2005〕

일본 석상신궁(石上神宮)에 있는 백제의 칠지도에 대해서는 많은 논의가 있어왔다. 칠지도는 한반도와 왜(倭)와의 교류를 직접 알려주는 현존하는 가장 오래된 문자자료이다. 1870년에 석상신궁의 궁사가 명문을 발견하였으며, 불분명한 글자들의 석독과 일본서기와의 관련을 둘러싸고 복잡한 논쟁이 이루어져 왔다. 연호를 '태화(泰和)'로 볼 것인가 '태시(泰始)'로 볼 것인가, '백제왕세자기생성음(百濟王世子奇生聖音)' 부분의 판독을 어떻게 확정할 것인가, 또 그것을 어떻게 끊어 읽을 것인가에 따라 여러 가지 해석으로 갈라진다. 그 같은 문리적인 해석과 더불어 기존에 보이는 『일본서기』 신공기(神功紀)를 어떻게 풀어볼 것인가에 따라서, 이 칼은 백제가 왜에 하사한 것이 되기도 하고, 백제가 왜에게 바친 것이 되기도 하였다.〔武田 編, 2005〕 이 때문에 과거 일본의 한반도 남부 경영론의 입증자료로 활용되기도 하였다. 근년에는 4세기 중후반 백제와 왜의 교류를 나타내는 자료로 해석되는 것이 일반적이다.

4) 목 간

목간(木簡)에 한해서는 편집상의 문제로 삼국시대뿐만 아니라 남북국시대의 것까지 포괄하여 본 글에서 다루기로 하였다.

1975년에 경주 안압지에서 목간이 발견된 이래로 최근 인천 계양산성에서 논어의 한 문장이 쓰인 목간이 출토되기까지, 현재 약 350점의 목간이 출토되고 있다. 이기동은 안압지 출토 51점의 목간에 보이는 간지(干支)와 중국연호 그리고 세택(洗宅)을 근거로, 이들이 일괄 목간이며 751년에서 774년 사이의 것이라는 점을 추출해내었다.〔이기동, 1997〕 1983년에는 충남대 박물관에서 부여 왕궁지를 발굴하는 과정에 관북리에서 2점의 목간을 발견하였다. 또 1984년과 1985년에는 월성 해자에서 약 30여점의 목간이 발굴되었다.

목간에 대한 발굴현장의 인식이 확대되어 가면서 1990년대 이후 목간의 출토가 늘어났다. 경기 하남시 춘궁동 이성산성 저수지에서 모두 21점이 출토되었다. 이들 목간 가운데 '무진년(戊辰年)'이란 간지는 608년 혹은 668년으로 이것이 제작의 상한이다.〔주보돈, 2002〕 한편 경주 황남동 376번지에서 창고수납과 관련되는 목간이 발견되었다. 부여의 궁남지에서는 백제의 연령별 인력구분을 알려주는 30센티미터 가량의 긴 목간이, 쌍북리에서도 홈이 파인 목간이, 능산리에서 20여점의 목간이 출토되었다. 도교와 관련있는 남근형 목간에서부터 물품꼬리표로 보여지는 목간 등 다양한 목간들이 보인다.〔近藤浩一, 2004〕

1999년부터 지금에 이르기까지 옛 가야의 땅인 경남 함안군 가야읍에 소재한 성산산성에서 약 120점의 목간이 대거 출토되었다. 이들 목간은 대체적으로 일괄목간이며, 아래 홈이 파인 부찰 또는 하찰 성격의 것이 많다. 이들 목간에 대해서는 처음 출토된 27점에 대해 모두 물건의 꼬리표인 하찰 혹은 부찰이라는 견해, 이름을 명기한 출입증 혹은 신분증이나 인명부(人名簿)라는 견해, 일부는 인명부이고 일부는 짐 꼬리표라는 견해가 제기되고 있었다. 그러나 추가로 90여 점이 발굴되었고, 대부분이 하찰 혹은 부찰이라는 견해가 굳혀지면서, 연구가 세부적으로 진전되어 가고 있다.〔한국고대사학회, 2000〕한편 김해 봉황대와 인천 계양산성에서 논어 제5편 공야장의 일부가 쓰인 목간도 발굴되었다.〔橋本繁, 2004〕

5) 묵 서

목간 이외에 먹으로 쓴 글들이 있다. 묵서(墨書)는 먹으로 쓴 것이므로, 서사(書寫) 문화 중에서 한 단계 나아간 것이다. 고구려의 무덤 중에서는 모두루 무덤의 묘지와, 덕흥리 무덤과 안악 3호분의 묵서가 대표적이다. 모두루는 광개토왕대에 북부여 방면에서 활약하던 지방관이었다.〔池內宏, 1938〕덕흥리 무덤은 묘주를 안장하고 묘실을 폐쇄한 정확한 연대가 408년 전후로 명기되어 있다.〔武田幸男, 1989〕안악 3호분은 피장자가 누구인가에 대해 중국 망명인 동수라는 설, 고국원왕이나 미천왕이라는 설 등으로 갈리고 있다.〔김정배, 1978〕묵서에 등장하는 이들 3인은 그 생몰 연대를 알 수 있어서, 고분의 편년을 결정하는 자료가 된다. 역사적 배경뿐만 아니라 서체에 대해서도 연구가 진전되고 있다.〔고광의, 1999 ; 손환일, 2002〕한편 고구려와 신라의 접점이던 경북 순흥의 신라 고분에도 묵서가 있다.〔문화재관리국, 1989〕판독에 '기미(己未)'인가 '기해(己亥)'인가 이론이 있지만, 6세기 전반

으로 보는 데는 모두 동의하고 있다.〔동양대 지역발전연구원, 2003〕

목간과 더불어 이상에서 열거한 문자자료 이외에 행정구역을 나타내는 표석(標石), 기와와 전돌, 그릇에 새겨진 글 등에 대한 소개는 여기서는 생략한다.〔서울대박물관, 2002 ; 한국고대사회연구소, 1992 ; 이용현, 2005 ; 이다운, 2004 ; 한국역사연구회, 2004〕먹과 불가분의 관계가 있는 것이 벼루와 붓, 나아가서는 삭도(削刀)이다. 문방구는 실무 행정관리에게 갖추어야 할 도구로서, 문자행정의 지표가 된다. 근년 벼루의 형식과 사용계층에 대해 새롭게 주목되고 있는 것은 흥미롭다.〔山本孝文, 2005〕

4. 연구경향과 전망

이상에서 공구서류와 문자자료를 재질별로 나누어 정리해 보았다. 그런 까닭에 포괄되지 못한 것이 많을 수 있다. 사료가 영세한 고대사 연구에 문자자료의 비중은 매우 크며, 어떤 주제를 논함에 한 줄이라도 금석문을 비롯한 문자자료가 들어가지 않은 것을 찾아보기 어렵기 때문이다. 바꿔 말하면, 고대 관련 대부분의 논문은 문자자료 관련 논문이며, 짧은 지면상 이들을 모두 혹은 연구 주제별로 정리하는 것은 그다지 효율적이지 못한 듯 보이기 때문이다. 다행히 근년에 역사학계는 물론 인접 연구분야에서 또 연구자나 일반인 모두 문자자료에 대한 인식이 높아지면서, 이 방면에 대한 관심이 급증하고 있기 때문에 우리 역사 속의 문자의 양상에 주목하게 되었다.〔송기호, 2002〕이는 주변의 다른 나라에서 문자에 대한 정력적인 연구에 자극받은 바 없지 않다.〔平川

南, 2005) 문자자료만을 다루는 전문학회도 머지않아 생겨날 전망이다.

금석학·목간학 등을 비롯한 문자자료학이란 자료 사료를 나루는 분야이다. 근년까지만 해도 역사학계에서는 글자의 해독과 해독된 글자를 통한 역사 복원에 관심을 집중하였다. 심지어 해독된 글자를 바탕으로 역사해석의 단계로 나아가는 경향이 많았다. 이는 자료를 직접 접하기 어려웠던 저간의 사정에 의하는 바도 있지만, 다른 한편 자료학(사료학) 본연의 기본을 소홀히 한 데서 비롯되는 것이기도 했다. 아울러, 연구의 밑작업을 다지는 것이 중요하다. 문자자료 사전이나 양질의 색인집·이체자 사전·용례집 같은 탄탄한 사전류 작업이 선행되어야 한다. 같은 글자라도 그것이 놓여진 환경에 따라 그 쓰임새는 다르다. 문자 그 자체뿐만 아니라 그것이 놓여진 환경까지 관찰해야 할 것이다. 또 고난도의 문자자료의 전적을 분석함으로써 당시 문자문화와 한자학습의 실태에 접근할 수 있다.〔川﨑晃, 1992〕

탁본에만 의지하여 석독하는 시대는 지나갔다. 과학이 발달한 오늘날, 적외선이나 성능이 우수한 광학렌즈의 이용, 컴퓨터의 화상처리, 레이저 촬영 등 이전에 상상조차 할 수 없던 보조기법이 등장하고 있다. 또 이전에는 학계 각 분야의 연구는 분절적이자 고립적이었다. 따라서 동북아시아 문자자료학이라는 좀더 넓은 범주에서 한국의 문자자료를 파악할 필요가 있다. 학제간, 또 국제간 교류와 협력작업이 필요하며, 공동연구 속에서의 역할분담이 절실하다. 문자자료학은 바야흐로 역사·고고·서예·국어·보존과학 등의 종합학이 되어가고 있다. 이미 상당 부분 밝혀진 자료도 새로운 기법으로 접근하면 또 다른 정보를 얻어낼 수 있을 것임은 자명하며, 이런 면에서 향후 문자자료학에 거는 기대는 자못 크다.

이용현

‖참고문헌‖

고광의, 1999, 「4-7세기 고구려 고분벽화 묵서의 서예사적 의의」, 『고구려연구』 7.

고구려연구재단, 2004, 『고구려사 연구』 01(연구논저 목록).

고구려연구회, 1996, 『광개토호태왕비 연구 100년』.

_____, 2000, 『고구려연구』 10(중원고구려비 연구).

_____, 1996, 『廣開土好太王碑 研究 100年』.

공주대, 1991, 『무령왕릉의 연구 현황과 제문제』 무령왕릉발굴 20주년 기념학술회의.

국립경주박물관, 2002, 『문자로 본 신라』, 학연문화사.

국립박물관, 1946, 『호우총과 은령총』.

국립부여박물관, 2001, 『陵寺』.

국립중앙박물관 · 국립경주박물관, 2003, 『統一新羅』, 통천문화사.

국립창원문화재연구소, 2004, 『韓國의 古代木簡』.

국립청주박물관, 2000, 『한국 고대의 문자와 기호유물』, 통천문화사.

국사편찬위원회, 1996, 『韓國古代金石文資料集』.

국학연구원, 2002, 『韓國金石文集成(1)－高句麗 1, 廣開土王碑』.

權悳永, 2002, 『韓國古代金石文綜合索引』, 학연문화사.

김상현, 2004, 「文獻으로 본 韓國古代 金石文」, 『문화사학』 21, 한국문화사학회.

김석형, 1966, 『초기조일관계연구』, 사회과학출판사.

김용선, 1979, 「울주 천전리서석 명문의 연구」, 『역사학보』 81.

김정배, 1978, 「안악 3호분 피장자 논쟁에 대하여」, 『고문화』 16.

김창호, 1994, 『6세기 신라 금석문의 석독과 분석』, 경북대 박사논문.

_____, 1998, 「백제창왕명석조사리감 출토의 의의」, 『불교사연구』 2, 중앙승가대학.

남풍현, 2000, 『吏讀研究』, 태학사.

노용필, 1996, 『新羅眞興王巡狩碑研究』, 일조각.

단국대사학회, 1979, 『사학지』 13－(특집)중원 고구려비.

동국대 신라문화연구소, 2002, 『新羅 金石文의 현황과 과제』.

동양대학교 지역발전연구원, 2003, 『고구려·신라의 접점, 영주』.

李基白, 1987, 『韓國上代古文書資料集成』, 일지사.

문화재관리국, 1989,『순흥읍내리 벽화고분』.

박방룡, 1982,「新羅關門城의 銘文石 考察」,『미술자료』31, 국립중앙박물관.

박시형, 1966,『광개토왕릉비』, 사회과학출판사.

박진석, 1997,『호태왕비와 고대 조일관계 연구』,연변대학출판사.

백승옥, 2005,「 "신묘년명(辛卯年銘) 청동 방울"과 태왕릉의 주인공」,『역사와 경계』20.

서영수, 1982·1988,「광개토대왕릉비문의 정복기사검토」,(상)(중),『역사학보』96·119.

서울대박물관, 2002,『서울대박물관 소장 명문기와』.

손량구, 1987,「태천군 롱오리산성을 쌓은 연대에 대하여」,『조선고고연구』1987-1.

손영종, 1966,「금석문에 보이는 삼국시기의 몇 개 년호에 대하여」,『력사과학』1966-4.

손환일, 2002,「진흥왕순수비의 서체」,『선사와 고대』.

_____, 2003,「고구려 고분벽화 명문의 서체에 관한 연구」,『고구려연구』16.

송기호, 2002,「고대의 문자생활－비교와 시기구분」,『강좌 한국고대사』5.

亞細亞協會, 1889,『會餘錄』5.

이기동 역, 1973, 이진희 저,『광개토왕릉비의 연구』, 일조각.

이기동, 1997,『신라골품제사회와 화랑도』, 일조각.

이기백, 1972,「(書評) 廣開土王陵碑の研究(李進熙著)」,『역사학보』56, 역사학회.

_____, 1974,『신라정치사회사연구』, 일조각.

李蘭暎 편, 1968,『韓國金石文追補』, 중앙대출판부.

이다운, 2004,「百濟瓦博士考」,『호남고고학연구』20.

이문기, 1982,「신라 진흥왕대의 신료조직에 대한 일고찰」,『대구사학』20·21.

李成市, 1994,「表象としての廣開土王碑文」,『思想』842, 岩波書店.

이순구, 1998,「廣開土大王陵碑 研究의 現況과 展望－최근 10년을 중심으로」,『한국
　　　　인문과학의 현황과 쟁점』.

이영호, 1986,「신라 문무왕릉비의 재검토」,『역사교육논집』8.

이용현, 2005,「고구려의 문자자료」,『한국 고대의 GLOBAL PRIDE 고구려』, 고려대학교
　　　　박물관.

李進熙, 1972,『廣開土王陵碑の研究』, 吉川弘文館.

_____, 2003,『好太王碑研究とその後』, 靑丘文化社.

李亨求·朴魯嬉, 1986,『廣開土大王陵碑新研究』.

이화여대박물관, 1984,『영주순흥벽화고분 발굴조사보고』.

임기중, 1995,『廣開土王碑原石初期拓本集成』, 동국대출판부.

任世權, 1997,「廣開土王碑의 研究－청명본 원석탁본의 검토」,『국사관논총』74, 국사

        편찬위원회.

임창순, 1958, 「대구에서 신발견된 무술오작비 소고」, 『사학연구』 1.

_____, 1983, 「백제의 한문문화」, 『백제연구』 14.

정두희, 1979, 「廣開土王陵碑文 辛卯年 記事의 再檢討」, 『역사학보』 82, 역사학회.

정인보, 1955, 「廣開土境平安好太王陵碑文釋略」, 『擔園國學散藁』.

趙東元, 1979-93, 『韓國金石文大系』, 1~7卷, 원광대학교 출판부.

_____, 1997, 「韓國 金石文 硏究 300年」, 『于松趙東杰先生停年紀念論叢』.

주보돈, 2002, 『금석문과 신라사』, 지식산업사.

천관우, 1979, 「廣開土大陵碑文 再論」, 『全海宗博士華甲紀念史學論叢』, 일조각.

최완수, 1978, 『金秋史硏究艸』, 지식산업사.

최희림, 1967, 「평양성을 쌓은 년대와 규모」, 『고고민속』 1967-2.

충북대 호서문화연구소, 1983, 『호서문화연구』 3-운천동 신라비.

하일식, 1991, 「6세기 신라의 지방지배와 외위제」, 『학림』 6.

한국고대사연구회, 1988, 『한국고대사연구』 2-영일냉수비.

_____, 1989, 『한국고대사연구』 3-봉평신라비.

한국고대사학회, 2000, 『한국고대사연구』 19-함안성산산성 목간.

한국고대사회연구소, 1992, 『(역주)한국고대금석문』 제1권·제2권.

_____, 1992, 『역주 한국고대금석문』.

한국국학진흥원, 2002, 『국학연구』 창간호, 한국국학진흥원.

한국역사연구회, 2004, 『고대로 부터의 통신』, 푸른역사.

한국정신문화연구원, 1997, 『藏書閣所藏拓本資料集 I - 古代·高麗』

허흥식, 1982, 「韓國金石文의 整理現況과 展望」, 『민족문화론총』 2·3, 영남대학교 민
        족문화연구소.

_____, 1984, 『韓國金石全文』, 亞細亞文化社.

홍사준, 1954, 「백제 사택지적비에 대하여」, 『역사학보』 6.

황수영, 1976, 『韓國金石遺文』, 일지사.

耿鐵華, 1994, 『好太王碑新考』, 吉林人民出版社.

徐建新, 1994, 「北京現存好太王碑原石拓本的調査」, 『韓國硏究』 1994-1.

王建群, 1984, 『好太王碑硏究』, 吉林人民出版社.

葛城末治, 1935, 『朝鮮金石攷』, 大阪屋號書店.

橋本繁, 2004, 「金海出土 『論語』 木簡と新羅社會」, 『朝鮮學報』 193.

近藤浩一, 2004, 『扶餘 陵山里 羅城築造 木簡의 硏究』, 충남대 석사논문.

末松保和, 1954, 『新羅史の諸問題』.

武田幸男 編, 2005, 『古代をかんがえる日本と朝鮮』, 吉川弘文館.

武田幸男, 1988, 『廣開土王碑拓本集成』, 東京大學.

_____, 1989, 『高句麗史と東アジアー「廣開土王碑」研究序説』.

_____, 1997, 「新羅官位制の成立にかんする覺書」, 『新羅社會の史的展開と東アジア』.

浜田耕策, 1973, 「高句麗廣開土王陵碑文の虛像と實像」, 『日本歷史』 304.

山本孝文, 2005, 『古代 律令의 考古學的 研究』, 부산대박사논문.

水谷悌二郎, 1959, 「好太王碑考」, 『書品』 100.

田中俊明, 1981, 「高句麗の金石文」, 『朝鮮史研究會論文集』 18.

前澤和之, 1972, 「廣開土王陵碑をめぐる二, 三の問題」, 『續日本紀研究』 159.

朝鮮總督府, 1919, 『朝鮮金石總覽』 上·下卷.

佐伯有清, 1974, 『研究史 廣開土王碑』, 吉川弘文館.

池內宏, 1938, 『通溝』.

川崎晃, 1992, 「高句麗好太王と碑中國古典」, 『古代國家の歷史と伝承』.

平川南 編, 2005, 『古代日本文字が來た道』, 大修舘書店.